Theodor Fontanes Gedichte haben überdauert, wenngleich sie meist im Schatten des Romanwerks standen. Auch in ihnen zeigt er sich als glänzender Stilist, der mit der Sprache virtuos umzugehen weiß und der Geschichte, Zeitumstände und Alltag seiner Mitmenschen präzise und liebevoll zugleich, ironisch und mitfühlend zu skizzieren versteht. So wurden auch seine Gedichte zur Schullektüre, sie sind aus dem literarischen Kanon nicht wegzudenken – die Balladen »Herr von Ribbeck auf Ribbeck im Havelland«, »John Maynard«, »Die Brück' am Tay«, die Sprüche und Gelegenheitsverse.

Die Sammlung der Gedichte Fontanes enthält zunächst die ›Ausgabe letzter Hand‹ von 1898, mit den »Liedern und Sprüchen«, mit den »Bildern und Balladen« (Nordisches, Englisch-Schottisches, Deutsches, Märkisch-Preußisches). Daran schließen sich die aus früheren Ausgaben der Gedichte von Fontane nicht in die Ausgabe letzter Hand aufgenommenen Texte an sowie die Separatpublikationen zu Lebzeiten Fontanes und Texte aus dem Nachlaß, die in Zeitungen, Zeitschriften und Sammlungen postum erschienen sind.

Der Herausgeber: Otto Drude (1925-2007) war Buchhändler und Verleger in Duisburg, Mitherausgeber und Herausgeber zahlreicher Fontane-Ausgaben, Veröffentlichungen über Fontane, Wieland und Thomas Mann.

THEODOR FONTANE
GEDICHTE
IN EINEM BAND

INSEL

Herausgegeben von Otto Drude

6. Auflage 2019

Erste Auflage 1998

Druck: CPI – Ebner & Spiegel, Ulm
Printed in Germany
ISBN 978-3-458-16902-4

Inhalt

Gedichte 1898
Die Ausgabe
›letzter Hand‹

Ein Lied oder höchsten ein paar
Widmet' ich dir, als jung ich war.
Ihr Inhalt waren ich und du,
Vom Fenster her sandtest du Grüße mir zu.

Heute, mit Inhalt aus allen Zonen,
Komm' ich in Fähnlein, in ganzen Schwadronen;
Aus wenigen wurden viele Lieder,
Aber, wie damals, grüße wieder!

LIEDER UND SPRÜCHE

GUTER RAT

An einem Sommermorgen
  Da nimm den Wanderstab,
Es fallen deine Sorgen
  Wie Nebel von dir ab.

Des Himmels heitere Bläue
  Lacht dir ins Herz hinein
Und schließt, wie Gottes Treue,
  Mit seinem Dach dich ein.

Rings Blüten nur und Triebe
  Und Halme von Segen schwer,
Dir ist, als zöge die Liebe
  Des Weges nebenher.

So heimisch alles klinget
  Als wie im Vaterhaus,
Und über die Lerchen schwinget
  Die Seele sich hinaus.

GLÜCK

Sonntagsruhe, Dorfesstille,
Kind und Knecht und Magd sind aus,
Unterm Herde nur die Grille
Musizieret durch das Haus.

Tür und Fenster blieben offen,
Denn es schweigen Luft und Wind,
In uns schweigen Wunsch und Hoffen,
Weil wir ganz im Glücke sind.

Felder rings – ein Gottessegen
Hügel auf- und niederwärts,
Und auf stillen Gnadenwegen
Stieg auch uns er in das Herz.

MEMENTO

Geliebte, willst du doppelt leben,
So sei des Todes gern gedenk
Und nimm, was dir die Götter geben,
Tagtäglich hin wie ein Geschenk.

Mach dich vertraut mit dem Gedanken,
Daß doch das Letzte kommen muß,
Und statt in Trübsinn hin zu kranken,
Wird dir das Dasein zum Genuß.

Du magst nicht länger mehr vergeuden
Die Spanne Zeit in eitlem Haß,
Du freust dich reiner deiner Freuden
Und sorgst nicht mehr um dies und das.

Du setzest an die rechte Stelle
Das Hohe, Göttliche der Zeit,
Und jede Stunde wird dir Quelle
Gesteigert neuer Dankbarkeit.

IM GARTEN

Die hohen Himbeerwände
Trennten dich und mich,
Doch im Laubwerk unsre Hände
Fanden von selber sich.

Die Hecke konnt' es nicht wehren,
Wie hoch sie immer stund:
Ich reichte dir die Beeren,
Und du reichtest mir deinen Mund.

Ach, schrittest du durch den Garten
Noch einmal im raschen Gang,
Wie gerne wollt' ich warten,
Warten stundenlang.

O TRÜBE DIESE TAGE NICHT

O trübe diese Tage nicht,
Sie sind der letzte Sonnenschein;
Wie lange, und es lischt das Licht,
Und unser Winter bricht herein.

Dies ist die Zeit, wo jeder Tag
Viel Tage gilt in seinem Wert,
Weil man's nicht mehr erhoffen mag,
Daß *so* die Stunde wiederkehrt.

Die Flut des Lebens ist dahin,
Es ebbt in seinem Stolz und Reiz,
Und sieh, es schleicht in unsern Sinn
Ein banger, nie gekannter Geiz;

Ein süßer Geiz, der Stunden zählt
Und jede prüft auf ihren Glanz –
O sorge, daß uns keine fehlt,
Und gönn uns jede Stunde *ganz*.

HERBSTMORGEN

Die Wolken ziehn, wie Trauergäste,
Den Mond still-abwärts zu geleiten,
Der Wind durchfegt die starren Äste
Und sucht ein Blatt aus beßren Zeiten.

Schon flattern in der Luft die Raben,
Des Winters unheilvolle Boten;
Bald wird er tief in Schnee begraben
Die Erde, seinen großen Toten.

Ein Bach läuft hastig mir zur Seite;
Es bangt ihn vor des Eises Ketten,
Drum stürzt er fort und sucht das Weite,
Als könnt' ihm Flucht das Leben retten.

Da mocht' ich länger nicht inmitten
So todesnaher Öde weilen;
Es trieb mich fort, mit hast'gen Schritten
Dem flücht'gen Bache nachzueilen.

DER KRANICH

Rauh ging der Wind, der Regen troff,
Schon war ich naß und kalt;
Ich macht' auf einem Bauerhof
Im Schutz des Zaunes halt.

Mit abgestutzten Flügeln schritt
Ein Kranich drin umher,
Nur seine Sehnsucht trug ihn mit
Den Brüdern übers Meer;

Mit seinen Brüdern, deren Zug
Jetzt hoch in den Lüften stockt
Und deren Schrei auch ihn zum Flug
In fernen Süden lockt.

Und sieh, er hat sich aufgerafft,
Es gilt erneutes Glück;
Umsonst, der Schwinge fehlt die Kraft,
Und ach, er sinkt zurück.

Und Huhn und Hahn und Hühnchen auch
Umgackern ihn voll Freud' –
Das ist so alter Hühner-Brauch
Bei eines Kranichs Leid.

BEKENNTNIS

Ich bin ein unglückselig Rohr:
Gefühle und Gedanken
Seh' rechts und links, zurück und vor,
In jedem Wind ich schwanken.

Da liegt nichts zwischen Sein und Tod,
Was ich nicht schon erflehte:
Heut bitt' ich um des Glaubens Brot,
Daß morgen ich's zertrete;

Bald ist's im Herzen kirchenstill,
Bald schäumt's wie Saft der Reben,

Ich weiß nicht, was ich soll und will –
Es ist ein kläglich Leben!

Dich ruf' ich, der das Kleinste du
In deinen Schutz genommen,
Gönn meinem Herzen Halt und Ruh,
Gott, laß mich nicht verkommen;

Leih mir die Kraft, die mir gebricht,
Nimm weg, was mich verwirret,
Sonst lösch es aus, dies Flackerlicht,
Das über Sümpfe irret!

EIN JÄGER

Ich kenn' einen Jäger, man heißt ihn »Tod«:
Seine Wang' ist blaß, sein Speer ist rot,
Sein Forst ist die Welt, er zieht auf die Pirsch
Und jaget Elen und Edelhirsch.

Im Völkerkrieg, auf blutigem Feld
Ist's, wo er sein Kesseltreiben hält;
Haß, Ehrsucht und Geizen nach Ruhmesschall
Sind Treiber im Dienste des Jägers all.

Nicht fürcht' ich ihn selber, wie nah er auch droht,
Doch wohl seine Rüden: Gram, Krankheit und Not,
Die Meute, die stückweis das Leben zerfetzt
Und *zögernd* uns in die Grube hetzt.

ALLES STILL!

Alles still! es tanzt den Reigen
Mondenstrahl in Wald und Flur,
Und darüber thront das Schweigen
Und der Winterhimmel nur.

Alles still! vergeblich lauschet
Man der Krähe heisrem Schrei,
Keiner Fichte Wipfel rauschet,
Und kein Bächlein summt vorbei.

Alles still! die Dorfes-Hütten
Sind wie Gräber anzusehn,
Die, von Schnee bedeckt, inmitten
Eines weiten Friedhofs stehn.

Alles still! nichts hör' ich klopfen
Als mein Herze durch die Nacht –
Heiße Tränen niedertropfen
Auf die kalte Winterpracht.

EINEM KRANKEN

Über deine Schwelle
Gestatte den Gruß
Leichter, spielender Ritornelle.

Brennende Nessel –
Wie lange noch kettet dich
Der Krankheit Fessel?

Dunkle Verbenen –
Die Nacht ist lang,
O, wie die Stunden sich dehnen!

Apfelblüte –
So blüh' auch dir
Ein Trost im Gemüte.

Nickende Veilchen –
Der Frühling naht
Über ein Weilchen.

Blaue Cyanen –
Siehe, Genesung kommt
Und schwingt ihre Fahnen.

Rankende Winden –
Und du selber schreitest hinaus,
Sie zum Kranze zu binden.

FRÜHLING

Nun ist er endlich kommen doch
In grünem Knospenschuh;
»Er kam, er kam ja immer noch«,
Die Bäume nicken sich's zu.

Sie konnten ihn all erwarten kaum,
Nun treiben sie Schuß auf Schuß;
Im Garten der alte Apfelbaum,
Er sträubt sich, aber er muß.

Wohl zögert auch das alte Herz
Und atmet noch nicht frei,

Es bangt und sorgt: »Es ist erst März,
Und März ist noch nicht Mai.«

O schüttle ab den schweren Traum
Und die lange Winterruh:
Es wagt es der alte Apfelbaum,
Herze, wag's auch *du*.

MITTAG

Am Waldessaume träumt die Föhre,
Am Himmel weiße Wölkchen nur;
Es ist so still, daß ich sie *höre*,
Die tiefe Stille der Natur.

Rings Sonnenschein auf Wies' und Wegen,
Die Wipfel stumm, kein Lüftchen wach,
Und doch, es klingt, als ström' ein Regen
Leis tönend auf das Blätterdach.

DER ERSTE SCHNEE

Herbstsonnenschein. Des Winters Näh
  Verrät ein Flockenpaar;
Es gleicht das erste Flöckchen Schnee
  Dem ersten weißen Haar.

Noch wird – wie wohl von lieber Hand
  Der erste Schnee dem Haupt –
So auch der erste Schnee dem Land
  Vom Sonnenstrahl geraubt.

Doch habet acht! mit einem Mal
  Ist Haupt und Erde weiß,
Und Liebeshand und Sonnenstrahl
  Sich nicht zu helfen weiß.

DAS FISCHERMÄDCHEN

Steht auf sand'gem Dünenrücken
  Eine Fischerhütt' am Strand;
Abendrot und Netze schmücken
  Wunderlich die Giebelwand.

Drinnen spinnt und schnurrt das Rädchen,
  Blaß der Mond ins Fenster scheint,
Still am Herd das Fischermädchen
  Denkt des letzten Sturms und – weint.

Und es klagen ihre Tränen:
  »Weit der Himmel, tief die See,
Doch noch weiter geht mein Sehnen,
  Und noch tiefer ist mein Weh.«

VERLOBUNG

Es paßt uns nicht die alte Leier
  In unsren jungen Liebesrausch,
Wir denken und wir fühlen freier
  Und wollen's auch beim Ringetausch;
Der Treue Pfand, zu dieser Stunde
  Empfang's in perlend-goldnem Wein
Und laß den Ring auf Bechers Grunde
  Dir Sinnbild meines Lebens sein.
Laß übersprudeln mich und freue

Der Kraft dich, die da schäumt und gärt;
Denn innen, wie dies Bild der Treue,
Lebt meine Liebe unversehrt.

WINTERABEND

Da draußen schneit es: Schneegeflimmer
Wies heute mir den Weg zu dir;
Ein tret' ich in dein traulich Zimmer,
Und warm ans Herze fliegst du mir –
Ab schüttl' ich jetzt die Winterflocken,
Ab schüttl' ich hinterdrein die Welt,
Nur leise noch von Schlittenglocken
Ein ferner Klang herübergellt.

»Nun aber komm, nun laß uns plaudern
Vom eignen Herd, von Hof und Haus!«
Da baust du lachend, ohne Zaudern,
Bis unters Dach die Zukunft aus;
Du hängst an meines Zimmers Wände
All meine Lieblingsschilderein,
Ich seh's und streck' danach die Hände,
Als müss' es wahr und wirklich sein.

So flieht des Abends schöne Stunde,
Vom fernen Turm tönt's Mitternacht,
Die Mutter schläft, in stiller Runde
Nur noch die Wanduhr pickt und wacht.
Ade, ade! von warmen Lippen
Ein Kuß noch – dann in Nacht hinein:
Das Leben lacht, trotz Sturm und Klippen,
Nur Steurer muß die Liebe sein.

IN HANGEN UND BANGEN

1

Ach, daß ich dich so heiß ersehne,
 Weckt aller Himmel Widerspruch,
Und jede neue bittre Träne
 Macht tiefer nur den Friedensbruch.

Der Götter Ohr ist keinem offen,
 Der sich zergrämt in banger Nacht –
Komm Herz, wir wollen gar nichts hoffen
 Und sehn, ob so das Glück uns lacht.

Vergebnes Mühen, eitles Wollen,
 Die Lippe weiß kaum, was sie spricht,
Und, nach wie vor, die Tränen rollen
 Mir über Wang' und Angesicht.

2

Du holde Fee, mir treu geblieben
 Aus Tagen meiner Kinderzeit,
Was hat dich nun verscheucht, vertrieben,
 Du stille Herzensheiterkeit?

Leicht trugst du, wie mit Wunderhänden,
 Mich über Gram und Sorge fort,
 Und selbst aus nackten Felsenwänden
  Rief Quellen mir dein Zauberwort.

 Du, Trostesreiche mir vor allen,
  Kehr neu-beflügelt bei mir ein

Und laß dein Lächeln wieder fallen
Auf meinen Pfad wie Vollmondschein.

3

»*Vertrauen*, schönster Stein in Königskronen,
Du Mutter aller Liebe, und ihr Kind,
Du einzig Pfühl, auf dem wir sorglos schlummern,
Ich rufe dich, kehr' wieder in dies Herz!
Es gibt kein Glück, wo du den Rücken wandtest,
Es gibt kein Unglück, lächelst du aufs neu;
Laß kämpfen mich in deinem Spruch und Zeichen,
Und wieder wird das Leben mir zum Sieg.«

4

Storch und Schwalbe sind gekommen,
Veilchen auch, die blauen frommen
Frühlingsaugen, grüßen mich;
Aber hin an Lenz und Leben
Zieh' in Bangen ich und Beben –
Um dich.

Ach, um dich! und doch, ich fühle:
Träte jetzt die Todeskühle
An mein Herz und riefe mich,
Wie ein Kind dann, unter Jammern
Würd' ich mich ans Leben klammern –
Um dich.

5

Zerstoben sind die Wolkenmassen,
Die Morgensonn' ins Fenster scheint:
Nun kann ich wieder mal nicht fassen,
Daß ich die Nacht hindurch geweint.

Dahin ist alles, was mich drückte,
Das Aug' ist klar, der Sinn ist frei,
Und was nur je mein Herz entzückte,
Tanzt wieder, lachend, mir vorbei.

Es grüßt, es nickt; ich steh' betroffen,
Geblendet schier von all dem Licht:
Das alte, liebe, böse Hoffen –
Die Seele läßt es einmal nicht.

IN DER KRANKHEIT

(Brief an E.)

Mein ganzes Zimmer riecht nach Wald,
Das machen die kienenen Tische;
Glaub mir, ich muß genesen bald
In dieser Harzesfrische.

Du bist noch kaum bei uns daheim
An unsres Kindes Bettchen,
Und sieh, schon sitzt ein muntrer Reim
Auf meinem Fensterbrettchen.

Er sitzt alldla und schaut mich an,
Wie auf dem Felde die Lerchen,
Und singt: »Du hast ganz wohlgetan,
Dich still hier einzupferchen.

Steh nur früh auf und schweif umher
Und lache wie der Morgen,
So wird dies grüne Waldesmeer
Schon weiter für dich sorgen.

Und schiedst du *doch* zu dieser Frist,
So tu es ohne Trauern:
Das Leben, weil so schön es ist,
Kann es nicht ewig dauern.«

DER GAST

Das Kind ist krank zum Sterben,
Die Lampe gibt trägen Schein,
Die Mutter spricht: »Mir ist es,
Als wären wir nicht allein.«

Der Vater sucht zu lächeln,
Doch im Herzen pocht's ihm bang;
Stiller wird's und stiller –
Die Nacht ist gar zu lang.

Nun scheint der Tag ins Fenster,
Die Vögel singen so klar;
Die beiden wußten lange,
Wer der Gast gewesen war.

MEIN HERZE, GLAUBT'S, IST NICHT ERKALTET

Mein Herze, glaubt's, ist nicht erkaltet,
Es glüht in ihm so heiß wie je,
Und was ihr drin für Winter haltet,
Ist Schein nur, ist gemalter Schnee.

Doch was in alter Lieb' ich fühle,
Verschließ' ich jetzt in tiefstem Sinn,
Und trag's nicht fürder ins Gewühle
Der ewig kalten Menschen hin.

Ich bin wie Wein, der ausgegoren:
Er schäumt nicht länger hin und her,
Doch was nach außen er verloren,
Hat er an innrem Feuer mehr.

UNTERWEGS UND WIEDER DAHEIM

1

Erst Münchner Bräu aus vollen Krügen,
Die Deckel klappten wie ein Reim,
Dann Neckarwein in vollen Zügen
Und endlich Rot von Ingelheim.

Und all die Zeit kein regentrüber
Verlorner Tag, kein nasser Schuh,
Die Bilder zogen uns vorüber,
Wir taten nichts als schauten zu.

Und graue Dome, bunte Fresken
Und Marmor reichten sich die Hand,
Und weinblattdunkle Arabesken
Zog drum das Rhein- und Schwabenland.

2

Mit achtzehn Jahr und roten Wangen,
Da sei's, da wandre nach Paris,

Wenn noch kein tieferes Verlangen
Sich dir ins Herze niederließ;

Wenn unser Bestes: Lieb' und Treue,
Du nicht begehrst und nichts vermißt
Und all das wechselvolle Neue
Noch deine höchste Gottheit ist.

Mir sind dahin die leichten Zeiten,
Es läßt mich nüchtern, läßt mich kalt,
Ich bin für diese Herrlichkeiten
Vielleicht zu deutsch, gewiß – zu alt.

3

Und wieder hier draußen ein neues Jahr –
Was werden die Tage bringen?!
Wird's werden, wie es immer war,
Halb scheitern, halb gelingen?

Wird's fördern das, worauf ich gebaut,
Oder vollends es verderben?
Gleichviel, was es im Kessel braut,
Nur wünsch' ich nicht zu sterben.

Ich möchte noch wieder im Vaterland
Die Gläser klingen lassen,
Und wieder noch des Freundes Hand
Im Einverständnis fassen.

Ich möchte noch wirken und schaffen und tun
Und atmen eine Weile,
Denn um im Grabe auszuruhn,
Hat's nimmer Not noch Eile.

Ich möchte leben, bis all dies Glühn
Rückläßt einen leuchtenden Funken
Und nicht vergeht wie die Flamm' im Kamin,
Die eben zu Asche gesunken.

4

Ich bin hinauf, hinab gezogen
Und suchte Glück und sucht' es weit;
Es hat mein Suchen mich betrogen,
Und was ich fand, war Einsamkeit.

Ich hörte, wie das Leben lärmte,
Ich sah sein tausendfarbig Licht;
Es war kein Licht, das mich erwärmte,
Und echtes Leben war es nicht.

Und endlich bin ich heimgegangen
Zu alter Stell' und alter Lieb',
Und von mir ab fiel das Verlangen,
Das einst mich in die Ferne trieb.

Die Welt, die fremde, lohnt mit Kränkung,
Was sich, umwerbend, ihr gesellt;
Das Haus, die Heimat, die Beschränkung,
Die sind das Glück und sind die Welt.

SPRÜCHE

1

Nicht Glückes bar sind deine Lenze,
Du forderst nur des Glücks zu viel;

Gib deinem Wunsche Maß und Grenze,
  Und dir entgegen kommt das Ziel.

Wie dumpfes Unkraut laß vermodern,
  Was in dir noch des Glaubens ist:
Du hättest doppelt einzufodern
  Des Lebens Glück, weil *du* es bist.

Das Glück, kein Reiter wird's erjagen,
  Es ist nicht dort, es ist nicht hier;
Lern überwinden, lern entsagen,
  Und ungeahnt erblüht es dir.

2

Laß ab von diesem Zweifeln, Klauben,
  Vor dem das Beste selbst zerfällt,
Und wahre dir den vollen Glauben
  An diese Welt *trotz* dieser Welt.

Schau hin auf eines Weibes Züge,
  Das lächelnd auf den Säugling blickt,
Und fühl's: es ist nicht alles Lüge,
  Was uns das Leben bringt und schickt.

Und, Herze, willst du ganz genesen,
  Sei selber wahr, sei selber rein!
Was wir in Welt und Menschen lesen,
  Ist nur der eigne Widerschein.

3

Sag an: »Es fällt von deinem Haupte
Kein Haar, von welchem Gott nicht weiß« –
Und was der Tag uns Größres raubte,
Das fiele nicht auf Sein Geheiß?!

Trag es, wenn seinen Schnee der Winter
In unser Hoffen niederstiebt,
Ein ganzer Frühling lacht dahinter:
Gott züchtigt immer, wen Er liebt.

Laß in dem Leid, das Er beschieden,
Den Keim uns künft'gen Glückes schaun,
Dann kam der Tag, wo Freud' und Frieden
In unsrem Herzen Hütten baun.

4

Es kann die Ehre dieser Welt
Dir keine Ehre geben,
Was dich in Wahrheit hebt und hält,
Muß in dir selber leben.

Wenn's deinem Innersten gebricht
An echten Stolzes Stütze,
Ob dann die Welt dir Beifall spricht,
Ist all dir wenig nütze.

Das flücht'ge Lob, des Tages Ruhm
Magst du dem Eitlen gönnen;
Das aber sei dein Heiligtum:
Vor *dir* bestehen können.

5

Beutst du dem Geiste seine Nahrung,
So laß nicht darben dein Gemüt,
Des Lebens höchste Offenbarung
Doch immer aus dem Herzen blüht.

Ein Gruß aus frischer Knabenkehle,
Ja mehr noch, eines Kindes Lall'n
Kann leuchtender in deine Seele
Wie Weisheit aller Weisen fall'n.

Erst unter Kuß und Spiel und Scherzen
Erkennst du *ganz*, was Leben heißt;
O lerne denken mit dem Herzen,
Und lerne fühlen mit dem Geist.

6

Du wirst es nie zu Tücht'gem bringen
Bei deines Grames Träumerein,
Die Tränen lassen nichts gelingen:
Wer schaffen will, muß fröhlich sein.

Wohl Keime wecken mag der Regen,
Der in die Scholle niederbricht,
Doch golden Korn und Erntesegen
Reift nur heran bei Sonnenlicht.

7

Tritt ein für deines Herzens Meinung
Und fürchte nicht der Feinde Spott,
Bekämpfe mutig die Verneinung,
So du den Glauben hast an Gott.

Wie Luther einst, in festem Sinnen,
So sprich auch du zu Gottes Ehr':
»Ich geh' nach Worms, und ob da drinnen
Jedweder Stein ein Teufel wär'!«

Und peitscht dich dann der Witz mit Ruten
Und haßt man dich – o laß, o laß!
Mehr noch als Liebe aller Guten
Gilt aller Bösen Hohn und Haß.

8

Die Menschen lassen vieles gelten.
Vor allem lieben sie dich *stumm*;
Doch willst du klagen, willst du schelten –
Auch das, man kümmert sich nicht drum.

Nur, willst du rasch die Gunst verscherzen,
So zeig ein Fünkchen Seligkeit –
Man wünscht dir Glück »von ganzem Herzen«
Und birst vor rückgestautem Neid.

9

Es äfft dich nur dies Rennen, Traben
Nach golden mußevoller Zeit,
Wenn du die Ruhe glaubst zu haben,
Dann eben ist sie doppelt weit.

Auf weichem Pfühl, auf samtnen Kissen,
Wenn du sie hältst, wenn du sie hast,
Wirst du die Holde mehr vermissen
Als in des Tages Druck und Last.

All Labsal, was uns hier beschieden,
Fällt nur in Kampf und Streit uns zu,
Nur in der Arbeit wohnt der Frieden,
Und in der Mühe wohnt die Ruh.

10

Man wird nicht besser mit den Jahren –
Wie sollt' es auch? man wird bequem
Und bringt, um sich die Reu' zu sparen,
Die Fehler all in ein System.

Das gibt dann eine glatte Fläche,
Man gleitet unbehindert fort,
Und »allgemeine Menschenschwäche«
Wird unser Trost- und Losungswort.

Die Fragen alle sind erledigt,
Das eine geht, das andre nicht,
Nur manchmal eine stumme Predigt
Hält uns der Kinder Angesicht.

II

Du darfst mißmutig nicht verzagen,
In Liebe nicht noch im Gesang,
Wenn mal ein allzu kühnes Wagen,
Ein Wurf im Wettspiel dir mißlang.

Wes Fuß wär' niemals fehlgesprungen?
Wer lief nicht irr' auf seinem Lauf?
Blick hin auf das, was dir gelungen,
Und richte so dich wieder auf.

Vorüber ziehn die trüben Wetter,
Es lacht aufs neu der Sonne Glanz,
Und ob verwehn die *welken* Blätter,
Die *frischen* schlingen sich zum Kranz.

SPÄTHERBST

Schon mischt sich Rot in der Blätter Grün,
Reseden und Astern sind im Verblühn,
Die Trauben geschnitten, der Hafer gemäht,
Der Herbst ist da, das Jahr wird spät.

Und doch (ob Herbst auch) die Sonne glüht –
Weg drum mit der Schwermut aus deinem Gemüt!
Banne die Sorge, genieße, was frommt,
Eh' Stille, Schnee und Winter kommt.

WÜRD' ES MIR FEHLEN, WÜRD' ICH'S VERMISSEN?

Heute früh, nach gut durchschlafener Nacht,
Bin ich wieder aufgewacht.
Ich setzte mich an den Frühstückstisch,
Der Kaffee war warm, die Semmel war frisch,
Ich habe die Morgenzeitung gelesen
(Es sind wieder Avancements gewesen).

Ich trat ans Fenster, ich sah hinunter,
Es trabte wieder, es klingelte munter,
Eine Schürze (beim Schlächter) hing über dem Stuhle,
Kleine Mädchen gingen nach der Schule –
Alles war freundlich, alles war nett,
Aber wenn ich weiter geschlafen hätt'
Und tät' von alledem nichts wissen,
Würd' es mir fehlen, würd' ich's vermissen?

ÜBERLASS ES DER ZEIT

Erscheint dir etwas unerhört,
Bist du tiefsten Herzens empört,
Bäume nicht auf, versuch's nicht mit Streit,
Berühr es nicht, überlaß es der Zeit.
Am ersten Tag wirst du feige dich schelten,
Am zweiten läßt du dein Schweigen schon gelten,
Am dritten hast du's überwunden;
Alles ist wichtig nur auf Stunden,
Ärger ist Zehrer und Lebensvergifter,
Zeit ist Balsam und Friedensstifter.

DER ALTE MUSIKANT
(Aus einer Novelle)

Jung, in den hohen Spielmannsorden
Trat ein ich, weil es mir gefiel;
Nun »alter Musikant« geworden,
Zieh' ich umher mit meinem Spiel.

Um schweift mein Aug', um geht der Teller,
Ein Scherflein, zögernd, fällt hinein,
Ich nehme meinen Beifalls-Heller
Und muß es noch zufrieden sein.

Ach, hingeschwundne junge Tage,
Nie wieder kehrt ihr mir zurück –
Und doch an Frau Fortunas Schlage,
So fruchtlos Bitten auch und Klage,
Harr' ich noch immer auf mein Glück.

LEBENSWEGE

Fünfzig Jahre werden es ehstens sein,
Da trat ich in meinen ersten »Verein«.
Natürlich Dichter. Blutjunge Ware:
Studenten, Leutnants, Refrendare.
Rang gab's nicht, *den* verlieh das »Gedicht«,
Und *ich* war ein kleines Kirchenlicht.

So stand es, als Anno 40 wir schrieben.
Aber ach, wo bist du Sonne geblieben?
Ich bin noch immer, was damals ich war,
Ein Lichtlein auf demselben Altar;
Aus den Leutnants aber und Studenten
Wurden Genräle und Chefpräsidenten.

Und mitunter, auf stillem Tiergartenpfade,
Bei »Kön'gin Luise« trifft man sich grade.

»Nun, lieber F., noch immer bei Wege?«
»Gott sei Dank, Exzellenz… Trotz Nackenschläge…«

»Kenn' ich, kenn' ich. Das Leben ist flau…
Grüßen Sie Ihre liebe Frau.«

GROSSES KIND

Ich bin, trotz manchem Unterfangen,
Ein großes Kind durchs Leben gegangen.

Ich las das Tollste, die Hauptgeschicht',
Immer nur im Polizeibericht.

Und dieses Tollste – von ihm zu lesen,
Ist eigentlich *auch* schon zuviel gewesen.

WAS MIR FEHLTE

Wenn andre Fortunens Schiff gekapert,
Mit *meinen* Versuchen hat's immer gehapert,
Auf halbem Weg', auf der Enterbrücke,
Glitt immer ich aus. War's Schicksalstücke?
War's irgend ein großes Unterlassen?
Ein falsches die Sach' am Schopfe Fassen?
War's Schwachsein in den vier Elementen,
In Wissen, Ordnung, Fleiß und Talenten?
Oder war's – ach, suche nicht zu weit,
Was mir fehlte, war: Sinn für *Feierlichkeit*.

Ich blicke zurück. Gott sei gesegnet,
Wem bin ich nicht alles im Leben begegnet!
Machthabern aller Arten und Grade,
Vom Hof, von der Börse, von der Parade,
»Damens« mit und ohne Schnitzer,
Portiers, Hauswirte, Hausbesitzer,
Ich konnte mich allen bequem bequemen,
Aber feierlich konnt' ich sie nicht nehmen.

Das rächt sich schließlich bei den Leuten,
Ein jeder möchte was Rechts bedeuten,
Und steht mal was in Sicht oder Frage,
So sagt ein Reskript am nächsten Tage:
»Nach bestem Wissen und Gewissen,
Er läßt doch den rechten Ernst vermissen,
Alle Dinge sind ihm immer nur Schein,
Er ist ein Fremdling, er paßt nicht hinein,
Und ob das Feierlichste gescheh',
Er sagt von jedem nur: *Fa il Re.*«

Suche nicht weiter. Man bringt es nicht weit
Bei fehlendem Sinn für Feierlichkeit.

RANGSTREITIGKEITEN

In einem Lumpenkasten
War große Rebellion:
Die feinen Lumpen haßten
Die groben lange schon.

Die Fehde tät beginnen
Ein Lümpchen von Batist,
Weil ihm ein Stück Sacklinnen
Zu nah gekommen ist.

Sacklinnen aber freilich
War eben Sackleinwand
Und hatte grob und eilig
Die Antwort bei der Hand:

»Von Ladies oder Schlumpen –
's tut nichts zur Sache hier,
Du zählst jetzt zu den Lumpen
Und bist nicht mehr wie wir.«

ABER ES BLEIBT AUF DEM ALTEN FLECK

»Wie konnt' ich *das* tun, wie konnt' ich *das* sagen« –
So hört man nicht auf, sich anzuklagen,
Bei jeder Dummheit, bei jedem Verlieren
Heißt es: »Das soll dir nicht wieder passieren.«

Irrtum! Heut traf es bloß Kunzen und Hinzen,
Morgen trifft es schon ganze Provinzen,
Am dritten Tag ganze Konfessionen,
Oder die »Rassen, die zwischen uns wohnen«,
Immer kriegt man einen Schreck,
Aber es bleibt auf dem alten Fleck.

RÜCKBLICK

Es geht zu End', und ich blicke zurück.
Wie war mein Leben? wie war mein Glück?

Ich saß und machte meine Schuh;
Unter Lob und Tadel sah man mir zu.

»Du dichtest, das ist das Wichtigste...«
»Du dichtest, das ist das Nichtigste.«

»Wenn Dichtung uns nicht zum Himmel trüge...«
»Phantastereien, Unsinn, Lüge!«

»Göttlicher Funke, Prometheusfeuer...«
»Zirpende Grille, leere Scheuer!«

Von hundert geliebt, von tausend mißacht't,
So hab' ich meine Tage verbracht.

SO UND NICHT ANDERS

Die Menschen kümmerten mich nicht viel,
Eigen war mein Weg und Ziel.

Ich mied den Markt, ich mied den Schwarm,
Andre sind reich, ich bin arm.

Andre regierten (regieren noch),
Ich stand unten und ging durchs Joch.

Entsagen und lächeln bei Demütigungen,
Das ist die Kunst, die *mir* gelungen.

Und doch, wär's in die Wahl mir gegeben,
Ich führte noch einmal dasselbe Leben.

Und sollt' ich noch einmal die Tage beginnen,
Ich würde denselben Faden spinnen.

FESTER BEFEHL

In Arkadien wurd' auch *ich* geboren.
Auch *ich* habe mal auf Freiheit geschworen.

Ich haßte Schranzen und Fürstenschmeichler,
Glaubte beinah an Held und Eichler,
Und Herwegh, Karl Beck und Dingelsteten
Erhob ich zu meinen Leibpoeten.

»... Auf dem offnen Meere der Freiheit schwimmen ...
Ein Volk muß immer sich selbst bestimmen,
Ein Volk geht immer die rechten Wege,
Nieder die Polizeigehege,
Nieder die *possidentes beati* –«
So dacht' auch ich. Oh, *tempi passati!*

Freiheit freilich. Aber zum Schlimmen
Führt der Masse sich selbst Bestimmen,
Und das Klügste, das Beste, Bequemste,
Das auch *freien* Seelen weitaus Genehmste
Heißt doch schließlich, ich hab's nicht Hehl:
Festes Gesetz und fester Befehl.

AUS DER GESELLSCHAFT

1. Hoffest

Erst kommt der Zar, der Herr aller Reußen,
Dann kommt das offizielle Preußen.

Im Weißen Saal, unter der Gittervergildung,
Eben beginnt die Gruppenbildung:
Geheimeräte, nach Regel und Normen,
In Fracks, in Orden, in Staatsuniformen.

Deinem besten Freunde, so rat' ich dir gern,
An *solchem* Tage bleib ihm fern,
Er kennt dich, ach, und kennt dich nicht,

Ein eignes Lächeln umschwebt sein Gesicht,
Serên und ernst und verlegen zugleich,
Heut ist er Preußen, heut ist er das Reich.

Deinem besten Freunde, so rat' ich dir gern,
An *solchem* Tage bleib ihm fern,
Er stellt dich vor, doch du wirst's nicht froh,
Alles spöttisch und nur so so:
»Sie kennen ja unsren berühmten Sänger« –
Alle Gesichter werden länger.

So geht es weiter, dir wenig nach Wunsch,
Bis er endlich kommt – der Fastnachtspunsch,
Pfannkuchen und Punsch, und sieh, im Gemüte,
Blüht wieder auf die Menschenblüte,
Gemeinschaftlich und fidel und munter
Geht's schließlich die Wendeltreppe hinunter,
Und unten heißt's wie vor dreißig Jahren:
»Willst du nicht mit mir nach Hause fahren?«

2. *Der Subalterne*

»Immer Achselzucken (es ist zum Lachen),
Und doch sind *wir* es, die es machen.

Das Bißchen Deutschland zusammenzuschweißen,
Das lag in der Zeit, das will nicht viel heißen –
Und Sedan? Nach links und rechts zu schwenken,
Ist auch nichts Gefährlichs auszudenken.

Ich bin nicht für Ruhm, ich bin nicht für Ehr',
Es ist mit alledem nicht weit her,
Und es wär' mir ein Leichtes, mich drin zu finden,
Wär' nicht die Frau – *die* kann's nicht verwinden.«

So hieß es um Weihnacht. Am Ordensfest
Sprang um der Wind von Ost nach West,
Der Glauben an Gottes Gnad und Güte
Schlug wieder Wurzel in seinem Gemüte.
Wie's blinkt, wie's schillert! Er strahlt, er bebt.
»Ich habe nicht umsonst gelebt.«

3. *Der Sommer- und Winter-Geheimrat*

Um die Sommerzeit sind sie wie andre Menschen
Aus Schwiebus, Reppen oder Bentschen.

Zumal in Bädern, in Ostseefrischen
Sitzt man mit ihnen an selben Tischen,
Und sind auch verschieden der Menschheit Lose,
Gleichmacherisch wirkt die Badehose,
Der alte Adam mit seinen Gebrechen
Läßt manches schweigen und manches sprechen.
Am Spill wurde gestern ein Seehund geschossen,
Zu drängen sich alle Strandgenossen;
Man will ein Kinderhospiz errichten –
»Sie könnten einen Prolog uns dichten.«
Allgemeines heitres sich Anbequemen,
Ein Unterschied ist nicht wahrzunehmen.

So der Sommer; er hat sein Bestes getan,
Aber nun bricht der Winter an.

Beim Botschafter S. ist Gala-Fête,
Dein Spill-Freund ist mit an der Tête,
Noch schützt dich die bergende Fensternische,
Jetzt aber gilt es, jetzt geht es zu Tische,
Du sitzt *vis-à-vis* ihm, es trifft dich sein Gruß,
Davor dein Herz ersteinen muß.

Es wundert sein Chef sich, sein Kollege,
Die Badebekanntschaft ist plötzlich im Wege,
Von dem, mit dem du den Seehund umstanden,
Von dem »sommerlichen« ist nichts mehr vorhanden,
Statt seiner der »winterliche« ... Du frierst.
Suche, daß du dich rasch verlierst.

4. *Auf dem Matthäikirchhof*

Alltags mit den Offiziellen
Weiß ich mich immer gut zu stellen,
Aber Feiertags was Fremdes sie haben,
Besonders, wenn sie wen begraben,
Dann treten sie (drüber ist kaum zu streiten)
Mit einem Mal in die Feierlichkeiten.

Man ist nicht Null, nicht gerade Luft,
Aber es gähnt doch eine Kluft,
Und das ist die Kunst, die Meisterschaft eben,
Dieser Kluft das rechte Maß zu geben.
Nicht zu breit und nicht zu schmal,
Sich flüchtig begegnen, ein-, zwei-, dreimal,
Und verbietet sich solch Vorüberschieben,
Dann ist der Gesprächsgang vorgeschrieben:
»Anheimelnder Kirchhof... beinah ein Garten...
Der Prediger läßt heute lange warten...«
Oder: »Der Tote, hat er Erben?
Es ist erstaunlich, wie viele jetzt sterben.«

5. *Kirchenumbau*
(Bei modernem Gutswechsel)

Spricht der Polier: »Nu bloß noch das Eine:
Herr Schultze, wohin mit die Leichensteine?
Die Meisten, wenn recht ich gelesen habe,
Waren alte Nonnen aus ›Heiligen Grabe‹.«

»Und Ritter?«

»Nu Ritter, ein Stücker sieben,
Ich hab' ihre Namens aufgeschrieben,
Bloß, wo sie gestanden, da sind ja nu Löcher:
1 Bredow, 1 Ribbeck, 2 Rohr, 3 Kröcher;
Wo soll'n wir mit hin? wo soll ich sie stell'n?«

»Stellen? Nu gar nich. Das gibt gute Schwell'n,
Schwellen für Stall und Stuterei,
Da freun sich die Junkers noch dabei.«

»Und denn, Herr Schultze, dicht überm Altar
Noch so was vergoldigt Kattolsches war,
Maria mit Christkind... Es war doch ein Jammer.«

»Versteht sich. In die Rumpelkammer!«

6. *Wie man's machen muß*

Zwei- oder dreimal mußt' er vors Messer,
Dann war er durch und ein Durchschnittsassesser.

Im übrigen war er ein Pfiffikus:
»Eine Spezialität man wählen muß.«

Und endlich hat er sich entschieden:
›Das Durchfahrtsrecht in Krieg und Frieden.‹

Er las dreiunddreißig fremde Werke,
Broschüren wurden seine Stärke.

Traten dann Konferenzen zusammen
Und stand der Streit in hellen Flammen

Und kam's, daß man keinen Ausweg sah,
So hieß es: »Ist kein Dalberg da?

Warum uns zanken, quälen, schlagen,
Assessor Null wird uns alles sagen.«

Und wirklich, Null wird zugezogen,
Es legen sofort sich des Streites Wogen,

Ein Titel schreitet jetzt vor ihm her,
Null ist schon lange Null nicht mehr.

Jüngstens empfing er den siebenten Orden,
Ist aber drum nicht schöner geworden.

7. *Erfolganbeter*

Nie hab' ich ein dummeres Stück gelesen.
»Das Haus ist ausverkauft gewesen.«

Farbe, Linien, alles verschwommen.
»Die Jury hat es angenommen.«

Ein Skandal ist seine Art, zu leben.
»Der Botschafter hat ihm ein Fest gegeben.«

Glauben Sie mir: er ist ein Kujon.
»Hat aber eine Taler-Million.«

8. *Such nicht, wie's eigentlich gewesen*

Such nicht, wie's eigentlich gewesen,
Wolle nicht in den Herzen lesen.

Sieht's freundlich aus, nimm's freundlich an,
Nimm den Biedertuer als Biedermann.

Alle Flügelmänner auf Sammellisten,
Nimm sie hin als Musterchristen.

Wenn sie nur *geben* beim Liebeverkünden,
Forsche nicht nach den letzten Gründen.

9. *Nur nicht loben*

Schreibt wer in Deutschland historische Stücke,
So steht er auf der Schiller-Brücke.

Macht er den Helden zugleich zum Damöte,
So heißt es: Egmont, siehe Goethe.

Schildert er Juden, ernst oder witzig,
Ist es Schmock oder Veitel Itzig.

Schildert er einige hübsche Damen,
Heißt es: Dumas ... Ehebruchsdramen.

Jeder Einfall, statt ihn zu loben,
Wird einem andern zugeschoben.

Ein Glück, so hab' ich oft gedacht,
Daß Zola keine Balladen gemacht.

DOLOR TYRANNUS

Und Dolor Tyrannus also sprach:
»Ihr lieben Ärzte, gemach, gemach,
Immer enger wollt ihr mich umziehn
Mit Opium, Morphium, Kokaïn,
Immer reicher stellt sich euch zur Wahl
Äther, Chloroform, Chloral,
Und doch, ob Brom, ob Jod, ob Od,
Der Schmerz ist ewig wie der Tod.«

SCHLAF

Nun trifft es mich, wie's jeden traf,
Ich liege wach, es meidet mich der Schlaf,
Nur im Vorbeigehn flüstert er mir zu:
»Sei nicht in Sorg', ich sammle deine Ruh,
Und tret' ich ehstens wieder in dein Haus,
So zahl' ich alles dir auf einmal aus.«

AUSGANG

Immer enger, leise, leise
Ziehen sich die Lebenskreise,
Schwindet hin, was prahlt und prunkt,
Schwindet Hoffen, Hassen, Lieben,
Und ist nichts in Sicht geblieben
Als der letzte dunkle Punkt.

BUTTERSTULLENWERFEN

Es fliegt ein Stein (die Hand warf ihn gut)
Kräftig, wagrecht über die Flut.

Eine Säule steigt auf, und der Sonne Schein
Malt einen Regenbogen hinein.

Und weiter, ein zweites und drittes Mal,
Erhebt sich der siebenfarbige Strahl.

Aber je weiter vom Ufer entfernt,
Der Stein im Fluge das Fliegen verlernt.

Eine Schwere zieht ihn, es ebbt seine Kraft,
Der Strahl ermattet und erschlafft.

Ein Kräuseln noch einmal, ein Tropfen blinkt,
Und dann Ruh und Stille – der Stein versinkt.

MEINE GRÄBER

Kein Erbbegräbnis mich stolz erfreut,
Meine Gräber liegen weit zerstreut.
Weit zerstreut über Stadt und Land,
Aber all in märkischem Sand.

Verfallene Hügel, die Schwalben ziehn,
Vorüber schlängelt sich der Rhin,
Über weiße Steine, zerbröckelt all,
Blickt der alte Ruppiner Wall,
Die Buchen stehn, die Eichen rauschen,
Die Gräberbüsche Zwiesprach tauschen,

Und Haferfelder weit auf und ab –
Da ist meiner Mutter Grab.

Und ein andrer Platz, dem verbunden ich bin:
Berglehnen, die Oder fließt dran hin,
Zieht vorüber in trägem Lauf,
Gelbe Mummeln schwimmen darauf;
Am Ufer Werft und Schilf und Rohr,
Und am Abhange schimmern Kreuze hervor,
Auf eines fällt heller Sonnenschein –
Da hat mein Vater seinen Stein.

Der Dritte, seines Todes froh,
Liegt auf dem weiten Teltow-Plateau,
Dächer von Ziegel, Dächer von Schiefer,
Dann und wann eine Krüppelkiefer,
Ein stiller Graben die Wasserscheide,
Birken hier, und da eine Weide,
Zuletzt eine Pappel am Horizont,
Im Abendstrahle sie sich sonnt.
Auf den Gräbern Blumen und Aschenkrüge,
Vorüber in Ferne rasseln die Züge,
Still bleibt das Grab und der Schläfer drin –
Der Wind, der Wind geht drüber hin.

AM JAHRESTAG

(27. September 1888)

Heut ist's ein Jahr, daß man hinaus dich trug,
Hin durch die Gasse ging der lange Zug,
Die Sonne schien, es schwiegen Hast und Lärmen,
Die Tauben stiegen auf in ganzen Schwärmen.
Und rings der Felder herbstlich buntes Kleid,
Es nahm dem Trauerzuge fast sein Leid,

Ein Flüstern klang mit ein in den Choral,
Nun aber schwieg's – wir hielten am Portal.

Der Zug bog ein, da war das frische Grab,
Wir nächsten beide sahen still hinab,
Der Geistliche, des Tages letztes Licht
Umleuchtete sein freundlich ernst Gesicht,
Und als er nun die Abschiedsworte sprach,
Da sank der Sarg, und Blumen fielen nach,
Spätrosen, rot und weiße, weiße Malven,
Und mit den Blumen fielen die drei Salven.

Das klang so frisch in unser Ohr und Herz,
Hin schwand das Leid uns, aller Gram und Schmerz.
Das Leben, war dir's wenig, war dir's viel?
Ich weiß das Eine nur, du bist am Ziel,
In Blumen durftest du gebettet werden,
Du hast die Ruh nun, Erde wird zu Erden,
Und kommt die Stund' uns, dir uns anzureihn,
So laß die Stunde, Gott, wie diese sein.

DIE FRAGE BLEIBT

Halte dich still, halte dich stumm,
Nur nicht forschen, warum? warum?

Nur nicht bittre Fragen tauschen,
Antwort ist doch nur wie Meeresrauschen.

Wie's dich auch aufzuhorchen treibt,
Das Dunkel, das Rätsel, die Frage bleibt.

TROST

Tröste dich, die Stunden eilen,
Und was all dich drücken mag,
Auch das Schlimmste kann nicht weilen,
Und es kommt ein andrer Tag.

In dem ew'gen Kommen, Schwinden,
Wie der Schmerz liegt auch das Glück,
Und auch heitre Bilder finden
Ihren Weg zu dir zurück.

Harre, hoffe. Nicht vergebens
Zählest du der Stunden Schlag:
Wechsel ist das Los des Lebens
Und – es kommt ein andrer Tag.

ZUSPRUCH

Such nicht immer, was dir fehle,
Demut fülle deine Seele,
Dank erfülle dein Gemüt.
Alle Blumen, alle Blümchen,
Und darunter selbst ein Rühmchen,
Haben auch für dich geblüht!

ES KRIBBELT UND WIBBELT WEITER

Die Flut steigt bis an den Ararat,
Und es hilft keine Rettungsleiter,
Da bringt die Taube Zweig und Blatt –
Und es kribbelt und wibbelt weiter.

Es sicheln und mähen von Ost nach West
Die apokalyptischen Reiter,
Aber ob Hunger, ob Krieg, ob Pest,
Es kribbelt und wibbelt weiter.

Ein Gott wird gekreuzigt auf Golgatha,
Es brennen Millionen Scheiter,
Märtyrer hier und Hexen da,
Doch es kribbelt und wibbelt weiter.

So banne dein Ich in dich zurück
Und ergib dich und sei heiter;
Was liegt an dir und deinem Glück?
Es kribbelt und wibbelt weiter.

PUBLIKUM

Das Publikum ist eine einfache Frau,
Bourgeoishaft, eitel und wichtig,
Und folgt man, wenn sie spricht, genau,
So spricht sie nicht mal richtig.

Eine einfache Frau, doch rosig und frisch,
Und ihre Juwelen blitzen,
Und sie lacht und führt einen guten Tisch,
Und es möchte sie jeder besitzen.

ZUM NAMENSTAG MEINER ENKELIN

(Nach dem französischen: Le boulanger fait un gâteau)

Der Bäcker bringt dir Kuchenbrot,
Der Schneider einen Mantel rot,
Der Kaufmann schickt dir, weiß und nett,

Ein Puppenkleid, ein Puppenbett
Und schickt auch eine Schachtel rund
Mit Schäfer und mit Schäferhund,
Mit Hürd' und Bäumchen, paarweis je,
Und mit sechs Schafen, weiß wie Schnee,
Und eine Lerche, tirili,
Seit Sonnenaufgang hör' ich sie,
Die singt und schmettert, was sie mag,
Zu meines Lieblings Namenstag.

WAS MIR GEFÄLLT

Du fragst: ob mir in dieser Welt
Überhaupt noch was gefällt?
Du fragst es und lächelst spöttisch dabei.

Lieber Freund, mir gefällt noch allerlei:
Jedes Frühjahr das erste Tiergartengrün,
Oder wenn in Werder die Kirschen blühn,
Zu Pfingsten Kalmus und Birkenreiser,
Der alte Moltke, der alte Kaiser,
Und dann zu Pferd, eine Stunde später,
Mit dem gelben Streifen der »Halberstädter«;
Kuckucksrufen, im Wald ein Reh,
Ein Spaziergang durch die Läster-Allee,
Paraden, der Schapersche Goethekopf
Und ein Backfisch mit einem Mozartzopf.

AFRIKAREISENDER

»... Meine Herren, was soll dieser ganze Zwist,
Ob der Congo gesund oder ungesund ist?
Ich habe drei Jahre, von Krankheit verschont,

Am grünen und schwarzen Graben gewohnt,
Ich habe das Prachtstück unsrer Gossen,
Die Panke, dicht an der Mündung, genossen
Und wohne nun schon im fünften Quartal
Noch immer lebendig am Kanal.
Hier oder da, nah oder fern
Macht keinen Unterschied, meine Herrn,
Und ob *Sie*'s lassen oder tun,
Ich gehe morgen nach Kamerun.«

DER ECHTE DICHTER
(Wie man sich früher ihn dachte)

Ein Dichter, ein echter, der Lyrik betreibt,
Mit einer Köchin ist er beweibt,
Seine Kinder sind schmuddlig und unerzogen,
Kommt der Mietszettelmann, so wird tüchtig gelogen,
Gelogen, gemogelt wird überhaupt viel,
»Fabulieren« ist ja Zweck und Ziel.

Und ist er gekämmt und gewaschen zuzeiten,
So schafft das nur Verlegenheiten,
Und ist er gar ohne Wechsel und Schulden
Und empfängt er pro Zeile 'nen halben Gulden
Oder pendeln ihm Orden am Frack hin und her,
So ist er gar kein Dichter mehr;
Eines echten Dichters eigenste Welt
Ist der Himmel und – ein Zigeunerzelt.

UNSRE »DEUTSCHE FRAU«

Hierlandes ist unsre »deutsche Frau«
Noch immer aus Friesack oder Bernau,

Nur dem Kleinen gilt ihre Respektsbezeigung,
Aus Not nicht, nein, aus purer Neigung,
Uralte Themen uralter Epochen
Werden am liebsten durchgesprochen:
Die Küche, die Wäsche, die Wohnung – und dann
(Unerschöpfliches Thema) »mein Mann, mein Mann«.

»Mein Mann ist eigentlich viel zu gut,
Und kommt er mal gegen mich in Wut,
Ist es immer bloß wegen der dummen Dinger,
Denen sieht er alles durch die Finger;
Eine Vierzehnjährige nennt er ›Sie‹,
Mittwochs hat er Skatpartie;
Da würd' ich nun gern ins Theater gehn,
Aber, am Ende, was soll man sehn?
›Sodoms Ende‹ gilt ja für unmoralisch,
Schiller ist mir zu theatralisch
Und macht immer schöne Worte nur –
Das Beste bleibt doch freie Natur:
Am großen Stern auf den Kaiser warten,
Konzert im Zoologischen Garten,
Flamingo, Büffel, Pelikan,
Und Abends (zum Spargel) kommt ›mein Mann‹
Und Rudolf auch, und die Zeit vergeht,
Und der liebe Mond am Himmel steht.«

BRUNNENPROMENADE

Als ich ankam, Johannistag war grade,
Gleich ging ich auf die Brunnenpromnade.
Kaum wollt' ich meinen Augen traun,
So viel des Herrlichen war da zu schaun,
Eine lange Reihe der schönsten Damen,
Wer zählt die Völker, wer nennt die Namen!

Eine ganz Teint und Taille war,
Aschblond das schlicht gescheitelte Haar,
Blendende Zähne, feines Kinn,
Typus einer Engländerin,
Aber solcher, die palankin-überdacht
Weit draußen ihre Tage verbracht,
In Hongkong oder Singapor
(Ihr Diener Malaie halb, halb Mohr),
Und neben ihr plaudert ein junger Lord
Von Lachsfang im Stawanger-Fjord,
Alles albionmäßig abgestempelt,
Die Beinkleider unten umgekrempelt.

Es plätschert der Springbrunn, es duften die Blumen,
Fremd blicken die Bonnen und Kindermuhmen,
Noch fremder die Ammen; die Badekapelle
Spielt eben eine Wagnerstelle,
Lohengrin-Arie, jetzt laut, jetzt leis,
Die Damen schließen einen Kreis,
Und in den Kreis, auf den Schlag des Gong,
Tritt jetzt die Schönheit der Saison.
Ihr Aug' ist wie getaucht in Glut,
Rot ist ihr Kleid und rot ihr Hut,
Ein Hut, wie die Kirchenfürsten ihn tragen,
Breitkrempig, ein Schleier umgeschlagen,
Der Schleier *auch* rot – am Arme Korall'n,
Rot alles, worauf die Blicke fall'n,
Eine Römerin (flüstert man) soll es sein,
Andre sagen: aus Frankfurt am Main.

Und herwärts wogt es und wieder zurück,
Auf Wagner folgt ein ungrisch Stück,
Ein Tschardas, und auf dem bewässerten Rasen
Blitzt es wie von Goldtopasen;
Überirdisch, ein paradiesisch Revier,

Und die Frage kommt mir: »Was willst *du* hier?«
Eine Freiin grüßt mich... doch, wer sie nicht kennte,
Die Macht der höheren Elemente!

Nun ist die erste Woche dahin,
Verändert schon fühl' ich Herz und Sinn,
Und eh' eine zweite Woche vergangen,
Ist es nahzu vorbei mit meinem Bangen;
Mummenschanz alles und Fastnachtsorden,
Selbst der rote Hut ist mir komisch geworden,
Ob aus Rom oder Frankfurt – ich seh' in Ruh
Jetzt lieber dem Paukenschläger zu,
Der kränklich und mürrisch und doch begeistert
Auch Becken noch und Triangel meistert;
Zu Schemen ist plötzlich alles verschwommen,
Ich bin wieder zu mir selbst gekommen,
Und während mir Scheuheit und Demut entschlummern,
Zähl' ich mich zu den »besseren Nummern«.

ABER WIR LASSEN ES ANDERE MACHEN

Ein Chinese ('s sind schon an 200 Jahr)
In Frankreich auf einem Hofball war.
Und die einen frugen ihn: ob er das kenne?
Und die andern frugen ihn: wie man es nenne?
»Wir nennen es tanzen«, sprach er mit Lachen,
»Aber wir lassen es *andere* machen.«

Und dieses Wort, seit langer Frist,
Mir immer in Erinnerung ist.
Ich seh' das Rennen, ich seh' das Jagen,
Und wenn mich die Menschen umdrängen und fragen:
»Was tust du nicht mit? Warum stehst du beiseit'?«
So sag' ich: »Alles hat seine Zeit.

Auch die Jagd nach dem Glück. All derlei Sachen,
Ich lasse sie längst durch andere machen.«

KÖNIG KARL DER ZWEITE VON ENGELLAND

König Karl der Zweite von Engelland
Bei Mit- und Nachwelt in Ungunst stand;
In jedem Geschichtsbuch ist zu lesen,
Er sei durchaus vom Übel gewesen
Und habe das denkbar Schlimmste verbrochen:
Nie was Kluges getan, nie was Dummes gesprochen.

Ach König Karl von Engelland,
Einen kenn' ich, der hebt für dich die Hand,
Einen kenn' ich, der sich zu sagen erdreistet:
Du hast das denkbar Größte geleistet.
Denn immer zu tun, was klug und weise,
Wie sehr ich diese Kunst auch preise,
Sie muß ihr Auge doch niederschlagen
Vor der höheren Kunst, nie was Dummes zu sagen.

CONTENTI ESTOTE

Tieck, jung noch, kam zum alten Reil.
»Herr Geheimrat, ich leide schon eine Weil',
Eigentlich habe ich immer gelitten –
Ich möchte mir Ihren Rat erbitten.«

»Nun, lassen Sie hören, lieber Tieck,
Vielleicht Migräne, vielleicht Kolik?
Sie schütteln den Kopf. Vielleicht was am Herzen
Oder an der Leber? Haben Sie Schmerzen?«

»Nicht eigentlich das. Wohl mal, daß es sticht,
Aber wirkliche Schmerzen hab' ich nicht.«

»Sehr erfreulich. Und wenn ich's damit nicht traf,
Wie steht's mit der Hauptsach'? Wie steht's mit dem Schlaf?«

»In *dem* Punkt zähl' ich mich zu den Gesunden,
Ich schlafe doch mindestens meine neun Stunden.«

»Vortrefflich. So bleibt uns als letztes Gebiet
Nur noch die Verdauung; wie ist der Appetit?«

»Auch damit geht es; ich kann nicht klagen,
Ja, ich glaube, mein Bestes ist der Magen;
Oft wenn ich erschöpft bin – mit Freunden bei Tische,
Gleich hab' ich wieder die volle Frische.«

Da lachte boshaft der alte Reil.
»Lieber Tieck, mit Ihnen hat es nicht Eil',
Appetit und Schlaf und keine Schmerzen,
Da danken andere Gott im Herzen;
Ihre Krankheit ist nichts als ein krankhaft Verlangen,
Es ist Ihnen immer zu gut gegangen:
Ein bißchen mehr Sorge bei schmalerem Brote,
Das fehlt Ihnen, Freund. *Contenti estote.*«

IN MEMORIAM NICOLAI

Verhaßt ist mir alle Philisterei,
Weiß mich auch leidlich davon und frei,
Nur den unbedingten Begeistrungsschritt
In Sachen der Kunst, den mach' ich nicht mit –
Hab' ich's zu kalt, oder hab' ich's zu heiß,

So fühl' ich: auch Kunst hat ihren Preis.
Italien ... das Auge wird mir hell...
Bellin, Giorgione, Raffael,
Aber wenn ich durch schreckensvolle Nächte
Gekämpft mit dem Heerwurm höllischer Mächte –
Kann ich am Morgen, um anzubeten,
Nicht weihevoll vor die »Assunta« treten,
Dann schweigen in mir alle höh'ren Register,
Nicolai werd' ich und Urphilister,
Und tiefer als in das Grab des Busento
Versinkt mir das ganze Cinquecento.

VERZEIHT

Verzeiht den Anekdotenkram
Und daß niemals ich einen »Anlauf« nahm,
Auch niemals mit den Göttern grollte,
Nicht mal den Staat verbessern wollte,
Nicht mal mit »sexuellen Problemen«
Gelegenheit nahm mich zu benehmen.

Der faßt es so, *der* anders an,
Man muß nur wollen, was man kann;
Mir würde der Weitsprung nicht gelingen,
So blieb ich denn bei den näheren Dingen,
Drei Schritte bloß – – ich weiß, es ist nicht viel,
Aber Freude gibt jedes erreichte Ziel.

GESCHICHTSCHREIBUNG

»Bei hellem Tageslichte
Hab' ich es *anders* gesehn.«
»Gewiß. Geschichten und Geschichte
Wachsen und wechseln im Entstehn!«

IKARUS

Immer wieder dieselbe Geschichte:
Siege, Triumphe, Gottesgerichte.

Wem jeder Sprung, auch der kühnste, geglückt,
Der fühlt sich dem Gesetz entrückt,
Er ist heraus aus dem Alltagstrott,
Fliegen will er, er ist ein Gott;
Er fällt dem Sonnengespann in die Zügel –
Da schmelzen dem Ikarus die Flügel,
Er flog zu hoch, er stürzt, er fällt,
Ein neu Spektakelstück hat die Welt:
Eben noch zum Himmel getragen…
Apollo, zürnend, hat ihn erschlagen.

JA, DAS MÖCHT' ICH NOCH ERLEBEN

Eigentlich ist mir alles gleich,
Der eine wird arm, der andre wird reich,
Aber mit Bismarck – was wird das noch geben?
Das mit Bismarck, das möcht' ich noch erleben.

Eigentlich ist alles so so,
Heute traurig, morgen froh,
Frühling, Sommer, Herbst und Winter,
Ach, es ist nicht viel dahinter.
Aber mein Enkel, so viel ist richtig,
Wird mit nächstem vorschulpflichtig,
Und in etwa vierzehn Tagen
Wird er eine Mappe tragen,
Löschblätter will ich ins Heft ihm kleben –
Ja, das möcht' ich noch erleben.

Eigentlich ist alles nichts,
Heute hält's, und morgen bricht's,
Hin stirbt alles, ganz geringe
Wird der Wert der ird'schen Dinge;
Doch wie tief herabgestimmt
Auch das Wünschen Abschied nimmt,
Immer klingt es noch daneben:
Ja, das möcht' ich noch erleben.

MAN HAT ES ODER HAT ES NICHT

Nur als Furioso nichts erstreben
Und fechten, bis der Säbel bricht;
Es muß sich dir von *selber* geben –
Man hat es oder hat es nicht.

Der Weg zu jedem höchsten Glücke,
Wär' das Gedräng auch noch so dicht,
Ist keine Beresina-Brücke –
Man hat es oder hat es nicht.

Glaub nicht, du könnt'st es *doch* erklimmen
Und Woll'n sei höchste Kraft und Pflicht;
Was ist, ist durch Vorherbestimmen –
Man hat es oder hat es nicht.

DREIHUNDERTMAL

Dreihundertmal hab' ich gedacht:
Heute hast du's gut gemacht,
Dreihundertmal durchfuhr mich das Hoffen:
Heute hast du ins Schwarze getroffen,
Und dreihundertmal vernahm ich den Schrei

Des Scheibenwärters: »Es ging vorbei.«
Schmerzlich war mir's dreihundertmal –
Heute ist es mir egal.

FRITZ KATZFUSS

Fritz Katzfuß war ein siebzehnjähr'ger Junge,
Rothaarig, sommersprossig, etwas faul,
Und stand in Lehre bei der Witwe Marzahn,
Die geizig war und einen Laden hatte,
Drin Hering, Schlackwurst, Datteln, Schweizerkäse,
Samt Pumpernickel, Lachs und Apfelsinen
Ein friedlich Dasein miteinander führten.
Und auf der hohen, etwas schmalen Leiter,
Mit ihren halb schon weggetretnen Sprossen,
Sprang unser Katzfuß, wen die Mädchen kamen
Und Soda, Waschblau, Grieß, Korinthen wollten,
Geschäftig hin und her.
Ja, sprang er *wirklich*?
Die Wahrheit zu gestehn, *das* war die Frage.
Die Mädchen, deren Schatz oft draußen paßte,
Vermeinten ganz im Gegenteil, er »nöle«,
Sei wie verbiestert und durchaus kein »Katzfuß«.
Im Laden, wenn Frau Marzahn auf ihn passe,
Da ging' es noch, wenn auch nicht grad aufs beste,
Das Schlimme käm' erst, wenn er wegen Selter-
Und Sodawasser in den Keller müsse,
Das sei dann manchmal gradzu zum Verzweifeln,
Und wär' er nicht solch herzensguter Junge,
Der nie was sage, nie zu wenig gebe,
Ja, meistens, daß die Wagschal' überklappe,
So wär's nicht zu beleben.
Und nicht besser
Klang, was die Herrin selber von ihm sagte,

Die Witwe Marzahn. »Wo der dumme Junge
Nur immer steckt? Hier vorne *muß* er flink sein,
Doch soll er übern Hof und auf den Boden,
So dauert's ewig, und ist gar Geburtstag
Von Kaiser Wilhelm oder Sedanfeier
Und soll der Stock' raus mit der preuß'schen Fahne
(Mein sel'ger Marzahn war nicht für die deutsche),
Fritz darf nicht 'rauf – denn bis Dreiviertelstunden
Ist ihm das Mind'ste.«
So sprach Witwe Marzahn.
Und kurz und gut, Fritz Katzfuß war ein Rätsel,
Und nur das Eine war noch rätselvoller:
Daß, wie's auch drohn und donnerwettern mochte,
Ja, selbst wenn Blitz und Schlag zusammenfielen,
Daß Fritz nie maulte, greinte, wütend wurde;
Nein, unverändert blieb sein stilles Lächeln
Und schien zu sagen: »Arme Kreaturen,
Ihr glaubt mich dumm, *ich* bin der Überlegne.
Kramladenlehrling! *Eure* Welt ist Kram,
Und wenn ihr Waschblau fordert oder Stärke,
Blaut zu, so viel ihr wollt: *Mein* Blau der Himmel.«

So ging die Zeit, und Fritz war wohl schon siebzehn;
Ein Oxhoft Apfelwein war angekommen
Und lag im Hof. Von da sollt's in den Keller.
Fritz schlang ein Tau herum, und weil die Hitze
Groß war und drückend, was er wenig liebte,
So warf er seinen Shirting-Rock beiseite,
Nicht recht geschickt, so daß der Kragenhängsel
Nach unten hing. Und aus der Vordertasche
Glitt was heraus und fiel zur Erde. Lautlos.
Fritz merkt' es nicht. Die Witwe Marzahn aber
Schlich sich heran und nahm ein Buch (das war es)
Vom Boden auf und sah hinein: »Gedichte.
Gedichte, erster Teil, von Wolfgang Goethe.«

Zerlesen war's und schlecht und abgestoßen
Und Zeichen eingelegt: ein Endchen Strippe,
Briefmarkenränder, und als dritt' und letztes
(Zu glauben kaum) ein Streifen Schlackwurstpelle,
Die Seiten links und rechts befleckt, befettet,
Und oben stand, nun was? stand »Mignonlieder«,
Und Witwe Marzahn las: »Dahin, dahin
Möcht' ich mit dir, o mein Geliebter, ziehn.« –
Nun war es klar. Um so was träg und langsam,
Um Goethe, Verse, Mignon.
Armer Lehrling.
Ich weiß dein Schicksal nicht, nur eines weiß ich:
Wie dir die Lehrzeit hinging bei Frau Marzahn,
Ging mir das *Leben* hin. Ein Band von Goethe
Blieb mir bis heut mein bestes Wehr und Waffen,
Und wenn die Witwe Marzahns mich gepeinigt
Und dumme Dinger, die nach Waschblau kamen,
Mich langsam fanden, kicherten und lachten –
Ich lächelte, grad so wie *du* gelächelt,
Fritz Katzfuß, du mein Ideal, mein Vorbild.
Der Band von Goethe gab mir Kraft und Leben,
Vielleicht auch Dünkel … All genau dasselbe,
Nur andres Haar und – keine Sommersprossen.

DIE GESCHICHTE VOM KLEINEN EI
(Märkisches)

Die Gräfin und ihr fünfzehnjähriger Sohn,
Auch zwei Komtessen halb erwachsen schon,
Sie sollen fort, bis Capri, bis Sorrent,
Und wenn zu heiß es dann vom Himmel brennt,
Dann rasch zurück nach Schweiz und Interlaken,
Denn mit *poor* Alfred hat es einen Haken:
Er hustet – und so viel hängt an dem Jungen,
Und wenn's das Herz nicht ist, so sind's die Lungen.

An fährt die Kutsche. Vor dem Erdgeschoß
Stehn sieben Koffer, einer ein Koloß,
Und was von Hausgesind' das Schloß umfängt,
Es hat voll Eifer sich herangedrängt.
Ein alter Diener (Erbstück) in Gamaschen
Bringt immer neue Plaids und Reisetaschen,
Die Kammerjungfer schluchzt, der Kandidat
Gibt für Verona seinen Reiserat
Und mahnt ein wenig schelmisch die Komtessen,
Das »Grab der Julia« ja nicht zu vergessen;
Ernst aber steht am Schlag der alte Graf –
Ob ihn der Abschied allzu schmerzlich traf?
Er hält nicht viel von Bahn- und Gasthofstreiben,
Ich glaube fast, ihm paßt's, zu Haus zu bleiben;
Daneben aber tut er, was er muß:
Er spart nicht Händedruck, nicht Abschiedskuß,
Klappt in die Höh der Kutsche Lederdach,
»A rivederci!« ruft er ihnen nach –
Er hatte sich sprachlustig mitbeschäftigt,
Als sich die Damen für Sorrent gekräftigt.

Nun sind sie fort. Im Vorflur ist es warm,
Der Graf ergreift des Kandidaten Arm
Und sagt, in heitrem Auf- und Niederschreiten:
»Ja, lieber Porst, nun kommen schlimme Zeiten,
Der Doktor hat von Ende Herbst gesprochen,
Das gibt für Sie sehr lange Ferienwochen,
Vielleicht *zu* lang'; *ich* muß im Reichstag sein,
Dann sitzen Sie hier mutterwind allein;
Ich weiß nicht, ob Stillsitzen Ihnen paßt,
Dreivierteljahr, die Länge hat die Last;
Ich für mein Teil, ich hätte nichts dagegen,
Wenn Sie sich ausruhn woll'n und etwas pflegen,
Vielleicht zu Haus, in Vaters Försterei
Mit Stadt- und Kloster-Lindow dicht dabei.«

»Verzeihn, Herr Graf, indessen steht's bei *mir* –
Trotz Elternhaus, ich bleib' am liebsten hier;
Ich hab' hier meine Bücher, meine Sachen,
Will, wenn es sein kann, meinen Doktor machen;
Hab' auch Verkehr hier, alt' und junge Leute,
Den Pastor morgen und den Lehrer heute,
Kann mit dem Gärtner pflanzen und begießen,
Kann mit dem Jäger einen Hasen schießen,
Und kommt's zum Schlimmsten, geh' ich in den Krug,
Bestell' ein Seidel mir und rede klug,
Wie man's so tut, von Rüben und von Raps –
Der Krüger freilich ist halb Taps, halb Flaps,
Allein die Frau, die geht, die kann ich leiden,
Ist jedenfalls die Klügre von den beiden,
Ein bißchen *nach* sich, sparsam und genau,
Doch immerhin 'ne nette märk'sche Frau.«

»Nun, lieber Porst, mir recht. Und 's wird schon gehn –
Nur immer 'n bißchen nach dem Rechten sehn;
Und wenn im Reichstag mal ein Ruhtag ist,
So komm' ich, und wir haben unsern Whist;
Man muß sich schließlich auch einmal was gönnen,
Und unser Dritter – nu, der wird schon können.«

Und so kam Mai. Der Fink im Walde schlug,
Porst ging spazieren oder saß im Krug,
Meist plaudernd mit des Krügers muntrer Frau
Von Margarine, Butter, Mastviehschau,
Von Wollmarkt und wie gut der Roggen stünde –
Das ew'ge Klagen sei doch fast 'ne Sünde.
»Das find' ich auch und sag' es jeden Morgen;
Die Wirtschaft, ach, ich hab' ganz andre Sorgen,
Die Jungen wachsen 'ran, die richt'gen Rangen,
Mit unserm Willem is nichts anzufangen:
Der Jung' is faul, für gar nichts hat er Sinn –

Ganz wie sein Vater dröhmt er bloß so hin –
Und 's Rechnen wird ihm alle Tage schwerer –
Ich habe schon gedacht... vielleicht der Lehrer?«

»Wohl möglich, Frau; doch wie's damit auch sei,
Da hilft sich's schon ohn' große Hexerei,
Latein, Geschichte werd' *ich* mit ihm treiben –
Kann er denn schon 'nen deutschen Aufsatz schreiben?
Und wenn auch nicht, so viel versprech' ich Ihnen,
Er soll, zum mind'sten, nicht drei Jahre dienen.«

Und wie versprochen, gleich am andern Tag
Tritt Porst ins Zimmer, mit dem Glockenschlag;
Und weiter so – nie läßt er lange warten –
Er kommt mit Zumpt, mit Lexikon und Karten,
Und was das Best' (im Busen wird es helle):
Der Junge kommt auch wirklich von der Stelle!
Lernt »Tabakspfeife«, »Bürgschaft«, Gellerts Fabeln,
Unregelmäß'ge Verben und Vokabeln,
Lernt *piper* und *papaver* und auf *is*
Was *masculini generis*.

Und eines Tages, nicht mehr allzu früh,
(... »er bleibt *zu* lange, gibt sich *zu* viel Müh«)
Erscheint beim Unterricht die Krügerin
Und stellt vor Porst 'nen Eierbecher hin,
'nen Eierbecher, drin ein kleines Ei,
Ganz klein, die dünne Schale schon entzwei.
Porst lächelt, nimmt's und ißt's in guter Ruh;
Die Krüg'rin lächelt auch, und sieht ihm zu.

*

Vergangen sind an zweiundzwanzig Jahr.
Der Kandidat Konsistorialrat war,
Hofprediger, Generalsuprintendent,

Ein großer Stern am preuß'schen Firmament.
Und heut vom Königsschloß her, klar und munter
Kommt er den breiten Opernplatz herunter,
Und an der neuen Wache, glau und schlau,
Wer will an ihm vorbei? – die Krügersfrau.

Die Schritte hemmt er. »Ei, Frau Krüg'rin, ei,
Hübsch stillgestanden, nicht so stolz vorbei!
Was macht der Mann? Was ist im Schlosse los?
Der Graf, ich weiß, war letzthin in Davos;
Und Willem; wenn nicht avanciert er ist,
Der ist nun wohl schon lange Reservist?«

»Gott, Gott! mir zittern ordentlich die Knie,
Herr Kandidat, jetzt erst erkenn' ich Sie,
Sonst war Ihr Rock so weit und so bequem,
Sie sind nicht mehr so spillrig wie vordem.
Und was mein Mann, mit *dem* wird's immer schlimmer,
Er sitzt so rum und raucht und schläft noch immer;
Uns' Willem aber, *dem* geht's gut genug,
Wir sind im Altenteil, *er* hat den Krug;
Vorm Haus die Linde hat er eingeschient,
Und hat auch wirklich nur *ein* Jahr gedient.
Gott, manchmal denk' ich noch an all die Sachen,
's mußt' Ihnen doch 'ne rechte Freude machen;
Die Gräfin kam ja Neujahr erst zurück,
Da war das mit dem Willem doch ein Glück,
Und gab ein bißchen doch für Sie zu tun,
Statt so den ganzen Tag sich auszuruhn.
Und einmal, als die Stunde schon vorbei...
Sie nicken... ach, Sie wissen schon... das Ei«

LUREN-KONZERT

In Kopenhagen, groß und gesperrt,
Am Saal-Eingange stand: *Luren-Konzert*.

Und an meinen Gastfreund jener Tage
Richte voll Neugier ich die Frage:
»Sage, was meint das? Bis Fausts Lemuren
Reicht es gerade. Doch was sind Luren?«

»Luren, in Tagen der Goten und Geten,
Hießen unsre Nordlands-Trompeten,
Hörner waren's, von sieben Fuß Länge,
Schlachtruf waren ihre Klänge,
Die Luren, lange vor Gorm dem Alten,
Übers Moor und über die Heide schallten...
  Wo der Steindamm sich hinzieht, stieben die Funken.
  In den Sumpf ist Roß und Troß versunken,
  Und versunken unter die Binsen und Gräser
  Waren zuletzt auch die Lurenbläser.

Da lagen sie. Bis zu zweitausend Jahren
Sind Nebel und Wind drüber hingefahren,
Eines Tages aber grub man, und Schwert und Knauf
Und die Luren auch stiegen wieder herauf,
Herauf aus dem Moorgrund unterm Rasen,
Und auf diesen Luren wird heute geblasen.«

Ein tret' ich. Im Saal, an Estrad' und Wand,
Sitzen schöne Frauen, die Fächer in Hand;
Luftig die Kleider, kokett die Hüte,
Vorn an der Brust eine Heidekrautblüte,
So sitzen sie da; Lorgnon und Gläser
Richten sich auf die Lurenbläser.

Das sind ihrer drei. Blond-nordisch ihr Haar,
Keiner über dreißig Jahr,
An die Brüstung jetzt sind sie herangetreten,
Hoch heben sie langsam ihre Trompeten,
Und die Luren, so lang' in Tod gebunden,
Haben aufs Neue Leben gefunden.

Es fallen die Schwerter, es klappen die Schilde,
Walküren jagen, es jagt Brunhilde,
Von der Toten hochaufgetürmtem Wall
Aufwärts geht es nach Walhall.

Und nun verklingt es; die Köpfe geneigt,
Lauscht noch alles, als alles schon schweigt.

Draußen am Eingang, groß und gesperrt,
Las ich noch einmal: *Luren-Konzert.*

FIRE, BUT DON'T HURT THE FLAG!

Konsul Cunningham, an die dreißig Jahr
Ist er im Amt schon in Tulkahuar.

Ein chilenischer Tag heut; stahlblau die Luft,
Von Westen her weht es wie Meeresduft,
Und auf Cunninghams Hause, leis und lind,
Englands Flagge spielt im Wind.

Jetzt aber, ein Windstoß setzt eben ein,
Klingt's die Straße herauf wie von Lärmen und Schrei'n,
Soldaten und Volk (»ist der Teufel los«)
Und inmitten des Haufens ein brit'scher Matros.

An schwillt das Gelärm, und als näher es kam,
Auf die Straße hinaus tritt Cunningham,
Engländer der Alte, von Kopf zu Zeh,
Glatt, rosig, sein spärliches Haar wie Schnee,
Dazu, nach britischem Brauch und Geschmack,
In weißem Gilet und schwarzem Frack.

Trommeln wirbeln, die Pfeife gellt,
Und als der Zug vor dem Hause jetzt hält,
Der Matrose tritt vor: »Herr, bin in Not,
Erbarmt Euch, sie schleppen mich in den Tod,
Chilenisch Volk, es klagt mich an,
Ich sei der Mörder, *ich* hätt' es getan;
Ein andrer führte Stoß und Stich,
Unschuldig bin ich, rettet mich!«

Ein Murmeln, ein Murren. Noch hält der Hauf,
Konsul Cunningham steigt auf das Flachdach hinauf,
Auf dem Flachdach oben, leis und lind,
Englands Flagge spielt im Wind;
Die läßt er herab jetzt – um Schulter und Frack
Schlingt er ruhig bedächtig den Union-Jack,
Dann wieder treppabwärts: »Nun laßt uns gehn.
Ich will dich begleiten. Wir wollen sehn.«

Und draußen, auf dem Hügel von Sand,
In des Todes Aug' der Matrose stand,
Peloton tritt vor, schon schlagen sie an,
Da, über den verlornen Mann
Wirft der Konsul das Flaggtuch: »Nun schieße, wer mag;
Fire, but don't hurt the flag!«

Da senken die Gewehre sich still,
Keiner, der es wagen will.

Wann kommt auch für uns der goldne Tag:
Fire, but don't hurt the flag!

DIE BALINESENFRAUEN AUF LOMBOK

Unerhört
Auf Lombok hat man sich empört,
Auf der Insel Lombok die Balinesen
Sind mit Mynheer unzufrieden gewesen.

Und die Mynheers faßt ein Zürnen und Schaudern:
»Aus mit dem Brand, ohne Zögern und Zaudern!«
Und allerlei Volk, verkracht, verdorben,
Wird von Mynheer angeworben,
Allerlei Leute mit Mausergewehren
Sollen die Balinesen bekehren.
Vorwärts, ohne Sinn und Plan;
Aber auch planlos wird es getan:
Hinterlader arbeitete gut,
Und die Männer liegen in ihrem Blut.

Die Männer. Aber groß anzuschaun
Sind da noch sechzig stolze Fraun,
All eingeschlossen zu Wehr und Trutz
In eines Buddha-Tempels Schutz.
Reichgekleidet, goldgeschmückt,
Ihr jüngstes Kind an die Brust gedrückt,
Hochaufgericht't eine jede stand,
Den Feind im Auge, den Dolch in der Hand.

Die Kugeln durchschlagen Trepp' und Dach –
»Wozu hier noch warten, feig und schwach?«
Und die Türen auf und hinab ins Tal,
Hoch ihr Kind und hoch den Stahl

(Am Griffe funkelt der Edelstein),
So stürzen sie sich in des Feindes Reihn.
Die Hälfte fällt tot, die Hälfte fällt wund,
Aber jede will sterben zu dieser Stund,
Und die Letzten, in stolzer Todeslust,
Stoßen den Dolch sich in die Brust.

Mynheer derweilen, in seinem Kontor,
Malt sich christlich Kulturelles vor.

AUF DER KUPPE DER MÜGGELBERGE
(Semnonen-Vision)

Über den Müggelsee setzt mich der Ferge.
Nun erklettr' ich die Müggelberge,
Mir zu Häupten rauschen die Kronen
Wie zu Zeiten der *Semnonen*,
Unsrer Urahnen, die hier im Eichwaldsschatten
Ihre Gottheitsstätten hatten.

Und die Spree hinauf, an Buchten und Seen,
Seh' ich wieder ihre Lager stehn,
Wie damals beim Aufbruch. Tausende ziehn
Hin über die Dahme … Der Vollmond schien.

Am Eierhäuschen hebt es an:
Eine Vorhut, etliche dreißig Mann,
Ein Bardentrupp folgt von Friedrichshagen,
Wo noch jetzt Nachkommen die Harfe schlagen,
Bei Kiekemal und bei Kiekebusch
Blasen Hörner den Abschiedstusch;
Auf Flößen kommen andre geschwommen,
Haben den Weg bis Schmöckwitz genommen,
Bis Schmöckwitz, wo, Wandel der Epochen,

Jetzt Familien Kaffee kochen.
Aus der »Wuhlheide« treten, wirr und verwundert,
Geschwindschritts immer neue Hundert,
Und bei Woltersdorf und am Dämeritz-See
Sammelt sich schon das *Corps d'armée*.

Jetzt aber – der Dämeritz ist überschritten –
An des Zuges Ausgang und inmitten
Erblick' ich Mädchen, erblick' ich Fraun,
Alle thusneldisch anzuschaun,
Alle mit Butten, alle mit Hucken,
Draus blond die kleinen Germanen kucken –
So ziehen sie südwärts mit Kiepen und Kobern,
Von der Müggel aus die Welt zu erobern.

NEUESTE VÄTERWEISHEIT

Zieh nun also in die Welt,
Tue beharrlich, was dir gefällt,
Werde keiner Gefühle Beute,
Meide sorglich arme Leute,
Werde kein gelehrter Klauber,
Wissenschaft ist fauler Zauber,
Sei für Rothschild statt für Ranke,
Nimm den Main und laß die Panke,
Nimm den Butt und laß die Flunder,
Geld ist Glück, und Kunst ist Plunder,
Vorwärts auf der schlechtsten Kragge,
Wenn nur unter großer Flagge.
Pred'ge Tugend, pred'ge Sitte,
Millionär ist dann das dritte,
Quäl dich nicht mir »wohlerzogen«.
Vorwärts mit den Ellenbogen,
Und zeig jedem jeden Falles:
»*Du* bist nichts, und *ich* bin alles.«

LAND GOSEN

Oft hör' ich: »Unsre gute Stadt
Augenscheinlich eine Verheißung hat,
Der Himmel, der uns so hegt und pflegt,
Hat uns alles wie vor die Türe gelegt.

Ja, ja, wir haben es leicht und bequem:
Im Brieselang Eichen, in Glindow Lehm,
Im Rauen Kohlen, in Linum Torf,
Kalkgeschiebe bei Rüdersdorf,
Im Grunewald Schwarzwild, Hirsch und Reh,
Spargel *en masse* bei Halensee,
Dill und Morcheln und Teltower Rüben,
Oderkrebse hüben und drüben,
Auf dem Hohen Barnim Fetthammel-Herden
(Werden mit nächstem Southdowns werden),
Königshorster Butter, in Sperenberg Salz,
Im Warthebruch Gerste, Graupen und Malz,
In Kienbaum Honig, im Havelland Milch,
In Luckenwalde Tuch und Drillch,
Bei den Werderschen Kirschen und Aprikosen
Und bei Potsdam ganze Felder von Rosen.
Nichts entlehnt und nichts geborgt,
Für Großes und Kleines ringsum gesorgt,
Und gesorgt vor allem auch (und nicht schlecht)
Schon für unser kommendes Geschlecht –
Des sind uns Gewähr unsre lieben, strammen
Und fast unmöglichen Spreewaldsammen.

SPÄTES EHESTANDSGLÜCK

Neben mir an, ein Mann im Staat,
Wohnt ein alter Geheimerat.
Er hat, nachdem er durch Stürme gesteuert,
Mit sechzig noch eine Witwe geheuert,
Wirtin und Plättfrau war sie gewesen,
Die hat er klug sich auserlesen;
Es geht nun schon ins dritte Jahr –
Nie zuvor er so glücklich war.

Briefe zu Neujahr will heut er schreiben.
Eisblumen blühen ihm an den Scheiben,
Draußen ein helles Silvesterwetter,
Und er schreibt in Kursivschrift: »Lieber Vetter,
Du hast dich, gleich mir, aus Wellen und Wogen
Der ›höh'ren Justiz‹ zurückgezogen,
Von deinem Königsstuhle zu Rhense
Zogst du nach Treptow an der Tollense,
Hinter dir liegt die Welt des Scheins,
Und so fehlt deinem Glücke nur noch eins:
Nimm auch ein Weib (aber von den gelinden,
In Treptow wirst du dergleichen finden).
Ich bin dir in solchem Unterfangen
Mit gutem Beispiel vorangegangen.
Und glaube mir – kann ich doch jetzt vergleichen –
Man siegt nur noch in diesem Zeichen.

Gestatte mir, dir ein Bild zu geben
Von meinem früh'ren und jetzigen Leben.

Ich hielt es aufrichtig mit Schelling und Hegel,
Jetzt bin ich für Pankow, Schönhausen, Tegel,
Ich hielt es früher mit Wieland und Herder,

Jetzt bin ich für Sacrow und Pichelswerder,
Sonst macht' ich vor Goethe die tiefsten Diener,
Jetzt bin ich für Putlitz, Moser, Lubliner.
O lern auch du hinter derlei Sachen
Ein großes Fragezeichen machen
Und empfang am Tage der Grogs und Pünsche
Zunächst meine herzlichsten Neujahrswünsche,
Dazu den Zuruf, der immer frommt:
›Isolan, Ihr kommt spät, jedoch Ihr kommt.‹«

WURZELS
(Berliner Ehedialoge)

»Wurzel, wir wollen nun an die See,
Heute (als letztes noch) koch' ich Gelee,
Friederike bleibt und sorgt für Torf,
Ich denke: wir gehen nach Heringsdorf.«

»Ahlbeck.«

»Wurzel, mit Hermann wird es nun Zeit,
Alles hier draußen ist freilich so weit,
's Gymnasium auch (und täglich zweimal),
Aber mit Pferdebahn ist es egal,
Ich denke mir also: Joachimstal.«

»Steglitz.«

»Wurzel, der Winter ist nun bald da,
Mir graut schon vor dem Gesellschaftstrara,
Aber was hilft es (sie reden schon),
Also Scherzers, Kopisch, Liliencron
Und vielleicht die Familie Levysohn...«

»Meyers.«

»Wurzel, du bleibst doch, wie du bist,
Ein Igel an dir verloren ist,
In der Tanzstund', als Bräutigam und nun ehlich
Immer gleich aufbäumsch und unausstehlich;
Mag man sich noch so den Kopf zerbrechen,
Du widersprichst, um zu widersprechen,
'ne Scheidung gibt es schließlich *doch*!«

»Ich denke mir, du besinnst dich noch.«

WAHL

Du hast die Wahl nur zwischen zwei'n:
Du mußt *frère-cochon* oder – einsam sein!

BEIM LESEN EINER SPRUCHSAMMLUNG

Wie wohl mir's tut,
Daß nicht alles gut;
Ist alles nett,
So stickt man im Fett.

BRITANNIA AN IHREN SOHN JOHN BULL

»Sohn, hier hast du meinen Speer,
Nimm dir viel und dann noch mehr;
Daß die Meere dir gehören,
Brauch' ich dir nicht erst zu schwören,
Aber auch die Terrafirmen
Mußt du Christi will'n beschirmen,

Christi will'n und *cottons* wegen,
Our Navy gibt den Segen.
Denk und woll' es nie vergessen:
Wo sie jetzt noch Menschen fressen
Und in ihren nackten Leibern
Tanzen mit noch nacktern Weibern,
Auch an solchen schlimmsten Stellen
Braucht man nächstens sieben Ellen.
Endlich muß die Stunde schlagen,
Wo auch *diese* Hosen tragen,
Und auf hundert Hosenpaare
Kommen fünfzig Missionare,
Nebenher wird Gold gegraben –
Andre mögen andres haben,
Andre mögen andres nehmen,
Und du darfst es nicht verfemen,
Wenn am Nordpol sie versaufen
Oder auch bloß Schlittschuh laufen.«

DIE ALTEN UND DIE JUNGEN

»Unverständlich sind uns die Jungen«
Wird von den Alten beständig gesungen;
Meinerseits möcht ich's damit halten:
»Unverständlich sind mir die Alten.«
Dieses am Ruder bleiben Wollen
In allen Stücken und allen Rollen,
Dieses sich unentbehrlich Vermeinen
Samt ihrer »Augen stillem Weinen«,
Als wäre der Welt ein Weh getan –
Ach, ich kann es nicht verstahn.
Ob unsre Jungen, in ihrem Erdreisten,
Wirklich was Besseres schaffen und leisten,
Ob dem Parnasse sie näher gekommen

Oder bloß einen Maulwurfshügel erklommen,
Ob sie, mit andern Neusittenverfechtern,
Die Menschheit bessern oder verschlechtern,
Ob sie Frieden sä'n oder Sturm entfachen,
Ob sie Himmel oder Hölle machen –
Eins läßt sie stehn auf siegreichem Grunde:
Sie haben den Tag, sie haben die Stunde;
Der Mohr kann gehn, neu Spiel hebt an,
Sie beherrschen die Szene, *sie* sind dran.

ARM ODER REICH

»Sagen Sie, sind Sie dem lieben Gold
In der Tat so wenig hold,
Blicken Sie wirklich, fast stolz, auf die Hüter
Aller möglichen irdischen Güter,
Ist der Kohinoor, dieser ›Berg des Lichts‹,
Ihnen allen Ernstes nichts?«

So stellen zuzeiten die Fragen sich ein,
Und ich sage dann »ja« und sag' auch »nein«.

Wie meistens hierlandes die Dinge liegen,
Bei dem Spatzenflug, den unsre Adler fliegen
(Nicht viel höher als ein Scheunentor),
Zieh' ich das Armsein entschieden vor.

Dies Armsein ist mir schon deshalb genehmer,
Weil für den Alltag um vieles bequemer.
Von Vettern und Verwandtenhaufen
Werd' ich nie und nimmer belaufen,
Es gibt – und dafür will Dank ich zollen –
Keine Menschen, die irgend was von mir wollen,
Ich höre nur selten der Glocke Ton,

Keiner ruft mich ans Telephon,
Ich kenne kein Hasten und kenne kein Streben
Und kann jeden Tag mir selber leben.

Und doch, wenn ich irgend etwas geschrieben,
Das, weil niemand es will, mir liegen geblieben,
Oder wenn ich Druckfehler ausgereutet,
Da weiß ich recht wohl, was Geld bedeutet,
Und wenn man trotzdem, zu dieser Frist,
Den Respekt vor dem Gelde bei mir vermißt,
So liegt das daran ganz allein:
Ich finde die Summen hier immer zu klein.

Was, um mich herum hier, mit Golde sich ziert,
Ist meistens derartig, daß mich's geniert;
Der Grünkramhändler, der Weißbierbudiker,
Der Tantenbecourer, der Erbschaftsschlieker,
Der Züchter von Southdownhammelherden,
Hoppegartenbarone mit Rennstallpferden,
Wuchrer, hochfahrend und untertänig –
Sie haben mir alle viel viel zu wenig.

Mein Intresse für Gold und derlei Stoff
Beginnt erst beim Fürsten Demidoff,
Bei Yussupoff und bei Dolgorucky,
Bei Sklavenhaltern aus Süd-Kentucky,
Bei Mackay und Gould, bei Bennet und Astor –
Hierlandes schmeckt alles nach Hungerpastor –
Erst in der Höhe von Van der Bilt
Seh' ich *mein* Ideal gestillt:
Der Nil müßte durch ein Nil-Reich laufen,
China würd' ich meistbietend verkaufen,
Einen Groß-Admiral würd' ich morgen ernennen,
Der müßte die englische Flotte verbrennen,
Auf daß, Gott segne seine Hände,

Das Kattun-Christentum aus der Welt verschwände.
So reich sein, *das* könnte mich verlocken –
Sonst bin ich für Brot in die Suppe brocken.

BILDER UND BALLADEN

I. Nordisches

NORDISCHE KÖNIGSNAMEN

»... Da (so heißt es in hochgelahrten Schriften)
Begann das heillose *Beinamen*stiften;
Statt Zahlen, die klarer doch und reeller,
Kam Anceps, Finkler, Vogelsteller,
Kam Löwe, Rotbart. Und gar nicht lange,
Gab's einen »mit der gebissenen Wange«,
Dazwischen, blasphemisch und wie zum Spott,
Sogar einen Heinrich Jasomirgott.
So ging es in Deutschland. Anderswo
War's, wenn nicht schlimmer, ebenso;
Geschmacklos war die ganze Zeit,
Und die *Dänen* waren die Führer im Streit.
Thyra Dänentrost oder »Danebod«,
Erik Seelensgut oder »Eiegod«,
Erik Hasenfuß oder Laufgeschwind,
Erik Lamm, Erik Pommer, Erik Kind,
Erik Pflugpfennig, Erik Pfaffentort,
Erik Mendved oder Manneswort,
Erik Glipping, der mit den Wimpern glippt,
Erik Kipping, der die Münzen kippt,
Ein Glück, daß der Eriks nicht mehr gewesen,
Wir würden sonst noch viel Schlimmeres lesen.«
So die Hochgelahrten, die Weisen und Alten.
Ich kann es für so schlimm nicht halten;
Geschicht' und Dichtkunst sind zweierlei Zünfte,

Mir gefällt nicht der »Erste«, der »Dritte«, der »Fünfte«.
Zahlen und wieder Zahlen bloß
Scheinen mir tot und charakterlos.
Ragnar Pechhos' und Iwar Klaftergriff
Haben schon andern Schneid und Schliff,
Harald Blauzahn und Rolf Krake der Zwerg
Helfen schon anders über den Berg,
Swend Gabel- und Hakon Borkenbart,
Das sind Namen nach meiner Art,
Fleckauge, Schönhaar, Sigurd Ring,
Alles schon ein ander Ding,
Gorm Grymme, Frede Harde-Schnut,
Olaf Hunger vor allem gefällt mir gut,
Und zum letzten: Olaf Kragebeen –
Tretet vor und verneigt euch und laßt euch sehn.

HAKON BORKENBART
(Fragment)

Der König Hakon Borkenbart
Hat Roß und Ruhm, hat Waff' und Wehr
Und hat allzeit zu Krieg und Fahrt
Viel hohe Schiff' auf hohem Meer;
Es prangt sein Feld in Garben,
Er aber prangt in Narben,
In Narben von den Dänen her.

Es wallt im Wind sein graues Haar,
Er liebt die Schlacht und liebt den Wein,
Doch nie, trotz seiner siebzig Jahr,
Ward ihm zu Sinn, als müss' er frein;
Heut zieht er aus in Sorgen:
Er liebt Schön-Ingeborgen,
Des Königs Sala Töchterlein.

Schon grüßt ihn fern so Turm wie Schloß,
Und lächelnd plötzlich blickt er drein;
Er spricht herab von seinem Roß:
»Und bin ich alt, so mag ich's sein!
Und wär' ich alt zum Sterben,
Auch Ruhm und Narben werben,
Und werben gut wie Jugendschein.«

GORM GRYMME

König Gorm herrscht über Dänemark,
Er herrscht die dreißig Jahr,
Sein Sinn ist fest, seine Hand ist stark,
Weiß worden ist nur sein Haar,
Weiß worden sind nur seine buschigen Brau'n,
Die machten manchen stumm;
In Grimme liebt er drein zu schaun –
Gorm Grymme heißt er drum.

Und die Jarls kamen zum Feste des Jul,
Gorm Grymme sitzt im Saal,
Und neben ihm sitzt, auf beinernem Stuhl,
Thyra Danebod, sein Gemahl;
Sie reichen einander still die Hand
Und blicken sich an zugleich,
Ein Lächeln in beider Auge stand –
Gorm Grymme, was macht dich so weich?

Den Saal hinunter, in offner Hall',
Da fliegt es wie Locken im Wind,
Jung-Harald spielt mit dem Federball,
Jung-Harald, ihr einziges Kind,
Sein Wuchs ist schlank, blond ist sein Haar,
Blau-golden ist sein Kleid,

Jung-Harald ist heut fünfzehn Jahr,
Und sie lieben ihn allbeid'.

Sie lieben ihn beid'; eine Ahnung bang
Kommt über die Königin,
Gorm Grymme aber, den Saal entlang
Auf Jung-Harald deutet er hin,
Und er hebt sich zum Sprechen – sein Mantel rot
Gleitet nieder auf den Grund:
»Wer je mir spräche ›er ist tot‹,
Der müßte sterben zur Stund.«

Und Monde gehn. Es schmolz der Schnee,
Der Sommer kam zu Gast,
Dreihundert Schiffe fahren in See,
Jung-Harald steht am Mast,
Er steht am Mast, er singt ein Lied,
Bis sich's im Winde brach,
Das letzte Segel, es schwand, es schied –
Gorm Grymme schaut ihm nach.

Und wieder Monde. Grau-Herbstestag
Liegt über Sund und Meer,
Drei Schiffe mit mattem Ruderschlag
Rudern heimwärts drüber her;
Schwarz hängen die Wimpel; auf Brömsebro-Moor
Jung-Harald liegt im Blut –
Wer bringt die Kunde vor Königs Ohr?
Keiner hat den Mut.

Thyra Danebod schreitet hinab an den Strand,
Sie hatte die Segel gesehn;
Sie spricht: »Und bangt sich euer Mund,
Ich meld' ihm, was geschehn.«
Ab legt sie ihr rotes Korallengeschmeid

Und die Gemme von Opal,
Sie kleidet sich in ein schwarzes Kleid
Und tritt in Hall' und Saal.

In Hall' und Saal. An Pfeiler und Wand
Goldteppiche ziehen sich hin,
Schwarze Teppiche nun mit eigener Hand
Hängt drüber die Königin,
Und sie zündet zwölf Kerzen, ihr flackernd Licht,
Es gab einen trüben Schein,
Und sie legt ein Gewebe, schwarz und dicht,
Auf den Stuhl von Elfenbein.

Ein tritt Gorm Grymme. Es zittert sein Gang,
Er schreitet wie im Traum,
Er starrt die schwarze Hall' entlang,
Die Lichter, er sieht sie kaum,
Er spricht: »Es weht wie Schwüle hier,
Ich will an Meer und Strand,
Reich meinen rot-goldenen Mantel mir
Und reiche mir deine Hand.«

Sie gab ihm um einen Mantel dicht,
Der war nicht golden, nicht rot,
Gorm Grymme sprach: »Was niemand spricht,
Ich sprech' es: Er ist tot.«
Er setzte sich nieder, wo er stand,
Ein Windstoß fuhr durchs Haus,
Die Königin hielt des Königs Hand,
Die Lichter loschen aus.

HARALD HARFAGER

Da sprach König Harald (Harfager zubenannt):
»Wißt, ich habe Boten an Rynhild ausgesandt,
An Rynhild, Blaatands Tochter. Und ziehet sie morgen ein,
Unter meinen Frauen allen soll fortan auch Rynhilde sein.«

Sprach es König Harald. Und auf und ab im Saal
Im Schlosse zu Drammen saßen die Großen allzumal,
Und dazwischen in lachender Jugend und wie Kinder anzuschaun
Saßen blond und stolz und glücklich Harald Harfagers neunundzwanzig Fraun.

Und als der König gesprochen, alles flüsterte leis,
Aber plötzlich schwieg das Flüstern, Olaf Thureson trat in den Kreis,
Olaf Thureson, Haralds Bote. Vor den König tritt er und spricht:
»Ich bringe Rynhilds Antwort, Rynhilden aber bring' ich nicht.

»In der Marmorhalle zu Roskild, meine Botschaft zu hören bereit,
Stand sie, Korallen im Goldhaar, an König Blaatands Seit',
Längst war ihr Kunde gekommen, um wessentwill' ich kam,
Und sie lachte, dieweil sie die Spange wie spielend von ihrem Arm nahm.

»König Harald ist Herr über Norweg, über Norwegs Frauen auch,
Aber euer Brauch in Drammen ist nicht in Roskilde Brauch,
Und liebt' ich ihn, wie ich ihn hasse, meine Liebe hätte nicht Eil',
Ein ganzes Herz will Rynhilde, nicht eines Herzens dreißigsten Teil.«

Olaf Thureson sprach's. Wie Freude zuckt's um die Lippe der Fraun,
Aber rot auf Haralds Stirne war das Zornesmal zu schaun,
Er rief: »Und wirken nicht Worte, so wirke denn das Schwert,
Noch nie hat König Harald ein Königskind umsonst begehrt.«

Und er stieg hinab zum Strande. Segelfertig Schiff um Schiff;
Am ersten Tage vorüber an Skagens Horn und Riff,
Am zweiten: Neben und Windstill', alle Segel schlaff und matt,
Aber sieh, mit Ruderschlage geht es süderwärts in das Kattegatt.

Und am dritten Tag ein Windstoß und zerrissen die Nebelschlei'r,
Und am blauen Himmel die Sonne. »Die Sonne, die schickt uns Frej'r.
Frej'r will den Weg uns zeigen.« Und mit Waffenklirrn an Bord
Und bei Kriegshörnerblasen läuft Harald ein in Roskilde-Fjord.

Hoch oben aber am Saaltor, auf der Treppe von Roskild,
In Ruhe steht König Blaatand und neben ihm Rynhild,
Und sie zählen die Nordlandsschiffe, hundert Segel fast –
Am Bug steht König Harald. Kriegswimpel flattern hoch am Mast.

»Krieg bringt er!« Aber plötzlich ... welch Wunder, das Wandel schuf,
Es schweigt das Waffenklirren, und es schweigt der Schlachtenruf,
Es schweigt der Hörner Blasen – nur Zimbeln und Schalmein:
»Harald kommt nicht, um zu fechten, Harald kommt, um minniglich zu frein.«

Und sieh, hinan die Stufen steigt er und beugt sein Knie:
»König Blaatand, deine Tochter, in Demut werb' ich um sie,
Meinen Stolz hat sie bezwungen. Und meiner Krone Glanz,
Ich will ihn *teilen* mit Rynhild. Aber mein Herze hat sie *ganz.*«

OLAF KRAGEBEEN

Olaf Kragebeen blickt auf Land und See:
»Stawanger-Fjord liegt noch im Schnee,
Schnee die Felsen und Schnee die Bucht,
Und doch ist der Winter schon auf der Flucht,
Von Westen weht's – einen Frühlingston,
Ich fühl' ihn in Luft und Sonne schon,
Und das Meer ein Spiegel ... Steig' ich zu Schiff?

Überrasch' ich den Feind auf Kongens-Kliff?
Ihr, meine Räte zu Land und See,
Schreibt euren Rat mir in den Schnee,
Laßt mich eure Zeichen erspähn,
Ihr, meine Weisen, ihr meine *Krähn.*«

Und kaum gerufen, so sind sie da,
Setzen sich um ihn, fern und nah,
Aber was er auch lockend tu',
Keine, keine hüpft auf ihn zu,
Wenden sich all, ihrer Füße Spur,
Abgewandt, rückwärts führt sie nur,
Rückwärts hüpfen sie Schritt um Schritt:
»Krähen, nehmt ihr das Glück mir mit?«

Und als er so sprach und als er so sann,
Erik Jarl, sein Freund, tritt an ihn heran:
»König Olaf, der Däne spielt um sein Glück,
Im Öresund hielt's ihn nicht länger zurück,
Aus der Kjöge Bucht, aus dem Wassersack,
Ist er hinaus ins Skager-Rak,
Hundert Schiffe führt er, zehnhundert an Bord –
Auf, Olaf, auf, aus Stawanger-Fjord!«

Und der König steigt hinab an das Meer,
Seine Krähen kreischen um ihn her,
Er hört nicht mehr ihr schrill Geschrei.
»Erik Jarl«, so spricht er, »*du* bist mit dabei,
Du folgst. Ich führe den ersten Stoß,
Und wankt der Däne, so brichst du los;
Ihr letztes Schiff, es muß in den Grund,
Nichts darf heim in den Öresund.«

Sprach es. Und als den Feind er sah,
In goldener Rüstung stand er da;

Zu Füßen ihm, des Reiches Stolz,
Lag der Runenbogen aus Eschenholz,
Der stärkste Bogen in Norderland,
Keiner spannt ihn, nur Olafs Hand.

Und in des Feindes gedoppelte Reihn
Olaf Kragebeen fährt jetzt mitten hinein;
Erik Jarl, wohl folgt er – doch nicht zum Stoß,
Zum vernichtenden, löst er von Olaf sich los,
Neben dem Feinde legt er bei:
»*Das* also, Krähen, war euer Geschrei.
Verrat und durch *ihn*! Aber sei's... Wohlan,
Der Däne galt nichts, *jetzt* erst hebt's an,
Norweg gegen Norweg. Erik Jarl, wirf gut,
Laß sehn, wer die besten Würfe tut.«

Und er nahm den Bogen, als wär' es ein Spiel,
Auf seine Rüstung die Sonne fiel,
Er spannte den Bogen mit aller Kraft,
Klirrend zerbrach der Eschenschaft,
Und hüben und drüben klang es zugleich:
»Zerbrochen der Bogen, zerbrochen das Reich.«

Olaf Kragebeen aber, des Schiffes Mast
Hält sein Arm nicht länger umfaßt,
Er schreitet bis zu des Schiffes Bug,
Statt der Krähen umschwirrt ihn ein Möwenzug,
Immer dichter flattert es um ihn her:
»Weiße Wogenkinder, euch sendet das *Meer*,
Es ruft mich – mein Glück einst, nun mein Grab.«
Und in goldener Rüstung stieg er hinab.

SWEND GABELBART

Swend Gabelbart, über Sund und Belt
Er siegreich das Zepter von Dänemark hält,
Seine Schiffe von Insel zu Insel ziehn,
Unterworfen ist Wendland und Julin,
Und nun gen Westen, über das Meer
Jagt er, der Schrecken vor ihm her;
In die Themsemündung fährt er ein,
Ganz London ist ein Feuerschein.
Und nun zu Roß und nun zu Hauf
Essex und Norfolk zieht er hinauf,
Und mit Zechgenossen und Kumpanei
Reitet er ein in Sankt Edmunds-Abtei.

Da sitzen sie nun die Hall' entlang,
Aus der Kirche klingt frommer Mönche Gesang.
»Was soll das Geplärr uns?« Und in die Kapell'n
Swend Gabelbart läßt seinen Marstall er stell'n,
Er mag sie nicht hören, die Litanein,
(Lärm und Gewieher, so soll es sein,)
In der Rosse Gestampf erlischt der Chor,
Swend aber lacht: »*Die* tun's euch zuvor!
Schüttet Hafer auf Sankt Edmunds Truh,
Er selber nickt euch den Segen dazu.«

Sankt Edmund, an schwarz-goldener Wand,
Hall' aufwärts in seiner Nische stand.
Einst war er König. Ein mattes Licht
Umspielt ihn flackernd; Swend aber spricht:
»Sankt Edmund, du schufst hier Kirch' und Abtei,
Dein Land, es ging verloren dabei,
Nun stehst du da, trägst mönchisch Gewand,
Hältst wie zum Spott ein Schwert in der Hand,

Ein *zerbrochen* Schwert, wenn recht ich seh'.
Und doch, o König, warst König du *je*,
Du tätest jetzt ab deine Todesruh
Und kämst als ein Rächer auf mich zu,
Und ob zerbrochen auch dein Schwert,
Es wäre dir doch des Kampfes wert –
Aus dieser Hall' hier, aus diesem Haus,
Auch mit *stumpfem* Schwerte triebst du mich aus.
Nie warst du König. Trotz Reif und Kron',
Ein Mönchsbild warst du bei Lebzeit schon.«

Swend Gabelbart schwieg. Im Kreise rundum
Ward es so still und ward es so stumm,
In der Nische das Licht immer düsterer brennt.
Da steigt es herab vom Postament,
Und tapp und tapp, in steinernem Schuh,
Auf Swend Gabelbart schreitet Sankt Edmund zu,
Vor streckt er sein zerbrochen Schwert:
»Nun, Swend, laß sehn, wer besser bewehrt.«
Aus des Königs Aug' ein Entsetzen spricht,
Er schlägt nach dem Schwert, *sein* Schwert zerbricht;
Das stumpfe Schwert, es traf ihn gut,
Swend Gabelbart liegt in seinem Blut.
Näher klingt der Mönche Gesang –
Sie tragen den Toten die Hall' entlang.

WALDEMAR ATTERDAG

Und Waldemar (König Christophers Sohn),
Im Dome zu Ringstedt nahm er die Kron',
Nun führt er die Herrschaft mit kluger Hand
Über Dänemark-Meer und Dänemark-Land;
Nie faßt ihn Jähzorn, nie treibt ihn Eil',
»Erst wägen, dann wagen« – »Eile mit Weil'.«

Und ob es zur Tat ihn auch drängen mag,
Auf den *andern Tag* schiebt er's: »Atterdag.«

Und er fährt gen Jütland. Auf Schloß Aarhuus
Harrt er auf Huldigung und Gruß,
Auf Gruß des Adels. Der hält sich zurück;
Einer nur sprengt über die Brück':
»Um Gott, König Waldemar, auf und flieh,
In hellen Haufen kommen sie,
Sie zürnen dir schwer, weil du zubestimmst
Dem Bauer all das, was dem Adel du nimmst,
Sehstedt führt sie; von Viborg her
Kommen dreihundert oder mehr.
In den Sattel, König, und flieh und jag
Hin über die Heide.« … »Atterdag.«

Und ein Jahr und ein Tag, und auf Schloß Helsingör
Im Landsthing sitzt er und gibt Gehör;
Um ihn her seine Räte; da stürmt in den Saal
Erik Swensen, sein erster Admiral.
»Eile dich, König. Zu dieser Stund'
Fahren die Lübischen in den Sund,
Zwischen Insel Amak und Hveen
Sind siebenundzwanzig Segel zu sehn,
An der Spitze die ›Seekuh‹, ihr bestes Schiff –
Greif zu, wie dein Vater einst sie griff.
Sie kommen wie Räuber. Nach Gut und Blut
Dürsten sie. Zertritt ihre Brut,
Vernichte sie mit einem Schlag.«
»Erst wägen, dann wagen… Atterdag.«

Und wieder ein Jahr, und auf Schloß Wordingborg
In Stille sitzt er und doch in Sorg',
In Sorg' um Heilwig. Auf seinem Sinn
Lastet die schöne Königin.

Es heißt, sie sei krank, ohne Schlaf ihre Ruh,
Aber ein Kämmerling flüstert ihm zu:
»Der Königin Krankheit ist Lug, ist Schein,
Sten Sture geht lachend aus und ein,
Er ist noch ein Knabe, noch halb ein Kind,
Das lieben die Frauen, wie Frauen sind.
Auf, Waldemar, stör ihre Lust, ihre List,
Zeige, daß du der König bist,
Überrasche Schön-Heilwig, erforsche sie, frag!«
»Es würde sie töten... Atterdag.«

Und die Jahre gehn, und in Roskild-Abtei
Todkrank liegt Waldemar, Gott steh' ihm bei,
Sein Blick ist erloschen, fahl sein Gesicht,
Erzbischof Ansgar aber spricht:
»Alle Sünde, die dich quält und brennt,
Es löscht sie Beicht' und Sakrament,
Und willst du dein Gewissen still'n,
Hier bin ich, sprich deinen letzten Will'n;
Unsre Kirch' ist arm, wer sie speist und tränkt,
Des auch die Kirch' in Liebe gedenkt.
Dein Spruch war immer: Eile mit Weil',
Aber jetzt eilt es mit deinem Heil,
Säen ist ernten und Opfer Ertrag;
Säe, König.«
»Atterdag.«

ADMIRAL HERLUF TROLLES BEGRÄBNIS

»Herluf Trolle fiel. Der Tod trat ihn an,
An Bord, auf der Höhe von Pommern,
Wir hatten keinen beßren Mann,
Keinen Tapferern, keinen Frommern.«

*

Und am dritten Tage, die Flagge Halbmast,
Bei Nestved, an Seelands Küste,
Landeten sie die geliebte Last,
Der Tag ging eben zu Rüste.

Landeten ihren Admiral,
Und in ein Bahrtuch geschlagen,
Haben sie, rastend ein einzig Mal,
Ihn bis Herlufsholm getragen.

Einen Boten sandten sie meldend voraus,
Und als in den Schloßhof sie schritten,
Die Witwe stand vor dem Trauerhaus
In ihrer Frauen Mitten.

Am Eingange stand sie, grüßte den Zug,
Aufrecht und ungebrochen.
Und der Erste (der das Bahrtuch trug)
Trat vor und hat gesprochen:

»Was geschehen, wir sandten die Meldung dir,
Eh' den Weg wir selber gingen,
Seine Seel' ist frei, seine Hüll' ist hier,
Du weißt, wen wir dir bringen.

An der pommerschen Küste, vor Pudagla-Golm,
Um den schwankenden Sieg uns zu retten,
So fiel er. Nun, Herrin von Herlufsholm,
Sage, wohin wir ihn betten.

Betten wir ihn in den Totensaal
Von Thorslund oder Olafskirke?
Betten wir ihn in Gjeddesdal
Unter der Trauerbirke?

Betten wir ihn in die Kryptkapell'n,
In Roskilde, Leire, Ringstede?
Sage, Herrin, wohin wir ihn stell'n,
Eine Ruhstätt' für ihn hat jede.

Jeder Kirche gab er, um was sie bat,
Altäre, Türme, Glocken,
Und jede, wenn sie hört, ›er naht‹,
Wird in Leide frohlocken.

Eine jede ladet ihn zu sich ein
In ihrer Pfeiler Schatten.«
Da sprach seine Witwe: »*Hier* soll es sein,
Hier wollen wir ihn bestatten.

Wohl hat er hier keine Kirche gebaut –
Die stand schon hundert Jahre –
Hier aber, als Herluf Trolles Braut
Stand ich mit ihm vorm Altare.

Vor demselben Altar, auf selbem Stein
Steh' er wieder in aller Stille,
Nichts soll dabei gesprochen sein
Als: Herr, es geschehe dein Wille.

Morgen aber, eh' noch der Tag erstand,
In seinen Kirchen allen,
Weit über See, weit über das Land
Soll'n alle Glocken erschallen.

Und zittert himmelan die Luft,
Als ob Schlachtendonner rolle,
Dann in die Herlufsholmer Gruft
Senken wir *Herluf Trolle*.«

DER WETTERSEE

Die Sonne sinkt in den Wettersee;
Da steigt – mit dem Neck und der Wasserfee –
Von Gold und Rubin, aus des Seees Gruft,
Ein Schloß an die abendgerötete Luft.

Der Mond geht auf, und es blassen Rubin
Und Gold zu Silber und Aquamarin,
Und hervor aus dem Schloß und hinaus zum Tanz
Lockt die Nixen der Mondesglanz.

Teichrosen flechten sie, draußen im Saal,
Um Stirn und Nacken sich allzumal,
Als bangte jede, des Mondes Licht
Selbst könne bräunen ihr Angesicht.

Dann schlingen sie Tänze, dann tönt ihr Gesang
Zu Neckens melodischem Saitenklang,
Bis blasser das scheidende Mondlicht blinkt
Und Schloß und Neck und Nixe versinkt.

*

Nun baut ihren finstern Palast die Nacht,
Da heult es im Walde, da knickt es und kracht –
Ihren Renner, zottig und grau,
Reitet zur Tränke die Heidefrau.

Ihr Roß ist ein Wolf, schnell wie der Wind,
Blindschleichen die Zügel des Renners sind,
Eine Natter ist Peitsche, ein Igel ist Sporn,
So jagt sie herbei durch Dickicht und Dorn.

Wetteifernd funkelt das Katzengrau
Der Augen von Wolf und Heidefrau,
Man sieht, bei solchem Blitzen und Sprühn,
Die lechzende Zunge des Wolfes glühn.

Er trinkt aus dem See, dann lenkt er den Schritt,
Und am Ufer entlang geht der nächtliche Ritt,
Bis früh am Morgen, statt Neck und Fee,
Fischer durchfurchen den Wettersee.

DER WENERSEE

Mit dem Meergott kämpften heißer die Giganten
einst denn je;
Siegreich, aus des Nordmeers Armen, rissen sie den
Wenersee,
Bauten, zwischen Sohn und Vater, einen länderbreiten
Damm,
Stellten vor das Tor, als Wächter, einen ganzen
Felsenkamm.

Oft erfaßt den See ein Zittern tiefer Sehnsucht, und er
lauscht,
Wenn's wie fernes Meeresbrausen in den Tannengipfeln
rauscht,
Beim Geheul der Wölfe wähnt er, daß die Windsbraut
nahe sei,
Und im heisren Lied des Hähers hört er nur der Möwe
Schrei.

Frühling wird's, und dreißig Ströme zahlen plötzlich ihm
Tribut,
Dreißig Ströme, die sonst meerwärts niederstürzten ihre
Flut,

Mit der Wasser Steigen steigt auch das Gefühl ihm seiner Kraft,
Und dem Freiheitsdrang gesellt sich jetzt der Zorn ob seiner Haft.

Hoch schon überragt der Spiegel seiner Flut den Riesendamm,
Zwischen ihm und seiner Heimat hebt sich nur der Felsenkamm –
Da, in siegessichrem Mute, ruft er: »Vater, meine Hand
Streck' ich dir noch heut entgegen durch das felsbewachte Land.«

Und der dreißig Ströme jeden schleudert er als Wurfgeschoß
Auf den Wächter und zertrümmert Haupt und Glieder dem Koloß,
Den gewalt'gen Rumpf des Felsens überschäumt sein Wasserschwall,
Und zum ersten Mal zur Tiefe donnert der Trolhättan-Fall.

In dem Riesendamme wühlt er sich mit leichter Müh ein Bett,
Und das Meer kommt ihm entgegen, und sie graben um die Wett'.
Jauchzend reichen Sohn und Vater zum Willkommen sich die Hand,
Felsenglieder, wie Trophäen, decken rings umher das Land.

GULBRANDSDAL

Die Felsen sind steil, die Schlucht ist schmal,
Der Snöhättan blickt auf Gulbrandsdal.

Und weht es im Sommer heiß und schwül,
So halten die Felsen den Talgrund kühl,
Und starrt es im Winter hoch oben von Eis,
So sprudeln unten die Quellen heiß,
Herbststürme ziehen darüber hin,
Nur Frühling und Friede wohnen darin,
Kein Fieber schleicht, keine Krankheit geht um,
»Tal des Lebens« heißt es drum.

Und die Menschen im Tal verlassen es nie,
Zu hohen Jahren kommen sie,
Keine Last, keine Sorge beugt ihre Gestalt,
Sie werden weiß, aber sie werden nicht alt.

Und drei Lebelang sehen dem Leben sie zu,
Da sind sie müd' und verlangen nach Ruh,
Und sie rufen den Tod, der aber spricht:
»*Ihr* müßt kommen, *ich* komme nicht.«

Und sie steigen hinauf. Und zum ersten Mal,
Um zu *sterben*, lassen sie Gulbrandsdal.

II. Englisch-Schottisches

HASTINGSFELD

14. Oktober 1066. (Nach dem Alt-Englischen)

König Harald, Boten sandt' er aus
An die Küste, die sollten erkunden,
Ob Herzog Wilhelm und sein Heer
Den Weg übers Meer gefunden.

Und am dritten Tag, der Nebel lag
Übers Land in breiten Schichten,
Da waren die Boten wieder daheim,
Und der eine begann zu berichten:

»Die Klippe von *Hastings*, wohl war sie steil,
Und das Meer, wohl hat es gebrandet –
Vergebens die Brandung, vergebens der Stein,
Herzog Wilhelm ist gelandet.

Seine Rüstung ist wie von Silber und Gold,
Sein Antlitz ist wie von Eisen –
Aber sein Heer, dem schlottern die Knie,
Das wird fliehn und den Rücken uns weisen.

Seine Ritter sehn hohl und hager drein,
Wie in mönchisch Grübeln verloren,
Sie haben nicht Kinn- und nicht Backenbart,
*Sind alle geschabt und geschoren.**

* They were all shaven and shorn.

Im ganzen Normannenlager gibt's
Nur Beten und Messesingen,
Das ganze Heer ist ein Priesterheer,
Und du wirst es im Spiele bezwingen.«

König Harald aber, er sah vor sich hin,
In finstres Sinnen verloren;
Dann sprach er: »Ich weiß, sie fechten wie wir,
Obwohl sie *geschabt und geschoren.*«

VON DER SCHÖNEN ROSAMUNDE
(Romanzen-Zyklus)

Rosamunda – Rosa mundi
(Rosamundes Grabschrift)

Erstes Kapitel
Wie König Heinrich Rosamunden findet

Der König Heinrich jagt im Wald
Mit Hof- und Jagdgesinde,
Es führt sein Ritt ihn alsobald
Auf eine weiße Hinde,
Und nach, durch Ginster und durch Porst,
Spornt er sein Roß, bis tiefer Forst
Das Tier in Schutz genommen.

Des Weges bar, durch Strauch und Dorn
Lenkt Heinrich jetzt den Schecken
Und ruft Hallo und stößt ins Horn,
Um Gegengruß zu wecken;
Wohl hört er, wie das Birkhuhn schwirrt,
Wie über ihm die Taube girrt,
Doch nichts von Hornesklängen.

Der Tag ist heiß. Es weht kein Hauch,
Und Roß und Reiter dürsten,
Kein Quell ist da, kein Brombeerstrauch
Beut seine Frucht dem Fürsten;
Der denkt wohl: »Wenn ich Wasser hätt',
So wahr ich ein Plantagenet,
Ich wög' es auf mit Golde.«

Da schnaubt sein Scheck, und noch einmal,
Wie wenn er Obdach wittert –
Und sieh, ein Schloß im Sonnenstrahl
Hell durch die Zweige zittert.
Schon halten Roß und Mann davor,
Und gastlich öffnet sich das Tor
Dem ungekannten Ritter.

Und in die Hall' voll Waffenprunk
Ist Heinrich jetzt getreten
Und hat um Wasser, einen Trunk,
Den Graubart drin gebeten;
Der aber spricht: »An Cliffords Schwell'
Labt man den Gast mit andrem Quell –
Schaff Wein uns, Rosamunde!«

Und alsobald die junge Maid
Ergreift die güldnen Kannen,
Sie grüßt den Gast in Sittsamkeit
Und schwebet leicht von dannen;
Ihr Haar ist blond, ihr Wuchs ist schlank,
Und Heinrich weiß der Irrfahrt Dank
Um solchen Findens willen.

Und jetzund wieder in den Saal
Tritt sie nach kurzem Gange,
Rot glüht der Wein im Goldpokal,

Und rot glüht ihre Wange;
Sie beut den Trunk mit Sitten dar,
Dem König aber wird fürwahr,
Als hätt' er schon getrunken.

Und als er trinkt, da trinkt er nicht
Mit Lippe nur und Kehle,
Da trinkt sein Aug' ihr Angesicht
In seine tiefste Seele;
Und eh' die Maid sich abgewandt,
Ergreift er ihre weiße Hand,
Zum Danke sie zu küssen.

Da schau, von Simses Stuck und Kalk,
Gespornt an jedem Hacken,
Schießt Rosamundens Edelfalk
Auf seiner Herrin Nacken;
Er bläht sich auf in Tück' und Trutz
Und hebt den Sporn zu Schirm und Schutz,
Voll Eifersucht im Herzen.

Doch ob er zürnt und ob er wetzt,
Den Kühnen zu verjagen –
Die Hand, sein Todfeind küßt sie jetzt
Trotz seiner Flügel Schlagen;
Schön Rosamunde schenkt ihm ein,
Und selig blickt der König drein,
Wie nie in seinem Leben.

Und auch dem Alten wird so warm,
An hebt ein tapfres Zechen,
Es zuckt ihm schier durch Herz und Arm,
Als sollt' er Lanzen brechen;
Den Goldpokal, er stampft ihn auf,
Als wär's ein alter Degenknauf,
Und Blut statt Wein im Becher.

Der König schaut's und lohnt ihm drauf
Mit festlichen Turnieren,
Und gibt noch Schlachten in den Kauf
Mit Schotten und mit Iren;
Und wie so Strauß an Strauß sich drängt,
Da wohl an jedem Worte hängt
Die schöne Rosamunde.

Der alte Clifford aber längst
Den Becher still umkrampfte,
Er hört's nicht mehr, wie Heinrichs Hengst
Den Douglas einst zerstampfte;
Wohl aber, als der König schweigt,
Murrt er, sein Haupt in Gram geneigt:
»Daß einen Sohn ich hätte!«

Da auf vom Sitze springt sein Gast
Und ruft: »Der ist gefunden!
Gib mir das Kleinod, das du hast,
Die Hand von Rosamunden!
Zu gutem Schwert und gutem Roß
Ein junges Herz und altes Schloß,
Das ist es, was ich biete.«

Der Alte sieht sein Kind erglühn
Vor Scham und Freud' im Bunde;
Er weiß, wenn so die Rosen blühn,
Ward's Lenz im tiefsten Grunde.
So spricht er denn: »Mein Kind sei dein,
Und morgen soll die Hochzeit sein –
Wir brauchen keine Gäste!«

Zweites Kapitel
Wie König Heinrich Rosamunden gen Woodstock führt

Am dritten Tag, vor Cliffords Schloß
In abendlicher Stunde,
Hebt König Heinrich auf sein Roß
Die schöne Rosamunde.
Vom Priester gestern ward die Braut
Dem Ritter *Woodstock* angetraut –
So nannte sich der König.

Sie reiten in die Nacht hinein
Durch Tannenwald und Eichen,
Noch vor des Frührots erstem Schein
Schloß Woodstock zu erreichen.
Im Laube spielt des Mondes Licht –
Sie schaun sich still ins Angesicht
Und haben keine Worte.

Es regt sich nichts, nicht Blatt, nicht Ast,
Kein Ton von Nachtigallen,
Es glaubt das Ohr, es höre fast
Die Mondesstrahlen fallen;
So klar-durchsichtig ist die Luft,
Man sieht der Nachtviole Duft
Wie Wölkchen aufwärts steigen.

Der Wald, im Silberglanze, weckt
Des jungen Weibes Bangen,
Die Zweige hat er ausgestreckt,
Als wollt' er sie umfangen.
Sie denkt an manche alte Mär',
Und, ob im Zauberwald sie wär',
Wohl zuckt's durch ihre Seele.

Doch bald an Heinrichs Brust, so warm,
Wird bar sie jeden Kummers,
Und zwiefach ruht sie jetzt im Arm
Des Gatten und des Schlummers;
Mit Schleiern deckt der Mond sie zu,
Und Heinrich wacht ob ihrer Ruh,
Als gält' es seine Krone.

Sie träumt, und mit dem Rot der Scham
Schmückt ihr der Traum die Wangen,
Bis plötzlich, schneller als es kam,
Das Rot dahingegangen.
Sie zittert, windet sich und ringt,
Und aus der tiefsten Seele dringt
Es bang, wie Schrei des Todes.

Auf fährt sie jäh und starrt zur Seit',
Wie fremd auf ihren Gatten,
Bis vor der lichten Wirklichkeit
Entfliehn die Traumesschatten;
In Heinrichs Aug' ein selig Schaun
Löst bald ihr Bangen all und Graun
In Tränen auf und Lächeln.

»Mir träumte – spricht sie jetzt – ich ging
Im Walde Beeren naschen,
Auf flog ein bunter Schmetterling,
Dem folgt' ich, ihn zu haschen;
Mir war so froh, so leicht zu Sinn,
Ich lief nicht mehr, ich flog dahin,
Von Duft und Klang getragen.

Da plötzlich vor mir standest du,
Geschmückt mit goldner Spange,
Und neben dir, in satter Ruh,

Lag glitzernd eine Schlange;
Du schautest ängstlich, ob sie schlief,
Und sprachst dann leis: ›Ihr Schlaf ist tief –
O komm, daß ich dich küsse!‹

Noch hing, an Leib und Seele frisch,
Ich fest an deinem Munde,
Da hob, aufbäumend mit Gezisch,
Die Schlange sich vom Grunde;
Ihr Haupt glich einem bösen Weib,
Sie schlang um mich den Schuppenleib
Und drückte mich zu Tode.«

Wohl füllten sie mit Angst und Scheu
Des Bilds Erinnerungen,
Und als sie schweigt, da hält aufs neu
Den Gatten sie umschlungen;
Sie küßt ihn heiß, mit Allgewalt,
Doch Heinrichs Kuß ist eiseskalt,
Und seine Lippe zittert.

Und erst als Cliffords schönes Kind
Ihn wie aus Traum gerüttelt,
Da spricht er: »Laß, der Morgenwind
War's, der mich kalt durchschüttelt;
Doch schau, die Sonne kommt herauf,
Und dort das Schloß mit Turm und Knauf
Ist Woodstocks alt Gemäuer.«

Drittes Kapitel
Von der Königin Leonore

Des König Heinrichs Königin,
Die böse Leonore,

Sie starrt in finstrem Sinnen hin
Auf Towers Hof und Tore;
Sie sandte sieben Boten aus,
Doch keiner kehrte noch nach Haus,
Der sichre Kunde brächte.

Sie sandte sieben Boten aus,
Die sollten rings erkunden,
Ob wo, in eines Köhlers Haus,
Der König Schutz gefunden;
Doch hofft sie still, daß rot von Blut
Im tiefsten Waldesgrund er ruht,
Von Mörderhand erschlagen.

So hofft und träumt die Königin
An hohen Fensters Flügel
Und greift in ihrem stolzen Sinn
Schon nach der Herrschaft Zügel;
Wohl sagt sie sich: »Du hoffst zu viel!«
Doch ist das nur ein Gaukelspiel,
Um so das Glück zu kirren.

Da sprengt der Sieben einer vor,
Weiß von des Renners Schaume,
Und sieh, die böse Leonor'
Fäht auf aus ihrem Traume;
In tollem, aberwitz'gem Spott
Fleht, gotteslästernd, sie zu Gott
Um eine blut'ge Locke.

Der Diener naht, sein Herze freut
Sich arglos seiner Kunde:
»Der König lebt, ich sah ihn heut
In früher Morgenstunde.
Er hielt vor Woodstocks altem Schloß

Und hob ein blasses Weib vom Roß –
Ihr Haar war lang und golden.«

»Daß du an ihrem goldnen Haar
Im nächsten Walde hingest,
Du Schurke, der du lerchenklar
Dein Rabenliedlein singest!
Wer gab dir nur die freche Stirn,
Daß du der buhlerischen Dirn'
Vor Unsrem Ohr gedenkest!«

Und Rachepläne röten jetzt
Die Stirne ihr, die blasse;
All, was sie sinnt, ist wie gewetzt
An eifersücht'gem Hasse.
Scharf stechend fällt in ihren Saal
Die Sonne; jeden einzlen Strahl
Möcht' sie zum Stoße zücken!

»Doch nein, es fall' kein Tropfen Blut,
Kein nutzlos Blutvergeuden –
Sie lebe, lebe wohlgemut
All ihren süßen Freuden;
Doch nimmt sie je das Abendmahl,
Gedrückt von ihrer Sünden Zahl –
Mein Priester soll's ihr reichen.«

Sie spricht's und schlingt in stiller Lust
Die Fäden ohne Säumen,
Dieweil in Woodstock, Brust an Brust,
Noch ihre Opfer träumen:
Dort Frühling noch und Sonnenlicht,
Hier aber türmen hoch und dicht
Sich schon die Wetterwolken.

Viertes Kapitel
König Heinrich und Rosamunde in Woodstock

Schloß Woodstock ist ein alter Bau
Aus König Alfreds Tagen,
Man sieht es weithin stolz und grau
Die Tannen überragen;
Zu Füßen ihm ein Garten liegt,
Wie wohl ein blühend Kind umschmiegt
Das Knie des Ältervaters.

Der Garten ist an Blumen reich,
an Quellen und an Bronnen,
Und auf dem Rasen, teppichgleich,
Tanzt gern das Licht der Sonnen;
Doch finster an des Gartens Saum
Drängt sich urplötzlich Baum an Baum
Zu mächt'gem Forst zusammen.

In seine Tiefen glückt es nicht
Der Sonn' ihr Licht zu senden,
Nur knisternd durch die Zweige bricht
Der Hirsch von sechzehn Enden;
Scheu folgt das Elen seiner Bahn,
Und kreischend lockt der Auerhahn
Herab vom Tannengipfel.

Am Waldrand, in des Gartens Näh,
Ist eine offne Stelle:
Es glitzert dort, halb Teich, halb See,
Im Sonnenstrahl die Welle;
Viel Erlen stehn am Uferrand,
Und wo die Quelle küßt den Sand,
Da sprießen blaue Blumen.

Und hier im duft'gen Wiesengrund,
Wo Wald und See sich grüßen,
Da sitzt die schöne Rosamund
Zu König Heinrichs Füßen:
Es ruht ihr Haupt auf seinem Schoß,
Und ihre Augen, blau und groß,
Schaun lächelnd in die seinen.

Ein frischer Bronnen ist ihr Mund,
Und Heinrichs Lippen senken,
Wie Krüge, tief sich auf den Grund,
Um so sein Herz zu tränken;
Doch wie solch Trunk ihn auch erquickt,
Aus seinen Augen finster blickt
Von Zeit zu Zeit die Seele.

Das junge Weib, es bangt und blaßt
Vor seines Auges Schatten,
Und sie, ihr eignes Herz erfaßt
Der Trübsinn nun des Gatten;
Sie weint und ruft in bittrem Harm:
»Ist auch die Liebe selbst zu arm,
Ein *ganzes* Glück zu schaffen!

Was soll nur, Heinrich – spricht sie fort –
Der Ernst in deinen Zügen?
Sag, will mein schlichtes Liebeswort
Dir fürder nicht genügen?
Ach, als ich dir mein Herze gab,
Gab ich dir all mein Gut und Hab –
Ich hab' nichts mehr zu geben.«

Sie spricht's und sieh, ein Tropfen warm
Rollt über Heinrichs Wange,
Er preßt sie fester in den Arm

Und küßt sie heiß und lange;
Dann spricht er: »Was mir raubt die Ruh,
Du reines Herz, das bist nicht *du*,
Das ist mein bös Gewissen.«

Er legt sie auf den Blumenplan,
Und kniend vor der Armen
Ruft er: »Was ich dir angetan,
Des woll' sich Gott erbarmen!
Ich, der gefreit um deine Hand,
Bin König über Engelland
Und Leonorens Gatte.«

Da flieht die letzte Rose scheu
Von Rosamundens Wangen,
Der König aber hält aufs neu
Voll Inbrunst sie umfangen;
Laut ruft er: »So du kannst, vergib
Und sei mein Leben, sei mein Lieb,
So treu, wie ich dich liebe!«

Wohl durch die Tränen leuchtet da
Ihr Auge wie die Sonne:
Was immer sei, er liebt sie ja,
Und das allein ist Wonne.
Sie spricht: »Dein bin ich allezeit,
Und kostet's meine Seligkeit,
Es soll kein Tod uns trennen!«

Da heben ringsum alsobald
Die Vöglein an zu singen,
Es will das Rauschen in dem Wald
Wie Orgelton erklingen.
Der König still sein Liebchen preßt,
Und seiner Seele Hochzeitsfest
Hat nur der Wald vernommen.

Fünftes Kapitel
Wie König Heinrich gen London zieht

Noch blitzt die Sonne kaum ins Tal,
Auf Woodstocks Turm und Tannen,
Da zieht im ersten Morgenstrahl
Der König schon von dannen;
Ihn grüßend von des Söllers Rand
In weißem, flatterndem Gewand
Steht Cliffords schöne Tochter.

Wie Marmor leuchtet in die Au
Ihr Nacken, der entblößte,
Mit Perlen schmückt der Morgentau
Ihr Haar, das aufgelöste.
Sie blickt herab, er blickt hinauf,
Und jeder möcht' in heißem Lauf
Dem eignen Blicke folgen.

Wie ausgesetzte Schiffer bang
Am Felsenufer harren
Und auf das flücht'ge Schiff noch lang'
Sehnsücht'gen Auges starren –
So blickt vom Turm jetzt in den Wald
Auf Heinrichs schwindende Gestalt
Die schöne Rosamunde.

Er aber gleicht dem Schiffer gut,
Dem nichts das Auge feuchtet,
Solang' ihm noch durch Sturm und Flut
Des Liebchens Fenster leuchtet.
Nun aber wird's ihm bang fürwahr:
Noch einmal blitzt ihr goldnes Haar,
Es blitzt – und ist verschwunden.

Doch Waldesduft und Morgenschein
Sind keine Grillenfänger,
Und auch des Königs Traurigsein,
Sie dulden es nicht länger.
Tautropfen glänzen hier und dort,
Die Sonne sieht's und küßt sie fort –
Sie will heut keine Tränen.

Die Lerchen flattern her und hin,
Und Heinrich hört sie singen:
»Nur frischer Mut und froher Sinn
Darf in den Himmel dringen.«
Des Waldes Tauben girren laut:
»Ein Herz, das liebt und Gott vertraut,
Lacht wie die Maiensonne.«

Da denkt der König: »Sei gescheit
Und laß all trübes Sinnen!
Der Trennung Zeit ist böse Zeit,
Doch wird sie drum verrinnen.
Traun, wer nicht will von dannen gehn,
Der bringt sich selbst ums Wiedersehn –
All Leid hat seine Freude.«

Er denkt's; und als an Wald und Sumpf
Er jetzt vorübertrottet,
Da wähnt er wohl mit Stiel und Stumpf
Die Sorgen ausgerottet;
Manch Lied ihm aus der Kehle schallt –
Bis nun durch Londons Gassen hallt
Der Hufschlag seines Schecken.

Schon kauern rings die Häuser, dicht
Gehüllt in nächt'ges Dunkel,
Nur hier und dorten glüht ein Licht,

Wie bösen Aug's Gefunkel.
Das finstre Bild der Königin
Tritt da vor Heinrichs Seele hin
Und löscht die heitren Bilder.

Und alsobald durchklirrt sein Schritt
Des Towers Hof und Tore,
Und aus der Hall' entgegen tritt
Sein Weib ihm, Leonore.
Sie spricht und blickt ihn tückisch an:
»Willkomm, willkomm, Herr Jägersmann,
Nach manchem Tag willkommen!

Ich wett', du hast wie Ritter Jürg
Lindwurm und Molch getötet,
Zehn Meilen Forst, des bin ich Bürg',
Hast du mit Blut gerötet;
Wie, oder hätt' im Woodstock-Gau
Waldfräulein dich und Heidefrau
Bis diesen Tag bewirtet?«

Der König drauf: »Waldfräulein frisch,
Wohl hab' ich das gefunden,
Und Speis' und Trank von ihrem Tisch,
Die machten mich gesunden;
Doch frägst du nach dem Heideweib?
Ihr glühes Aug', ihr welker Leib
Ist andren Orts zu finden«,

Der König spricht's, ein leiser Spott
Fliegt über seine Züge;
Dann ruft er stolz: »Verhüt' es Gott,
Daß ich dich feig belüge!
Ich schulde dir nicht Treu noch Dank:
Waldfräulein blond, Waldfräulein schlank
Ist Cliffords schöne Tochter.«

Er spricht's, und als in Haß und Zorn
Jetzt ihre Augen blitzen,
Da ruft er laut: »Es soll kein Dorn
Je ungestraft sie ritzen!
Dein Blick ist Dolch, dein Wort ist Gift,
Und wenn des Himmels Blitz sie trifft –
Du stirbst, denn du bist schuldig!«

Der König spricht's; er tritt heran
Zu hohen Fensters Nische
Und zieht in langen Zügen dann
Die Nachtluft ein, die frische.
Sein Aug' ist trüb, sein Herz ist fern –
Hernieder blickt der Abendstern,
Wie Rosamundens Auge.

Sechstes Kapitel
Wie König Heinrich gen Frankreich zieht und was weiter geschah

Und Heinrich, sieben Tage lang
Hält's ihn in Londons Mauern;
Wohl mocht' ihm jeder Stunde Gang
Wie Lauf des Jahres dauern.
Nun aber hält's ihn länger nicht,
Und schüttelnd ab all Last und Pflicht,
Fliegt er zu Lohn und Liebe.

Daheim sein Thron und Herrscheramt
Ward Kerker ihm und Frone,
Nur hier, wo Seel' in Seele flammt,
Trägt Zepter er und Krone.
Hier ist er reich, dort ist er arm –
Ein einzig Herze, treu und warm,
Ist mehr als Erd' und Himmel.

So flieht die Zeit. Des Herbstes Näh
Färbt kaum die Bäume gelber,
Da kommt in seinem Kleid von Schnee
Auch schon der Winter selber;
Doch immerdar, wie Sturm auch tost,
Des Königs Ziel, des Königs Trost
Bleibt Woodstock allerwegen.

Und Frühling wird's: Schneeglöckchen nickt
Mit freundlicher Gebärde,
Das schüchtern stille Veilchen blickt
Blauäugig aus der Erde;
Und wie so drauß es grünt und blüht,
Da immer festre Kreise zieht
Schloß Woodstock um den König.

Heut aber trug ihn heim sein Roß,
Schon hält's im Tower stampfend,
Da sprengt ein Ritter durch das Schloß,
Vom langen Ritte dampfend;
Noch hemmt er kaum des Renners Lauf,
Da klingt es schon: »Auf, König, auf!
In Frankreich loht Empörung.«

Der König hört's, sein Streitroß wild
Besteigt er statt des Schecken,
Er läßt mit Schienen sich und Schild
Von Kopf zu Fuß bedecken;
Er stülpt den Helm auf sein Barett
Und steckt, als ein Plantagenet,
Den Busch davor von Ginster.

Der Hengst springt an, schon dröhnt und hallt
Der Hof von Rosseshufen,
Da seinen Diener, treu und alt,

Läßt König Heinrich rufen;
Herab vom Rosse spricht er laut:
»Gen Woodstock, eh' der Morgen graut,
Bring deines Königs Grüße.«

Er spricht's, und durch den Tower hin
Ist kaum er jetzt gezogen,
Da tritt glührot die Königin
Zurück von Fensters Bogen;
Sie hat des Gatten Wort erlauscht,
Und ihres Kleides Seide rauscht
Mitzürnend in ihr Murmeln.

Dann spricht sie laut: »Und will, Gesell',
Mein Gold dich nicht bestechen,
So gibt's im Wald manch gute Stell',
Um, was nicht biegt, zu brechen;
Kein Wörtlein von des Königs Gruß,
Noch, daß im fernen Land sein Fuß,
Darf je nach Woodstock dringen.

Wohl wie nach Speis' in Hungersnot
Wird sie nach Botschaft bangen,
Es soll kein Bröcklein Trostesbrot
Je zu ihr hin gelangen;
Ich bring' ein köstlich Gift ihr bei,
Das *Zweifelgift* an seiner Treu –
Das muß das Herz ihr brechen.«

Sie spricht's und schreitet durch den Saal
Und kann nicht Ruhe finden:
Sie sieht in Ungewißheits-Qual
Ihr Opfer schon sich winden;
Sie lacht: »Nun, Rosamunde fein,
Laß sehn, das wird ein Probestein
Für so ein Herz voll Liebe!«

Siebentes Kapitel
Wie Rosamunde hofft und harrt

Durch Woodstocks Laubengänge hin,
In heller Mittagsstunde,
Zieht nassen Aug's in trübem Sinn
Die schöne Rosamunde;
Sie tritt zu einer Ros' heran
Und pflückt sie und zerpflückt sie dann –
Ein Tropfen fällt hernieder.

Da plötzlich springt, den dürren Leib
Behängt mit schmutz'gen Loden,
Rasch in den Gang ein Bettelweib,
Als wüchs' es aus dem Boden;
Sie kreischt in widerlichem Ton:
»Gib nur die Hand, ich weiß es schon,
Du willst vom Liebsten wissen.«

Sie nimmt die Hand und drückt sie nun –
Auf schreit Schön-Rosamunde;
Die Alte murmelt: »Soll ich's tun?
Kein Lauscher in der Runde!«
Dann aber läßt die Hand sie frei
Und spricht wie mitleidsvoll: »Vorbei!
Betrogen, Kind, betrogen!«

Das Bettelweib, kaum daß sie's sprach,
Ist wieder sie verschwunden,
Schön-Rosamunde starrt ihr nach,
Gelähmt und schreckgebunden;
In Lüften eine Lerche singt –
Sie hört es nicht, im Ohre klingt
Das Sprüchel ihr der Hexe.

Achtes Kapitel
Ein Sturm

Der Sturm will jagen: auf fährt er vom Sitz
In seinem zerklüfteten Schlosse,
Er ruft seinen Diener, den flüchtigen Blitz,
Und schwingt sich jauchzend zu Rosse;
Dann probt er die Kraft seiner nervigen Hand
Und schleudert die Tanne, die vor ihm stand,
Gleich einem Ball in die Lüfte.

Die Jagd hebt an: vom Felsenhorst
Stürzt er mit klaffender Meute
Und spürt in Schluchten und Urwaldforst
Nach tausendjähriger Beute;
Von Norden her saust er und braust er heran,
Und jetzt durch Woodstocks mächtigen Tann
Schrillt seine gellende Pfeife.

Es ächzt und stöhnt der geschüttelte Wald –
Umsonst, ihn rettet kein Jammern!
Wie fest die Eiche sich klammert und krallt,
Zerbrochen werden die Klammern;
Und was von der Hand des Sturmes nicht fällt,
Das wird vom Speere des Blitzes zerspellt –
Tot liegen die Riesen des Waldes.

Und weiter geht es auf schnaubendem Roß,
Die Hufe stampfen und schlagen,
Verhängten Zügels an Woodstock-Schloß
Will er vorüber jagen:
Sieh, da stutzt er – an Söllers Rand
Steht ein Mädchen und hebt die Hand
Und ruft: »O komm, o rette!«

»O komm, o rette!« Er fängt es auf
Und trägt es fort in die Lüfte;
Mit Donnerstimme auf seinem Lauf
Ruft er's in Wälder und Klüfte;
Der schäumenden See jetzt schrillt er's ins Ohr,
Und die Wasser der Tiefe steigen empor
Und horchen: »O komm, o rette!«

»O komm, o rette!« An Frankreichs Strand
Gellt es der fliegende Reiter,
Die Städte hindurch, hin über das Land
Braust er weiter und weiter;
Da flattert's wie Linnen auf offenem Feld,
Und lauter an König Heinrichs Zelt
Ruft er: »O komm, o rette!«

Der König hört's, der rüttelnde Sturm
Entriß ihn finsterem Traume:
Er sah einen nagenden Totenwurm
An einem blühenden Baume –
Er denkt des Traumes und steigt zu Schiff,
Ihn kümmert nicht Woge, ihn kümmert nicht Riff,
Er hört nur: »Rette, rette!«

Neuntes Kapitel
Rosamundens Tod

In Woodstock-Forst, nach Sturmesnacht,
Herrscht wieder tiefes Schweigen,
Nur einzle Tropfen fallen sacht
Von Blättern jetzt und Zweigen;
Und leis nur durch die Wipfel zieht
Von Zeit zu Zeit ein Klagelied
Um die geliebten Toten.

Am Waldrand, in des Gartens Näh,
Ist eine offne Stelle:
Es glitzert dort, halb Teich, halb See,
Im Mondlicht jetzt die Welle;
Viel Erlen stehn am Uferrand,
Und wo die Welle küßt den Sand,
Da sprießen blaue Blumen.

Und hier im duft'gen Wiesengrund,
Wo Wald und See sich grüßen,
Da sitzt die schöne Rosamund'
Den Erlen jetzt zu Füßen;
Es ruht ihr Haupt auf feuchtem Moos,
Und ach, ihr Aug' ist tränenlos
Von vielem, vielem Weinen.

Wohin sie blickt, da wächst ihr Weh
Vor ihres Glückes Zeugen:
Nur tiefer müssen Wald und See
Die Tiefgebeugte beugen;
Und hier, wo Schwur um Schwur erscholl,
Durchzuckt sie's nun verzweiflungsvoll:
»Belogen und betrogen!«

Gen Himmel starrt ihr blaß Gesicht;
Dann, mit erhobnen Armen,
Ruft laut sie: »Gott, ich trag' es nicht –
Ach, üb ein mild Erbarmen!«
Und alsobald, an tiefster Stell',
Auf Seees mondbestrahlter Well'
Treibt still die Lebensmüde.

Wie blond Gelock der Wasserfee
Durchfurcht ihr Haar die Fluten,
Und wie sie treibt, da scheint ihr Weh

Sich schmerzlos zu verbluten;
Im Tod versöhnt mit ihrem Leid,
Spricht still sie: »Dein in Ewigkeit!«
Und sinkt dann in die Tiefe.

*

Am dritten Tag, auf Malv' und Mohn,
Da liegt in Sarges Grunde
Mit Wangen, deren Rot entflohn,
Die schöne Rosamunde;
Um ihre Lippen spielt es mild,
Und wie ein lächelnd Kindesbild
Schläft ihren Schlaf die Tote.

Zu Seiten ihr, ohn' Unterlaß
Und auf und ab im Saale,
Schwingt Knabenhand das Weihrauchfaß,
Gemäß dem Rituale;
Zu Häupten liest – gebückt und alt,
Von härenem Gewand umwallt –
Der Priester seine Messen.

Zu Füßen aber, schattengroß
Im Abendsonnenscheine,
Steht König Heinrich, regungslos,
Gleich einem Bild von Steine;
Sein Aug' ist starr, doch durch sein Herz
Zieht dieses Lebens höchster Schmerz:
Der Schmerz um alles Leben.

BANNOCKBURN

Robert Bruces Ansprache vor der Schlacht, 24. Juni 1314
(Nach Robert Burns)

Schotten, schwört und tretet her.
Wallace führt euch nimmermehr,
Aber *ich* zu Ruhm und Ehr',
  Oder auch zum Tode.

Drüben Englands ganze Macht.
Nutzt die Stunde. Noch vor Nacht
Ist geschlagen unsre Schlacht.
  England, England wahre dich.

Ist ein Sklav' in unsren Reihn?
Drängten Feige sich hinein?
Will wer Schelm und Schurke sein?
  Schurke, Schelm, steh auf und flieh.

Wer für Schottlands Thron und Erben
Mit dem Schwerte wagt zu werben,
Frei will leben, frei will sterben,
  Tret' heran und steh' zu *mir*.

Unsre Kinder aus den Ketten
Brit'scher Tyrannei zu retten,
Woll'n wir in den Tod uns betten –
  Unsere Söhne seien frei.

Heut der Knechtschaft letzter Tag.
Unsrer schott'schen Schwerter Schlag
Englands Heer vernichten mag.
  Laßt uns frei sein oder fall'n.

ARCHIBALD DOUGLAS

»Ich hab' es getragen sieben Jahr,
Und ich kann es nicht tragen mehr!
Wo immer die Welt am schönsten war,
Da war sie öd' und leer.

Ich will hintreten vor sein Gesicht
In dieser Knechtsgestalt,
Er kann meine Bitte versagen nicht,
Ich bin ja worden alt.

Und trüg' er noch den alten Groll,
Frisch wie am ersten Tag,
So komme, was da kommen soll,
Und komme, was da mag.«

Graf Douglas spricht's. Am Weg ein Stein
Lud ihn zu harter Ruh,
Er sah in Wald und Feld hinein,
Die Augen fielen ihm zu.

Er trug einen Harnisch rostig und schwer,
Darüber ein Pilgerkleid. –
Da horch! vom Waldrand scholl es her
Wie von Hörnern und Jagdgeleit.

Und Kies und Staub aufwirbelte dicht,
Her jagte Meut' und Mann,
Und ehe der Graf sich aufgericht't,
Waren Roß und Reiter heran.

König Jakob saß auf hohem Roß,
Graf Douglas grüßte tief;

Dem König das Blut in die Wange schoß,
Der Douglas aber rief:

»König Jakob, schaue mich gnädig an
Und höre mich in Geduld,
Was meine Brüder dir angetan,
Es war nicht meine Schuld.

Denk nicht an den alten Douglas-Neid,
Der trotzig dich bekriegt,
Denk lieber an deine Kinderzeit,
Wo ich dich auf den Knien gewiegt.

Denk lieber zurück an Stirlingschloß,
Wo ich Spielzeug dir geschnitzt,
Dich gehoben auf deines Vaters Roß
Und Pfeile dir zugespitzt.

Denk lieber zurück an Linlithgow,
An den See und den Vogelherd,
Wo ich dich fischen und jagen froh
Und schwimmen und springen gelehrt,

O denk an alles, was einsten war,
Und sänftige deinen Sinn –
Ich hab' es gebüßet sieben Jahr,
Daß ich ein Douglas bin.«

»Ich seh' dich nicht, Graf Archibald,
Ich hör' deine Stimme nicht,
Mir ist, als ob ein Rauschen im Wald
Von alten Zeiten spricht.

Mir klingt das Rauschen süß und traut,
Ich lausch' ihm immer noch,

Dazwischen aber klingt es laut:
Er ist ein Douglas doch.

Ich seh' dich nicht, ich höre dich nicht,
Das ist alles, was ich kann –
Ein Douglas vor meinem Angesicht
Wär' ein verlorener Mann.«

König Jakob gab seinem Roß den Sporn,
Bergan ging jetzt sein Ritt,
Graf Douglas faßte den Zügel vorn
Und hielt mit dem Könige Schritt.

Der Weg war steil, und die Sonne stach,
Und sein Panzerhemd war schwer,
Doch ob er schier zusammenbrach,
Er lief doch nebenher.

»König Jakob, ich war dein Seneschall,
Ich will es nicht fürder sein,
Ich will nur warten dein Roß im Stall
Und ihm schütten die Körner ein.

Ich will ihm selber machen die Streu
Und es tränken mit eigner Hand,
Nur laß mich atmen wieder aufs neu
Die Luft im Vaterland!

Und willst du nicht, so hab einen Mut,
Und ich will es danken dir,
Und zieh dein Schwert und triff mich gut
Und laß mich sterben hier.«

König Jakob sprang herab vom Pferd,
Hell leuchtete sein Gesicht,

Aus der Scheide zog er sein breites Schwert,
Aber fallen ließ er es nicht.

»Nimm's hin, nimm's hin und trag es neu
Und bewache mir meine Ruh!
Der ist in tiefster Seele treu,
Wer die Heimat liebt wie du.

Zu Roß, wir reiten nach Linlithgow,
Und du reitest an meiner Seit',
Da wollen wir fischen und jagen froh
Als wie in alter Zeit.«

DER LETZTE YORK

Lancaster herrscht, der Kampf ist aus, die rote Rose hat gesiegt,
Die weiße Rose, Blatt um Blatt, auf zwanzig blut'gen Feldern liegt;
Ein einz'ger nur, des Clarence Sohn, des Herzblut nicht zu Boden floß,
Im Tower sitzt *Graf Edward York*, des alten Hauses letzter Sproß.

Er sitzt im Tower Jahre schon, am selben Gitterfenster schier,
Wo seinen Vater man ertränkt (er wollt' es so) in Malvasier;
Der Junge hat vom Alten her ererbt den immer leichten Sinn,
Er rechtet mit dem Leben nicht, und wie es fällt, so nimmt er's hin.

Die Drehbank kürzt ihm seinen Tag, es surrt das Rad, es klingt sein Lied,
Des Morgens ist er arbeitsfroh, des Abends ist er arbeitsmüd',
Er wirft sich auf sein Lager hin, hat festen Schlaf und guten Traum –
Daß er ein Sproß vom Hause York, der *letzte* Sproß, er weiß es kaum.

Es surrt das Rad; da rasselt's drauß und klirrt im Schloß, Flurlicht fällt ein,
Sieh, der Lancasterkönig selbst, Herr Heinrich Tudor tritt herein.
Er spricht: »Grüß' Gott dich, Vetter York, nimm dieses Schwert und diesen Helm
Und drunten nimm mein bestes Roß – der Perkin Warbec ist ein Schelm!

Der Perkin Warbec ist ein Schelm, die blöde Menge läuft ihm zu,
Das macht, er nennt sich *Edward York* und lügt und prahlet: er sei du;
Der Dieb, er stiehlt mir meinen Schlaf, doch ich zerreiß' ihm seine List.
Komm mit und sprich zu allem Volk und zeig, daß du – du selber bist.«

Sie reiten durch das Tower-Tor, auf Platz und Straße wogt es rings:
Das ist er! raunt die Menge rechts, das ist er! raunt die Menge links;
Er hört es nicht – das Puppenspiel trieb ihm ins Antlitz Grimm und Glut,
Mit eins lebendig worden ist in ihm das alte Königsblut.

Er grüßt nicht rechts, er grüßt nicht links, er starrt nur schweigend vor sich hin –
Graf Edward York, wo blieb dein Erb', des Vaters immer leichter Sinn?
Sie reiten still bis Ludgate-Hill, der König flüstert: »Vetter, hier!«
Der aber schweigt und murmelt erst am Tower-Tor: Das denk' ich dir.

Und eh' die Nacht am tiefsten sinkt, ist seines Kerkers Zelle leer,
Ein Strick, aus Tüchern festgeknüpft, weht weiß im Winde hin und her,
Und eh' des andern Tages Schein noch hell in seine Zelle fällt,
Da tritt er schon, Helm auf dem Haupt, in Perkin Warbecs flatternd Zelt.

Er spricht: »Du nennst dich Edward York, und Edward York so nenn' ich mich –
Wer von uns zwei'n der rechte sei, beim ew'gen Gott, das findet sich;
Doch, daß du meinen Namen stahlst und mit ihm würfelst um den Thron,
Heut dank' ich's dir aus voller Brust, genüber diesem Tudor-Hohn.

Entgegen ihm! und siegen wir, so trägst du Englands Krone mit!« –
Sie zogen aus und stritten gut, doch Heinrich Tudor besser stritt,
Er schlug zurück die Stürme all, Graf Edward tat den letzten Sturm,
Und eh' die Nacht am tiefsten sank, saß er aufs neu im Tower-Turm.

Der Morgen kommt; da rasselt's drauß und klirrt im Schloß, Flurlicht fällt ein,
Sieh, des Lankasterkönigs Freund in rotem Mantel tritt herein,
Er spricht: »Grüß' Gott dich, Eward York. Was ich dir tuen muß, vergib,
Doch will ich's tun mit fester Hand und treffen dich auf *einen* Hieb.«

Sie schreiten durch das Tower-Tor, auf Platz und Straße wogt es rings:
Das ist er! raunt die Menge rechts, daß ist er! raunt die Menge links;
Er grüßt nach rechts, er grüßt nach links, er starrt nicht länger vor sich hin –
Graf Edward York hat wieder ganz des Vaters immer leichten Sinn.

Sie schreiten still bis Ludgate-Hill, auf ragte da das Blutgerüst,
Graf Edward York, zum letzten Mal hat er das Kruzifix geküßt;
Die Lerchen stiegen himmelan, die Glocken klangen dumpf und matt,
Und rot von Blut zu Boden fiel der weißen Rose letztes Blatt.

JOHANNA GRAY

Lady Gray fährt auf vom Schlummer (der Morgen dämmerte kaum):
»Gott woll' uns nicht versuchen! Ich hatt' einen bösen Traum.
Ich sah einen Purpurmantel treiben auf offner Flut –

Ich bückte mich nach dem Mantel, da war es mein eigen Blut.«

Sie spricht's. Auf klingt vom Hofe verworrener Stimmen Schall,
Sieben Reiter steigen vom Rosse und schreiten in die Hall',
Sie harren entblößten Hauptes, Lady Gray tritt vor sie hin,
Sie sprechen aus einem Munde: Wir grüßen dich, Königin!

»Und starb mein Herr und König, was sucht ihr die Erbin hie?
Die Erbin seiner Krone, das ist Prinzessin Marie!«
Da sprach der sieben einer, der stolze Northumberland:
»Wir wollen keine Papistin auf dem Throne von Engelland.«

»Und wollet ihr nicht Maria, welch Recht auch immer sie hätt',
So lebt Anna Bulens Tochter, Prinzessin Elisabeth!« –
»Anna Bulen war ein Buhlweib«, rief da Northumberland,
»Wir wollen keinen Bastard auf dem Throne von Engelland!«

»Und weigert ihr beiden die Krone, Elisabeth und Marie,
So traget die Krone selber, ich aber trage sie nie!«
Da lachte der stolze Herzog: »Täubchen, schlag ein, schlag ein,
Der Habicht ist über der Taube, du *sollst* unsre Königin sein.«

Sie legten ihr um den Mantel, sie hoben sie leicht
aufs Roß,
Ihrer Locken goldne Fülle über den Purpur floß;
Sie rief ihr Hausgesinde: »Lebt wohl und gedenket
mein!«
Sie sprengte weinenden Auges in den lachenden Morgen
hinein.

Und als sie kamen gen London, horch, Glocken- und
Feierklang!
Sie sprach: »Wer ist gestorben? wer tut seinen letzten
Gang?«
Northumberlands Stirn erblaßte, die eben so rot
noch glomm:
»Die Glocken gelten dir selber und klingen
willkomm, willkomm!«

Und als sie kamen zur City, bis nieder gen Tempel-Bar,
Einen goldnen Schlüssel reichte die goldne Stadt ihr
dar –
Ein Kranz von dunklen Eichen umfaßte des Goldes
Glanz,
Sie rief: »Mein ist der Schlüssel!« Sie dachte: »Mein ist
der Kranz!«

Und als sie kamen zum Tower und die Zugbrück'
niederschlug,
Da bäumte hochauf ihr Leibroß, das sonst so sicher sie
trug,
Northumberland riß es am Zügel – wie hat da das
Roß geschäumt;
Sie streichelte seinen Nacken: »Ich weiß, warum du
gebäumt.«

Sie trat in die Krönungshalle, Bischöfe waren bereit,
Zwei Lords mit Zepter und Krone standen an Thrones
Seit',
Sie nahm die Perlenkrone und fragte: »Wer trug sie
schon?«
Die Lords verneigten sich beide: »Es ist Anna Bulens
Kron'!«

Und nieder aus der Halle schritt sie zur Towerkapell',
Inbrünstig warf sie sich nieder an Altars heiliger
Schwell',
Auf stand sie leichteren Herzens; noch einmal sah sie
herab:
»Auf wessen Grabstein kniet' ich?« »Es ist Anna Bulens
Grab.«

Und draußen im Hof des Towers, da lagen weiße
Stein',
Alle gefügt zum Kreise, drauf fiel der Sonnenschein,
Sie trat in die schimmernde Rundung: »Gnädige
Königin, um Gott,
Auf diesen weißen Steinen stand Anna Bulens
Schafott.«

Und als das Wort gesprochen, da horch,
Trompetenklang,
Über des Towers Zugbrück' der Rappe Marias
sprang,
Maria Tudors Rappe – seht, wie sie im Sattel sitzt!
Eines Scheiterhaufens Flamme aus ihrem Auge blitzt.

Sie hebt sich rasch aus dem Sattel, nach wallt ihrer
Schleppe Samt,
(Lady Gray, wo sind deine Freunde? tot oder zum
Tode verdammt!) –

Sie schreitet hinan zum Throne, triumphierend schaut sie drein,
Ihre festen Schritte sprechen: Diese Stufen sind *mein*.

Lady Gray erwacht im Kerker, sie spricht: »Gott Ehr' und Preis!«
Drei Tage kommen und gehen, die Steine sind nicht mehr weiß,
Die Steine sind schwarz verhangen, eine Leiter muß Treppe sein,
Zwei lächelnde Augen sprechen: *Diese* Stufen sind mein.

Sie neigt sich vor dem Volke: »Gott segne die Königin!«
Sie neigt sich zum Gebete: »Mein Heiland, nimm mich hin!«
Sie neiget sich zum dritten – da war das Beil bereit – –
Lady Gray trägt ihren Purpur an Anna Bulens Seit'.

MARIA STUART
(Romanzen-Zyklus)

Ich habe menschlich, jugendlich gefehlt,
Die Macht verführte mich, ich hab' es nicht
Verheimlicht und verborgen, falschen Schein
Hab' ich verschmäht mit königlichem Freimut.
Das Ärgste weiß die Welt von mir, und ich
Kann sagen, ich bin besser als mein Ruf.

1. Maria Stuarts Weihe

Schloß Holyrood ist öd' und still,
Der Nachtwind nur durchpfeift es schrill,
Es klirrt kein Sporn in Hof und Hall',
Nur finstres Schweigen überall.

Da plötzlich schwebt, in luft'gem Gang,
Ein hohes Weib die Hall' entlang:
Ihr klares Aug' strahlt ewig-jung
Vom Feuer der Begeisterung.

Zu Häupten ihr glüht Sternenschein,
Ihr Haar ist gold – wer mag sie sein?
Sie kommt und bringt ihr Angebind
Im Saale drin dem Königskind.

Das Königskind, das heißt *Marie*;
Wie Liebeszauber umklingt es sie,
Als, neigend über die Wiege sich,
Die *Muse* spricht: »Ich weihe dich!«

Sie sprach es kaum, da – still und stumm
Entschwebet schon sie wiederum,

Und lachend schlüpfen lust'ge zwei
Jetzt in die Tür, an ihr vorbei.

Die eine trägt zu buntem Tand
Einen Pfauenfächer in blitzender Hand,
Es knistert die Seide, es bauscht ihr Kleid,
Das war die Dame *Eitelkeit*.

Die andre, frech und üppig gar,
Trägt langes, aufgelöstes Haar,
Ihr Aug' ist schwarz, nackt ihre Brust,
Das war die Dirne *Sinnenlust*.

Sie neigen beide zur Wiege sich
Und kichern hell: »Wir weihen dich!«
Da huscht, und ihre Wang' erblaßt,
Rasch in den Saal ein dritter Gast.

Wie Schatten schleicht er an der Wand,
Sein Kleid ist rot, rot seine Hand,
Er schaut sich um, sein Auge sticht,
Und messerscharf ist sein Gesicht.

Er neigt sich jetzt und spricht das Wort:
»Ich weihe dich zu Blut und Mord!«
Auf schreit im Schlaf das Königskind,
Und heller draußen pfeift der Wind.

Der Gast ist fort, doch her und hin
Wirft banger Traum die Schläferin.
Geweiht fürs Leben schlummert sie,
Die schöne schottische Marie.

2. *David Rizzio*

Herr Darnley reitet in den Wald, Lord Ruthven ihm zur Seite;
Herr Darnley spricht: »Was frommt es mir, daß in den Lenz ich reite?
Ich ritt hinaus, ein Schreckgespenst mir aus dem Sinn zu schlagen,
Ihr aber, Ruthven, hastet Euch, ins Feuer Öl zu tragen.«

Lord Ruthven streicht den roten Bart, als sei er des zufrieden,
Er schweigt und denkt nur: »Wenn es heiß, soll man das Eisen schmieden.«
Seit an Marias Ohr er frech ein Liebeswort verloren,
Hat er der schönen Königin im Herzen Haß geschworen.

Er spricht kein Wort, beredter spricht sein Lächeln jetzt und Schweigen,
Er sieht, von Schritt zu Schritt, das Blut in Darnleys Wange steigen;
Der ruft: »Sing aus deinen Rabenlied, und sprich's wie deine Blicke,
Verdamm mich Gott, wenn ich den Fant nicht in die Hölle schicke!«

Lord Ruthven streicht den roten Bart; in heuchelndem Erstaunen
Spricht er: »Mein König zweifelt noch an dem, was alle raunen,
Er weiß nicht, was ein jeder weiß von Schottlands Königsstuhle,
Daß Heinrich Darnleys ehlich Weib des David Rizzio Buhle!«

Herr Darnley kehrt gen Edinburg, er hält vor seinem Schlosse:
»Lord Ruthven«, spricht er, »so's beliebt, *bleibt* Ihr mein Jagdgenosse.
Der Fuchs ist schlau, doch bärg' er sich in *ihres* Kleides Falten,
Ich jag' ihn auf, noch heute nacht will meinen Schwur ich halten.«

*

Es glänzt der festgeschmückte Saal von Rittern wohl und Frauen,
Vor allen ist Maria doch als Königin zu schauen,
Sie läßt die Zeit bei Spiel und Tanz in raschem Flug enteilen,
Und nur ihr Gatte zögert noch, des Festes Lust zu teilen.

Die Kerzen und die Wangen glühn vor Freuden um die Wette,
Es schreitet an Lord Seytons Hand Maria zum Bankette,
Der Becher schäumt, Maria winkt, ein Saitenspiel zu bringen,
Ihr Liebling Rizzio nimmt es hin und hebet an zu singen:

Der König zog in finstrem Sinn
Hinaus mit seinem Trosse;
Nach blickt die schöne Königin
Dem Reiter und dem Rosse.

Und als des Waldes Laub und Moos
Den König kaum erlaben,
Da lockt sie schon auf ihren Schoß
Den blonden Edelknaben.

Sie streicht sein Haar, sie küßt so heiß
Die Lippen ihm und Wangen,
Die aber sind heut kalt wie Eis
Und atmen kein Verlangen.

Sie flüstert: »Lieber Knabe mein,
Halt fester mich in Armen,
Wir wollen Eins zur Stunde sein,
Das wird dein Herz erwarmen.«

Er aber spricht: »Mag heute nicht
Fest herzen dich und pressen,
Ich hatt' zur Nacht ein Traumgesicht,
Das kann ich nicht vergessen:

Es trat der König vor mich hin,
Als ich dich wollte küssen;
Mir ist so bang, lieb' Königin,
Als würd' ich sterben müssen...«

»So *stirb*, du buhlerischer Tor!« Herr Darnley ruft's dazwischen,
Es fegt im Nu sein Zornesblick die Gäste von den Tischen –
»Stirb denn und dank's im Tode mir, daß ich mit guter Klinge
Zu deinem bösen Bubenlied das letzte Verslein singe.«

Es packt den Sänger Todesangst: in namenlosem Leide
Hält fest er, wie ein zitternd Kind, sich an Marias Kleide,
Die tritt, halb Furcht halb Zorn im Blick, hervor, ihn zu bewahren –
Umsonst, schon ist des Königs Schwert ihm durch die Brust gefahren.

Es hält, die lange Nacht hindurch, Maria Totenwache
Zum erstenmal durchzieht ihr Herz der heiße Wunsch nach Rache;
Die Morgensonne sah den Schwur auf ihrer Lippe beben –
Herr Darnley hat des Sängers Tod bezahlt mit seinem Leben.

3. Maria und Bothwell

König Darnley liegt erschlagen,
Graf Bothwell hat es getan;
Sechs Lords von Schottland tragen
Die Leiche nach Sankt Alban,
Sie stellen bei Fackelscheine
Den Sarg an den Altar hin –
Von Trauernden fehlt nur eine,
Maria, die Königin.

Die sitzet daheim im Schlosse,
In funkelnder Nische des Saals,
Auf dem Sammetpfühl' ihr Genosse
Ist der Mörder ihres Gemahls;
Dem Lande kleidet die Trauer,
Der Königin kleidet die Lust,
Kalt-heiße Wonneschauer
Durchrieseln ihre Brust.

Sie spricht verlockenden Schalles:
»Nun komm und küsse dich rot,
Ich danke dir alles, alles,
Mein Leben und – seinen Tod;
O schau nicht so fragend und bange,
Schau lieber wie sonst mich an,

Leg ab die blasse Wange –
Getan ist, was getan.«

Die Kerzen brennen wie lüstern
Und geben schwülen Hauch,
Immer leiser wird das Flüstern,
Nun schweigt das Flüstern auch,
Ihr Atem lodert zusammen,
Wie Glut und Glut sich mischt,
Bis mählich in Flackerflammen
So Lust wie Licht erlischt.

Still wird's; nur Mondeslichter
Durchhuschen noch bleich den Saal,
Es schlummern wie Totengesichter
Graf Bothwell und sein Gemahl.
Sie schlummern; des Windes Weise
Erstirbt im hohen Kamin,
an den Wänden, hastig-leise,
Schatten vorüberfliehn.

Und hastiger wird ihr Treiben,
Schon graut und dämmert der Tag,
Da schlägt's an die klirrenden Scheiben
Wie flatternder Flügelschlag;
Auf fahren die zwei vom Kissen,
Verstört an Haar und Sinn,
Im Traume ward wach ihr Gewissen,
Und es murmelt die Königin:

»Hilf, Himmel, ich sah die Meinen
Landflüchtig, der Zügel beraubt,
Der fallenden Krone des einen
Nachrollte sein fallendes Haupt,
Und wie Donner durch meine Seele

Ging zürnend das alte Lied:
Ich räch' alle Schuld und Fehle
Bis in das vierte Glied.«

Maria hat es gesprochen,
Graf Bothwell hört es kaum,
Seine Schläfe pulsen und pochen,
Er denkt an den eigenen Traum,
Er spricht unter Starren und Stocken:
»Sie grüßte, dann betete sie,
Ab schnitt ihr der Henker die Locken –
Ach, *deine* Locken, Marie.«

Graf Bothwell hat es gesprochen,
Maria hört ihn kaum,
Ihre Schläfe pulsen und pochen,
Sie denkt an den eigenen Traum,
Stumm blicken die Buhlergatten
Sich an so blaß, so bang –
König Darnleys blutiger Schatten
Schreitet den Saal entlang.

4. *Der sterbende Douglas*
(Schlacht bei Langside. 1568)

Die Heere stießen aneinander; der Tag ist heiß, der Himmel finster,
Vom Hufschlag dröhnt weithin die Heide, rot tropft der Tau vom schwarzen Ginster;
Es blickt die schottische Maria von nahen Schlosses Fensterbrüstung,
Ihr Auge haftet auf dem Kampfe, doch in dem Kampf auf *einer* Rüstung.

Dem jungen Douglas folgt ihr Auge; sie fühlt ihr
Herze höher schlagen,
Er ist's, der sechzehnjährige Knabe, der aus dem
Kerker sie getragen,
Er ist's, der ihr ein Heer geworben, und durfte doch
um *eins nicht* werben,
Drum wirbt er jetzt um seinen Frieden und um das
Glück, für sie zu sterben.

Wen tragen aus dem Kampfgetümmel sie dort auf
zweiggeflochtner Bahre,
Das Antlitz weiß, und schwarz die Rüstung, und rot von
Blut die blonden Haare?!
Der Douglas ist's: Erfüllung wurde des Hoffnungslosen
einz'gem Hoffen,
Es hat ein Schwert von Murrays Mannen ins tiefste
Leben ihn getroffen.

Da liegt er, auf gewirktem Teppich, jetzt an des alten
Schlosses Stufen,
Maria neigt sich zu ihm nieder, ein Priester wird
herbeigerufen;
Der reicht den Kelch ihm unter Tränen, *er* aber segnet
diese Stunde,
Hätt' langsam sonst verbluten müssen an seines Herzens
stiller Wunde.

Die Brust wird kalt, es stockt sein Atem, sein Auge
scheint vom Tod geschlossen;
Maria küßt die bleiche Stirne, die schon so frühe
Ruhm genossen:
Da spielt um seinen Mund ein Lächeln, auf glimmt ein
letzter Lebensfunken,
Dann ist er in Marias Arme zu letztem Schlaf
zurückgesunken.

MARIE DUCHATEL
(Aus der Zeit Maria Stuarts)

»Welchen Hofstaat bringt unsre Königin mit?«
»Sie bringt mit ihre vier Marien,
Ihre vier Marieen von Frankreich her,
Die müssen mit ihr ziehn.

Die müssen ihr plätten und glätten das Bett
Und warten auf der Schwell'
Ich kenne die jüngste, die schönste,
Das ist Marie Duchatel.«

Marie Duchatel sprang ans Ufer,
Im Winde flog ihr Haar,
Der König sah Marie Duchatel,
Und wie schön und wie schlank sie war.

Marie Duchatel sprang in den Bügel,
Ihr Haar war blond und licht,
Der König sah Marie Duchatel,
Die andern sah er nicht.

Marie Duchatel sprang aus dem Sattel,
Und zur Kirche schritten sie hin,
Der König sah Marie Duchatel
Viel mehr als die Königin.

Und eh' drei Wochen waren ins Land,
Da sangen sie laut und hell:
Was sind alle Mädchen am Hofe
Gegen Marie Duchatel?

Und eh' drei Monde waren ins Land,
Da sangen sie, groß und klein:
Ach, ohne Marie Duchatel
Könnten wir gar nicht sein! –

Marie Duchatel, Marie Duchatel,
Wolle nicht in den Garten gehn:
Der König ist da, und die Nacht ist nah,
Und du kannst nicht widerstehn!

Nun pflücket sie heimlich vom Klosterbaum
Und ringt ihre Hände wund,
Doch das Leben unterm Herzen
Wird lebendiger jede Stund'.

Und endlich hinaus zum Strande
Schleicht sie und trägt ihr Kind:
»Nun schwimme oder sinke!«
Flüstert sie in den Wind. –

Am andern Morgen läuft's auf und ab:
»Wisset ihr, was geschah?
Marie Duchatel hat ein Kleines,
Und das Kleine ist nicht da.«

Und die Königin ruft Marie Duchatel,
Die zittert und kommt geschwind:
»Ich hörte zu Nacht was wimmern!
Sag an, wo ist dein Kind?«

»Ich habe kein Kind, Mylady,
Denket nicht so schlecht von mir,
Ich hatte Stiche und Schmerzen
Unterm Herzen hier.«

»Und hattest du Stiche und Schmerzen,
Wohlan, heut bist du gesund –
Bring mir meinen Mantel von Scharlach,
Wir reiten noch diese Stund';

Wir reiten von Schloß Stirling
Bis Edinburg ohne Müh,
Und in Edinburg gibt's Hochzeit
Morgen in aller Früh.«

Die Königin stieg zu Rosse,
Ihre Herren und Damen mit,
Sie ritten all im Trabe,
Marie Duchatel ritt im Schritt.

»Haltet an, liebe Herren und Damen,
Ich kann nicht folgen mehr!«
Sie hörten's und sprengten weiter,
Sie ritt seufzend hinterher.

Und als sie kamen zum Tore,
Da wußten sie's schon in der Stadt,
Alle Mädchen und Frauen schluchzten,
So oft sie gegrüßet hat.

»Was weinet ihr, liebe Frauen?
Kommt mit, es soll Hochzeit sein!« –
Sie schüttelten ihre Köpfe
Und traten ins Haus hinein. –

Am Nordertor, wo das Zollhaus steht,
Da saßen sie zu Gericht,
Sie war erst sechzehn Jahre,
Es konnte sie retten nicht.

Durchs Südertor, am andren Tag,
Ein Zug und ein Karren schlich,
Marie Duchatel wollte lächeln
Und weinte doch bitterlich.

Sie kamen an den Hügel:
»Leb wohl, liebe Königin,
Von deinen vier Marieen
Geht eine nun dahin.

Oft hab' ich dich angekleidet
Und dir das Bett gemacht –
Daß es so kommen würde,
Das hab' ich nie gedacht.

Oft hab' ich dir mit Goldband
Dein Scharlachmieder gesäumt,
Von diesem Tag und dieser Stund',
Ach, hab' ich nie geträumt.

Ihr Schiffer und ihr Matrosen,
Wenn ihr zu Schiffe geht,
Erzählt kein Wort in Frankreich
Von allem, was ihr nun seht.

Erzählt nicht meiner Mutter
Von dem Brett, auf dem ich stand,
Und nichts von meinem Tode
Und nichts von meiner Schand'.

Ach, meine arme Mutter,
Als in der Wieg' ich lag
Und du mich herztest und küßtest,
Wie fern war *dieser* Tag!«

SIR WALTER RALEIGHS LETZTE NACHT

Sir Walter Raleigh sitzt und sinnt im Tower,
Vergittert ist sein Fenster, Erz die Tür;
Als sie sich schloß, schloß sich für ihn das Leben,
Wenn sie sich öffnet, öffnet sie der Tod.
Ihm lacht kein Gnadenstrahl; Tyrannenhaß
Hat ihm auf Hochverrat das Wort gedeutet:
»Der Menschen Recht war vor dem Recht der Stuarts,
Und Kön'ge sind *von* Gott, nicht selber – Gott.«

Die Nacht ist da. Mitleidig durch die Scheiben
Blickt nur der Mond, und nur der Stunde Schlag
(Trotz bietend dem Verbot des Kerkermeisters)
Ruft dem Gefangnen zu: noch lebt die Zeit!
Sir Walter aber, auf die weiße Hand
– Blau-adrig längst von Sorg' und Last der Jahre –
Stützt er sein Haupt, und hastig weiter spürend
Auf oft betretner Fährte des Gedankens,
Vergißt er, traumverloren, Zeit und Welt;
Er steigt ins eigne Herz hinab und schreibt:

Willkommen mir, zu scheiden
Von Leben und von Welt,
Mag keinen Gast beneiden,
Den's hier zurücke hält:
Arm sind des Lebens Feste,
Rings abgestandner Wein –
Das Höchste und das Beste
Wie niedrig und wie klein!

Des Hofes Glanz und Schimmer
Blinkt nur wie faules Holz,
Die Kirche lebt vom Flimmer

Und wird vor Demut stolz;
Des Reichen Opferbringen,
Des Mut'gen Märtyrtum –
Der Quell, daraus sie springen,
Heißt Sucht nach Ehr' und Ruhm.

Des Klugen Witz verschwendet
Der Worte viel – um nichts;
Die Weisheit wird geblendet
Vom Glanz des eignen Lichts;
Selbst du, des Weltgewimmels
Gepriesenste, o Kunst,
Es zeugt dich statt des Himmels
Die Mode und die Gunst.

Der *Glauben* ist veraltet,
Die *Lieb'* ist eitel Lust,
Ergebung kniet und faltet
Nur, weil es heißt: »Du mußt!«
Die *Treu* ging längst verloren
In Schein und Lug und Trug,
Das *Glück* wird blind geboren – –
ich hab' des Spiels genug.

Willkommen mir, zu scheiden
Von Leben und von Welt,
Mag keinen Gast beneiden,
Den's hier zurücke hält:
Wem's Leben viel gegeben,
Dem gab es Müh und Not,
Der Tod nur ist das Leben,
Und alles Leben – Tod.

Sir Walter schrieb's; ein seltsam Testament,
Mehr eine Beichte als ein letzter Wille.

Da – während noch der gleichgesinnte Spruch
»Die Welt ist eitel« durch das Herz ihm klingt –
Erfaßt ihn jener Spottgeist, der es liebt,
In Widerspruch uns mit uns selbst zu bringen,
Der neben unsre Demut, unsren Glauben
Als immer fert'ges Fragezeichen tritt
Und, wo voll Mitgefühls wir weinen wollen,
Uns höhnisch zuruft: »Tor, so lache doch!«
Der Geist erfaßt ihn – und Sir Walters Auge
Hinzwingend auf den Demantring am Finger,
Durchstreicht er ihm die Weisheit dieser Stunde
Und gibt des Lebens Torheit ihm zurück.
Sein Aug' wird hell, Sir Walter sieht nur eins:
Den Sonnentag, der diesen Ring ihm brachte.

Zu Windsor war's, inmitten Waldeslust,
Durch Eichenlaub floß goldne Mittagssonne,
Und wo die Jagd all ihre Schätze häufte,
Wie hundertfach der Hirsch im Blute lag,
Im Aug' des Rehs die Todesträne blinkte
Und wo der wilde Eber, nun so zahm,
Der Furchen keine mehr im Erdreich riß,
Da wuchs – als hätt' samt seinen Jagdgesell'n
Sich Robin Hood ins Riedgras hin gelagert –
Auf grünem Plan ein Festmahl aus der Erde:
Mit duft'gem Moose war der Tisch gedeckt,
Am Jagdspieß briet das Rundstück und der Ziemer,
Vom nahen Hügel sprudelte der Quell;
Daneben aber, selber schier ein Hügel,
Lag für die durstigsten der durst'gen Kehlen
Ein Stückfaß goldnen Weines, Vögel sangen,
Nichts fehlte, nur der königliche Gast.
Da scholl ein Horn, und sieh, in raschem Jagen,
Gestrüpp und dichtes Farrnkraut leicht durchbrechend,
Erschien auf hohem Roß die hohe Frau,

Und jetzt, voll Kraft sich aus dem Sattel schwingend,
Berührte schon ihr Schleppenkleid den Boden,
Da stutzte sie – – des Waldgrunds Feuchte lag,
Ein schwarzer Spiegel, schillernd ihr zu Füßen.
Sie stutzte; wohl! doch Augenblicke nur:
Denn pfeilgeschwind, herab zum Teppichdienste,
Flog Ritter Raleighs goldgestickter Mantel,
Und lächelnd nieder trat Elisabeth.

Das war ein Tag! Noch die Erinnrung dran
Gießt Lebenslust durch des Gefangnen Adern.
Er *will* nicht sterben; schmeichlerische Träume
Rückspiegeln ihm die Großtat manchen Tags,
Und seines Klägers Unrecht gegenüber
Anklammernd sich an seines *Ruhmes Recht*,
Springt er jetzt auf und ruft: »Versuch es, Stuart!
Schwer wiegt dein Haß, doch schwerer mein Verdienst.
Irland stand auf – mein Degen warf es nieder;
Cadix bot Trotz – ich brach den Trotz im Sturm;
Und als des finstren Philipps Riesenflotte,
Wie Goliath prahlend, vor Alt-England trat,
Da barg *mein* Schiff die auserwählte Schleuder –
Gott gab die Kraft, ich aber schwang den Stein.«

Sir Walter spricht's; die Enge seines Kerkers
Mit raschem Schritt durchmessend, preßt er jetzt,
Als such' er Kühlung für die heiße Stirn,
Sein fiebrig Haupt an seines Fensters Gitter,
Und jetzt, durch trübes Scheibenglas hindurch,
Nachblickend der zerrißnen Wolken Zug,
Fährt plötzlich er zurück: ins Glas gekritzelt
Steht »Essex« und ein Sterbekreuz darunter.

Seltsames Spiel! dieselben Wände sind's,
Drin einst – wie er, verklagt auf Tod und Leben –

Sein Nebenbuhler saß, zugleich sein *Opfer*;
Und siehe da! durchs Herz ihm, das noch eben,
Gefälschter Schuld und Klage gegenüber,
Von Ruhmes-Recht geträumt, gehn jetzt die Schauer
Wahrhaft'ger unauslöschbar-tiefer Schuld.
Er zittert, und als scheu zum zweiten Male
Sein Aug' er jetzt erhebt, da sind's des Grafen
Schriftzüge nicht, nein, Züge des Gesichts,
Und eine Grabesstimme ruft ihm zu:
»Irland stand auf – gleich dir, ich warf es nieder;
Cadix bot Trotz – ich nahm's im Sturm, wie du;
All meine Schuld, nicht größer als die deine,
War königlicher Gunst verzognes Kind.
Doch fiel mein Haupt – horch auf, es mußte fallen;
Denn sieh, als leise schon das Wörtchen ›Gnade‹
Den Weg vom Herzen auf die Lippe nahm,
Erschlug die Tücke meines Nebenbuhlers
Das süße Wort – und als der Herrin Huld
Auch da noch schwankte, meinen ›Tod‹ zu schreiben,
Da führte *wer* die Hand? Sir Walter, *du*!
Vernimm: die *alte* Schuld deckt nun die neue;
Bereite dich, du zahlst sie mit dem Tod.«

Die Stimme schwieg; der Morgen kam – die Zelle
War öd' und leer. Doch auf dem Gras des Hofes
Lag Tau der Nacht und Walter Raleighs Blut.

LADY ESSEX
(Fragment)

1

In England wüten zwei Tyrannen:
Der König Jakob und die Pest;
Und jener immer rafft von dannen,
Was diese noch am Leben läßt.
Im Staube liegt die heil'ge Sache
Des Volks und bettelt vor dem Thron,
Schon aber weben Haß und Rache
Dein Siegeskleid – Revolution.
Schon atmet Cromwell, schon allnachtens
Tritt Englands Zukunft vor ihn hin
Und legt die Keime künft'gen Trachtens
In seinen ruhmbegier'gen Sinn;
Schon graut der Tag, nur noch ein kurzes,
So steigt die Sonne blutigrot,
Doch für die Zeichen nahnden Sturzes
Ist jede Stuart-Seele tot.
An Jakobs Hof drückt ihren Stempel
Die Lust noch auf jedwede Stirn,
Noch ist sein Schloß ein Bacchustempel,
Die Flasche gilt, es gilt die Dirn;
Und rast die Pest, ein jedes Opfer
Scheint nur zu rufen: »Frisch gelebt!
Wer weiß es, ob der Tod den Klopfer
Nicht bald an *deiner* Türe hebt?«
Es ist, als ob das nahe Sterben
Dem Leben voll're Reize leiht;
Man jagt in Lust darum zu werben,
Genuß ist Losungswort der Zeit.

*

Bei Hof ist Ball. Sieh, scheint nicht eben
Die Schönheit selbst daher zu schweben?
Wer anders kann sie sein, die Schlanke,
Zu der, wenn sie vorüberrauscht,
Ein jeder Sinn sich und Gedanke
Hinneiget und gefangen lauscht.
An ihrer Schönheit stumpft der Hohn;
Mehr als ein König auf dem Thron,
Wenn seine Blicke zornig irren,
Vermag *ihr* Auge zu verwirren,
Das bloße Flattern ihrer Locken
Macht schon des Höflings Zunge stocken,
Und selbst der Neid, auf den sie späht,
Bewundert ihre Majestät.

Was ist's, das bis ins tiefste Herze
Die Welt bei Hofe selbst durchbebt,
Wenn anmutvoll, in leichtem Scherze,
Die *Lady Essex* näherschwebt?
Ist's jener Tugend hoher Geist,
Der selbst die Spötter schweigen heißt
Und Ehrfurcht auch von *dem* ertrotzt,
Der schier von allen Lastern strotzt?
Wie, oder ist es nur ein Grauen,
Das sich in alle Herzen bahnt,
Weil man die finstren Mächte ahnt,
Die hier im Busen Hütten bauen?
Das ist's. Ein Ahnen flüstert leis:
All dieser Stolz ist Ätna-Eis,
Ist Lüge, die zu leugnen strebt
Die Lavaglut, die drunter lebt.

2

Der Herbst ist da. Die Lust, zu jagen,
Lockt aus der Stadt nach Windsor-Schloß,
Und jetzt, vorbei an Heck' und Hagen,
Bricht Jakob und sein Jägertroß.
Welch Leben das! Die Rosse schäumen,
Die Meute klafft, die Pfeife gellt,
Der Wald erwacht aus seinen Träumen
Und schauert, wenn ein Opfer fällt.
Schon dunkelt's. Doch das Blutvergeuden,
Es dauert fort bis in die Nacht,
Bis Dürsten nach des Mahles Freuden
Dem Durst nach Blut ein Ende macht.

Heim ruft das Horn. Bald in den Räumen
Des Schlosses lärmt man beim Bankett,
Man zecht, und statt der Rosse Schäumen
Schäumt Wein und Lust jetzt um die Wett',
Toaste schallen hunderttönig,
Der Wein verschwistert Alt und Jung,
Und lüstern bringt zuletzt der König
Den Damen seine Huldigung.
»Die Schönen hoch!« Der trunkne Alte,
Matt blinzelnd ruft er's durch den Saal –
Sie aber, der sein Hoch erschallte,
Die *Lady Essex* fehlt beim Mahl.

*

Dieweil der königliche Zecher
Umsonst nach ihren Zügen gafft,
Leert sie den ysopbittren Becher
Zurückgewiesner Leidenschaft.
Sie, die bei tausend Huldigungen

Ihr Herz mit kaltem Stolz bewährt,
Sieht jeden Sieg, den sie errungen,
In Niederlage jetzt verkehrt;
Sie glüht, und hinter Teppichwänden
Hervor aus wohlgeborgnem Schrank
Nimmt sie den aus ital'schen Händen
Heut erst erkauften Liebestrank:
»Der tu' es!«
Und schon weiter bauend,
Das Fläschchen in gekrampfter Hand,
Stutzt plötzlich sie, sich selbst erschauend
Genüber in der Spiegelwand.
Es ist, als fasse sie ein Staunen
Vor ihrem eignen Ebenbild,
Sie hört den Stolz im Busen raunen:
»*Du* bist es, draus dir Rettung quillt.«
Hin klirrt das Glas in Splitterscherben:
»Fahr wohl! ... Du kümmerlicher Saft
Sollst nicht um Liebe für mich werben
Und spotten meiner eignen Kraft!
Traun, ob der alte Höllenmeister
Auch selber dich bereitet hätt',
Gilt's Herrschaft über Sinn und Geister,
Ich biete dir und ihm die Wett';
Nur fort der letzte Rest von Lüge,
All Schein und Maske fahre hin,
Sehn soll er meine wahren Züge,
Und siegen werd' ich, wie ich bin!« ...

PURITANERPREDIGT
(Cheapside, London, 1645)

... Landsleute, Volk von London, hört mich an!
Ihr denkt: der König ist's; *der* ist es nicht,

Der fühlt wie wir. Das Unglück kommt von drüben,
Von Frankreich kommt's und nennt sich
Kön'gin-Mutter.
Und dazu *Medici*. Ein schlimmer Name.
Papistisch alle, Gott dem Herrn ein Greul,
Am meisten aber sie, das blut'ge Buhlweib,
Das Frankreichs Thron befleckte: *Katharina*.
Landsleute, tretet näher, hört mich an!
Von diesem Buhlweib will ich euch erzählen.

Bluthochzeit feierte die Stadt Paris,
Der Glocke Zeichen war in Nacht verklungen,
Und durch die Straßen, wie gehetztes Wild,
Wehschreiend, betend, floh der Hugenott.
Schon zog ein Blutstreif durch den Seine-Fluß,
Schon lag verstümmelt, siebenfach durchbohrt,
Auf offnem Platz der greise Coligny,
Und immer noch, den Mord zum Morde mahnend,
»Laßt Ader!« schrie der tückische Tavannes.
Im Schlosse aber, das sie Louvre nennen,
An jener hohen Bogenfenster einem,
Stand König Karl, der neunte seines Namens,
Und zitterte. Der ungeheure Frevel
Griff ihm ins Herz. Trotz Licht und Fackelglanz
Nacht war's um ihn. Er warf die Büchse fort:
»Ich *kann* nicht schießen, Mutter!« rief der König.
Da trat sie selber vor, schwarz war ihr Haar,
Schwarz wie der Sammet ihres Schleppenkleides,
Und ihrem Aug' entflammte tiefre Glut
Als dem Rubin, der ihr am Nacken blitzte.
»Bist du ein Mann?« so raunte sie ihm zu,
»Ein König und so feig? ich mag's nicht glauben.«
Das zündete. Der Fürst – in falscher Scham
Ergriff er neu das Rohr, sie aber rief:
»Schau dort das Weib, das Hugenottenweib,

Sie flieht und birgt den Säugling an der Brust –
Zertritt das Raupennest!« Der König schoß;
Ein Wehschrei klang herauf; sie aber klatschte
Dem Schützen Beifall...
Katharina hieß sie.
Die unsre heißt *Marie*. Das ist das Ganze –
Sonst *Medici*, die damals und die heute.

DIE STUARTS
(Puritaner-Lied)

Sie dünken nach Gnad' und göttlichem Recht
Sich dieses Landes Erben,
Und sind doch ein verloren Geschlecht
Und müssen alle sterben.

Sie machten von je den sündigen Leib
Zum Herrscher ihrer Seelen –
Ihre Ahnfrau war das Babelweib,
Von dem die Bücher erzählen.

Sie mußten zweimal das Schafott
Mit ihrem Blute färben,
Doch unversöhnt ist unser Gott:
Sie müssen *alle* sterben.

Sie konnten errichten Jehovahs Thron,
Sie sind zu schwach befunden,
Nun klopfen an Tür und Tore schon
Ihres Hauses letzte Stunden.

Es kommt ein Wetter, es braust ein Strom,
Die Lüge muß verderben – –
Die Stuarts stehen all zu Rom
Und müssen alle sterben.

CROMWELLS LETZTE NACHT

Mir sagt's nicht nur des Arztes ernste Miene,
Selbst fühl' ich's: meine Stunden sind gezählt...

Ein wüster Traum war's! Wüßt' ich, diese Nacht
Wird mir der Schlaf ein gleiches Schrecknis bringen,
So möchte diese Stunde noch der Tod
Statt jenes Stuart an mein Lager treten.
Ernst stand er vor mir; um den nackten Hals
Trug, statt des Schmucks, er einen roten Streifen,
Und als er, wie vordem, zu leichtem Gruß
Nach dem Barett auf seinem Haupte faßte,
Nahm er den Kopf von seinem blut'gen Rumpf.
Mein Auge schloß sich, als ich's scheu geöffnet,
Sah wieder ich den purpurfarbnen Streifen,
Er winkte mit dem Finger mir, zu folgen,
Und schwand dann, rückwärts schreitend, in der Tür.

Was schreckt das Traumbild mich des toten Mannes
Und weckt in mir den alten Aberglauben
An eines Königs Unverletzlichkeit?
Das Schwert des Henkers wär' wie Glas zersprungen,
Wenn Gottes Will' ihn unverletzlich schuf.
Der kühne Normann, der bei Hastingsfield
Den König Harald in den Staub geworfen,
Was war er Beßres als der Cromwell heut,
Der jenen Karl bei Marston-Moor geschlagen?

Es soll nicht mehr dies blut'ge Haupt mich schrecken!
Daß ich mein Tun mit seinem Tod besiegelt,
Es war Notwendigkeit; er mußte sterben,
Es war sein Blut der Mörtel meines Baus.

Ich sah das Schiff, vom Sturm umhergeschlagen,
Der Klippe nah, an der es scheitern mußte,
Und sprang hinzu – von seinem Platze drängt' ich
Den schwachen Steurer, und mit fester Hand
Bracht' ich das Schiff, geborgen, in den Hafen.
Es war noch immer, wo es galt zu retten,
Das Recht des Stärkern nicht das schlechtste Recht.

Wenn in die Sendung, die an mich ergangen,
Sich Selbstsucht, Stolz und Eitelkeit gemischt,
So weißt du, Gott, der meine Näche kennet,
Wie für die Schwachheit bitter ich gebüßt.
Mein Leben war das Leben des Tyrannen;
Ob nimmer auch in Blut ich mich gebadet,
Haß fand ich dort, wo festen Arms ich drückte,
Und *Eifersucht*, wo milden Arms ich hob.

Erfüllt ist, was ich mußte, Gott, ich wollte,
Des Mannes Blut wär' nicht an meinen Händen!
Hab' ich gefehlt, sei mir ein gnäd'ger Richter –
In deine Hand befehl' ich meinen Geist.

THOMAS HARRISON

»Harrison, du zitterst?«

»Ich zittre nicht von verlorenem Mut,
Ich zittre von all dem verlorenen Blut,
Von all dem Blute, das ich verlor
Bei Edgehill, Nasby und Marston-Moor,
Das ich verlor im Kampf wider euch –
Ich zittre *nicht* vor dem Todesstreich.«

LIED DES JAMES MONMOUTH

Es zieht sich eine blutige Spur
Durch unser Haus von alters,
Meine Mutter war seine Buhle nur,
Die schöne Lucy Walters.

Am Abend war's, leis wogte das Korn,
Sie küßten sich unter der Linde,
Eine Lerche klang und ein Jägerhorn –
Ich bin ein Kind der Sünde.

Meine Mutter hat mir oft erzählt
Von jenes Abends Sonne,
Ihre Lippen sprachen: Ich habe gefehlt!
Ihre Augen lachten vor Wonne.

Ein Kind der Sünde, ein Stuartkind,
Es blitzt wie Beil von weiten:
Den Weg, den alle geschritten sind,
Ich werd' ihn auch beschreiten.

Das Leben geliebt und die Krone geküßt
Und den Frauen das Herz gegeben,
Und den letzten Kuß auf das schwarze Gerüst –
Das ist ein Stuart-Leben.

DIE HAMILTONS
oder
Die Locke der Maria Stuart

Lord William kam zu sterben,
Lord William Hamilton;
Er spricht zu seinem Sohne:
»Nun höre mich an, Sir John!

Ich lasse dir Land und Leute,
Unsren Namen und unsren Ruhm,
Und ich lasse dir, mehr als alles,
Dieser Locke Heiligtum.

Ich sah die Locke fallen,
Ich hörte der Schere Schnitt –
Und als Maria gebetet,
Da betete leis ich mit.

Da hab' ich's still geschworen:
Zu tragen in Leid und Lust,
Zu tragen in Jubel und Tränen
Diese Locke auf der Brust.

Ich hab' sie in Tränen getragen
Und lass' erst im Tode davon – –
Für die Stuarts zu leben und sterben,
Das schwör auch du, Sir John.«

Lord William hat es gesprochen,
Sir John hat's treu gemeint:
Erst barg er still die Locke,
Dann hat er still geweint.

Er trug sie zwanzig Jahre,
Und als sein Stündlein kam,
Er mit des Vaters Worten
Die Locke vom Herzen nahm.

Er gab sie seinem Sohne,
Und der Sohn dem Enkel dann,
Ihr Erbteil war die Treue
Und der Locke Talisman.

Und als auf blinkendem Zelter
König James gen London zog,
Und als auf schwarzem Schafotte
Karls Haupt vom Rumpfe flog,

Und als an der Boyne wieder
»Stuart« das Feldgeschrei –
In Lust und Leid, die Locke
Und die Hamiltons waren dabei.

Und waren dabei zuletzt auch,
Als auf Cullodens Plan
Ihre Augen das Distelbanner
Noch einmal flattern sahn.

's war wieder ein Lord William
Und wieder ein Sir John,
Ein Alter und ein Junger,
Doch jeder ein Hamilton.

Der Junge focht zu Fuße,
Der Alte focht zu Roß,
Bis eine englische Kugel
Ihn aus dem Sattel schoß.

Hin reicht' er seinem Sohne
Die Locke, rot von Blut,
Er hatte nicht Zeit zu sprechen,
Er sprach nur: »Wahre sie gut!«

Er wahrte sie gut, der Junge,
Manchen Mond und manches Jahr,
Der Junge ward ein Alter –
Das Herz blieb, wie es war.

Und als in letzten Tagen
Ihm Kunde kam ins Haus:
»Sie trugen im fernen Süden
Den letzten Stuart hinaus« –

Da sprach er, als er sterbend
Seinem Sohne die Locke gab:
»Die Stuarts sind gestorben,
Doch die Treue kennt kein Grab.«

Und siehe, die Hamiltons wahren
Bis heut ihren alten Ruhm,
Doch eines mehr als alles:
Der Locke Heiligtum.

GENERAL SIR JOHN MOORES BEGRÄBNIS

(Rückzug von Corunna, 1809)

Kein Trommelwirbel, kein Grablied hohl,
Als wir an den Wallrand lenkten,
Kein Schuß rief über ihn hin: »Fahr wohl«,
Als wir ihn niedersenkten;
Wir senkten ihn nieder um Mitternacht,
Sein Grab, ohne Prunk und Flimmer,

Wir hatten's mit Bajonetten gemacht,
Bei Mond- und Windlicht-Schimmer.

Viel Zeit zum Beten hatten wir nicht,
Nicht Zeit zu Klagen und Sorgen,
Wir starrten dem Toten ins Angesicht
Und dachten: »Was nun morgen?«
Kein Grabtuch da, kein Priester nah,
Kein Sterbekleid und kein Schragen,
Wie ein schlafender Krieger lag er da,
Seinen Mantel umgeschlagen.

Und kaum noch, daß unser Tun vollbracht,
Heim rief uns die Glock' von den Schiffen,
Und über uns hin jetzt, durch die Nacht,
Des Feindes Kugel pfiffen;
So ließen wir ihn auf *seinem* Feld,
Blutfeucht von Heldentume,
Da liegt er und schläft er *allein*, unser Held,
Allein mit seinem Ruhme.

Wir dachten, als wir den Hügel gemacht
Über seinem Bette der Ehre:
Bald drüber hin zieht Feindes Macht,
Und wir – weit, weit auf dem Meere;
Sie werden schwätzen viel auf und ab
Von Ehre, die kaum gerettet –
Doch nichts von allem dringt in sein Grab,
Drin wir Britischen ihn gebettet.

WALTER SCOTTS EINZUG IN ABBOTSFORD

Sir Walter, er zieht von Edinburg her
Gen Abbotsford, das noch öd' und leer,

Drum führt er mit sich, für Hof und Haus,
Was ein Schloßherr braucht jahrein jahraus:
Kisten und Kasten groß und klein,
Diener, Doggen und Papagein,
Und dazwischen alles, was jahrelang
Er altertümernd erwarb, errang –
Für ein Museum übergenug,
Ein Dreiundzwanzigwagenzug.

Der *erste* Wagen, erinnerungsvoll
Ist er an Bruce und Balliol:
Ein Steinkreuz, ein Kamm, eine Totenurn',
Alles vom Felde von Bannockburn,
Auch ein Lehnschwert mit Runenschrift auf und ab,
Das König Robert dem Douglas gab.

Auf dem *zweiten:* Ein Felsstück aus dem Donjon,
Drin gefangen saß Richard Cœur de Lion,
Eine Harfe von Blondel (neu zu beziehn),
Ein Säbel von Sultan Saladin,
Eschenbogen und Tartsche von Robin Hood
Und ein Stock Bruder Tucks aus dem
Nottinghamwood.

Und auf dem *dritten*, von Nancy her,
Das Zelt von Charles le Temeraire,
Der Spieß, der dem Herzog, eh' er's gedacht,
Von Bauernhand den Tod gebracht;
Barbierzeug (Becken von goldener Bronze)
– Prachtstück aus den Tagen von Louis onze –
Zuletzt auch die Leiter, drauf, Strick in Hand,
Ehren-Tristan des Winks gewärtig stand.

Dann, bunt durcheinander, aus Heimat und Fremd',
Erzne Schienen und ein Kettenhemd,

Ein blutroter Mantel von Meister Hans,
Ein Dragonersattel von Preston-Pans,
Spinnrad und Spule von Königin Maud,
Inful und Krummstab von Erzbischof Laud,
Zwei Bildnisse, Kreid' und in Pastell,
Von der weißen Dame von Avenell,
Eine Spitzenkrause, die Darnley trug,
Eine dito von Bothwell, der Darnley erschlug,
Eine Schildpattwiege, drin *einen* Tag
(Als man sie taufte) Queen Mary lag,
Ihr Hinrichtungsblock aus Fotheringhay,
Gebetbuch der Johanna Gray,
Kanzel und Sanduhr von John Knox,
Eine Riesenperücke des älteren Fox,
Eine Cromwellpistole mit Kugel im Lauf,
Von Floddenfield ein verrosteter Knauf,
Auf türmt sich's (und mehr noch) Zoll um Zoll,
Dreiundzwanzig Wagen voll.

Und auf dem letzten, sonnumblitzt,
Sir Walter selber, ein Glücklicher, sitzt,
Er lächelt und träumt und führt im Geist
Den Stab schon, der allem die Stelle weist.
Eine Stelle find't jedes irgendwo,
Sei's in Quentin Durward, in Ivanho,
Eine Stelle find't jedes, früh oder spat,
In Abt oder Kloster oder Pirat,
Eine Stelle haben, finden sie,
Sei's in Woodstock oder in Waverlie.

Requisitenkammer, Schatzkammer noch mehr,
So kommt der Zug von Edinburg her.
Dreiundzwanzig Wagen. Nun ladet ab –
Und, Sir Walter, schwinge den Zauberstab!

WALTER SCOTT IN WESTMINSTER-ABTEI

Ganz London flaggt und jubelt und rennt:
»Heut wird er König, der Prinz-Regent!«
Schon wartet seiner die Klerisei
Vorm Altar der Westminster-Abtei,
Vorm Eingang aber, in Plaid und Kilt
Und im Helme, draus der Helmbusch quillt,
Über den Platz hin zieht Spalier
Das Regiment Schottische Füsilier!

Und wie gefegt der ganze Plan.
Wer aber die zwei, die da sich nahn?
Sie hoffen auf Zutritt, auf Gunst und Glück;
Umsonst. Kommandoruf: »Zurück!«

Und die Menge, sie lacht, und der eine wird bleich,
Aber der andre: »Dacht' es gleich;
Das alte Lied vom Schaden und Spott –
Lachen wir mit, *Sir Walter Scott*!«

Und sieh, eh' noch der Name verklang,
In die Front ein blutjunger Fähnrich sprang,
Seinen Degen senkt salutierend er:
»Richt't euch; präsentiert das Gewehr!
Hoch König Georg und segn' ihn Gott,
Aber Platz, Füsiliers, für Sir Walter Scott!«

Der Weg ist offen, der Weg ist frei,
Sir Walter betritt die Westminster-Abtei.
Die Schotten flüstern: »Das war *er*!«

Der Krönungszug kam weit hinterher.

DAS TRAUERSPIEL VON AFGHANISTAN

Der Schnee leis stäubend vom Himmel fällt,
Ein Reiter vor Dschellalabad hält.
»Wer da!« – »Ein britischer Reitersmann,
Bringe Botschaft aus Afghanistan.«

Afghanistan! er sprach es so matt;
Es umdrängt den Reiter die halbe Stadt,
Sir Robert Sale, der Kommandant,
Hebt ihn vom Rosse mit eigener Hand.

Sie führen ins steinerne Wachthaus ihn,
Sie setzen ihn nieder an den Kamin;
Wie wärmt ihn das Feuer, wie labt ihn das Licht,
Er atmet hoch auf und dankt und spricht:

»Wir waren dreizehntausend Mann,
Von Kabul unser Zug begann –
Soldaten, Führer, Weib und Kind
Erstarrt, erschlagen, verraten sind.

Zersprengt ist unser ganzes Heer,
Was lebt, irrt draußen in Nacht umher,
Mir hat ein Gott die Rettung gegönnt –
Seht zu, ob den Rest ihr retten könnt.«

Sir Robert stieg auf den Festungswall,
Offiziere, Soldaten folgten ihm all,
Sir Robert sprach: »Der Schnee fällt dicht,
Die uns suchen, sie können uns finden nicht.

Sie irren wie Blinde und sind uns so nah,
So laßt sie's *hören*, daß wir da,

Stimmt an ein Lied von Heimat und Haus,
Trompeter, blast in die Nacht hinaus!«

Da huben sie an, und sie wurden's nicht müd',
Durch die Nacht hin klang es Lied um Lied,
Erst englische Lieder mit fröhlichem Klang,
Dann Hochlandslieder wie Klagegesang.

Sie bliesen die Nacht und über den Tag,
Laut, wie nur die Liebe rufen mag,
Sie bliesen – es kam die zweite Nacht:
Umsonst, daß ihr ruft, umsonst, daß ihr wacht.

Die hören sollen, sie hören nicht mehr,
Vernichtet ist das ganze Heer:
Mit dreizehntausend der Zug begann,
Einer kam heim aus Afghanistan.

DER TOWER-BRAND

Wenn's im Tower Nacht geworden, wenn die Höfe leer und stumm,
Gehn die Geister der Erschlagnen in den Korridoren um,
Durch die Lüfte bebt Geflüster klagend dann, wie Herbsteswehn,
Mancher hat im Mondenschimmer schon die Schatten schreiten sehn.

Vor dem Zug, im Purpurmantel, silberweiß von Bart umwallt,
Schwebt des sechsten Heinrichs greise, gramverwitterte Gestalt,
Lady Gray dann, mit den Söhnen König Edwards an der Hand – –
Leise rauscht der Anna Bulen langes seidenes Gewand.

Zahllos ist das Heer der Geister, das hinauf, hinunter schwebt,
Das da murmelt: »Fluch dir, Tower, dran das Blut der Unschuld klebt;
Schutt und Trümmer sollst du werden!« Aber machtlos ist ihr Fluch,
Ehern hält den Bau zusammen böser Mächte Zauberspruch.

Wieder nachtet's, wieder ziehn sie durch die Räume still und weit,
Plötzlich stockt der Zug und schart sich um ein glimmend Tannenscheit,
Dann geschäftig tragen Schnitzwerk, Fahnen, Fransen sie herzu,
Und zur hellen Flamme schüren sie die matte Glut im Nu.

Wie das prasselt, wie das flackert! Einen sprühnden Feuerbrand
Nehmen sie zum nächt'gen Umzug jetzt als Fackel in die Hand,
Weithin wird die Saat der Funken in den Zimmern ausgestreut,
Flammen sollen draus erwachsen; hei, der Fluch erfüllt sich heut!

Alles schläft; doch auf vom Lager springt im Nu der rasche Sturm,
Und er wirft sich in das Feuer, und das Feuer in den Turm,
An des Towers Felsenwände peitscht er schon das Flammenmeer,
Und den Segen drüber sprechend wogt auf ihm das Geisterheer.

Doch, als ob das Salz der Tränen feuerfest die Wände macht,
Wie wenn Blut der beste Mörtel, den ein Meister je erdacht –
Seht, wie durstig auch die Flamme sich von Turm zu Turme wirft,
Hat sie doch, als wären's Becher, nur den Inhalt ausgeschlürft.

Wieder, wenn es Nacht geworden, wenn's im Tower leer und stumm,
Gehn die Geister der Erschlagnen in den Korridoren um,
Durch die Lüfte weht Geflüster klagend dann, wie Herbsteswehn,
Mancher wird im Mondenschimmer noch die Schatten schreiten sehn.

BALAKLAWA

Der Angriff der Leichten Brigade, 25. Oktober 1854
(Frei nach Alfred Tennyson)

»Eine halbe Meil', eine halbe Meil',
Auf Sattel und Schabracke,
Vor, in Sturmeseil',
Vor, zur Attacke!
Zählt nicht der Kanonen Zahl,
Hinein, hinein ins Todestal!« …
(Alle hören's verwundert)
»Vorwärts, Leichte Brigade, vor!« –
Und hinein ins Feuer- und Höllentor
Reiten die Sechshundert.

Leichte Brigade, der Siegespreis
Ist heute hoch, ist heute heiß;

Aber kein Murren, nicht laut, nicht leis,
Keines, obwohlen ein jeder weiß,
's ward irgendwo geblundert –
Vorwärts! sie fragen und zagen nicht,
Vorwärts! sie wanken und schwanken nicht,
Vorwärts! gehorchen ist einzige Pflicht.
  Ins Todestal,
  In voller Zahl,
  Reiten die Sechshundert.

Vorwärts! Kanonen rechts und links,
Kanonen in Front, gewärtig des Winks,
Selbst die Feinde sehen's verwundert.
Schrapnell und Kartätschenschuß,
Todesgruß und Todeskuß,
Falle, was da fallen muß –
In den Höllenrachen, ins Todestal,
  Noch voll in Zahl,
  Reiten die Sechshundert.

Säbel heraus! Die Klingen fein
Blinken und blitzen im Sonnenschein,
Und die Leichte Brigade, nun ist sie hinein,
Fast über sich selber verwundert;
Ihre Säbel, in Rauch und Pulverqualm,
Singen manch einem den letzten Psalm,
Aber endlich, aus Qualm und Rauch
Und ermattet bis auf den letzten Hauch,
Abgejagt und abgehetzt,
Müssen sie rückwärts, rückwärts jetzt –
  Nicht mehr Sechshundert.

Kanonen rechts, Kanonen links,
Kanonen im Rücken, gewärtig des Winks;
Verdoppelt jetzt Salv' um Salve kracht,

Rückwärts, rückwärts wogt die Schlacht,
Und wen es aus dem Sattel schoß,
Den Reiter zertritt sein eigen Roß,
Das Fahnentuch mit flatterndem Band
Geht schon in dritt' und vierte Hand,
Ist zerschossen und zerzundert,
Der Tod mäht rascher von Schritt zu Schritt –
Leichte Brigade, was bringst du noch mit?
Dein Siegesritt war ein Todesritt,
  Ein Todesritt der Sechshundert.

Wird je verblassen euer Ruhm?
Nimmer. Ihr strahlt in Heldentum,
Und die Welt, sie staunt und wundert.
Hoch unsre Balaklawa-Schlacht
Und die Leichte Brigade, die's gemacht –
  Hoch die Sechshundert!

VOLKSLIED

(In den Londoner Straßen gesungen im Winter 1855)

All, die ihr schlaft auf Dunen, behaglich, wohlgemut,
Denkt unsrer armen Brüder, die kalt sind bis aufs Blut,
Die in den Gräben liegen, krank, hungrig, starr und stumm,
Die Blüte unsres Landes, im Schlammbett kommt sie um.

Vom Balaklawa-Hafen bis an die Stadt heran
Vor Karren und Geschützen sie selber als Gespann,
So haben sie's gehalten, dann kam die stille Nacht,
So viele gingen schlafen, so wenig sind erwacht.

Ich hört' ein Mädchen klagen, sie rief: »Was fang' ich an?
Mein Vater liegt und schlummert im Tal von Inkermann,

Mein Bruder liegt verwundet, genesen wird er nie,
Es kann kein Christ genesen in jenem Skutari.«

Gott, schütze unsre Brüder mit deiner mächt'gen Hand,
Leih ihnen Sieg und führe sie heim ins Vaterland,
Beschütz auch, was sie lieben, Weib, Vater, Mutter, Kind,
Und sei ein Tröster aller, die schweren Herzens sind.

DIE BRÜCK' AM TAY

(28. Dezember 1879)

When shall we three meet again?
Macbeth.

»Wann treffen wir drei wieder zusamm?«
»Um die siebente Stund', am Brückendamm.«
»Am Mittelpfeiler.«
»Ich lösche die Flamm.«
»Ich mit.«
»Ich komme vom Norden her.«
»Und ich vom Süden.«
»Und ich vom Meer.«

»Hei, das gibt einen Ringelreihn,
Und die Brücke muß in den Grund hinein.«

»Und der Zug, der in die Brücke tritt,
Um die siebente Stund'?«
»Ei, der muß mit.«
»Muß mit.«
»Tand, Tand
Ist das Gebilde von Menschenhand!«

*

Auf der Norderseite, das Brückenhaus –
Alle Fenster sehen nach Süden aus,
Und die Brücknersleut' ohne Rast und Ruh
Und in Bangen sehen nach Süden zu,
Sehen und warten, ob nicht ein Licht
Übers Wasser hin »Ich komme« spricht,
»Ich komme, trotz Nacht und Sturmesflug,
Ich, der Edinburger Zug.«

Und der Brückner jetzt: »Ich seh' einen Schein
Am anderen Ufer. Das muß er sein.
Nun, Mutter, weg mit dem bangen Traum,
Unser Johnie kommt und will seinen Baum,
Und was noch am Baume von Lichtern ist,
Zünd alles an wie zum heiligen Christ,
Der will heuer *zweimal* mit uns sein –
Und in elf Minuten ist er herein.«

*

Und es war der Zug. Am Süderturm
Keucht er vorbei jetzt gegen den Sturm,
Und Johnie spricht: »Die Brücke noch!
Aber was tut es, wir zwingen es doch.
Ein fester Kessel, ein doppelter Dampf,
Die bleiben Sieger in solchem Kampf.
Und wie's auch rast und ringt und rennt,
Wir kriegen es unter, das Element.

Und unser Stolz ist unsre Brück';
Ich lache, denk' ich an früher zurück,
An all den Jammer und all die Not
Mit dem elend alten Schifferboot;
Wie manche liebe Christfestnacht
Hab' ich im Fährhaus zugebracht
Und sah unsrer Fenster lichten Schein
Und zählte und konnte nicht drüben sein.«

Auf der Norderseite, das Brückenhaus –
Alle Fenster sehen nach Süden aus,
Und die Brücknersleut' ohne Rast und Ruh
Und in Bangen sehen nach Süden zu;
Denn wütender wurde der Winde Spiel,
Und jetzt, als ob Feuer vom Himmel fiel',
Erglüht es in niederschießender Pracht
Überm Wasser unten… Und wieder ist Nacht.

*

»Wann treffen wir drei wieder zusamm?«
»Um Mitternacht, am Bergeskamm.«
»Auf dem hohen Moor, am Erlenstamm.«

»Ich komme.«
»Ich mit.«
»Ich nenn' euch die Zahl.«
»Und ich die Namen.«
»Und ich die Qual.«

»Hei!
Wie Splitter brach das Gebälk entzwei.«

»Tand, Tand
Ist das Gebilde von Menschenhand.«

JOHN MAYNARD

John Maynard!

»Wer ist John Maynard?«

»John Maynard war unser Steuermann,
Aus hielt er, bis er das Ufer gewann,

Er hat uns gerettet, er trägt die Kron',
Er starb für uns, unsre Liebe sein Lohn.
John Maynard.«

*

Die »Schwalbe« fliegt über den Eriesee,
Gischt schäumt um den Bug wie Flocken von Schnee;
Von Detroit fliegt sie nach Buffalo –
Die Herzen aber sind frei und froh,
Und die Passagiere mit Kindern und Fraun
Im Dämmerlicht schon das Ufer schaun,
Und plaudernd an John Maynard heran
Tritt alles: »Wie weit noch, Steuermann?«
Der schaut nach vorn und schaut in die Rund':
»Noch dreißig Minuten... Halbe Stund'.«

Alle Herzen sind froh, alle Herzen sind frei –
Da klingt's aus dem Schiffsraum her wie Schrei,
»Feuer!« war es, was da klang,
Ein Qualm aus Kajüt' und Luke drang,
Ein Qualm, dann Flammen lichterloh,
Und noch zwanzig Minuten bis Buffalo.

Und die Passagiere, buntgemengt,
Am Bugspriet stehn sie zusammengedrängt,
Am Bugspriet vorn ist noch Luft und Licht,
Am Steuer aber lagert sich's dicht,
Und ein Jammern wird laut: »Wo sind wir? wo?«
Und noch fünfzehn Minuten bis Buffalo. –

Der Zugwind wächst, doch die Qualmwolke steht,
Der Kapitän nach dem Steuer späht,
Er sieht nicht mehr seinen Steuermann,
Aber durchs Sprachrohr fragt er an:

»Noch da, John Maynard?«
»Ja, Herr. Ich bin.«
»Auf den Strand! In die Brandung!«
»Ich halte drauf hin.«
Und das Schiffsvolk jubelt: »Halt aus! Hallo!«
Und noch zehn Minuten bis Buffalo. – –

»Noch da, John Maynard?« »Und Antwort schallt's
Mit ersterbender Stimme: »Ja, Herr, ich halt's!«
Und in die Brandung, was Klippe, was Stein,
Jagt er die »Schwalbe« mitten hinein.
Soll Rettung kommen, so kommt sie nur so.
Rettung: der Strand von Buffalo!

*

Das Schiff geborsten. Das Feuer verschwelt.
Gerettet alle. Nur *einer* fehlt!

*

Alle Glocken gehn; ihre Töne schwell'n
Himmelan aus Kirchen und Kapell'n,
Ein Klingen und Läuten, sonst schweigt die Stadt,
Ein Dienst nur, den sie heute hat:
Zehntausend folgen oder mehr,
Und kein Aug' im Zuge, das tränenleer.

Sie lassen den Sarg in Blumen hinab,
Mit Blumen schließen sie das Grab,
Und mit goldner Schrift in den Marmorstein
Schreibt die Stadt ihren Dankspruch ein:
»Hier ruht John Maynard! In Qualm und Brand
Hielt er das Steuer fest in der Hand,
Er hat uns gerettet, er trägt die Kron',
Er starb für uns, unsre Liebe sein Lohn.
John Maynard.«

GOODWIN-SAND

Das sind die Bänke von Goodwin-Sand,
Sie sind nicht Meer, sie sind nicht Land,
Sie schieben sich, langsam, satt und schwer,
Wie eine Schlange hin und her.

Und die Schiffe, die mit dem Sturm gerungen
Und die schäumende Wut der Wellen bezwungen
Und die gefahren über die Welt,
Unzertrümmert, unzerschellt,
Sie sehen die Heimat, sie sehen das Ziel –
Da schiebt sich die Schlange unter den Kiel
Und ringelt Schiff und Mannschaft hinab,
Zugleich ihr Tod, zugleich ihr Grab.

Die See ist still, die Ebb' ist nah,
Mastspitzen ragen hier und da,
Und wo sie ragen in die Luft,
Da sind es Kreuze über der Gruft;
Ein Kirchhof ist's, halb Meer, halb Land –
Das sind die Bänke von Goodwin-Sand.

III. Deutsches. Märkisch-Preußisches

TREU-LISCHEN

»Mein Lischen, stell das Weinen ein,
Auf Regen folgt ja Sonnenschein,
Ich kehr' mit Schwalb' und Flieder
Und wohl noch früher wieder.«

Der Bursche sprach's. Vom Giebeldach
Sah ihm Treu-Lischen lange nach,
Bis Hoffnung wiederkehrte
Und ihren Tränen wehrte.

Die Äuglein wurden wieder klar,
Das Herze jeden Kummers bar,
Sie wußte: mit dem Flieder
Kam ihr der Liebste wieder.

Der Frühling kam mit Duft und Klang,
Treu-Lischen harrte mondenlang,
Herbstwind durchfuhr den Garten –
Vergeblich war ihr Warten.

Wohl kam der Frühling viele Mal,
Ihr Liebster nimmermehr ins Tal,
Doch Lenz um Lenz aufs neue
Rief sie: »Nun kommt der Treue!«

Es konnt' ihr Herz, das Jahr um Jahr
Dem Liebsten treu geblieben war,
Es konnt's ihr Herz nicht fassen,
Er habe sie verlassen.

Grau ward ihr Haar, welk ihr Gesicht,
Das Alter kam, sie wußt' es nicht:
Ihr Hoffen und ihr Lieben,
Ihr Herz war jung geblieben.

Und als der Tod sie heimgeführt,
Hat ihn das treue Herz gerührt,
Und mit des Liebsten Mienen
Ist er vor ihr erschienen.

SILVESTERNACHT

Das Dorf ist still, still ist die Nacht,
Die Mutter schläft, die Tochter wacht,
Sie deckt den Tisch, sie deckt für zwei,
Und sehnt die Mitternacht herbei.

Wem gilt die Unruh? wem die Hast?
Wer ist der mitternächt'ge Gast?
Ob ihr sie fragt, sie kennt ihn nicht,
Sie weiß nur, was die Sage spricht.

Die spricht: Wenn wo ein Mädchen wacht
Um zwölf in der Silvesternacht,
Und wenn sie deckt den Tisch für zwei,
Gewahrt sie, wer ihr Künft'ger sei.

Und hätt' ihn nie gesehn die Maid,
Und wär' er hundert Meilen weit,
Er tritt herein und schickt sich an,
Und ißt und trinkt, und scheidet dann. –

Zwölf schlägt die Uhr, sie horcht erschreckt,
Sie wollt', ihr Tisch wär' ungedeckt;
Es überfällt sie Angst und Graun,
Sie will den Bräutigam nicht schaun.

Fort setzt der Zeiger seinen Lauf,
Niemand tritt ein, sie atmet auf,
Sie starrt nicht länger auf die Tür –
Herr Gott, da sitzt er neben ihr.

Sein Aug' ist glüh, blaß sein Gesicht,
Sie sah ihn all ihr Lebtag nicht,

Er blitzt sie an und schenket ein
Und spricht: »Heut Nacht noch bist du mein.
Ich bin ein stürmischer Gesell',
Ich wähle rasch und freie schnell,
Ich bin der Bräut'gam, du die Braut,
Und bin der Priester, der uns traut.«

Er faßte sie um – ein einz'ger Schrei,
Die Mutter hört's und kommt herbei;
Zu spät, verschüttet liegt der Wein,
Tot ist die Tochter und – allein.

»UND ALLES OHNE LIEBE«

Die Mutter spricht: »Lieb Else mein,
Wozu dies Grämen und Härmen?
Man lebt sich ineinander ein,
Auch ohne viel zu schwärmen;
Wie manche nahm schon ihren Mann,
Daß sie nicht sitzen bliebe,
Und dünkte sich im Himmel dann
Und – alles ohne Liebe.«

Jung-Else hört's. Sie schloß das Band,
Das ew'ge am Altare,
Und lächelnd nahm des Gatten Hand
Den Kranz aus ihrem Haare;
Ihr war's, als ob ein glühend Rot
Sich auf die Stirn ihr schriebe,
Sie gab ihr Alles, nach Gebot,
Und – alles ohne Liebe.

Der Mann ist schlecht: er liebt das Spiel
Und guten Trunk nicht minder,

Sein Weib zu Hause weint zu viel,
Und ewig schrei'n die Kinder;
Spät kommt er heim, er kost, er schlägt,
Nachgiebig jedem Triebe;
Sie trägt's, wie nur die Liebe trägt,
Und – alles ohne Liebe.

Sie wünscht sich oft, es wär' vorbei,
Wenn nicht die Kinder wären,
So aber sucht sie stets aufs neu
Zum Guten es zu kehren;
Sie schmeichelt ihm, und ob er dann
Auch kalt beiseit sie schiebe,
Sie nennt ihn »ihren liebsten Mann«
Und – alles ohne Liebe.

»DENKST DU VERSCHWUNDENER TAGE, MARIE?«

(Nach dem Englischen)

»Denkst du verschwundener Tage, Marie,
Wenn du starrst ins Feuer bei Nacht?
Wünschst du die hellen Tage zurück,
Wo du selbst wie der Sonne gelacht?«

»Ich denk' der verschwundenen Tage, Johann,
Und denk' an all ihr Glück,
Doch der sonnigste Tag, der über mich kam,
Ich wünsch' ihn nicht zurück.«

»Denkst du an gestorbenes Hoffen, Marie,
Wenn du starrst ins Feuer bei Nacht?
Der Tau, der auf dein Hoffen fiel,
Hat dich um die Ernte gebracht.«

»Ich denk' an gestorbenes Hoffen, Johann,
Aber tu's in stillem Sinn,
Es starb, wie eine Rose stirbt –
Und was hin ist, ist hin.«

»Denkst du gestorbener Freunde, Marie,
Wenn du starrst ins Feuer bei Nacht?
Wünschst du sie zurück an den einsamen Herd,
Den sie einst dir so heimisch gemacht?«

»Ich denk' der gestorbenen Freunde, Johann,
Sie sind allezeit mein Glück;
Doch, die mir die liebsten gewesen sind,
Ich wünsche sie nicht zurück.«

JUNKER DAMPF

Aus einem edlen Stamme
  Sproß er, der Junker Dampf:
Das Wasser und die Flamme,
  Sie zeugten ihn im Kampf;
Doch hin und her getragen,
  Ein Spielball jedem Wind,
Schien aus der Art geschlagen
  Das Elementenkind.

Ja, frei an Füß' und Händen
  Ist er ein lockrer Fant,
Doch hinter Kerkerwänden,
  Da wird er ein Gigant:
In tausend Trümmerreste
  Zerschlägt er jede Haft,
Mit ihrer Dicht' und Feste
  Wächst seine Riesenkraft.

Selbst da, wo seiner Zelle
  Ein schmales Pförtlein blieb,
Ringt er nach Luft und Helle
  Mit solchem Sturmestrieb,
Daß, wenn ihn beim Entwischen
  Des Tores Enge hemmt,
Den Kerker unter Zischen
  Er auf die Schulter klemmt.

Und so, trotz eh'rner Fessel
  An Füßen noch und Hand,
Reißt er den Kerkerkessel
  Im Fluge mit durchs Land,
Reißt ganze Häuserreihen
  Mit fort wie Wirbelwind,
Bis wieder er im Freien
  Nichts als – ein spielend Kind.

DIE GROSSE KARTHAUSE VOR PAPST PAUL

Und es sprach Papst Paul: »Die große Karthaus
In der Freigrafschaft treibt es mir zu kraus;
Auch Frommsein trägt Gefahren im Schoß,
Kasteien zieht den Hochmut groß,
Kasteien ist ihnen Zweck und Ziel,
Ewiges Fasten, das ist zu viel.
Ich sehe kommen der Dinge Lauf:
Ohne Zehrung zehren sie *selbst* sich auf,
Und ihr Orden wird ein schwächlicher Schaft,
Morsch und mürb', ohne Saft und Kraft.«

Des kam ihnen Kund' in einem Brief.
Der Abt die Mönche zusammenrief;
Und es sprach der Abt: »Frei sei's gesagt,

Es haben uns unsre Feinde verklagt,
Ein Neider oder ein Leckerling
Den heiligen Vater hinterging;
Der sieht nun die Dinge von Grund aus schief,
Sonst schrieb' er uns nicht einen solchen Brief.
Ich aber schick' Antwort. Bruder Gregor
Und Eustach und Rollo, tretet vor,
Und Cyrill und Gaston und du, Bruder Hugh –
Hugh, du bist neunzig, du führst den Zug.«

Da traten die Sechs zum Zuge zusamm;
Und Winters, über den Gotthard-Kamm,
Einzeln und nebeneinanderher,
Ein jeder achtzig oder mehr,
So passierten sie Gletscher und Wald und Strom,
Bis daß sie hielten vorm ewigen Rom.

Und der Papst empfing sie. »Was euer Begehr?«
»Die große Karthause schickt uns her.
Die große Karthaus ist, was sie war,
Zusammen sind wir fünfhundert Jahr;
Was gab uns die Jahre? was ließ uns gedeihn?
Fasten war es und Kastein;
Dem Leib Gehorchen zehrt auf das Mark,
Den Leib Bezähmen macht stählern und stark.
Im Schneesturm, über die Berge hin,
Zogen wir; wende deinen Sinn!
Daß morsch wir würden, noch hat es nicht Not,
Heil'ger Vater, nimm von uns dein Gebot.«

Da lächelt Papst Paul: »Ihr meidet den Wein,
An meinen Tisch sonst lüd' ich euch ein.
Doch kenn' ich ein andres, das gilt euch mehr:
In eure Karthause die Wiederkehr.
Ihr habt mich besiegt: aller Größe Keim,
Er heißt Entsagung... Zieht heim, zieht heim!«

DER TAG VON HEMMINGSTEDT

Denk an den Tag von Hemmingstedt
Wo siebentausend abgemäht!
Schläft Ditmars Vater unterm Sand,
Ist Ditmars Sohn noch bei der Hand.

Und über Johann von Dänemark kam seine finstre Stunde;
Er murmelt: »Es brennt im Herzen mir die alte Ditmarsenwunde!
Beim Himmel, es soll nicht Messer, nicht Scher' mir Bart noch Haupthaar stutzen,
Bis daß ich wieder ins Joch gebeugt dies bauernstolze Trutzen.«

Und Boten sendet er in die Marsch, die künden allerwegen:
»Drei Schlösser will unser König und Herr in eure Lande legen,
Nach Meldorf eins, an den Elbstrom eins und das dritt' an die Lundener Fähre.«
Es brachte da Zornes viel ins Land die königliche Märe.

Und von den Bauern Wolf Isebrand, der sprach: »Er mag nur kommen!
Wir haben aus keines Königs Hand dies Land zu Lehen genommen,
Wir sind zudem vom Aufrechtgehn versteift in unsern Hälsen,
Und wer seine Schlösser auf Marschgrund baut, der baut sie nicht auf Felsen.

Dies Land ist unser, wir haben's im Kampf der Sturmflut abgerungen,
Wir bangen vor keines Königs Zorn, wir, die wir das Meer bezwungen,
Unser altes Recht, unser alter Mut – so werden wir nicht zu Schanden;
Noch lebt der Gott, der bei Bornhövd auf unsrer Seite gestanden.«

Da gingen die Boten. Bei Rendsburg war's, wo sie den König trafen,
Der lagerte da, drei Nächte schon, samt seinen Fürsten und Grafen;
Es stieß dazu viel kriegerisch Volk von Jütland und von Fühnen,
All wollten sie brechen den Bauernstolz und die Schmach des Königs sühnen.

Von Deutschland auch viel edele Herrn hernieder ins Lager kamen:
Zwei junge Grafen von Oldenburg, Adolf und Otto mit Namen,
Mit ihnen zugleich manch Holsten-Geschlecht um den Danebrog sich scharte:
Fünf Rantzaus, sieben von Ahlefeld und vierzehn Wackerbarte.

Und Söldner auch – Gesindel war's aus Rheinland, Franken und Sachsen,
All hatten sich längst, durch Mord und Brand, in die Schlinge hineingewachsen.
Die »sächsische Garde« hieß man sie, wohl auch die »schwarze Bande«,
Verheerend, wie der schwarze Tod, zogen sie durch die Lande.

Ihr Führer aber war Junker Slenz, der maß sechs rheinische Schuhe,
Heut brach er am Wege die Schlösser ab und morgen an der Truhe,
In Flechten hing sein flachsenes Haar wie Stricke herab zum Würgen,
Er hatte zwei Feuerräder im Kopf und hieß – der lange Jürgen.

Und Jürgen Slenz, an der Seite Johanns, vorauf die gepanzerten Glieder,
So führt er heut, unter schmetterndem Klang, das Heer in die Marsch hernieder;
Zwölftausend sind's, schon dringen sie vor auf der Marschen getrocknetem Schlamme –
Um Rache schreit in die Nacht hinein brennenderDörfer Flamme.

Die Bauern aber, kaum tausend Mann, zogen sich rasch zurücke,
Bis daß sie kamen um Mitternacht an die Hemmingstedter Brücke;
Sie fanden da Wall und Graben noch aus der Zeit der alten Sassen,
Und es sprach Wolf Isebrand: »Hier sei's, hier wollen wir auf sie passen!«

Man hielt. Nur einer murmelte bang: »Das mög' unser Heiland nicht wollen,
Wir sind hier am Tausend-Teufels-Wall, wo die Moorelfen tanzen und tollen,
Mit den Flammenbüscheln das Irrlichtvolk, es haust hier unterm Rasen,
Und bei Vollmond kommt das Feuerpferd, um die Büschel abzugrasen.«

Da stutzten die andern; Wolf aber rief: »Was Irrlicht und was Elfen!
Wenn droben der Himmel mit uns ist, muß auch die Hölle helfen.
Die Nacht ist schwarz, wir brauchen Licht, laßt's nur da unten flimmern,
Wir wollen ein christlich Bollwerk hier trotzdem zusammenzimmern.«

Da griffen sie freudig nach Spaten und Axt, vorbei war Murren und Stutzen,
Sie schleppten das Brückengebälk herbei, als Pfahlwerk es zu nutzen,
Sie füllten und stopften mit Moor und Schlamm des alten Erdwalls Lücken
Und warfen zuletzt ihm Rasen und Sand, drei Fuß hoch, auf den Rücken. –

So kam der Tag, und mit ihm kam, goldblinkend, die sächsische Garde,
Hell spiegelte sich der Morgenglanz auf Harnisch und Hellebarde;
Die trotzige Schar, rasch rückte sie vor, gegliedert und dicht geschlossen,
Nicht kümmerte sie der Hagelgruß von Steinen und Wurfgeschossen.

Jetzt war sie heran, zwischen ihr und dem Wall war nur noch des Grabens Quere,
Da schnürten die Vordersten schnell in eins je zwölf ihrer kantigen Speere,
Sie warfen wie Balken querüber dann die Bündel aus Speer und Lanze,
Und über die fliegende Brücke hinweg wollten sie gegen die Schanze.

Umsonst: man stieß sie rücklings hinab – es fehlte das Brückengelände –
Da nahmen die Folgenden, springstockgleich, ihren Speerschaft in die Hände,
Sie setzten ihn auf, und war es mißglückt, im Sturmschritt vorzudringen,
So sollte nun Sprung- und Hebelkraft im Flug sie hinüberschwingen.

Umsonst auch das: sie sprangen zu kurz; wer dennoch das Ufer erklettert,
Der ward, unter wildem Freudengeschrei, von den Bauern zu Boden geschmettert,
Dumpf dröhnte die Axt – bis plötzlich jetzt die Freudenrufe verklangen,
Wolf Isebrand murmelte vor sich hin: »Hilf Himmel, wir sind umgangen!«

So war's. Zu schwanken begann der Kampf, immer mächtiger wurden die Dränger;
Da trat Gott selbst für die Schwachen ein und rief: »Ich will es nicht länger!«
Und er schickte die Flut, die stieg am Strand bis hoch an die Schleusenpforte.
Und rüttelte dran und rief: »Macht auf! da drinnen bin ich am Orte.«

Die Wächter am Strande zögerten noch, da sieh, unter Schäumen und Kochen –
Die Hilfe Gottes kam mit Gewalt! – wurde die Schleuse zerbrochen;
Schon über die Felder von Hemmingstedt hinbrausten Wogen und Wetter:
Das Meer, der Marsen alter Feind, heut kommt es als ihr Retter.

Sie nahmen jetzt wieder festen Stand hinterm Tausend-Teufels-Walle,
Da waren sie sicher vor der Flut und behielten den Feind in der Falle,
Der wandte sich rechts und wandte sich links, doch der Tod war immer zur Stelle:
Wer floh, den faßte die Marsenfaust, wer stand, den faßte die Welle.

Nur Jürgen Slenz, der ritt an den Wall, als wäre noch nichts verloren,
Ein stieß er tief, zum Sprunge bergan, seinem friesischen Hengste die Sporen;
Jetzt war er hinauf – er schaute sich um, wie wohl in besseren Tagen,
Und rief: »Wer ein Herz im Leibe hat, der mag es mit mir wagen!«

Das hörte der Reimer von Wimerstedt, der hatte Lust zum Streite,
Er sprang heran und schlug mit der Axt den Speer des Junkers zur Seite,
Er holte dann aus, einen vollen Hieb auf die stählerne Brust zu führen,
Und – fest im Panzer stak die Axt, tät sich nicht rücken, nicht rühren.

Der Hieb war gut; doch unversehrt waren des Jürgen Glieder,
Da riß der Reimer und wuchtete traun am Axtstiel ihn hernieder,
Er trat ihm dann, fünf Finger breit, das Eisen zwischen die Rippen,
Es kam kein Laut, kein Seufzer mehr über des Junkers Lippen.

Das war das Ende von Jürgen Slenz; mit ihm zu Tode kamen –
Die Knechte und Söldner ungezählt – viel hundert tapfere Namen,
Zumal auch, was von Holstein her um den Danebrog sich scharte:
Fünf Rantzaus, sieben von Ahlefeld und vierzehn Wackerbarte.

Der König aber floh zu Schiff bis in seine Stadt am Sunde,
Er trug zu der alten Narbe heim eine neue brennende Wunde,
Die neue Wunde – bis in den Tod wollt' ihm die nie verharschen;
Das war der Tag von Hemmingstedt, der Brauttag der Dithmarschen.

DER 6. NOVEMBER 1632
(Schwedische Sage)

Schwedische Heide, Novembertag,
Der Nebel grau am Boden lag;
Hin über das Steinfeld von Dalarn
Holpert, stolpert ein Räderkarrn.

Ein Räderkarrn, beladen mit Korn;
Lorns Atterdag zieht an der Deichsel vorn,
Niels Rudbeck schiebt. Sie zwingen's nicht,
Das Gestrüpp wird dichter; Niels aber spricht:

»Buschginster wächst hier über den Steg,
Wir gehn in die Irr', wir missen den Weg,
Wir haben links und rechts vertauscht –
Hörst du, wie der Dal-Elf rauscht?«

»Das ist nicht der Dal-Elf, der Dal-Elf ist weit,
Es rauscht nicht vor uns und nicht zur Seit',
Es lärmt in Lüften, es klingt wie Trab,
Wie Reiter wogt es auf und ab.

Es ist wie Schlacht, die herwärts dringt,
Wie Kirchenlied es dazwischen klingt,
Ich hör' in der Rosse wieherndem Trott:
Eine feste Burg ist unser Gott!«

Und kaum gesprochen, da Lärmen und Schrei'n,
In tiefen Geschwadern bricht es herein,
Es brausen und dröhnen Luft und Erd',
Vorauf ein Reiter auf weißem Pferd.

Signale, Schüsse, Rossegestampf,
Der Nebel wird schwarz wie Pulverdampf,
Wie wilde Jagd, so fliegt es vorbei –
Zitternd ducken sich die Zwei.

Nun ist es vorüber... Da wieder mit Macht
Rückwärts wogt die Reiterschlacht,
Und wieder dröhnt und donnert die Erd',
Und wieder vorauf das weiße Pferd.

Wie ein Lichtstreif durch den Nebel es blitzt,
Kein Reiter mehr im Sattel sitzt,
Das fliehende Tier, es dampft und raucht,
Sein Weiß ist tief in Rot getaucht.

Der Sattel blutig, blutig die Mähn',
Ganz Schweden hat das Roß gesehn –
Auf dem Felde von Lützen am selben Tag
Gustav Adolf in seinem Blute lag.

SCHLOSS EGER

Lärmend, im Schloß zu Eger,
Über dem Ungarwein,
Sitzen die Würdenträger
Herzogs Wallenstein:
Tertschka, des Feldherrn Schwager,
Illo und Kinsky dazu,
Ihre Heimat das Lager,
Und die Schlacht ihre Ruh.

Lustig flackern die Kerzen;
Aber der Tertschka spricht:
»Ist mir's Nacht im Herzen
Oder vorm Gesicht?
Diese Lichter leuchten
Wie in dunkler Gruft,
Und die Wände, die feuchten,
Hauchen Grabesluft.«

Feurig funkelt der Unger;
Aber der Kinsky spricht:
»Draußen bei Frost und Hunger
Schüttelte so mich's nicht,
Hielte lieber bei Lützen
Wieder in Qualm und Rauch;
Wolle Gott uns schützen,
Oder – der Teufel auch.«

Illo nur, Herz wie Kehle
Hält er bei Laune sich,
Dicht ist seine Seele
Gegen Hieb und Stich,
Trägt ein Büffelkoller

Wie sein Körper traun,
Lustiger und toller
War er nie zu schaun.

Und vom Trunke heiser
Ruft er jetzt und lacht:
»Das erst ist der Kaiser,
Wer den Kaiser macht;
Eid und Treue brechen,
Taten wir's allein?
Hoch der König der Tschechen,
Herzog Wallenstein!«

Burg- und Schloßbewohner
Ruhen... Da sieh, in Stahl,
Buttlersche Dragoner
Dringen in den Saal;
Buttler selbst, im Helme,
Tritt an den Illo: »Sprich,
Seid ihr Schurken und Schelme
Oder gut kaiserlich?!«

Hei, da fahren die Klingen
Wie von selber heraus,
Von dem Pfeifen und Schwingen
Löschen die Lichter aus;
Weiter geht es im Dunkeln,
Nein, im Dunkeln nicht:
Ihrer Augen Funkeln
Gibt das rechte Licht.

Tertschka fällt; daneben
Kinsky mit Fluch und Schwur;
Mehr um Tod wie Leben
Ficht selbst Illo nur,

Schlägt blindhin in Scherben
Schädel und Flaschen jetzt,
Wie ein Eber im Sterben
Noch die Hauer wetzt.

Licht und Fackel kommen,
Geben düstren Schein:
In einander verschwommen
Blinken Blut und Wein;
Überall im Saale
Leichen in buntem Gemisch,
Stumm, vor seinem Mahle,
Sitzt der Tod am Tisch.

Buttler aber, wie Wetter,
Donnert jetzt: »Laßt sie ruhn!
Das sind erst die Blätter –
An die Wurzel nun!«
Bald in Schlosses Ferne
Hört man's krachen und schrei'n –
Schau nicht in die Sterne,
Rette dich, Wallenstein!

JAN BART

Jan Bart geht über den Vlissinger Damm.
»Hür', Katrin, wi trecken tosamm;
En Huus, en Boot, 'ne Zieg' un 'ne Kuh,
Wat mienst, Katrin? sy miene Fru.«

Katrin an ihrem Friesrock zog:
»Ne, Jan, bist mi nich Mynherr 'noog.«
Der nickt und lacht: »Na, denn Adje.«
Und nach Frankreich geht er und sticht in See.

Matrose, Maat, so fängt er an,
Auf der zweiten Reise: Steuermann,
Auf der dritten: Leutnant unter *Du Quesne*,
Auf der vierten: Flottenkapitän.

Und als es mit England kommt zum Krieg,
Wo Jan Bart erscheint, erscheint der Sieg;
Wie stolz das britische Banner auch weh',
Jan Bart ist Herr und fegt die See.

Heut aber tritt er vor seinen Herrn,
Vor *Louis quatorze*. Der sieht ihn gern.
»Willkommen, Jan Bart, in diesem Saal,
Ich ernenn' Euch zu meinem Groß-Admiral.«

Jan Bart verneigt sich: »Majestät,
Was klug und recht ist, kommt nie zu spät.«
Alles starrt auf den König, der aber lacht –
Jan Bart hat sich wieder heim gemacht.

Und am Vlissinger Damm, an alter Stell',
Sitzt wieder Katrin auf ihrer Schwell',
Ihren Ältsten hält sie bei der Hand,
Der Jüngste liegt und spielt im Sand.

Er grüßt sie lachend und noch einmal:
»Katrin, ich bin nu Groß-Admiral,
Katrin, w'rüm biste nich mit mi goahn?«
»Joa, wenn ick't wußt hätt', hätt' ick't doahn.«

BIENEN-WINKELRIED

Nur kein Gegrübel,
Was es sei;
Wohl oder übel –
Der Scherz ist frei.

Die Wespen und die Bienen,
Sie haben sich entzweit:
Guelfen und Ghibellinen,
So stehen sie im Streit.
Schon um die heimische Linde,
Wie um ihr letztes Haus,
Sammelt das Bienengesinde.
Sich zum entscheidenden Strauß.

Eine (sie stund auf der Wache,
Und das Weinen war ihr nah)
Schwur, eine herrliche Sache
Sei dies *mori pro patria*;
Daß ihr Stand so ein harter,
Freue sie fast zu sehn,
Wie die dreihundert Sparter
Würden sie untergehn.

Sprach da eine Zweite:
Wohl, sie stimme dem bei,
Daß zu fallen im Streite
Süß und löblich sei;
Nur sie wäre verwundert
Daß man auf Sparta säh' –
Pforzheim und seine Vierhundert
Hätte man ja in der Näh'.

Sprach es. Da schwarz am Himmel,
   Wie Heuschreckenzug,
Nahte das Wespengewimmel
   Sich im Siegesflug.
Solche Schwärme und Flüge
   Nimmer der Garten sah,
Wahre Hunnenzüge
   Waren's des Attila.

Bald in gebogenem Horne,
   Bald in gespitztem Keil
Stürmten sie – aber nach vorne
   Immer den Stachelteil;
Ach, die Bienen, in Demut
   Wurden sich das bewußt,
Und unendliche Wemut
   Schlich in ihre Brust.

Siehe, da schnell ein Sasse
   Tritt hervor aus den Reihn:
»Mach' euch eine Gasse,
   Liebe Genossen mein!«
Und als ob es ihm wäre
   Heldischer Zeitvertreib,
Drückt er dreizehn Speere
   Sich in Brust und Leib.

Da, die Bienen klammern
   Grimm an den Feind sich an,
Alle Wespen jammern:
   »Rette sich, wer kann!«
Aber mit Waffen, schartig,
   Hummeln und andere mehr
Fallen jetzt landsturmartig
   Über die Flüchtigen her.

*

Abend kommt; es schattet;
  Letzte Röte schied;
Siehe, da wird bestattet
  Bienen-Winkelried.
Solch ein Gästegedränge,
  Alle mußten's gestehn,
Und solch Leichengepränge
  Hatten sie nie gesehn.

Rings auf Spitzen und Türmchen
  An dem Heckenzaun
Glühten Johanniswürmchen
  Hell wie Fackeln traun;
Taghell so beleuchtet
  Kam der Zug daher,
Jedes Auge gefeuchtet,
  Jedes Herze schwer.

Vorne drei Hummelbrummer
  Schritten ernst und barsch,
Trommelten in Kummer
  Ihren Trauermarsch;
Dann, mit Ruhm zu melden,
  Kam der wächserne Sarg,
Der des Helden der Helden
  Irdische Hülle barg.

Vier kohlschwarze Käfer –
  Allen wohlbekannt –
Waren, als Rappen, dem Schläfer
  Drinnen vorgespannt;
Auf dem Deckel oben
  Lagen, Schaft an Schaft,
Alle die dreizehn Proben
  Seiner Ritterkraft.

Still des Zuges Spitze
  Hat jetzt eingelenkt:
In eine Mauerritze
  Wird der Sarg gesenkt.
Dann, wie Kriegsgesinde
  Rasch den Gram vertauscht,
Haben im Duft der Linde
  Alle sich berauscht.

DIE SCHLACHT AM CREMMER-DAMM
1334
(Nach dem Alt-Pommerschen)

Und als Herzog Barnim, der vielkleine Mann,
Um mit Markgraf Ludwig zu fechten,
War bis an den Cremmer-Damm heran,
Sprach er zu Rittern und Knechten:

»Das Cremmer Luch ist ein garstig Loch,
Und den Feind daraus zu vertreiben,
Ich denke, Leute, wir lassen's noch
Und wollen diesseits bleiben.

Wir schreiben aus eine große Steu'r,
Und wer sich nicht will bequemen,
Den zwingen wir mit Wasser und Feu'r
Und wollen das Vieh ihm nehmen.«

Der Rat gefiel den Pommern all,
Und verquer an den beiden Ecken
Gruben sie hastig Graben und Wall,
Dahinter sich zu verstecken.

*

Markgraf Ludwig aber, der tapfere Held,
Drüben sah man ihn reiten,
Er dachte: »Die Pommern stehen im Feld
Und werden dem Damm überschreiten.«

Als aber keiner sich's unterwand,
Ließ er seinen Trompeter kommen
Und sagte: »Nimm deine Trompet' in die Hand
Und blas, bis sie's drüben vernommen.

Und sage dem Herzog Barnim an,
Ich hätte groß Verlangen,
Ihn und seine Ritter, Mann für Mann,
Hier diesseits zu empfangen.

Und wenn es hier diesseits ihm nicht behagt,
So wollt' ich ihm versprechen,
Auch auf dem Luch-Damm unverzagt
Eine Lanze mit ihm zu brechen.«

Drauf *der*: Er woll' ihm Rede stehn;
Nicht-kommen, das dünk' ihm Sünde,
Sie wollten sich treffen und wollten sehn,
Wer das Spiel am besten verstünde.

*

Da ging es vom Graben den Damm hinauf,
Drauf standen dicht die Märker,
Die wehrten sich einzeln und zu Hauf,
Aber Herzog Barnim war stärker.

Die Märkischen konnten nicht bestahn,
Das Luch war ihr Verderben,
Und viele mußten da liegen gahn
Und ohne Wunde sterben.

Und mählich wichen sie Schritt für Schritt,
Vor Cremmen weiter zu fechten,
Die Pommern folgten in festem Tritt,
Die Ritter mitsamt den Knechten.

Aber vor Cremmen hielt man an
Und mußte draußen bleiben,
Die Märkischen standen da Mann an Mann
Und waren nicht zu vertreiben.

Sie schossen hinunter aus Turm und Tor
In das pommersche Gedränge,
Dann drängten sie selber wieder vor,
Tote gab es die Menge.

Da sprach Schwerin: »Das tut kein gut,
Laßt uns den Damm erfassen,
Oder wir müssen unser Blut
Hier alle vor Cremmen lassen.«

So zogen sie wieder dem Damme zu,
Heimwärts ohn' Schimpf und Schade,
Zuletzt ging auch der Krieg zu Ruh –
Gott geb' uns seine Gnade.

DER QUITZOWEN FALL UND UNTERGANG
1414

(Nach dem Alt-Märkischen)

Und Christ im Himmel erbarmte sich:
Da gab er zum Trost uns männiglich
Unseren Markgraf *Friederich*,
Einen Fürsten lobesamen.

Das ist ein Fürst von eigener Art,
In ihm sind Kraft und Mut gepaart;
Ob Laien oder wohlgelahrt,
Alle preisen seinen Namen.

Zu loben ihn uns wohl ansteht,
Ihn, den so lange die Mark erfleht;
Gott selber in seiner Majestät
Hat ihn uns erwecket.

Seit Kaiser Karl zu Prag uns starb,
Das Land verkam, das Land verdarb,
Bis *Friedrich* unsre Mark erwarb,
Das hat die Räuber erschrecket.

Und die ihm wollten widerstehn,
Wie der Kuckuck waren sie anzusehn,
Er war der Adler, sie waren die Krähn,
Er zerstäubte sie geschwinde.

*

Die *Quitzowschen* schwuren einen Eid:
»Wir machen ihm das Land zu Leid« –
Und dazu waren sie wohl bereit
Mit ihrem Ingesinde.

Was soll uns der Nürrenberger Tand?
Ist Spielzeug nur in unsrer Hand,
Wir sind die Herren in diesem Land
Und wollen es beweisen.

Und regnet's Fürsten noch ein Jahr,
Das macht nicht Furcht uns und Gefahr,
Er soll uns krümmen nicht ein Haar,
Nach Hause soll er reisen.

Und kommt zu Fuß er oder Pferd,
Mit Büchse, Tartschen oder Schwert,
Uns dünkt es keinen Heller wert,
Er muß dem Land entsagen.

Und will er nicht, es tut nicht gut;
Wir stehen mutig seinem Mut,
Zehn Schlösser sind in unsrer Hut,
Er soll uns nicht verjagen.«

Als das die Fürstenschaft vernahm,
In Hasten alles zusammenkam;
Einem jeden wär' es Schimpf und Scham,
Wär' er da nicht gekommen.

Der Bischof von Magdeburg war zur Hand,
Günter von Schwarzburg war er genannt,
Nach Plaue hat er sich gewandt
Und die »Grete« mitgenommen.

Dann zog heran ein Sachsenhauf',
Herzog Rudolf allen vorauf.
Nach Golzow nahm er Ziel und Lauf
Und stellte sich vor die Feste.

Da ließ er schwenken seine Fahn':
»Ich denke, rasch ist gut getan,
Laßt uns an ein Stürmen gahn,
Und jeder tue das beste.«

Burggraf Friedrich aber vor Friesack zog,
Der Graben war tief, die Mauer war hoch,
Aber die Franken stürmten sie doch,
Alle wollten sie Ritter werden.

Ein Hagel von Pfeilen sie flugs empfing,
Da schützte nicht Schiene, nicht Panzerring,
Mancher Pfeil bis in das Herze ging,
Und viele sanken zu Erden.

Ja, Pfeile flogen und Kugel und Stein,
Da riefen die Franken: »Tritt für uns ein,
Maria, woll' uns gnädig sein,
Auf daß der Hochmut erliege.«

Die heilige Jungfrau, sie war es gewillt,
Sie lieh den Stürmenden ihren Schild,
Ein jeder sah ihr Himmelsbild,
Und so schritten sie zum Siege.

Das Wetter war kraus und ungestalt,
Es regnete, schneite und war kalt,
Die Schlösser kamen in unsre Gewalt,
Weil Gott im Himmel es wollte.

Friesack, Plaue, Rathenow,
Und Golzow und Beuthen ebenso,
Sie huldigen Friedrich, und alle sind froh,
Daß Recht Recht bleiben sollte.

Die Fürsten lenkten heimwärts ein,
Desgleichen die Städte, groß und klein;
Viele waren geschossen durch Hüft' und Bein
Und hinkten nach Haus an Krücken.

*

Ach, reicher Gott, den Fürsten gut,
Nimm ihn gnädig in deine Hut
Und woll' ihn durch dein heilig Blut
Erquicken und beglücken.

Auch seiner edlen Fraue zart
Sei'n deine Gaben aufgespart,
Dann sind allbeide wohlbewahrt
In deinem Himmel droben.

In deinem Himmel, nach dem wir schaun,
Auf den wir all in Hoffnung baun,
Um willen Unsrer lieben Fraun,
Die wir rühmen und preisen und loben.

DIE GANS VON PUTLITZ
und die Erstürmung von Angermünde
25. März 1420
(Nach dem Alt-Pommerschen)

Ein neues Lied gesungen sei:
Nach dem Winter, da kommt der Mai,
Das haben wir wohl vernommen;
Und daß Kettr-Angermünde märkisch ward,
Das soll dem Markgrafen frommen!

*

Johann von Briesen ließ sich jagen
Von Kettr-Angermünde bis Greifenhagen,
All Mut war ihm gebrochen;
Da ging er zu Hofe nach Alten-Stettin
Und hat zu dem Herzog gesprochen:

»Gnäd'ger Herre, was zu halten stand,
Kettr-Angermünd und das Stolper Land,
Ist verloren und verdorben;
Der Markgraf hält es jetzt in Hand,
Und doch hieß es: er sei gestorben.«

Da ließ der Herzog entbieten und holen
Alle seine Mannschaft, Pommern und Polen,
Nach Vierraden ritt man zu Tische;
Da setzten sie sich und hielten Rat
Und aßen süße Fische.

Dann ritten sie weiter, und kaum heran,
Angermünde ward ihnen aufgetan,
Alle haben dem Herzog geschworen,
Und alle riefen: »Stettin, Stettin!«
Und Brandenburg war verloren.

Aber draußen hinter Wall und Graben
Die Märkischen schon sich gesammelt haben,
Vierhundert Reiter und Knechte;
Die *Gans von Putlitz* führet sie,
Zischend, auf daß sie fechte.

Ja, die *Gans*, der wollt' es nicht behagen –
Sie streckte zornig ihren Kragen
Über die Pommern alle;
Da schwebte der märkische Adler hoch,
Und die Greifen kamen zu Falle.

Die *Gans* aber wuchs im Grimme noch,
Sie schlug mit den Flügeln ein Brescheloch,
Und da stand sie nun zwischen den Steinen,
Und als sie bis zum Markte kam,
Waren sie zehn gegen einen.

Da gingen die Schwerter die Klinker die Klang,
Herr Detleff Schwerin mit dem Putlitz rang
Und wollte den Preis erwerben;
Da mußte Herr Detleff von Schwerin
Für seinen Erbherrn sterben.

Das war des Herzogs schwerster Tag,
Als da Herr Detleff vor ihm lag,
Zerhackt, in Blut und Wunden,
Und er rief: »O hätt' ich über den Damm
Erst wieder zurücke gefunden!«

Er sprach es und ritt im Zuge vorn,
Er gab seinem Rosse Schlag und Sporn
Und suchte die Zügel zu fassen;
So kam er bis an das »hohe Haus«,
Da ward er eingelassen.

Das war zu Vierraden. Auf Schlosses Brück'
Einmal noch sah er zurück, zurück,
Im Herzen voll Weh und Leide:
»Kettr-Angermünde, du vielgute Stadt,
Daß ich so von dir scheide!«

*

Der aber, der dies Lied euch sang,
Ein Schmiedeknecht ist er schon lang',
Und sie nennen ihn Köne Finken;
Und er führt ein Hämmerchen auf der Hand,
Und Gut-Bierchen mag er trinken.

DER TOD DES LETZTEN GRAFEN VON RUPPIN
1524
(Nach dem Alt-Märkischen)

Der edle Herr Wichmann zog jagen aus,
Eine »falsche Frau« ließ er zu Haus
Mit ihren vergüldeten Ringen.

»Ach Karsten, mir ist im Herzen so weh,
Laß uns heimziehn, daß ich die Mutter seh',
Ich mag nicht länger reiten.«

Sie machten ihm eine Stube heiß,
Darinnen ein Bett, so weich und weiß,
Drin sollte der Herre ruhen.

Sie schenkten ihm Met und italischen Wein,
Das nahm dem Herrn das Leben sein,
Dem edlen Herrn Wichmanne.

»Großmutter und liebe Schwester mein,
Steckt in meinen Mund ein Tüchelein
Und kühlet meine Zunge.

Daß ich nun von euch scheiden soll –
Ach, der bittre Tod, der will es wohl!
Und möchte so gern noch leben.«

Einen schwarzen Wagen, drin legten sie ihn,
Sie führten zu Nacht ihn nach Neuen-Ruppin,
Sie begruben ihn in das Kloster.

Sie schossen ihm nach sein' Helm und Schild,
Sie hingen auf sein Wappenbild
Am Pfeiler im hohen Chore.

Die alte Gräfin murmelte still:
»Nun muß ich wollen, was ich nicht will,
Und leben – ich, die *Letzte.*«

WANGELINE VON BURGSDORF
oder
Die weiße Frau
(Fragment)

Das ist die Sage: Und will Gefahr
Die Hohenzollern umgarnen,
Da wird lebendig ein alter Fluch,
Die »weiße Frau« im Schleiertuch
Zeigt sich, um zu warnen.

Sie kommt dreimal, geht um dreimal,
Zögernder immer und trüber,
Die Wache ruft ihr Halt-Werda nicht mehr,
Sie weiß, *den* Gast schreckt kein Gewehr –
Der Schatten schreitet vorüber.

*

Die Lichter verglühn, im Schloß wird's still,
Nur Eine, die sich noch schmücken will,
Sie tritt an den Spiegel und löst ihr Haar,
Wangeline die schöne, wie schön sie war.

Sie schmückt sich; für wen? für ihren Galan:
Kurt Jagow hat es ihr angetan;
Sie sahen sich viel, sie küßten sich oft,
Wird heut er kommen? Sie harrt, sie hofft.

Sie hofft und wirft mit schimmernder Hand
Ihr schwarzes Haar übers weiße Gewand,
Sie flüstert: »Ich lieb' ihn mit Seel' und Leib –
Was soll mich kümmern sein gramblaß Weib?

Und ob ihr bräche das Herz in der Brust,
Je blasser die Tote, je röter die Lust –
Feigherzig Gewissen, fahr hin, fahr hin!
Es brennt mein Blut, und es schwindelt mein Sinn.«

Sie spricht es. Da sieh, hellblendender Schein
Fällt von der Tür in den Spiegel hinein;
Sie wendet sich um, auf schreit sie jäh –
Ein trat Kurfürstin Dorothee.

Die zittert selbst. In bebender Hand
Mit bebt die Kerze, halb niedergebrannt...

DER ALTE DERFFLING

Es haben alle Stände
So ihren Degenwert,
Und selbst in Schneiderhände
Kam einst das Heldenschwert;
Drum jeder, der da zünftig
Mit Nadel und mit Scher',
Der mache jetzt und künftig
Vor Derffling sein Honneur.

In seinen jungen Tagen
War das ein Schneiderblut,
Doch mocht' ihm nicht behagen
So Zwirn wie Fingerhut,
Und wenn er als Geselle
So saß und fädelt' ein,
Schien ihm die Schneiderhölle
Die Hölle selbst zu sein.

Einst, als das Nadelhalten
Ihm schier ans Leben ging,
Dacht' er: »Das Schädelspalten
Ist doch ein ander Ding!«
Fort warf er Maß und Elle
Voll Kriegslust an die Wand
Und nahm an Nadels Stelle
Den Säbel in die Hand.

Sonst focht er still und friedlich
Nach Handwerksburschenrecht,
Jetzt war er unermüdlich
Beim Fechten im Gefecht;
Es war der flinke Schneider
Zum Stechen wohl geschickt,
Oft hat er an die Kleider
Dem Feinde was geflickt.

Er stieg zu hohen Ehren,
Feldmarschall ward er gar,
Es mocht' ihn wenig kehren,
Daß einst er Schneider war;
Nur, fand er einen Spötter,
Verstund er keinen Spaß
Und brummte: »Für Hundsfötter
Ist hier mein Ellenmaß.«

Krank lag in seinem Schlosse
Der greise Feldmarschall,
Keins seiner Lieblingsrosse
Kam wiehernd aus dem Stall;
Er sprach: »Als alter Schneider
Weiß ich seit langer Zeit:
Man wechselt seine Kleider –
Auch hab' ich des nicht Leid.

Es fehlt der alten Hülle
In Breite schon und Läng',
Der Geist tritt in die Fülle,
Der Leib wird ihm zu eng;
Gesegnet sei dein Wille,
Herr Gott, in letzter Not!«
Er sprach's und wurde stille –
Der alte Held war tot.

DER ALTE DESSAUER

Ich will ein Lied euch singen!
Mein Held ist eigner Art:
Ein Zopf vor allen Dingen,
Dreimaster, Knebelbart,
Blitzblank der Rock vom Bürsten
Und jeder Knopf wie Gold –
Ihr merkt, es gilt dem Fürsten,
Dem alten *Leopold*.

All Wissenschaft und Dichtung
Sein Lebtag er vermied,
Und sprach er je von »*Richtung*«,
Meint' er: in Reih und Glied;
Statt Opern aller Arten
Hatt' er nur einen Marsch,
Und selbst mit Schriftgelahrten
Verfuhr er etwas barsch.

Nicht mocht' er Phrasen türmen
Von Fortschritt, glatt und schön,
Er wußte nur zu stürmen
Die Kesselsdorfer Höhn;
Er hielt nicht viel vom Zweifel

Und wen'ger noch vom Spott,
Er war ein dummer Teufel
Und glaubte noch an Gott.

Ja, ja, er war im Leben
Beschränkt, wie man's so heißt,
Und soll ich Antwort geben,
Warum mein Lied ihn preist?
Nun denn, weil nie mit Worten
Er seine Feinde fraß,
Und weil ihm rechter Orten
So Herz wie Galle saß.

Wir haben viel von Nöten,
Trotz allem guten Rat,
Und sollten schier erröten
Vor solchem Mann der Tat;
Verschnittnes Haar im Schopfe
Macht nicht allein den Mann –
Ich halt' es mit dem Zopfe,
Wenn solche Männer dran.

DER ALTE ZIETEN

Joachim Hans von Zieten,
Husarengeneral,
Dem Feind die Stirne bieten,
Er tat's wohl hundertmal;
Sie haben's all erfahren,
Wie er die Pelze wusch,
Mit seinen Leibhusaren
Der *Zieten* aus dem Busch.

Hei, wie den Feind sie bläuten
Bei Hennersdorf und Prag,
Bei Liegnitz und bei Leuthen,
Und weiter Schlag auf Schlag;
Bei Torgau, Tag der Ehre,
Ritt selbst der Fritz nach Haus,
Doch *Zieten* sprach: »Ich kehre
Erst noch mein Schlachtfeld aus.«

Sie kamen nie alleine,
Der *Zieten* und der *Fritz*,
Der Donner war der eine,
Der andre war der Blitz.
Es wies sich keiner träge,
Drum schlug's auch immer ein,
Ob warm', ob kalte Schläge,
Sie pflegten gut zu sein. –

Der Friede war geschlossen,
Doch Krieges Lust und Qual,
Die alten Schlachtgenossen
Durchlebten's noch einmal.
Wie Marschall *Daun* gezaudert,
Und *Fritz* und *Zieten* nie,
Es ward jetzt durchgeplaudert
Bei Tisch, in Sanssouci.

Einst mocht' es ihm nicht schmecken,
Und sieh, der Zieten schlief,
Ein Höfling wollt' ihn wecken,
Der König aber rief:
»Laßt schlafen mir den Alten,
Er hat in mancher Nacht
Für uns sich wach gehalten,
Der hat genug gewacht.« –

Und als die Zeit erfüllet
Des alten Helden war,
Lag einst, schlicht eingehüllet,
Hans Zieten, der Husar:
Wie selber er genommen
Die Feinde stets im Husch,
So war der Tod gekommen
Wie Zieten aus dem Busch.

SEYDLITZ

I
Herr Seydlitz auf dem Falben

Herr *Seydlitz* auf dem Falben
Sprengt an die Front heran,
Sein Aug' ist allenthalben,
Er mustert Roß und Mann,
Er reitet auf und nieder
Und blickt so lustig drein,
Da wissen's alle Glieder:
Heut wird ein Tanzen sein.

Noch weit sind die Franzosen;
Doch *Seydlitz* will zu Ball,
Die gelben Lederhosen,
Sie sitzen drum so prall;
Schwarz glänzen Hut und Krempe,
Im Sonnenschein zumal,
Und gar die blanke Plempe
Blitzt selbst wie Sonnenstrahl.

Sie brechen auf von Halle,
Die Tänzer allbereit,

Bis Gotha hin zu Balle
Ist freilich etwas weit.
Doch *Seydlitz*, vorwärts trabend,
Spricht: »Kinder, wohlgenut!
Ich denk', ein lust'ger Abend
Macht alles wieder gut.«

Die Nacht ist eingebrochen;
Zu Gotha, auf dem Schloß,
Welch Tanzen da und Kochen
In Saal und Erdgeschoß!
Die Tafel trägt das Beste
An Wein und Wild und Fisch –
Da, ungebetne Gäste
Führt *Seydlitz* an den Tisch.

Die Witz- und Wortspieljäger
Sind fort mit einem Satz,
Die Schwert- und Stulpenträger,
Sie nehmen hurtig Platz;
Herr *Seydlitz* bricht beim Zechen
Den Flaschen all den Hals,
Man weiß, das Hälsebrechen
Verstund er allenfalls.

Getrunken und gegessen
Hat jeder, was ihm scheint,
Dann heißt es: »Aufgesessen
Und wieder nach dem Feind!«
Der möchte sich verschnaufen
Und hält bei Roßbach an,
Doch nur, um fortzulaufen
Mit neuen Kräften dann. –

Das waren *Seydlitz'* Späße;
Bei Zorndorf galt es Zorn,
Als ob's im Namen säße,
Nahm man sich da aufs Korn;
Das slawische Gelichter –
Herr *Seydlitz* hoffte traun
Noch menschliche Gesichter
Aus ihnen zuzuhaun.

Des Krieges Blutvergeuden,
Die Fürsten kriegten's satt;
Nur Seydlitz wenig Freuden
An ihrem Frieden hat.
Oft jagt er drum vom Morgen
Bis in die Nacht hinein,
Es können dann die Sorgen
So schnell nicht hinterdrein.

Er kam nicht hoch zu Jahren,
Früh trat herein der Tod:
Könnt' er zu Rosse fahren,
Da hätt's noch keine Not;
Doch auf dem Lager, balde
Hat ihn der Tod besiegt,
Der draußen auf der Halde
Noch lang' ihn nicht gekriegt.

2
Seydlitz und der Bürgermeister von Ohlau

In Ohlau der Bürgermeister der Stadt
Eine weiße Zippelmütze hat;
Gegenüber im Kommandantenhaus
Sieht *Seydlitz* morgens zum Fenster hinaus.

Und jeden Morgen, unentwegt,
Sich auch Zippelmütz' ins Fenster legt,
Und wenn der Seydlitz drüben schmaucht,
Auch Zippelmütze sein Pfeifchen raucht,
Und wenn der Seydlitz zum Räuspern ruckt,
Hat Zippelmütze schon ausgespuckt. –

Das ärgert den Seydlitz. »Philistergesicht.
Affront dazu; das lieb' ich nicht.«
Und er nimmt Pistolen links von der Wand,
Zielt hinüber mit sichrer Hand,
Zielt und schießt auf dreißig Schritt',
Eine zweite Kugel und nun eine dritt',
Es spritzt der Kalk; – der drüben heiter
Zieht seine Mütze, raucht aber weiter,
Und Seydlitz lacht: »Verfluchte Visage.
Aber der Kerl hat Courage.«

Das war im Frieden. Nun steht die Schlacht:
Seydlitz wartet und Seydlitz wacht,
An strahlt ihn der Ruhm, er steigt zu Pferde,
Hundert Schwadronen, es donnert die Erde;
Gestern in Ohlau im Fenster liegen,
Heute bei Zorndorf siegen, siegen –
Wie kam der Wandel! Fragt nicht *wie*.
Klein im Kleinen, im Großen Genie.

3
Und Calcar, das ist Sporn

In Büchern und auf Bänken,
Da war er nicht zu Haus,
Ein Pferd im Stall zu tränken,
Das sah schon besser aus;

An schnallt er die silbernen Sporen,
Blaustählern war der Dorn –
Zu *Calcar* war er geboren,
Und Calcar, das ist Sporn.

Es sausen die Windmühlflügel,
Es klappern Leiter und Steg,
Da, mit verhängtem Zügel
Geht's unter dem Flügel weg,
Und bückend sich vom Pferde,
'nen vollen Büschel Korn
Aus reißt er aus der Erde –
Hei, Calcar, das ist Sporn.

Sie reiten über die Brücken,
Und Friedrich scherzt: »Je nun,
Hie Feind in Front und Rücken,
Seydlitz, was würd' Er tun?«
Der, über die Brückenwandung
Spornt er halblinks nach vorn,
Der Strom schäumt auf wie Brandung –
Ja, Calcar, das ist Sporn.

Und andre Zeiten wieder;
O kurzes Heldentum,
Zu Tode liegt er danieder
Und lächelt: »Was ist Ruhm?
Ich höre nun allerwegen
Eines stärkeren Reiters Horn,
Aber auch *ihm* entgegen –
Denn Calcar, das ist Sporn!«

SCHWERIN

Nun aber soll erschallen
Dir Preis und Ruhm, *Schwerin*,
Der du vor Prag gefallen
Beim Sturme der Batt'rien;
Es lebt in eins verschlungen
»Schwerin« und »Schlacht bei Prag«,
Drum sei dein Lob gesungen
Durch deinen Ehrentag. –

Des sechsten Maies Morgen
Schwebt über Berg und Au,
Der Feind ist wohlgeborgen
Durch Gräben und Verhau;
Es halten seine Flügel
Die Höhen rings besetzt,
Ein feuerspei'nder Hügel
Ist jede Kuppe jetzt.

Hier wird die Schlacht geschlagen!
Steil ist die Bergesbahn,
Doch siegen und nicht wagen,
Das heißt nur halb getan;
Die Grenadiere stürmen,
Kartätschen prasseln drauf,
Und vor den Hügeln türmen
Sich Leichenhügel auf.

Am Boden liegt vernichtet
Schwerins Leibbataillon;
Ein Eichwald, tief gelichtet,
So steht ein zweites schon;
Getroffen sinkt danieder

Gen'ral *von Winterfeld*,
Und die zerschoßnen Glieder
Nichts mehr im Feuer hält.

Sie fliehn. Die alte Erde
Bebt selbst, als ob ihr's graut,
Da steigt *Schwerin* vom Pferde:
»Mir nach!« so ruft er laut;
Er faßt die alte Fahne,
Noch nie zur Flucht gewandt,
Daß er den Sieg erbahne
Mit seiner Greisenhand. –

Die Hügel sind erstiegen,
Die Kaiserlichen fliehn,
Doch trauervolles Siegen:
Am Sterben liegt – *Schwerin*;
Vier Kugeln, erzgegossen,
Sie haben ihn zerfetzt,
Die Fahne, die zerschossen,
Sein Bahrtuch ist sie jetzt.

Die Truppen ziehn vorüber
Mit dumpfem Trommelschlag,
Solch Tag des Glücks ist trüber
Als mancher Unglückstag;
Wie Wetterwolkenschwere
Sieht man's am Himmel ziehn,
Sie ziehen vorauf dem Heere,
Sich lagernd über – *Kolin*.

KEITH

Da, wo der Strom der Schotten,
Der Tay vom Felsen springt,
Wo's noch in Schlucht und Grotten
Von Bruce und Wallace klingt,
Am Tay, wo blut'ge Siege
Jedweden Fleck geweiht,
Dort stand auch deine Wiege,
Feldmarschall *Jakob Keith*.

Es sang die Hochlandsamme
Mit Schlachten dich in Ruh,
Aus ihrem Clan und Stamme
Pries sie die Helden dazu;
Drum, ehe der Bart am Kinne
Dir sproßte noch hervor,
Standst du, voll Mannessinne,
Schon mit bei Sherifmoor.

Du standest bei den Schwachen,
Die Stuarts mußten fliehn,
Es trug auch dich ein Nachen
Gen Frankreichs Küste hin;
Ein Kunst- und Wanderleben
Hob an, von Land zu Land:
Gastrollen tätst du geben,
Den Degen in der Hand.

Du spieltest alle Rollen,
Den Höfling selbst, mit Glück,
Doch schöpfen aus dem vollen
Ließ dich das Ritterstück;
Das war dein Fach, das Kühne,

Der Mut bis in den Tod,
Und mancher schlechten Bühne
Halfst du aus arger Not. –

Es gab nur eine Truppe
Damals von gutem Ruf,
Das war die glänzende Gruppe,
Die *Friedrich* um sich schuf;
Es suchte sein Theater
Talente weit und breit,
Und siehe, gewinnen tat er
Auch dich auf Lebenszeit.

Nur immer Musterdramen
Gab's da, mal hier, mal dort:
Vor lauter Handlung kamen
Die Spieler kaum zu Wort;
Abwechselnd zu Fuß und zu Rosse
Gab's Lust- und Trauerspiel,
Bei Roßbach, jene Posse
Vor allen wohlgefiel.

Da kam, voll Tod und Wetter,
Von Hochkirch jene Nacht,
Du mußtest auf die Bretter,
O *Keith*, eh' du's gedacht:
Das gab kein sichres Spielen,
Nur Wirrwarr und Geschrei,
Und wenn Stichworte fielen,
War's vollends erst vorbei.

Der Vorhang sollte fallen,
Du aber, rings bedroht,
Riefst: »Bestes Stück von allen
Bleibt ehrenvoller Tod!«

Und so, im Kugelregen,
Tratst du vom Schauplatz ab –
Laß auf den Grab mich legen
Dies Lied zum Feldherrnstab.

ALTE FRITZ-GRENADIERE

1
Auf dem Marsch

»Alter, was schleppst du dich noch mit?
Humpelst und bist aus Schritt und Tritt;
Warum bliebst du nicht zu Haus?
Mit über sechzig ist es aus.«

»*Nich* aus! Ich kann noch im Feuer stehn –
Und wenn dann die Jungen nach mir sehn
Und sehen: der Alte blinzelt nicht
Und rührt kein Haar sich in seinem Gesicht
Und zielt in Ruh und gibt seinen Schuß,
Da machen sie's auch, wie man's machen muß,
Und halten aus in Donner und Blitz –
Im Feuer nicht blinzeln, das kann ich noch, Fritz.«

2
Bei Torgau

Auch die Grenadiere wollen nicht mehr.
Wie ein Rasender jagt der König daher
Und hebt den Stock und ruft unter Beben:
»Racker, wollt ihr denn ewig leben?
Bedrüger ...«
»Fritze, nichts von Bedrug;
Für fünfzehn Pfennig ist's heute genug.«

3
Rekruten-Korporal

In Würzburg, bei den Bischöflichen,
Sind ihm schon sieben Jahre verstrichen;
Seiner Potsdamer Tage, manch liebes Mal,
Denkt der alte Korporal.

Auf dem Platze, hart an der Würzburger Brück',
Exerziert er Rekruten vor und zurück,
Zählt und wettert: »Rechten, linken,
Verfluchter Kerl, Speck und Schinken...«

Ein blutjunger Leutnant, neunzehn schon,
Ärgert sich über den preußischen Ton
Und fährt dazwischen: »Euer Rekrut
Macht alles richtig, macht alles gut.
Ihr versteht nicht den Dienst...«
Der Alte grient:
»Ich habe dem König von Preußen gedient.«

4
Erstes Bataillon Garde
(1780)

Erstes Bataillon Garde. Parad' oder Schlacht
Ihm wenig »Differenzen« macht,
Ob in Potsdam sie trommelnd auf Wache ziehn,
Ob sie stehen und fallen bei Kolin,
Ob Patronenverknattern, ob Kugelpfiff,
Immer derselbe feste Griff,
Dieselbe Ruh. Jede Miene drückt aus:
»Ich gehör' zur Familie, bin mit vom Haus.«

Ihrer viere sitzen im Knapphanszelt,
Eine Kottbuser hat sich jeder bestellt,
Einen Kornus dazu; das Bier ist frisch.
Ein Berliner setzt sich mit an den Tisch,
Ein Berliner Budiker – da währt's nicht lange,
Plappermühl' ist im besten Gange.
»Wahrhaftig, ihr habt die schönste Montur,
Litzen, Paspel, Silberschnur,
Blechmützen wie Gold, gut Traktement,
Und der König jeden von euch kennt.
Erstes Bataillon Garde, Prachtkerle von all'n,
Solch Götterleben sollt' mir gefall'n.«

Drei schwiegen. Endlich der vierte spricht:
»Ne, Freund Berliner! so is es nicht.
Eine propre Montur, was soll uns *die* geben?
Unser Götter- is bloß ein Jammerleben.
Potsdam, o du verfluchtes Loch,
Führst du doch heut in die Hölle noch
Und nähmst *ihn* mit mitsamt seinen Hunden,
Da wär' auch *der* gleich mit abgefunden,
Ich mein' den da oben – uns läg' nichts dran,
Is doch bloß ein Quälgeist und Tyrann,
Schont nicht Fremde, nicht Landeskinder,
Immer derselbe Menschenschinder,
Immer dieselbe verfluchte Ravage –
Potsdam, o du große Blamage!«

Das war dem Berliner nach seinem Sinn,
Er lächelte pfiffig vor sich hin:
»Ich sag' das schon lange. Was hat er denn groß?
Große Fenstern hat er, sonst is nich viel los.
Und reden kann er. Na, das kann jeder,
Hier aber, er zieht nicht gerne von Leder.«

Da lachten alle vier, und der eine spricht:
»Ne, Freund Budiker, *so* geht es nicht.
Zuhören kannst du, wenn wir mal fluchen,
Aber du darfst es nicht selber versuchen;
Wir dürfen frech sein und schimpfen und schwören,
Weil wir selber mit zugehören,
Wir dürfen reden von Menschenschinder,
Dafür sind wir seine Kinder;
Potsdam, o du verfluchtes Loch,
Aber *er*, er ist unser König *doch*,
Unser großer König. Gott soll mich verderben,
Wollt' ich nicht gleich für Fritzen sterben.«

PRINZ LOUIS FERDINAND

Sechs Fuß hoch aufgeschossen,
Ein Kriegsgott anzuschaun,
Der Liebling der Genossen,
Der Abgott schöner Fraun,
Blauäugig, blond, verwegen,
Und in der jungen Hand
Den alten Preußendegen –
Prinz Louis Ferdinand.

Die Generalitäten
Kopfschütteln früh und spät,
Sie räuspern sich und treten
Vor Seine Majestät,
Sie sprechen: »Nicht zu dulden
Ist dieser Lebenslauf,
Die Mädchen und die Schulden
Zehren den Prinzen auf.«

Der König drauf mit Lachen:
»Dank' schön, ich wußt' es schon;
Es gilt ihn kirr zu machen,
Drum: Festungsgarnison;
Er muß in die Provinzen
Und nicht länger hier verziehn,
Nach Magdeburg mit dem Prinzen –
Und *nie* Urlaub nach Berlin.«

Der Prinz vernimmt die Märe,
Saß eben bei seinem Schatz:
»Nach Magdeburg, auf Ehre,
Das ist ein schlimmer Platz!«
Er meldet sich am Orte,
Und es spricht der General:
»Täglich elf Uhr zum Rapporte
Ein für allemal!«

O Prinz, das will nicht munden!
Doch denkt er: »Sei gescheit,
Volle vierundzwanzig Stunden
Sind eine hübsche Zeit.
Relais, viermal verschnaufen,
Auf dem Sattel Nachtquartier,
Und kann's *ein* Pferd nicht laufen,
So laufen's ihrer vier.«

Hin fliegt er wie die Schwalben,
Fünf Meilen ist Station,
Vom Braunen auf den Falben,
Das ist die Havel schon;
Vom Rappen auf den Schimmel,
Nun faßt die Sehnsucht ihn,
Drei Meilen noch – hilf Himmel,
Prinz Louis in Berlin.

Gegeben und genommen
Wird einer Stunde Glück,
Dann, flugs wie er gekommen,
Im Fluge geht's zurück;
Elf Uhr am andern Tage
Hält er am alten Ort,
Und mit dem Glockenschlage
Da steht er zum Rapport. –

Das war nur bloßes Reiten,
Doch wer so reiten kann,
Der ist in rechten Zeiten
Auch wohl der rechte Mann;
Schon über Tal und Hügel
Stürmt ostwärts der Koloß –
Prinz Louis sitzt am Flügel
Im Rudolstädter Schloß.

Es blitzt der Saal von Kerzen,
Zwölf Lichter um ihn stehn,
Nacht ist's in seinem Herzen,
Und Nacht nur kann er sehn.
Die Töne schwellen, rauschen,
Es klingt wie Lieb' und Haß,
Die Damen stehn und lauschen,
Und was er spielt, ist *das*:

»Zu spät zu Kampf und Beten!
Der Feinde Rosseshuf
Wird über Nacht zertreten,
Was ein Jahrhundert schuf;
Ich seh' es fallen, enden,
Und wie alles zusammenbricht –
Ich kann den Tag nicht wenden,
Aber *leben* will ich ihn nicht!«

Und als das Wort verklungen,
Rollt Donner schon der Schlacht,
Er hat sich aufgeschwungen,
Und sein Herze noch einmal lacht,
Vorauf den andern allen
Er stolz zusammenbrach;
Prinz Louis war gefallen,
Und Preußen fiel – ihm nach.

BERLINER SPOTTVERS
(1812)

Warte
Bonaparte,
Warte Kujon,
Andre Woche, wir kriegen dich schon.

Ja der Russe, ja der Russ'
Hat uns gezeigt, wie man's machen muß:
Im ganzen Kremmel
Nicht eine Semmel,
Und auf den Hacken
Immer nur Hunger und Kosacken –
Ja der Russ'
Hat uns gezeigt, wie man's machen muß.

Hin ist der Blitz
Deiner Sonne von Austerlitz,
Unterm Schnee
Liegen all deine Corps d'Armee.
Warte
Bonaparte,
Warte Kujon,
Andre Woche, wir kriegen dich schon.

DIE FAHNE SCHWERINS

Im Arsenal, dem alten,
Zu Petersburg am Dock,
Zersplittert und zerspalten
Steht ein alter Fahnenstock;
Er steht in seiner Ecken
An die hundert Jahre nun,
Mit den andern Fahnenstöcken
Hat er nichts zu tun.

Der Fahnen jüngste schmunzelt:
»He, Kamerad im Eck,
Warum so viel gerunzelt?
Das bringt uns nicht vom Fleck;
Nicht ewig stumm und einsam
Und nicht so steif-apart,
Gesellig hübsch, gemeinsam,
Und etwas Lebensart.«

Der drauf: »An Schaftes Runde
Sieh hier den Silberring,
Er deckt die breite Wunde,
Die ich bei Prag empfing,
Zersplittert hat, zerspalten
Die Kugel mich von Erz,
Schwerin, der mich gehalten,
Dem ging sie durch das Herz.

Wen solch ein Held getragen
In solcher *Preußen*stund',
Dem will es nicht behagen
Auf fremdem, russischem Grund,
Der will unter Trommelchören

In *Berlin* im Zeughaus stehn
Und den ›Dessauer‹ wieder hören
Und von Hohenfriedberg den.«

Im Arsenal, dem alten,
Zu Petersburg am Dock,
Zersplittert und zerspalten,
Sprach so der Fahnenstock.
Die andern nickten leise,
Der Zugwind wehte sacht,
Immer stiller ward's im Kreise –
Ein Stern schien durch die Nacht.*

AN DEN MÄRZMINISTER GRAF SCHWERIN-PUTZAR

Dein Ahnherr – mit dem Schwerte,
Du selber – mit dem Wort!
So lebt das Ruhmeswerte
Bis auf den Enkel fort.
Was einst in letzter Stunde
Der greise Feldmarschall sprach,
Aufs neu aus deinem Munde
Erklang es uns: *»Mir nach!«*

Du stehst, in Lieb' und Treue,
Zu Thron und Herrscherhaus,
Und baust doch, für das Neue,
Die alten Pfeiler aus.
Nicht trägst du der Verneinung
Im Kampfe die Fahne vor,

* Die Fahne befindet sich jetzt wieder im Zeughause zu Berlin.

Doch für die freie *Meinung*
Schwingst du sie hoch empor.

Du bist von jenen *Alten*
Im Geiste noch gezeugt,
Die keinem Stirnefalten
Jemalen sich gebeugt.
Du sprichst noch, wie der *Zieten*
Sonst wohl bei Hofe sprach;
Was dem die Schranzen rieten,
Er fragte nichts danach.

Der *Zieten*, ja, beim Fürsten
Zu Tafel saß er gern,
Einst aber andres Dürsten
Trieb ihn zum Tisch des Herrn;
Erst als er da genossen
Von Christi heil'gem Mahl,
Ernst noch und abgeschlossen
Trat er in Schloß und Saal.

Der König sieht den Degen,
Und wie so fromm er schaut;
Da ruft er ihm entgegen:
»He, *Zieten*, schon verdaut?!«
Der hört es; unter Blitzen
Blickt er den König an,
Daß selbst das Aug' des *Fritzen*
Nicht Stich ihm halten kann.

Dann laut: »Für Euch in Nächten
Geblutet hab' ich gern,
Nun will ich auch mal fechten
Für Christum, meinen Herrn!«
Wohl stutzet da und staunet

Das höfische Geschlecht,
Der König aber raunet:
»Still, *Zieten*, Er hat Recht!«

So war's und – ist's geblieben
Durch ein Jahrhundert fort:
Die Hohenzollern lieben
Ein freies Manneswort.
Auch *du*, für heil'ge Rechte
Ficht weiter, sonder Scheu:
Treulos sind alle Knechte,
Der Freie nur ist treu!

SCHLESWIGS OSTERTAG 1848

Ich denke deiner, Ostertag:
Ein Nebel über Schleswig lag,
Über Schleswig-Stadt, über Schleswig-Land –
Der Däne hielt uns wieder in Hand,
Er hielt Schloß Gottorp, er hielt die Schlei,
Unser kurzer Traum war wieder vorbei;
Ein Nebel über Schleswig lag,
Achtundvierzig, am Ostertag.

Und über die Stadt und über den Strom
Die Glocken riefen in den Dom,
Und ehe das erste Lied erscholl,
Von Betern war die Kirche voll,
Betende Männer, betende Fraun,
In schwarzem Festkleid alle zu schaun,
Dazwischen aber (bittre Not)
Leuchtende Punkte von Dänisch-rot.

Und bis an die Kanzel traten wir hin,
Zwischen Hoffen und Bangen ging unser Sinn,
Von Auferstehung der Geistliche sprach,
Wir hingen seinen Worten nach,
Seinem Wort von dem abgewälzten Stein,
Wir mischten viel Weltliches mit ein;
Wenn's Sünde war, es war nicht gewollt – –
Horch, es donnert! wie dumpf es rollt.

Ein Ostergewitter? Es kann nicht sein,
Durch die hohen Fenster fällt Sonnenschein,
Er fällt, wie suchend, gedämpft und mild
Auf das eichengeschnitzte Altarbild,
Auf die zwanzigfeldrige breite Wand
Von Meister Brüggemanns eigener Hand,
Der Felder eines schwimmt wie in Gold – –
Horch, zum zweiten, es donnert, es rollt.

Es rollt wie näher, die Fenster klirrn,
Aller Blicke hinüber, herüber irrn,
Es fragen die Augen bei Freund und Feind,
Ein Flüstern geht leise: »Was ist gemeint?«
Und ehe noch flüsternd die Antwort geht,
Vom Eingang her ein Zugwind weht,
Weit offen die Tür; was gibt's, was ist?
In das Mittelschiff tritt ein dän'scher Hornist,
Und in die Kirche hinein, vom Portal,
Bläst er Generalmarsch, Signal auf Signal.

Ein Rasseln, ein Lärmen. Still wieder das Haus,
Die roten Punkte loschen aus:
Was deutsch in Schleswig wollte sein,
War wieder in Schleswigs Dom *allein*.
Und wie Hilfe suchend und Trost und Ruh
Den Stufen des Altars drängten wir zu,

Dicht zu; der Geistliche aber spricht:
»Herr, du bist unsre Zuversicht!
Da ist kein Jäger, der uns schreckt,
Solange uns dein Fittich deckt,
Ob tausend fallen an unsrer Seit',
Du bist unser Schirm in jedem Streit,
Du stellst deinen Engel an unsre Tür,
Uns zu behüten für und für,
Wir rufen deinen Namen an,
Hilf uns, wie du so oft getan,
Zersplittre unsrer Feinde Spott,
Du bist unsre Burg, du bist unser Gott,
Blende die Wächter, wälz ab den Stein!« –
Er schwieg. Wie Trommeln klang es herein,
Lustiger preußischer Trommelschlag:
Heller Mittag über Schleswig lag,
Heller Mittag über Schloß und Schlei –
Ostern war, und das Land war frei.

DER TAG VON DÜPPEL

Still!
Vom achtzehnten April
Ein Lied ich singen will.
Vom achtzehnten – alle Wetter ja,
Das gab mal wieder ein Gloria!
Ein »achtzehnter« war es, voll und ganz,
Wie bei Fehrbellin und Belle-Alliance,
April oder Juni ist all einerlei,
Ein Sieg fällt immer in Monat Mai.

Um vier Uhr morgens der Donner begann!
In den Gräben standen sechstausend Mann,
Und über sie hin sechs Stunden lang

Nahmen die Kugeln ihren Gang.
Da war es zehn Uhr. Nun alles still,
Durch die Reihen ging es: »Wie Gott will!«
Und vorgebeugt zu Sturm und Stoß
Brach das preußische Wetter los.

Sechs Kolonnen. Ist das ein Tritt!
Der *Sturmmarsch* flügelt ihren Schritt;
Der Sturmmarsch – ja tief in den Trancheen
Dreihundert Spielleut' im Schlamme stehn.
Eine Kugel schlägt ein, der Schlamm spritzt um,
Alle dreihundert werden stumm –
»Vorwärts!« donnert der Dirigent,
Kapellmeister Piefke vom Leibregiment.

Und »vorwärts« spielt die Musika,
Und »vorwärts« klingt der Preußen Hurra;
Sie fliegen über die Ebene hin,
Wer sich besänne, hätt's nicht Gewinn;
Sie springen, sie klettern, ihr Schritt wird Lauf –
Feldwebel Probst, er ist hinauf!

Er steht, der erst' auf dem Schanzenrück,
Eine Kugel bricht ihm den Arm in Stück:
Er nimmt die Fahn' in die linke Hand
Und stößt sie fest in Kies und Sand.
Da trifft's ihn zum zweiten; er wankt, er fällt:
»Leb wohl, o Braut! leb wohl, o Welt!«

Rache! – Sie haben sich festgesetzt,
Der Däne wehrt sich bis zuletzt.
Das macht, hier ficht ein junger Leu,
Herr Leutnant Anker von Schanze zwei.
Da donnert's: »Ergib dich, tapfres Blut,
Ich heiße Schneider, und damit gut!«

Der preußische Schneider, meiner Treu,
Brach den dänischen Anker entzwei.

Und weiter – die Schanze hinein, hinaus
Weht der Sturm mit Saus und Braus,
Die Stürmer von andern Schanzen her
Schließen sich an, immer mehr, immer mehr,
Sie fallen tot, sie fallen wund –
Ein Häuflein steht am Alsensund.

Palisaden starren die Stürmenden an,
Sie stutzen; wer ist der rechte Mann?
Da springt von achten einer vor:
»Ich heiße *Klinke, ich öffne* das Tor!«
Und er reißt von der Schulter den Pulversack,
Schwamm drauf, als wär's eine Pfeif' Tabak.
Ein Blitz, ein Krach – der Weg ist frei –
Gott seiner Seele gnädig sei!
Solchen *Klinken* für und für
Öffnet Gott selber die Himmelstür.

Sieg donnert's. Weinend die Sieger stehn.
Da steigt es herauf aus dem Schlamm der Trancheen,
Dreihundert sind es, dreihundert Mann,
Wer anders als Piefke führet sie an?
Sie spielen und blasen, das ist eine Lust,
Mit jubeln die nächsten aus voller Brust,
Und das ganze Heer, es stimmt mit ein,
Und darüber Lerchen und Sonnenschein.

Von Schanze eins bis Schanze sechs
Ist alles deine, Wilhelmus Rex;
Von Schanze eins bis Schanze zehn,
König Wilhelm, deine Banner wehn.
Grüß euch, ihr Schanzen am Alsener Sund,

Ihr machtet das Herz uns wieder gesund! –
Und durch die Lande, drauß und daheim,
Fliegt wieder hin ein süßer Reim:
»Die Preußen sind die alten noch,
Du Tag von *Düppel* lebe hoch!«

MÄRKISCHE REIME

1
Gruß

Blaue Havel, Grunewald,
Grüß mir alle beide,
Grüß und sag, ich käme bald,
Und die Tegler Heide.

2
Vom Fehrbelliner Schlachtfeld

Blumen, o Freundin, dir mitzubringen
Von diesem Feld, es wollt' nicht gelingen.

Hafer nur, soweit ich sah,
Hafer, Hafer nur war da.

Märkische Rosse gewannen die Schlacht,
Haben das Feld berühmt gemacht.

Und das Feld, es zahlt mit Glück
Alte Schulden in Hafer zurück.

3
Adlig Begräbnis

Ein Zugwind ging durch die Stuben,
Auf standen Hall' und Tor,
Als die Mittelmärk'schen begruben
Ihren alten Otto von Rohr.

Sechs Rohr'sche Vettern ihn tragen
Sechs andre nebenher,
Dann folgen drei von der Hagen
Und drei von Häseler.

Ein Ribbeck, ein Stechow, ein Zieten,
Ein Rathenow, ein Quast,
Vorüber an Scheunen und Mieten
Auf den Schultern schwankt die Last.

Um den Kirchhof her ein Blitzen
Von Herbstessonnenschein,
Die roten Berberitzen
Hängen über Mauer und Stein.

Eine dreizehnte Landwehrfahne
Der alte von Bredow trug,
Und Hans Rochow von Rekahne
Schloß ab den Trauerzug.

4

Siegesbotschaft

(Am Abend des 18. April 1864)

Tanz
Ist heut im Kruge zu Vehlefanz.

Oben, auf rotgestrichener Empore,
Sitzt die Musik in vollem Chore:
Klarinette, Geigen, Contrebaß,
Und vor jedem ein Pult und ein Weißbierglas.
Und unten drehn sich, in Schott'schem und Walzer,
Die Paare, dazwischen ein Juchzer, ein Schnalzer,
Und Zug und Hitze und blakende Lichter,
Am Fenster neugierige Kindergesichter,
Ein Rempeln und Rennen, ein Stoßen und Stemmen,
Und mit eins: »Da kommt ja der Neumann aus Cremmen,
Der Laatsche-Neumann. Was will denn *der*?
Laatsche-Neumann, hierher, hierher,
Er bringt was, stillgestanden, stramm
Ich wett', er bringt ein Telegramm.«
Und Neumann, plötzlich steht er oben,
Sie haben ihn auf den Tisch gehoben.

»Lesen…«
»Muß erst zu Puste kommen…«
»Lesen…«
»*Düppel ist genommen*;
Wir Schanze fünf, Garde Schanze sieben,
Feldwebel Probst beim Sturme geblieben.
Verluste wenig. Danske viel…«
Alles sich in die Arme fiel,
Und zu wissen, wie's eigentlich gewesen,
Muß Neumann es immer wieder lesen.

Dem aber will es nicht mehr zu Sinn.
»Vehlefanzer, wo denkt ihr hin,
Habe noch andre gute Bekannte…«

»Welche denn, welche?«
»Muß noch nach Schwante.«

»Schwante, die lumpigen tausend Schritt,
Hurra, Neumann, da kommen wir mit.«

Und hinein in die laue Frühlingsnacht
Ganz Vehlefanz hat sich aufgemacht.
Neumann laatscht nach.

Schwante lag schon in Schlaf;
Als aber die Siegesbotschaft es traf,
Ward's wach.

Der Mond am Himmel stand,
Und in Jubel stand das Havelland.

AM JAHRESTAG VON DÜPPEL

(18. April 1865)

Des Frühlings erste Spitzen
Umsäumen Baum und Strauch,
Im Blau die Wolken blitzen,
Die Ströme blitzen auch;
Ein Keimen allenthalben,
In jedem Mauerriß,
Und kommen nicht heute die Schwalben,
So kommen sie morgen gewiß.

Und Frühling kam und Friede
Auch über den Schleswig-Strand,
Wo donnernd die Feuerschmiede
Am Düppeltage stand;
Und wo bei Blitz und Wolke
Erzitterte der Grund,
Ziehn Möwen in flatterndem Volke
Hin über den Alsen-Sund.

Ein Friede über den Wellen
Und Friede in Feld und Flur;
Unter all den stillen Stellen
Ist *eine* stillere nur:
Bei Sturmmarsch-trommeln und -blasen
Mußten sie schlafen ein,
Nun grünt der erste Rasen
Über ihren Stein.

Ruht sanft! in eurem Grabe
Sei euch die Erde leicht!
Des Lebens beste Habe
Hat euch der Tod gereicht:
Um Sieg und Himmel werben,
So war es euch beschert;
Ihr mußtet frühe sterben,
Doch war es Sterbens wert.

BERLINER LANDWEHR BEI LANGENSALZA
(27. Juni 1866)

Berliner Landwehr, Gewehr in Hand,
Steht bei Langensalza im Sonnenbrand,
Ein Staub, eine Hitze, es perlt der Schweiß –
Berliner Landwehr, wird dir's zu heiß?
»Is nich!«

Die Hannoveraner sprengen heran,
Zweitausend gegen achthundert Mann,
Zweitausend Reiter sprengen her:
Ergib dich, Landwehr, streck das Gewehr!
»Is nich!«

Zweitausend Reiter haben gesiegt –
Was hilft's, Hannover unterliegt.
»Trink mit, Kamerad, aus meinem Glas!«
»Wir dachten, ihr trügt uns einen Haß!«
»Is nich!«

DIE GARDEMUSIK BEI CHLUM
(3. Juli 1866)

»Was fechten kann, rückt vor auf Chlum,
Unsre Garde dürstet nach neuem Ruhm,
Sie zieht *voran* und stürmt und ficht –
Wir schleichen *nach*, 's gefällt mir nicht,
Musik ist nie so recht dabei,
Wenig Wolle und viel Geschrei.«

Kapellmeister spricht's. Da blitzt es drunt'
Aus staubiger Wolke, golden und bunt.
»Ung'rische Husaren, wenn recht ich seh';
Ihr Chok gilt uns. Kameraden: Karree!«

Karree. Da springen, ohn' Unterschied,
All die großen Bläser ins erste Glied,
Janitschar und Pauke schließen sich an,
Obo, Klarinette, Mann für Mann,
Fagott und Tuba – mehr, immer mehr,
Und nun Kommando: »Fällt das Gewehr!«
Und die Baßposaune, voll kriegrischem Zorn,
Streckt ihre Züge weithin nach vorn.

Zu rechter Zeit. Denn schon sind sie da.
»Ergib dich, preußische Musika!«
Kapellmeister aber winkt ab und spricht:
»Die Gardemusik ergibt sich *nicht*.«
Und keiner wankt und keiner weicht,
Posaun' und Tuba, die zwingt man nicht leicht,
Auch die Pauke hält sich wie ein Turm,
Und siehe, vorüber braust der Sturm.

Da hebt sich unsres Kapellmeisters Brust:
»Wer ist gefall'n? Wie steht der Verlust?«
»Gefallen keiner; leicht zerhaun
Sind Pauke, Tuba und Posaun',
Gestreift, geschrammt bloß, sonst intakt,
Und nur das Fagott ist wie zerhackt!«

»Drei leicht, einer schwer, der Rest gesund –
Das laßt uns preisen zu dieser Stund',
Und fehlt uns auch unser brav Fagott,
Wir blasen doch: Danket alle Gott!
Und blasen es durch und blasen es ganz,
Und zum Schlusse: Heil dir im Siegerkranz!«

EINZUG
(7. Dezember 1864)

Wer kommt? wer? –
Fünf Regimenter von Düppel her.
Fünf Regimenter vom dritten Korps
Rücken durchs Brandenburger Tor;
Prinz Friedrich Karl, Wrangel, Manstein,
General Roeder, General Canstein,
Fünf Regimenter, vom Sundewitt
Rücken sie an in Schritt und Tritt.

Wer kommt? wer? –
Zuerst die Achter. *A la bonne heure!*
Die Achter; Hut ab, Sapperment,
Vor dem Yorkschen Leibregiment!
Schanze neun und Schanze drei
Waren keine Spielerei.
Hut ab und Hurra ohne End',
Allemal hoch das Leibregiment!

Wer kommt? wer? –
Hurra, die Vierundzwanziger.
Guten Tag, guten Tag und gehorsamster Diener!
Ei, das sind ja meine Ruppiner;
Flinke Kerle, ohne Flattusen,
Grüß' Gott dich, Görschen und Brockhusen!
Möchte manchen von euch umhalsen,
Düppel war gut, besser war Alsen –
's war keine Kunst, euch half ja die Fee,
Die Wasserfee vom Ruppiner See.

Wer kommt? wer? –
Hurra, die Vierundsechziger.
Hurra, die sind wieder breiter und stärker,
Das macht, es sind richtige Uckermärker,
Die sind schon mehr für Kolbe und Knüppel,
Conferatur Wester- und Oster-Düppel,
Verstehen sich übrigens auch auf Gewehre,
Siehe Fohlenkoppel und Arnkiel-Öre –
Fünfzig dänische Feuerschlünde
Können nichts gegen Prenzlau und Angermünde.

Wer kommt? wer? –
Füsiliere, Fünfunddreißiger,
Hurra, das wirbelt und schreitet geschwinder,
Hurra, das sind Berliner Kinder!

Jeder, als ob er ein Gärtner wäre,
Trägt drei Sträußer auf seinem Gewehre.
Gärtner freilich, gegraben, geschanzt,
Dann sich selber eingepflanzt,
Eingepflanzt auf Schanze zwei –
Die flinken Berliner sind vorbei.

Wer kommt? wer? –
Hurra, unsre Sechziger.
Oberst von Hartmann, fest im Sitze,
Grüßt mit seiner Säbelspitze.
Hut ab und heraus die Tücher!
Das sind unsere Oderbrücher.
Keine Knattrer und bloße Verschluser,
Lauter Barnimer und Lebuser;
Fest ihr Tritt, frank und frei –
Major von Jena ist nicht mehr dabei.

Wer kommt? wer? –
Artillerie und Ingenieur';
Elfte Ulanen, Zieten-Husaren,
Paukenwirbel und Fanfaren.
Halt! Der ganze Waffenblitz
Präsentiert vor König Fritz.
Alles still, kein Pferdegeschnauf,
Zehntausend blicken zu ihm auf;
Der neigt sich leise und lüpft den Hut:
»Konzediere, es war gut.«

EINZUG
(20. September 1866)

Viktoria hat heute Dienst am Tor;
»*Landwehr*, zeig deine Karte vor,
Paßkart' oder Steuerschein,
Eins von beiden muß es sein.«

»Alles in Ordnung. Jedenfalls
Zahlten wir Steuer bei Langensalz,
Wir zahlten die Steuer mit Blut und Schweiß« –

»Landwehr passier', ich weiß, ich weiß.«

Viktoria hat heute Dienst am Tor;
»*Linie*, zeig deine Karte vor,
Paßkart' oder Steuerschein;
Ein *Paß*, das wird das beste sein.«

»Wir haben Pässe, die Hände voll,
Zuerst den Brückenpaß bei Podòll,
Dann Felsenpässe aus West und Ost:
Nachod, Skalitz und Podkòst,
Und wenn die Felsenpässe nicht ziehn,
So nimm noch den Doppelpaß von Gitschin,
Sind allesamt geschrieben mit Blut« –

»Linie passier', is gut, is gut.«

Viktoria hat heute Dienst am Tor;
»*Garde*, zeig deine Karte vor,
Preußische Garde, willkommen am Ort,
Aber erst das Losungswort.«

»Wir bringen gute Losung heim
Und als Parole ’nen neuen Reim,
Einen neuen preußischen Reim auf *Ruhm.*«

»Nenn ihn, Garde!«
»Die Höhe von *Chlum.*

»Ein guter Reim, ich salutier’,
Preußische Garde passier’, passier’.«

Glocken läuten, Fahnen wehn,
Die Sieger drinnen am Tore stehn,
Eine Siegesgasse ist aufgemacht:
Östreich’sche Kanonen zweihundertundacht,
Und durch *die* Gasse die Sieger ziehn. –
Das war der Einzug in Berlin.

EINZUG
(16. Juni 1871)

Und siehe da, zum dritten Mal
Ziehen sie ein durch das große Portal;
Der Kaiser vorauf, die Sonne scheint,
Alles lacht und alles weint.

Erst die Garde. Brigaden vier,
Garde und Garde-Grenadier’:
Elisabether, Alexandriner,
Franziskaner, Augustiner,
Sie nahmen, noch nicht zufrieden mit Chlum,
Bei *Privat* ein Privatissimum. –
Mit ihnen kommen, geschlossen, gekoppelt,
Die Säbel in Händen, den Ruhm gedoppelt,
Die hellblauen Reiter von Mars la Tour,
Aber an Zahl die Hälfte nur.

Garde vorüber. – Garde tritt an:
Regiment des Kaisers, Mann an Mann,
Die Siebner, die Phalanx jedes Gefechts –
»Kein Schuß; Gewehr zur Attacke rechts!«
Die Sieben ist eine besondere Zahl,
Dem einen zur Lust, dem andern zur Qual;
Was von den Turkos noch übrig geblieben,
Spricht wohl von einer bösen Sieben.

Blumen fliegen aus jedem Haus,
Der Himmel strömt lachende Lichter aus,
Und der Lichtball selber lächelt in Wonne:
»Es gibt doch noch Neues unter der Sonne.«

Gewiß. Eben jetzt einschwenkt in das Tor,
Keine Linie zurück, keine Linie vor,
En bataillon, frisch wie der Lenz,
Die ganze Armee in Double-Essenz.
Ein *Corps* bedeutet jeder Zug,
Das ist kein Schreiten, das ist wie Flug;
Das macht, weil ihnen *ungesehn*
Dreihundert Fahnen zu Häupten wehn.

Bunt gewürfelt Preußen, Hessen,
Bayern und Baden nicht zu vergessen,
Sachsen, Schwaben, Jäger, Schützen,
Pickelhauben und Helme und Mützen,
Das Eiserne Kreuz ihre einzige Zier;
Alles zerschossen – ihr ganzes Prahlen
Nur ein Wettstreit in den Zahlen,
In den Zahlen derer, die *nicht* hier.

Zum dritten Mal
Ziehen sie ein durch das große Portal;
Die Linden hinauf erdröhnt ihr Schritt,
Preußen-Deutschland fühlt ihn mit.

Hunderttausende auf den Zehenspitzen!
Vorüber, wo Einarm und Stelzfuß sitzen,
Jedem Stelzfuß bis in sein Bein von Holz
Fährt der alte Schlachtenstolz.
Halt
Vor des großen Königs ernster Gestalt!

Bei dem Fritzen-Denkmal stehen sie wieder,
Sie blicken hinauf, der Alte blickt nieder;
Er neigt sich leise über den Bug:
»Bon soir, Messieurs, nun ist es genug.«

KAISER BLANCHEBART
(Am 16. Juni 1871)

Vor seinem Heergefolge ritt,
Von seinem Volk umschart,
Inmitten von Helden und Prinzen,
An der Spitze seiner Provinzen,
Der Kaiser Blanchebart.

Er grüßt und sitzt auf hohem Roß
Und sinnet das und dies:
Er hält am Sadowa-Walde,
Auf der Gravelotter Halde
Und vor Sedan und Paris.

Er lächelt still; ihm ward zu Traum
Die lange Kriegesfahrt,
Es schaukeln und schwanken die Reiser,
Und rings jubelt's: Es lebe der Kaiser,
Der Kaiser Blanchebart!

Und an der Straß' und an dem Tor,
Da halten Frau und Mann,
Und sie heben empor ihren Knaben,
Den einzigen, den sie haben,
Und sprechen: »Sieh ihn dir an!

Sieh ihn dir an und vergiß ihn nicht,
Der ist von sondrer Art,
Im Dienst allzeit das Schwerste,
Und in Feld und Pflicht der Erste,
Das ist Kaiser Blanchebart.«

Der Kaiser sah den Knaben an,
Den überlief es heiß,
Alle Herzen sprachen Segen,
Und hernieder fiel ein Regen
Von Blüten rot und weiß.

Gott mit dir, Herr, und kommt der Tag,
Der noch keinem wurde gespart,
Dann wie aus *Märchen*tagen
Werden wir singen und sagen
Vom Kaiser Blanchebart.

HAVELLAND

(Statt eines Vorwortes zu dem 3. Band »Wanderungen« 1873)

Grüß' Gott dich, Heimat!... Nach langem Säumen
In deinem Schatten wieder zu träumen,
Erfüllt in dieser Maienlust
Eine tiefe Sehnsucht mir die Brust.
Ade nun, Bilder der letzten Jahre,
Ihr Ufer der Somme, der Seine, Loire,
Nach Krieges- und fremder Wässer Lauf,
Nimm, heimische Havel, mich wieder auf!

Es spiegeln sich in deinem Strome
Wahrzeichen, Burgen, Schlösser, Dome:
Der *Julius-Turm*, den Märchen und Sagen
Bis Römerzeiten rückwärts tragen,
Das *Schildhorn*, wo, bezwungen im Streite,
Fürst Jazko dem Christengott sich weihte,
Der *Harlunger Berg*, des oberste Stelle
Weitschauend trug unsre erste Kapelle,
Das *Plauer Schloß*, wo fröstelnd am Morgen
Hans Quitzow steckte im Röhricht verborgen,
Die *Pfaueninsel*, in deren Dunkel
Rubinglas glühte Johannes Kunkel,
Schloß *Babelsberg* und *»Schlößchen Tegel«*,
Nymphäen, Schwäne, blinkende Segel –
Ob rote Ziegel, ob steinernes Grau,
Du verklärst es, Havel, in deinem Blau.

Und schönest du alles, was alte Zeiten
Und neue an deinem Bande reihten,
Wie schön erst, was fürsorglich längst
Mit liebendem Arme du umfängst.
Jetzt Wasser, drauf Elsenbüsche schwanken,
Lücher, Brücher, Horste, Lanken,
Nun kommt die Sonne, nun kommt der Mai,
Mit der Wasser-Herrschaft ist es vorbei.
Wo Sumpf und Lache jüngst gebrodelt,
Ist alles in Teppich umgemodelt –
Ein Riesenteppich, blumengeziert,
Viele Meilen im Geviert.
Tausendschönchen, gelbe Ranunkel,
Zittergräser, hell und dunkel,
Und mitteninne (wie das lacht!)
Des roten Ampfers leuchtende Pracht.
Ziehbrunnen über die Wiese zerstreut,
Trog um Trog zu trinken beut,

Und zwischen den Trögen und den Halmen,
Unter nährendem Käuen und Zermalmen,
Die stille Herde... Das Glöcklein klingt,
Ein Luftzug das Läuten herüberbringt.

Und an dieses Teppichs blühendem Saum
Die lachenden Dörfer, ich zähle sie kaum:
Linow, Lindow,
Rhinow, Glindow,
Beetz und Gatow,
Dreetz und Flatow,
Bamme, Damme, Kriele, Krielow,
Petzow, Retzow, Ferch am Schwilow,
Zachow, Wachow und Groß-Bähnitz,
Marquardt an der stillen Schlänitz,
Senzke, Lenzke und Marzahne,
Lietzow, Tietzow und Rekahne,
Und zum Schluß in dem leuchtenden Kranz:
Ketzin, Ketzür und Vehlefanz.

Und an deinen Ufern und an deinen Seen,
Was, stille Havel, sahst all du geschehn?!
Aus der Tiefe herauf die Unken klingen –
Hunderttausend Wenden hier untergingen;
In Lüften ein Lärmen, ein Bellen und Jagen,
»Das ist Waldemar« sie flüstern und sagen;
Im Torfmoor, neben dem Cremmer-Damme
(Wo Hohenloh fiel), was will die Flamme?
Ist's bloß ein Irrlicht?... Nun klärt sich das Wetter,
Sonnenschein, Trompetengeschmetter,
Derfflinger greift an, die Schweden fliehn,
Grüß' Gott dich, Tag von *Fehrbellin*.

Grüß' Gott dich, Tag, du Preußen-Wiege,
Geburtstag und Ahnherr unsrer Siege,

Und Gruß dir, wo die Wiege stand,
Geliebte Heimat, Havelland!

JUNG-BISMARCK

(In Begleitung eines Bildes, das ihn in seinem 19. Jahre darstellt)

In Lockenfülle das blonde Haar,
Allzeit im Sattel und neunzehn Jahr,
Im Fluge weltein und nie zurück –
Wer ist der Reiter nach dem Glück?
  Jung-Bismarck.

Was ist das Glück? Ist's Gold, ist's Ehr',
Ist's Ruhm, ist's Liebe? Das Glück ist mehr,
Noch liegt es im Dämmer, erkennbar kaum,
Aber er sieht es in seinem Traum,
  Jung-Bismarck.

Er sieht es im Traume. Was ist, das er sah?
Am Brunnen sitzt Germania,
Zween Eimer wechseln, der eine fällt,
Der andere steigt; wer ist's, der ihn hält?
  Jung-Bismarck.

Und neue Bilder: ein Schloß, ein Saal,
Was nicht blitzt von Golde, das blitzt von Stahl,
Einer dem Barbarossa gleicht –
Wer ist es, der die Krone ihm reicht?
  Jung-Bismarck.

Was ist das Glück? Ist's Gold, ist's Ehr',
Ist's Ruhm, ist's Liebe? Das Glück ist mehr:
»Leben und Sterben dem Vaterland« –

Gott segne fürder deine Hand,
Jung-Bismarck.

KAISER FRIEDRICH III.

I
Letzte Fahrt
(6. Juni 1888)

»Ich sähe wohl gern (er sprach es stumm)
Noch einmal die Plätze hier herum,
Am liebsten auf Alt-Geltow zu…
Und ihr kommt mit, die Kinder und du.« –

Das Dorf, es lag im Sonnenschein,
In die stille Kirche tritt er ein,
Die Wände weiß, die Fenster blank,
Zu beiden Seiten nur Bank an Bank,
Und auf der letzten – er blickt empor
Auf Orgel und auf Orgelchor,
Und wendet sich und spricht: »Wie gern
Vernähm' ich noch einmal ›*Lobe den Herrn*‹;
Den Lehrer im Feld, ich mag ihn nicht stören,
Vicky, laß du das Lied mich hören.«

Und durch die Kirche klein und kahl,
Als sprächen die Himmel, erbraust der Choral,
Und wie die Töne sein Herz bewegen,
Eine Lichtgestalt tritt ihm entgegen,
Eine Lichtgestalt, an den Händen beiden
Erkennt er die Male: »Dein Los war Leiden.
Du lerntest dulden und entsagen,
Drum sollst du die Krone des Lebens tragen.
Du siegtest, nichts soll dich fürder beschweren:
Lobe den mächtigen König der Ehren…«

Die Hände gefaltet, den Kopf geneigt,
So lauscht er der Stimme. – – Die Orgel schweigt.

2

Letzte Begegnung

(14. Juni 1888)

König Oskar, vom Mälar kommt er daher,
Fährt über den Sund, fährt über das Meer,
Nun sieht er die Küste: Deutsches Land,
Heide, Kiefer, märkischen Sand,
Und nun Avenuen und Schloß und Alleen –
Er kommt, um den sterbenden Kaiser zu sehn.

Dem melden sie's. »König Oskar ist da.«
Kaiser Friedrich wie suchend um sich sah,
Ein leuchtend Bildnis hängt an der Wand,
Sein Bildnis von Angelis Meisterhand,
Orangeband, Orden, Helmbuschzier,
Pasewalker Kürassier,
Er blickt drauf hin, und den Blick sie verstehn:
»*So soll* mich König Oskar sehn.«

Und sie legen ihm Koller und Küraß an,
Aufrecht noch einmal der sterbende Mann,
Aufrecht und hager und todesfahl.
König Oskar tritt in den Marmorsaal –
Sprechen will er, er kann es nicht,
Ein Tränenstrom seinem Aug' entbricht.
Da steht sein Freund in des Jammers Joch,
Gebrochen und doch ein Kaiser noch:
Den Pallasch zur Seite, den Helm in Hand,
Kaiser Friedrich vor König Oskar stand.

»Bild einst von Größe, Schönheit, Glück,
Das ist das letzte, *das* blieb zurück.«
Stumm neigt sich der König, und noch einmal,
Und nun zum dritten und – läßt den Saal.

3
Grabschrift

Du kamst nur, um dein heilig Amt zu schaun,
Du fandst nicht Zeit, zu bilden und zu baun,
Nicht Zeit, der Zeit den Stempel aufzudrücken,
Du fandst nur eben Zeit noch, zu beglücken;
Du sahst dein Reich und ließt es deinem Erben,
Du fandst nur Zeit, um wie ein Held zu sterben.

4
Re Umbertos Kranz

»...Im alten Dom zu Monza ruht die Krone,
Die *eiserne*. *Die* trug er. Doch zu Monza
Blüht auch des Lorbeers viel in meinen Gärten.
Pflückt von dem Lorbeer, und vom dunkelschönsten
Schlingt einen Kranz – *der* Kranz soll mich begleiten
Bis hin zur Ruhstätt' meines Martyrfreundes,
Bis in die Friedenskirche.
Siegeslorbeer,
Nicht Friedenspalmen will ich niederlegen
Auf seinen Sarg. Wozu noch Friedenspalmen?
Er hat, was er ersehnt – er *hat* den Frieden.«

HERR VON RIBBECK AUF RIBBECK IM HAVELLAND

Herr von Ribbeck auf Ribbeck im Havelland,
Ein Birnbaum in seinem Garten stand,
Und kam die goldene Herbsteszeit
Und die Birnen leuchteten weit und breit,
Da stopfte, wenn's Mittag vom Turme scholl,
Der von Ribbeck sich beide Taschen voll,
Und kam in Pantinen ein Junge daher,
So rief er: »Junge, wiste 'ne Beer?«
Und kam ein Mädel, so rief er: »Lütt Dirn,
Kumm man röwer, ick hebb 'ne Birn.«

So ging es viel Jahre, bis lobesam
Der von Ribbeck auf Ribbeck zu sterben kam.
Er fühlte sein Ende. 's war Herbsteszeit,
Wieder lachten die Birnen weit und breit;
Da sagte von Ribbeck: »Ich scheide nun ab.
Legt mir eine Birne mit ins Grab.«
Und drei Tage drauf, aus dem Doppeldachhaus,
Trugen von Ribbeck sie hinaus,
Alle Bauern und Büdner mit Feiergesicht
Sangen »Jesus meine Zuversicht«,
Und die Kinder klagten, das Herze schwer:
»He is dod nu. Wer giwt uns nu 'ne Beer?«

So klagten die Kinder. Das war nicht recht –
Ach, sie kannten den alten Ribbeck schlecht;
Der *neue* freilich, der knausert und spart,
Hält Park und Birnbaum strenge verwahrt.
Aber der *alte*, vorahnend schon
Und voll Mißtraun gegen den eigenen Sohn,
Der wußte genau, was damals er tat,
Als um eine Birn' ins Grab er bat,

Und im dritten Jahr aus dem stillen Haus
Ein Birnbaumsprößling sproßt heraus.

Und die Jahre gehen wohl auf und ab,
Längst wölbt sich ein Birnbaum über dem Grab,
Und in der goldenen Herbsteszeit
Leuchtet's wieder weit und breit.
Und kommt ein Jung' übern Kirchhof her,
So flüstert's im Baume: »Wiste 'ne Beer?«
Und kommt ein Mädel, so flüstert's: »Lütt Dirn,
Kumm man röwer, ick gew' di ne Birn.«

So spendet Segen noch immer die Hand
Des von Ribbeck auf Ribbeck im Havelland.

GELEGENHEITS-GEDICHTE

AN WILHELM KRAUSE
(Gest. zu Malaga 1842)

Zwei Jahre kaum, als heitre Träume scheuchten
Der Sorgen dunklen Schwarm aus deiner Brust;
Du riefst: »Ade!« Ich sah dein Auge leuchten
Und fühlte Tränen doch das meine feuchten,
Ich war der ew'gen Trennung mir bewußt.
Mein armer Wilm, das Rot auf deinen Wangen,
Es war das Rot des frischen Lebens nicht –
Der *Tod* nur, sichrer dich ins Netz zu fangen,
Ließ Rosen blühn auf deinem Angesicht.

Ich sah ihn längst dich Schritt vor Schritt bewachen,
Gleich einem Schatten dir zur Seite gehn,
Behende sprang er mit dir in den Nachen,
Und immer schien er höhnisch nur zu lachen,
So oft du riefst: »Auf fröhlich Wiedersehn!«
Auf Wiedersehn! Wann, Freund? Statt Herzensfrieden
Hat ew'ge Ruh die Ferne dir geschenkt,
Und in die Gruft, die deinem Schmerz beschieden,
Hat man dich selber nun hinabgesenkt.

Schön ist das Leben! ach, man lernt es lieben
Recht innig erst, wenn man es meiden soll;
Doch in die weite Welt hinausgetrieben,
Wo fremd wie wir auch unser Herz geblieben,
Da wird der Tod uns doppelt qualenvoll.
Auf welcher Wange sahst du Tränen glänzen?
Wer hat dein brechend Auge zugedrückt?

Mein armer Wilm, mit Immortellenkränzen
Hat flücht'ges Mitleid nur dein Grab geschmückt.

Was half es dir, daß schöner dort die Rosen
Und goldner selbst des Himmels Sterne glühn?
Nun gilt es gleich – ob rauhe Stürme tosen,
Ob linde Weste mit den Blumen kosen,
Mit Blumen, Freund, die deinem Grab entblühn.
Du ruhtest besser wohl am heim'schen Strande,
Im Dünensand, wo du zu ruhn geglaubt:
Ein Kuß der Liebe hätt' im Vaterlande
Dem Tode seinen Stachel noch geraubt.

Doch jetzt, wo du den bittren Kampf bestanden,
Jetzt ruf' ich: »Freund, wohl dir! es ist vorbei.«
Schön ist das Leben, doch von tausend Banden,
Ob in der Heimat, ob in fremden Landen,
Macht erst der Tod die Menschenseele frei.
Mir löst die Pflicht, ein strenger Kerkermeister,
Die Fessel nie, gleichviel ob Tag ob Nacht,
Und selbst von deinem Grabeshügel reißt er
Mich unerbittlich, wenn der Tag erwacht.

UNSER FRIEDE

(Sommer 1844)

Ein Sommertag, wo man zu tiefer
  Siesta sich verpflichtet hält,
Wo Mücken nur und Ungeziefer
  So recht lebendig in der Welt,
Wo gift'ger Pesthauch auf zum Himmel
  Aus stehenden Gewässern steigt,
In deren Schlamm sich das Gewimmel
  Vielbeinigen Gewürmes zeigt:

Das ist der Friede, der uns schlimmer
  Als je ein Krieg zu werden droht,
Der, fiel der Würfel, uns noch immer
  Ein offen Feld für Taten bot;
Genüßler hegt jetzt unsre Jugend
  Und Stockgelehrte allenfalls,
Doch jeder Kraft und Männertugend
  Brach dieser Friede längst den Hals.

Doch wird die Sonn' erst unerträglich
  Und dörrt den Wald und sengt die Flur,
Da hilft sich, auf gut-sommertäglich,
  Mit einem Schlage die Natur:
Die Donnerwolke blitzt und wettert
  Und nimmt der Luft den gift'gen Hauch,
Und wird auch mancher Baum zerschmettert,
  In faule Sümpfe schlägt es auch.

Welch Friede *dann*, wenn segenstrahlend
  Die Sonn' im Westen untergeht
Und, dunkle Pupurrosen malend,
  Der Himmel wie in Flammen steht!
Wir baden uns im Hauch der Frische,
  Wie neugeboren ist das All,
Und in des Baumes Blätternische
  Schlägt lieblicher die Nachtigall.

EIN BALL IN PARIS
(Dezember 1849)

Paris hat Ball: hin durch der Gassen Enge
Braust rasselnd der Karossen bunte Menge,
Die Kais entlang, entlang die Tuilerien,
Ein rastlos Jagen und Vorüberfliehn.

Hallo, die Peitsche knallt, die Rosse dampfen,
Schon dröhnt »La Grêve« von ihrer Hufe Stampfen,
Und jetzt ein kurzes »Halt!« – hell glänzt das Ziel,
Der prächt'ge Ballsaal des Hôtel de Ville.

Rings Fackelglanz; die Nacht ist lichter Tag,
Betreßte Diener springen an den Schlag,
Leis knistert auf der steingehaunen Treppe
Der Atlasschuh, es rauscht die Seidenschleppe,
Der Mantel fällt, und jetzt in luft'gem Schal,
Selbst lustig, schwebt die Schönheit in den Saal.

Drin wogt es schon; auf Klängen der Musik
Wiegt sich der Glanz der neuen Republik:
Die Abenteurer und die Schleppenträger,
Die Vettern all und all die Stellenjäger
(Auf deren Brust das Kreuz der Ehre blitzt,
Weil nichts von Ehre drin im Herzen sitzt),
All sind sie da, und leichter schwebt ihr Fuß,
Trifft sie des Kaiserneffen flücht'ger Gruß.

Der Kaiserneffe aber, klanglos hin
Zieht heut der Töne Macht an seinem Sinn,
Sein Aug' ist tot rings für den Blumenflor,
Nach *einem* Punkt nur blinzelt er empor:
Von wo herab im Purpur, goldgestickt,
Des Kaisers Bild auf ihn herniederblickt.

Das Kaiserbild! traun in das Festgebraus
Aus seinem goldnen Rahmen tritt's heraus;
Ein tiefer Ernst umschattet sein Gesicht,
Der Kronendurst'ge aber sieht es nicht,
Er sieht nur, wie der Goldreif blinkt und blitzt,
Der auf der Stirne des Allmächt'gen sitzt,
Er sieht das Zepter nur der halben Welt,

Das jener spielend fast in Händen hält,
Und zitternd nach des Glückes gleicher Huld,
Ruft er sich selber zu: »Geduld, Geduld!«

So aber denken nicht die schlanken Schönen,
Die leicht hin schweben auf den leichten Tönen;
Mit Blüten sind die Blühenden geschmückt,
Wie wenn man Rosen noch auf Rosen drückt,
Und schier, als wär' die Gabe zu genießen
Selbst nur ein stundenkurzes Blütensprießen,
So jagt man hin voll fieberhafter Hast,
In ew'ger Furcht, die Stunde sei verpaßt.

Ich tanze nicht – im Durst nach Luft und Frische
Tret' ich seitab in eines Fensters Nische,
Und hinter mir jetzt all den Saus und Braus,
Blick' ich, aufatmend, in die Nacht hinaus.
Die lagert draußen schwarz und schwer und dicht,
Mit Eifersucht-umfinstertem Gesicht,
Und in des Saales Glanz und Pracht und Schein
Starrt wie der Tod ins Leben sie hinein.

Doch lauter immer wird das laute Treiben,
Fest drück' die Stirn ich an die feuchten Scheiben,
Da ist es mir, als ob mein Ohr es träf':
»Kennst du den Platz da drauß? Kennst du ›La Grêve‹?«

La Grêve! wie kalt das Wort mich überlief
Und nächt'ge Tat vor meine Seele rief;
La Grêve! wo Haß nur, der nach Rache schnob,
Der Freiheit Zerrbild aus der Taufe hob;
La Grêve! wo man von Menschenliebe schwur,
Wenn mal auf mal das Beil herniederfuhr;
La Grêve! wo Blut aus so viel Quellen floß,
Daß es – ein Strom sich in den Strom ergoß.

Und mir im Rücken jetzt erbraust es wilder,
Vor meinen Augen aber grelle Bilder
Der Greuel all, die ringsumher geschehn,
Läßt mich die Nacht auf dunklem Grunde sehn.

Horch, Weiberstimmen durch die Lüfte kreischen!
Da sind sie selbst; in Wollust, zu zerfleischen,
Hat ihres Fleisches Wollust sich verkehrt,
Blut heißt jetzt, was die Sinnlichkeit begehrt.
Manch eine trägt den Säugling an der Brust,
Doch nirgends einer Mutter stille Lust;
Mit aufgelöstem Haar, halbnackt die Leiber,
So ziehn vorbei mir die Versailler Weiber.
Und jetzt, verhallt kaum ist ihr Schrei nach Brot,
Da naht ein zweiter Zug, *den* führt der Tod,
Er zieht als Mordgesell' dem Zug vorauf
Und trägt zwei Stangen und zwei Köpfe drauf;
Wild heulend folgen aus den Rhône-Landen
Die Lyoneser und Marseiller Banden,
Siegtrunken noch vom Sturm der Tuilerien
Seh' ich die Blut'gen mir vorüberziehn.

Vorbei, vorbei! Jetzt aber Trommelklang,
So dumpf, so hohl – das ist ein Sterbegang;
Schon um den Platz wie eine Eisenkette
Legt sich der spitze Wald der Bajonette,
Und rasch, in Nacht herauf, steigt das Schafott,
Vom Volk umtanzt in widerlichem Spott.
Zwei Männer schreiten herwärts, beide still,
Es winkt des Priesters Hand, die segnen will,
Und machtvoll übertönt es das Gewimmel:
»Des heil'gen Ludwig Sohn, steig auf gen Himmel!«

Ein Beilesblitz (mein Auge schließt sich bang) –
Da hinter mir aufschreckt mich Beckenklang,

Und aus der Nische fort und ihrer Nacht
Tret' ich zurück jetzt in die Saalespracht.

Drin wogt es noch. Auf Klängen der Musik
Schwebt nach wie vor der Glanz der Republik,
Noch immer senken taktvoll sich und steigen
Die Walzerpaare nach dem Strich der Geigen,
Noch immer aus des Contretanzes Touren
Erblühen Arabesken und Figuren,
Und immer noch, rasch wie Gewitterhusch,
Braust der Galopp her im Orchestertusch.

Wohl! rings dasselbe Tun noch und Beginnen,
Ich aber jetzt, mit nachtgeschärften Sinnen,
Schau' durch das Maskenwerk und seinen Schein
Tief in das Herz der Wirklichkeit hinein.

Sieh jenen dort: es frömmelt sein Gesicht,
Mir sagt's sein Aug', daß er von »Tugend« spricht;
Sieh, wie so süß er seiner Dame lächelt
Und Kühlung ihr mit seinen Blumen fächelt,
Sieh hin – und denk dann an den Festeszug,
Wo der Hyänenmensch *auch* Blumen trug.

Und jenen zweiten sieh: wie Dantons Brust
Hebt sich die seine stolz und selbstbewußt,
Ein jedes Härlein schwört auf diesem Haupt,
Daß es an nichts als an sich selber glaubt.

Und jenen Hagren sieh! sag, kündet nicht
»*La mort – sans phrase!*« dies steinerne Gesicht?

Und jenen da: vergiftet ist sein Blut,
Pestbeule draußen, drinnen Höllenglut;
»Stirb an *dir selbst*, Tyrann! zu rein für dich
Ist einer Corday keuscher Messerstich.«

Genug! Du aber, Fürst, des Blicke eben
Scheu wieder sich zum Wandbild dort erheben,
Du Kaiserneffe, der im Herzen still
Noch immer rechnet: *ob's nicht werden will?*
Und über sich und *seine* Welt vergißt,
Daß rings die Welt ein droh'nder Krater ist –
Sag an, wenn jener Schreckenszeit Gestalten
Bluthochzeit wieder in den Gassen halten,
Bist du's dann, der das losgelaßne Tier
Voll Ruh empfängt, des Sieges sicher schier,
Und eh's in Blut sich voll und satt geschlürft,
Das Fangseil rasch ihm übern Nacken wirft –
Bist du's? – Du schweigst. Der Kaiser aber spricht
Von seiner Wand herab: Du bist es *nicht*!

DER ALTE FRITZ

(Zur Enthüllungsfeier des Friedrich-Denkmals im August 1851)

Bist endlich da! Gott sei's geklagt,
Hast lange warten lassen;
Nun lehr uns wieder, unverzagt
Den Feind beim Schopfe fassen,
Den Feind in Ost, den Feind in West,
Die Feinde drauß und drinnen,
Zerreiß die Netze dicht und fest,
Womit sie uns umspinnen.

Blitz nur herab von deiner Wacht,
Solch Wächter mag uns taugen:
Wir brauchen wieder, Tag und Nacht,
Die Alten-Fritzen-Augen;
Blitz nur herab! und wenn im Nu
Die Schleicher du erraten,

Dann heb den Stock und droh: »Du, du!«
Wie weiland dem Kroaten.

Blitz nur herab von deiner Wacht!
Und wenn uns Feinde spotten,
Pandurentum und Slawenmacht
Sich rings zusammenrotten,
Dann, dir zu Füßen, weck und wink
Dem alten Leibhusaren
Und sprich: »He, Zieten, sattl' Er flink,
Wir woll'n mal drunterfahren.«

Vor allem aber blitz ins Herz
Den Lenkern und den Leitern,
Sei du das Vorgebirg von Erz,
Dran ihre Ängste scheitern;
Ruf ihnen zu: »*Mein* war der Mut,
Dies Preußen aufzurichten,
Es tut nicht gut, es tut nicht gut
Solch Zagen und Verzichten.

Wohl, angesichts von meinem Schloß,
Mag ich hier droben wohnen,
Doch gilt's mein Volk – mit Mann und Roß
Einschmelzt mich zu Kanonen;
Wohl thron' ich hier auf sichrem Sitz,
Mein Schimmel selbst ward erzen,
Doch sichrer thront der alte Fritz
In alten Preußenherzen.«

ZUM 8. FEBRUAR 1858
(Einzug der Prinzessin Viktoria)

Du schiedst aus schönem Lande
(O schau nicht bang zurück),
Du löstest alte Bande
Zu neuer Liebe Glück;
Von Trepp- und Fensterstufen,
Von Dächern allerwärts
Begrüßt dich Jubelrufen,
Begrüßt dich unser Herz.

Nicht lieh uns ihren Segen
Verschwendrisch die Natur,
Schlicht, einfach allerwegen,
Gab sie das Nöt'ge nur.
Doch ob uns wenig bliebe,
In Einem sind wir reich:
An Ehre, Treu und Liebe
Sind wir den Besten gleich.

Oft wohl durch unsre Tore,
Nach nie-gesuchtem Krieg,
Zog ein im Waffen-Chore
Der allerschönste Sieg;
Doch was uns je beschieden,
Heut ist es schöner da:
In *Segen* und in *Frieden*
Kamst du, Viktoria!

»DU ADLERLAND«

(Preußenlied zum 13. Mai 1861)

Du Adlerland, das seiner Schwingen Ränder
Links in den Rhein, rechts in den Niemen taucht,
Du Zukunftsland, du Hoffnung deutscher Länder,
Das, um zu siegen, nur zu *wollen* braucht –
Zu Flügen, höhern, vollern,
Raff auf dich, Land der Zollern,
Non soli cedo trägst du auf der Brust,
Drum *aufwärts*, Preußen, sei dein selbst bewußt!

Aus kleinem Anfang bist du aufgesprossen,
Du letztes Glied an deutschen Reiches Rumpf,
Du (einst der Spott beglückterer Genossen),
Du stiegst empor aus Wald und Sand und Sumpf;
Gott hat dich aufgerichtet,
Sumpf, Wald, sie sind gelichtet,
Ein drang die *Sonne*, und der Sonnenschein
Schuf Land aus Sumpf, die *Sonne* mußt' es sein.

Ja, heller Sonnenschein hat dich geboren:
Gewissensfreiheit, Mut, Gesetz und Recht,
O gib die alte Triebkraft nicht verloren,
Vermach sie neu dem kommenden Geschlecht –
Von deinen Edelsteinen
Aufopfre keinen, keinen,
Vor allem doch in Schild und Krone dein
Des *Rechtes* Demant halte blank und rein.

So vieles fällt (es kommt zu spät die Reue) –
Du glücklich Land, so Gott will, stehest fest,
Du stehest fest, weil noch in alter Treue
Dein Fürst, dein Volk, keins von dem andern läßt;

So war's in alten Tagen,
So sei's bei neuem Wagen,
Dann komm, was mag, ob Ost, ob Westen droh',
Der letzte Trumpf bleibt *Leipzig*, *Waterloo*.

Nur Eintracht siegt! o wahr dich vor dem Hadern,
Doch freue dich wettstreitender Partei'n,
Sie lockern nicht, sie festigen die Quadern,
Sind *Lebens*-Klammern um den toten Stein;
Aus Freiheit und aus Treue
Sprießt immer Sieg aufs neue:
»Sei frei, sei treu!« solch Banner in der Hand,
Wirst siegen du, du deutsches Zukunftsland.

KÖNIGGRÄTZ
(Prolog, gesprochen am 12. Juli 1866)

Sie höhnten uns, sie glaubten es zu dürfen;
Was Langmut war, sie nahmen's hin als Schwäche,
Sie warfen uns, zerdeutelt und zerrissen,
Versprechen und Verträge vor die Füße,
Und als in Ruh wir dann das Wort gesprochen:
»Laßt uns, was *unser sein muß*, nehmt das Eure« –
Da drohten sie: »Versucht's, wir sind am Platz;
Es kost't euch Schlesien und die Grafschaft Glatz.«

Das war zu viel. Es klang zurück die Antwort:
»*Wollt* ihr den Krieg, wohlan, ihr sollt ihn haben!«
Und nieder von den Bergen Schlesiens, Sachsens,
Auf Wegen, die der Ruhm uns vorgezeichnet,
An Stätten hin, die Siegesnamen tragen,
In Böhmens Kessel stieg das Preußenheer.

Ein heißer Kessel! Manches Kriegeswetter
In Tag und Jahren, die nun rückwärts liegen,
Hat drin die Junihitze schon gebraut,
Doch solche Wetter, wie sie jetzt sich türmen
Und Tag um Tag sich grollender entladen,
Sind selbst in diesem Böhmerkessel neu.
Bei *Podol* – Mondlicht lag auf allen Feldern –
Zerbricht wie Glas die eiserne Brigade;
Bei *Nachod*, in drei Tage langem Ringen,
Hält Löwe Steinmetz seine Beute fest;
Und hügelan – Clam-Gallas mußte fliehn –
Stürmt Friedrich Karl die Straße von *Gitschin.*

So stand das Spiel; ein siebenfaches Siegen
In sieben Tagen. »Wird der Sieg uns bleiben?«
So zwischen Furcht und Hoffnung ging die Frage;
Noch fehlte die Entscheidung, doch sie kam.

Da, wo die Elbe, die sich nordwärts windet,
Auf kurze Strecke wieder südwärts fließt,
Auf weitem Feld, umstellt von Hügelkuppen,
Bei Festung *Königgrätz* entbrennt die Schlacht.
An stürmen unter Trommelklang und Pfeifen
Von Altmark, Magdeburg die Regimenter,
Thüring'sche Bataillone, dicht geschlossen,
Sie folgen unter Hurra – all vergeblich;
Sie dringen vor, sie jubeln, und sie fall'n.
Der Regen fällt in Strömen, schon ist Mittag –
»Wo bleiben sie?« Es fragen's nicht die Lippen,
Es fragt's nur still das Herz. Da horch, von Westen
Und nun von Osten her in raschen Schlägen
Roll'n unsre Preußendonner durch die Luft.
»Das sind sie!« geht ein Jubel durch die Reihen
»Das ist das achte Korps! das sind die Garden!«
Und rechts und links des Feindes Flanke fassend,

So reichen jetzt zwei neue Preußenheere
Dem dritten übers Schlachtfeld hin die Hand.

Im Feuer hält der siebzigjähr'ge König,
Er sieht die Schale sich für Preußen neigen,
Und sieh, zum letzten Stoße, der entscheidet,
Erklingt sein Aufruf jetzt: »Nun, Manstein, vor!«
Ein Hurra ist die tausendstimm'ge Antwort,
Mit weh'nden Fahnen und mit kling'ndem Spiele
An rücken all die Düppel-Bataillone,
Es fällt kein Schuß, die Glieder halten Richtung,
Und ihrem Stoß erliegt der Feind. Er flieht.
Bunt wird das Feld von aufgelösten Massen,
Geschütze, Wagenzüge und Kolonnen,
Ein wirrer Knäuel, alles häuft sich, drängt sich:
»Jetzt ist es Zeit!« und in die flieh'nden Massen
Einhau'n die Unsern. Welch ein Spiel von Farben!
Hier schwarz und weiß die Fähnlein der Ulanen,
Hier silberfarbne Adler auf den Helmen,
Hier rot und weiß die Zietenschen Husaren –
Ein glänzend Schauspiel, glänzender der Sieg.

Ja, Sieg! Er hat die Herzen uns erhoben,
Er gab uns viel – er hat auch viel genommen;
Ein Tag des Ruhmes, aber schwer erkauft.
'nen Schleier über Not und Tod und Wunden!
Es ziemt uns nicht, das Elend hier zu malen,
Es ziemt uns nur, zu trösten und zu lindern.
In Tod zu gehn war unsrer Brüder Pflicht –
Die unsre heißt: *»Vergeßt zu helfen nicht!«*

NEUJAHR 1871

Das alte Jahr – vom Turm hat's ausgeklungen,
Auf horcht im Traum der Dohlen dunkle Schar,
Und klirrend sind die Pforten aufgesprungen
(Wie Waffen klirr'n) von einem neuen Jahr;
Ein Trennungsschnitt ist wieder eingedrungen
In das, was sein wird, und in das, was war,
Und eh' wir Wunsch und Bitte vorwärts schicken –
Was läg' uns näher, als zurückzublicken?

In welch ein Jahr! Es ruht das stille Schaffen,
Der Dinge schönes Gleichmaß ist gestört,
Vom Rhein zum Niemen klingt es: »Zu den Waffen!
Das Unrecht schreit, die Schmach ist unerhört!« –
Und bis zu *dieser* Stunde kein Erschlaffen
Seit jenem Tag von Weißenburg und Wörth:
In jedem Kampf aufs neue ruhmbereichert,
Was ward seit Spichern alles aufgespeichert!

Dreimal vor Metz, in ungeheurem Ringen,
Auf, ab die Mosel fing das Ernten an,
Bis an der Maas in eisernem Umschlingen
Deutschland den Ehr- und Erntekranz gewann;
An dieses Kranzes blut'gen Ähren hingen
Armeeen: dreimalhunderttausend Mann,
Gefangen all! Ein Kaiser ging verloren,
Ein andrer: Kaiser Weißbart, ward geboren.

Das alte Jahr, in Kampf und Mut und Streben
Hat's uns gefeit, gewappnet und gestählt –
Du neues Jahr, o woll' auch *das* noch geben,
Das Eine noch, das uns allein noch fehlt:
Laß jenen Ölzweig zu uns niederschweben,

Auf den ein jedes Herz jetzt hofft und zählt,
Zu allem, was das alte Jahr beschieden,
Du neues Jahr, o gib uns Frieden, Frieden!

KAISER WILHELMS RÜCKKEHR
(17. März 1871)

Dreifarbig, kranzumwunden
Unsre Fahnen flattern und wehn,
Das waren Festesstunden,
Wie keine wir noch gesehn;
Vielhunderttausendtönig
In Lüften die Grüße ziehn:
Willkommen *Kaiser*-König,
Willkommen in Berlin.

Nun steiget höher, ihr Schwalben,
Und kündet, was es sei:
Blauer Himmel allenthalben,
Und das Wetter ist vorbei.
Es ward uns viel beschieden,
Es ward uns großes Glück:
König Wilhelm bringt uns den Frieden
Und bringt uns sich selber zurück.

Er bringt uns sich selber wieder
Und Neues zu allem, was war,
Nun entsprießt ein stolzer Gefieder
Dem alten preußischen Aar.
Das Alte hoch und das Neue
Vom Niemen bis an den Rhein –
Und wir flechten die alte Treue
In die neue Krone hinein.

ZUM KÖLNER DOMFEST
(15. Oktober 1880)

Ersehnter Tag! Inmitten lichten Glanzes
Erhebt sich Pfeilerwald und Schiff und Chor,
Aus der Umgrenzung eines Zinnenkranzes
Ins Unbegrenzte steigt der Knauf empor;
Aus Teil- und Stückwerk endlich ward ein Ganzes,
Und Furcht erlag, und Zweifelsucht verlor,
Und mit den Türmen schwingt sich auf nach oben
Ein Lobgesang: Laßt uns den Herren loben!

Und wer ihn hört, aufjubelnder erscholl er
In keiner Stund', an keiner Stelle wohl,
Und alle Pulse schlagen freud'ger, voller:
Ein Ideal, es ward uns zum Idol;
Eins wurde Hohenstauf und Hohenzoller,
Und dieser Dom ist dessen uns Symbol,
Und wie nach Maß und Schönheit ohnegleichen,
Ist er zugleich uns unsrer Einheit Zeichen.

Ein Einheits-Zeichen! Ach, und *doch* gespalten,
Uneinheitlich des Volkes Herz und Sinn –
Ersehnter Tag, in deines Mantels Falten
Nimm, eh' du scheidest, unsren Zwiespalt hin!
Laß *Einigkeit* aus Einheit sich gestalten,
Aus ihr erblüht der größere Gewinn,
Und klingst du, hohe Kaiserglocke, heute:
Versöhnung, Friede sei dein erst Geläute!

TOAST AUF KAISER WILHELM

Am 11. November 1884
(25jähriges Bestehen der Schillerstiftung)

An uns vorüber zog ein festlich Spiel,
Wir sahen Freundschaft, Liebe hilfreich walten
Und folgten gern der Dichtung schönem Ziel:
Uns der Erkenntnis Spiegel vorzuhalten.
Ein Mahnwort war's; und eh' der Vorhang fiel,
Erschien im Kranz erst werdender Gestalten
Der *Dichter*-Fürst. Ihn schmückten Lorbeer-Reiser –
Der erste Trinkspruch aber unsrem *Kaiser*!

Dem Kaiser, *ihm*, der unser Schirm und Schild,
Ihm, der uns Hut und Hort auf unsren Wegen –
Am Fenster steht er, grüßt uns freundlich mild,
Und jeden trifft's, als träf' ihn Heil und Segen;
Ein Talisman wird uns sein hehres Bild,
Ein Hoffnungskeim, den wir im Herzen hegen,
Als müsse fortan auf uns niedersteigen
Ein Teil der Göttergnade, die sein eigen.

Ja, in der Horen wechselvollem Tanz –
Er sprach es selbst – erfuhr er viel der Gnaden,
Doch der ihm vorbestimmte Siegeskranz
Ward auch *erkämpft* auf dornenreichen Pfaden;
Mit Zwangeskraft, weil Pflicht sein Leben ganz,
Hat er das Glück an seinen Tisch geladen,
Das Glück auch *ihn* – doch wozu teilen, scheiden?
Er war zu groß, um Größe zu beneiden.

An Siegen fast noch reicher als an Jahren,
Krönt Demut ihn als seine hellste Zier;
Ob Höchstes oder Tiefstes er erfahren,

Er weiß es wohl, der Urquell quillt nicht hier;
Wie ruhmbegleitet seine Wege waren,
Er weist hinauf: »Ihm Ehr' und Preis, nicht mir!«
Uns aber ziemt das Wort zu dieser Frist:
Gebet dem Kaiser, was des Kaisers ist!

ZEUS IN MISSION

(Zu Fürst Bismarcks 70. Geburtstag, 1. April 1885)

Und Gott (es war im Spätherbst zweiundsechzig)
Trat an sein Himmelsfenster, sah hernieder
Und sah auf *Deutschland*, das ihm Sorge machte
Seit dem Bronzell-Tag und dem Tag von Olmütz.

Er schüttelte den Kopf. Danach begann er:
»Das geht nicht länger so. Streit und Zerklüftung
Lähmt ihm die Kraft, zehrt ihm an Mark und Leben,
Und jeder dritte, der *au fond* nicht wert ist,
Dem Michel seine Schuhriem' nur zu lösen,
Kräht nicht bloß laut auf seinem eignen Miste,
Nein, kräht auch übern Rhein und schlägt die Flügel
Und wirft den roten Kamm. Ich kenn' die Fahne.
Das geht nicht länger so. Gewiß, die Deutschen,
Sie taugen auch nicht viel, die lieben Schlingel,
Sind Besserwisser, knurrn und querulieren
Und schreiben Bücher, drin sie mir beweisen:
Es sei nicht viel mit mir; im letzten Grunde
Bestünd' ich nur durch Kompromiß und Gnade.
Das predigen sie von Tischen und von Bänken
Und fühlen sich in ihrem Tabakshimmel
Als Ober-Gott, und wird es dann gemütlich,
So rufen sie mir zu: »Ich komm' dir einen!«
Ich kenne sie, sie haben was Kneipantes,
Was Buntbemütztes, rüplig Burschikoses,

Sind kindisch, eitel, unbequem-gefühlvoll
Und vieles andre noch, ich weiß, ich weiß es –
Und doch, wenn eins zum andern ich erwäge,
So sind sie schließlich immer noch die besten,
Die besten und naürlichsten vor allem,
Am meisten frei von Babel und von Sodom.
Sie dauern mich. Längst quält mich der Gedanke:
Wie schaff' ich ihnen Zuspruch, Beistand, Hilfe?
Vielleicht, daß mir im Gehn und Meditieren
Ein Ausweg kommt, ein guter Plan, ein Einfall.«

Und solches denkend nahm er Hut und Mantel
Und seinen Stab und schritt hinaus ins Freie.

Der Weg war weit, die Straßenflucht ohn' Ende,
Doch endlich kamen Gärten, Park und Wiese
Mit Silberbächen und mit Birkenbrücken,
Und jenseits dieser Wiese, hoch gelegen,
Erhob ein ältrer Stadtteil sich, halb Ghetto,
Halb Kapitol, ein bunt Gemisch von Hütten
Und Tempeln und Palästen. Die Paläste
Höchst vornehm, alles Porphyr, alles Marmor,
Und doch mit Holz verschlagen und vergittert,
Als wären's Kerker.
Und es waren Kerker.
Denn hinter diesen Gitterstäben saßen
»Im Altenteil«, so hieß es euphemistisch,
Die guten, alten, abgesetzten Götter:
Neptun und Pluto, Mars, (nur Bachus fehlte)
Merkur, Apoll, Vulkan. Und endlich *Zeus* auch.

Und sieh, an Zeus (er wohnte sichtlich freier
Und ward auf Wort und Handschlag hin behandelt),
An Zeus trat jetzt sein Ober-Herr und sagte:
»Grüß' Gott dich, Alter. Bringe frohe Botschaft.

ch hoff' es wenigstens. Wer so wie du
ne hübsche Weil' geherrscht, herrscht gern auch wieder;
Still sitzen ist ein Greul. Ich lieb' es auch nicht.
So höre denn: ich habe was in Petto.
Pack deine Koffer, nimm dein Inventar
(Spezialmission auf unbestimmte Dauer),
Nimm Adler, Bündelblitze, Ganymed auch,
Und zieh hernieder in mein altes Deutschland,
An einen Ort, den *Spree-Athen* sie nennen –
Zum Unterschiede, du verstehst. Du findst dort
Bildwerke viel auf Straßen und auf Plätzen,
Athene nicht, auch Venus nicht von Milo,
Doch Blücher, York, Schwerin und Keith und Scharnhorst,
Den alten Zieten und den alten Fritzen,
Den letztern, denk' ich, kennst du – 's ist derselbe,
Der hier am Himmel glänzt als *»Friedrichs-Ehre«*.
Nach Deutschland also; hier ist die Bestallung.
Du weißt ja, wie man's macht; räum auf gebührlich,
Sieh nach dem Rechten, mehre Macht und Ordnung,
Wirf alle Feinde nieder, draußen, drinnen,
Und wenn du das getan hast, komme wieder.
Dein Schade soll's nicht sein.«
Und Zeus verneigte
Sich dankbar ehrfurchtsvoll, und aller Unmut,
Der wegen unfreiwilliger A. D.-schaft
Ihn lang' gequält, fiel ab von ihm, es wuchsen
Ersichtlich ihm die Brau'n zu ganzen Büscheln
(Nur höh'r hinauf war Hopf' und Malz verloren),
Und sieh, mit Adler, Blitz und Ganymed auch
Zog er hinab, um Groß und Kleins zu prüfen:
Herz, Nieren, Rotwein, Bock und andre Biere. –
»Wer kommt denn da?« so lautete der Willkomm,
Der ziemlich nüchtern ihn empfing, fast feindlich.

Er aber, seine Vollmacht in der Tasche,
Verfuhr programmhaft, schüttelte die Brauen,
Die Jovis-Brauen.
Ei, das klang wie Donner.
Und war's nicht Donner, waren es Kanonen.

Missunde, Düppel. Hurra, weiter, weiter!
Nußschalen schwimmen auf dem Alsensunde,
Hin über Lipa stürmen die Geschwader,
Ein Knäul von Freund und Feind. Da seht ihn selber,
Der mit dem Helm ist's und dem Schwefelkragen.
Und Spichern, Wörth und Sedan. Weiter, weiter!
Und durchs Triumphtor triumphierend führt er
All Deutschland in das knirschende Paris...

PROLOG

Zur Feier des zweihundertjährigen Bestehens
der französischen Kolonie
(1. November 1885)

Zweihundert Jahre, daß wir hier zu Land
Ein Obdach fanden, Freistatt für den Glauben
Und Zuflucht vor Bedrängnis der Gewissen.
Ein hochgemuter Fürst, so frei wie fromm,
Empfing uns hier, und wie der Fürst des Landes
Empfing uns auch sein Volk. Kein Neid ward wach,
Nicht Eifersucht – man öffnete das Tor uns
Und hieß als Glaubensbrüder uns willkommen.
Land-Fremde waren wir, nicht *Herzens*-Fremde.
So ward die Freistatt bald zur Heimatsstätte,
Zur Stätte neuer Lieb', und was seitdem
Durch Gottes Ratschluß dieses Land erfahren,
Wir lebten's mit, sein Leid war unser Leid,
Und was es freute, war auch unsre Freude.

Wohl pflegten wir das Eigne, der Gemeinde
Gedeihn und Wachstum blieb uns Herzenssache,
Doch nie vergaßen wir der Pflicht und Sorge,
Daß, was nur *Teil* war, auch dem *Ganzen* diene.
Mit fleiß'ger Hand, in allem wohl erfahren,
Was älterer Kultur und wärm'rer Sonne
Daheim entsproß und einem reich'ren Lande –
So wirkten wir.
Doch unser Tun zu rühmen,
Es ist nicht *das*, was diesem Feste ziemt,
Heut ziemt's uns nur zu huld'gen und zu danken.

Und dieser Dank, was lieh' ihm größ're Kraft
Und Inbrunst als ein Rückblick auf das Leid,
Das einst aus unsrer Heimat uns vertrieben?

Erklinge denn, Musik, und führ herauf,
Im Widerspiel zu dieser Stunde Glück,
Uns Bilder aus der Zeit der *Hugenotten*!

AUF DER TREPPE VON SANSSOUCI

7./8. Dezember 1885
(Zu Menzels 70. Geburtstag)

Von Marly kommend und der Friedenskirche,
Hin am Bassin (es plätscherte kein Springstrahl)
Stieg ich treppan; die Sterne blinkten, blitzten,
Und auf den Stufen-Aufbau der Terrasse
Warf Baum und Strauchwerk seine dünnen Schatten,
Durchsichtige, wie Schatten nur von Schatten.
Rings tiefe Stille, selbst der Wache Schritt
Blieb lautlos auf dem überreiften Boden,
Und nur von rechts her, von der Stadt herüber,
Erscholl das Glockenspiel.

Nun schwieg auch *das*,
Und als mein Auge, das auf kurze Weile
Dem Ohr gefolgt war, wieder vorwärts blickte,
Trat aus dem Buschwerk, und ich schrak zusammen
Er selbst, im Frackrock, hinter ihm das Windspiel
(*Biche*, wenn nicht alles täuschte), dazu Krückstock
Und Hut und Stern. Bei Gott, es war der König.

Was tun? Ich dacht' an Umkehr; doch sein Auge,
Das *Fritzen*-Auge bannte mich zur Stelle;
So hielt ich denn und machte Front.
»Wie heißt Er?«
Ich stotterte was hin.
»Und sein *Metier*?«
»Schriftsteller, Majestät. Ich mache Verse.«
Der König lächelte: »Nun hör' Er, Herr,
Ich will's Ihm glauben; keiner ist der Tor,
Sich dieses Zeichens ohne Not zu rühmen,
Dergleichen sagt nur, wer es sagen muß,
Der Spott ist sicher, zweifelhaft das andre.
Poëte allemand! Ja, ja, Berlin wird Weltstadt.
Nun aber sag' Er mir, ich les' da täglich
(Verzeih' Er, aber Federvieh und Borste
Wohnt auf demselben Hof und hält Gemeinschaft),
Ich les' da täglich jetzt in den *Gazetten*
Von Menzelfest und siebzigstem Geburtstag,
Ausstellung von *Tableaux* und von *Peintüren*
Und ähnlichem. Ein großer Lärm. *Eh bien*, Herr,
Was soll das? Kennt Er Menzel? Wer ist Menzel?«

Und dabei flog ein Zug um seinen Mund,
Als wiss' er selber Antwort auf die Frage.

»Zu Gnaden Majestät«, begann ich zögernd,
»*Die* Frag' ist schwer, das ist ein Doktorthema;

Mein Wissen reicht bis Pierer nur und Brockhaus.
Ja, wer ist Menzel? Menzel ist sehr vieles,
Um nicht zu sagen alles; mind'stens ist er
Die ganze Arche Noäh, Tier und Menschen:
Putthühner, Gänse, Papagei'n und Enten,
Schwerin und Seydlitz, Leopold von Dessau,
Der alte Zieten, Ammen, Schlosserjungen,
Kathol'sche Kirchen, italien'sche Plätze,
Schuhschnallen, Bronzen, Walz- und Eisenwerke,
Stadträte mit und ohne goldne Kette,
Minister, mißgestimmt in Kaschmirhosen,
Straußfedern, Hofball, Hummer-Majonnaise,
Der Kaiser, Moltke, Gräfin Hacke, Bismarck...«

»Outrier' Er nicht.«
»Ich spreche nur die Wahrheit.
Bescheidne Wahrheit nur. Er durchstudierte
Die groß' und kleine Welt; was kreucht und fleucht,
Er gibt es uns im Spiegelbilde wieder.
Am liebsten aber (und mir schwoll der Kamm,
Ich war im Gang, ›jetzt oder niemals‹ dacht' ich),
Am liebsten aber gibt *die* Welt er wieder,
Die *Fritzen*-Welt, auf der wir just hier stehn:
Im Rundsaal, vom Plafond her, strahlt der Lustre,
Siebartig golden blinkt der Stühle Flechtwerk,
Biche (›komm, mein *Biche*chen‹) streift die Tischtuch-Ecke,
Champagner perlt, und auf der Meißner Schale
Liegt, schon zerpflückt, die Pontac-Apfelsine...«

»Nun lass' Er nur: Ich weiß schon.«
Und er lüpfte
Den Hut und ging. Doch sieh! nur wenig Schritte,
So hielt er wieder, wandte sich und winkte
Mich an die Seit' ihm. »Hör Er, Herr; ein Wort noch:

Er hat bestanden; so lala. Denn wiss' Er,
Ich kenne Menzel wie mich selbst und wär' ihm
Erkenntlich gern. Emaille-Uhr? Tabatière?
Vielleicht ein Solitaire? Was macht ihm Spaß wohl?«

»Ach, Majestät, was soll ihm Freude machen?
Er hat vollauf von Gütern dieser Erde,
Hat Ansehn, Ehre, Titel, Ordenskreuze
(*Pour le mérite*, natürlich Friedensklasse),
Hat Freunde, Mut und Glück, und was die
Hauptsach':
Hat seine Kunst…«
»Und fehlt ihm nichts?«
»Rein gar
nichts.«
»Na, das ist brav. *Comme Philosophe!* Das lob' ich
Und will nicht stören. Aber *eines* sagt ihm:
Ich lüd' ihn ein (er mag die Zeit bestimmen,
Ein Jahrer zehne will ich gern noch warten),
Ich lüd' ihn ein nach Sanssouci; sie nennen's
Elysium droben, doch es ist dasselbe.
Dort findt er alte Freunde: Genral Stille,
Graf Rotenburg, die ganze Tafelrunde,
Nur Herr von Voltaire fehlt seit Anno 70;
Franzose, rapplig. *Dieser* Platz ist frei.
Den reservier' ich ihm. Bestell' Er's. Hört Er?
Ich bin Sein gnäd'ger König. *Serviteur!*«

UNTER EIN BILDNIS ADOLF MENZELS

Gaben, wer hätte sie nicht? Talente – Spielzeug für
Kinder.
Erst der Ernst macht den Mann, erst der Fleiß das Genie.

HUBERT IN HOF
(Zur Begrüßung Huberts v. H. am 2. Weihnachtsfeiertag 1887)

Hubert der Maler – am Isarstrand
Sitzt er in Bajuvarenland.

Er sitzt und sinnt: Wohl bin ich froh
In der Mönchestadt, in Monaco,
Wohl trink' ich hier Weihen-Stephan am Quell,
Und doch mein Aug', es wird trüb und hell,
Mein Aug', es sieht, als wär' es im Traum,
Am Lützowplatz einen Weihnachtsbaum.
Es geht nicht länger, ich will nach Haus,
Mir geht hier Laun' und Stimmung aus,
Ich reis' auch gleich, ohne lange zu schreiben,
Und wenn fünf Minuten in *Hof* wir bleiben,
So telegraphier' ich nach Berlin-West:
»Komme noch heute, komme zum Fest.
Hubert in Hof.«

Gesagt, getan. Er nimmt ein Billett.
Ei, das Reisen, es ist doch nett,
Der Wagen ist warm, die Sitze sind breit,
Und draußen so still. Und wie hübsch es schneit.
»Ich mache mir nichts aus Sturm und Regen,
Aber Schnee, *der* komme meinetwegen,
Den schüttelt man ab, der macht nicht naß,
Schneewetter, vor allem lieb' ich *das*,
Schnee dämpft selbst des Eilzugs Gestöhn und Gedröhn,
Schnee ist bloß hübsch, Schnee ist bloß schön!«

So Hubert, als er in erster Stund'
In Nähe von Freysing sich befund.
Auch in Ingolstadt noch. Aber schon bei Fürth
Die Sache ziemlich bedenklich wird,
Es schneit und schneit, es fällt und fällt,
Ein Schneehaufe wird die ganze Welt,
Bäume, Dächer, Kirchturmspitzen,
Alle schon tief in der Kappe sitzen,
Und als die Maschine, die längst nicht mehr fleucht,
Sich bis nach Hof hin durchgekeucht,
Da sitzen sie fest, der Zug steht still,
Die Wand nicht weiter sich öffnen will,
Und die Schaffner rufen: »Aussteigen! zu Nacht
Wird *vorläufig* hier Quartier gemacht.«
Entsetzen, Lachen, Fluchen, Gewimmer,
Alles stürzt in das Wartezimmer,
Nur einer kennt eine höhere Pflicht,
Er telegraphiert: »Erwartet mich nicht.
Eingeschneit. Macht Euch keine Sorgen,
Ich sitze hier fest, komm' also morgen.
Hubert in Hof.«

Das klang noch zunächst vergnüglich fast,
Aber die Länge, sie hat die Last,
Ihr alle kennt den Ausspruch ja:
»Früh um acht in Potsdam, was soll ich da?«
Und Potsdam ist immer doch Potsdam noch,
Aber *Hof*, da reißt denn der Faden doch;
Wen kann es trösten, wer kann dran genesen,
Daß Jean Paul in Hof auf der Schule gewesen?

Und der Wartesaal! Himmel, welche Gerüche,
Dunst und Wrasen aus Keller und Küche,
Von Stiefelsohlen die Schneekrustschmelze,
Zigarren aus Östreich, Judenpelze,

Körbe mit Eiern, mit Hering, mit Käse,
Kanonenöfen mit Glutgebläse,
Zwiebelbeefsteak, bairische Würste,
Gepfeffert, gesalzen von wegen der Dürste.
Ja Dürste! Riesig wächst der Wunsch
Nach Glühwein, Knickebein, Grog und Punsch,
Salate von Fisch, Mayonnaise von Hummer.
Manch vermostrichte Zeitungsnummer,
Vier Wochen alte Kladderadatsche,
Witze, politisches Getratsche,
Harfenistinnen, Geige, Klaviergeklimper,
Courmacher, derb und mit Gezimper,
Und allviertelstündlich ein neuer Rapport:
»Es schneit und schneit noch immer fort.«
So sitzen sie fest und spielen Skat,
Und nach Haus hin sehnt sich, früh und spat,
Hubert in Hof.

Doch, Gott sei Dank, 's steht irgendwo
(Confuz oder König Salomo):
»Ein jedes Ding hat seine Zeit«,
Und so hat's denn auch endlich ausgeschneit.
»Einsteigen!« erklingt das süße Wort,
Und wieder norderwärts geht es fort,
Lokomotive, tapfrer Held,
Schlägt sich durch bis Bitterfeld.
In Wittenberg, wie Sirenengesang:
»Apfelkuchen!« klingt es den Bahnsteig entlang;
Aber Wachs ins Ohr, nur nicht kosten woll'n,
Es ruft ja der beßre Weihnachtsstoll'n –
Er ruft... Und treppauf mit einem Satz
Ist Hubert jetzt heim am Lützowplatz.
Hubert in Hof.

ZUR ERINNERUNG AN KAISER WILHELM I. UND KAISER FRIEDRICH III.

(Prolog, gesprochen im Berliner Geschichtsverein am 13. Oktober 1888)

Was unterging in Zeitensturm und Flut
Und was zu Schutt gefegt der Kriegsbesen,
Was, an Idolen und an Martyrblut,
Der Inhalt der Jahrtausende gewesen,
Wir suchen es – und was am tiefsten ruht,
Das wird am freudigsten erforscht, gelesen;
Heut aber, statt zurück uns zu versenken,
Gilt's *unsrer* Tage Toten zu gedenken.

Wir denken *deiner*, der, als Preußen tot,
Ein Knabe noch, an Preußens Grab gestanden
Und, als Gott selbst uns dann das Zeichen bot,
Uns mit befreit aus unsrer Ohnmacht Banden;
Dein Lebensabend war ein Morgenrot,
Und als des Abends letzte Lichter schwanden,
Da lagen Siegeskränze, hochgeschichtet,
Um deinen Sarg – das Reich war aufgerichtet.

Und denken *deiner*, der, auf Tage nur,
Uns grüßend ansprach, im Vorüberschweben,
Doch dieser neunundneunzig Tage Spur
Ist uns als ewig Erbe nun gegeben;
Wie Balder, blond und leuchtend am Azur,
So kamst du, gingst du, Freiheit war dein Leben,
Im Reich des Lichtes der Erwählten einer –
Ja, Kaiser Friedrich, wir gedenken deiner.

Vorbild in Arbeit, Treue, wahr und schlicht,
In Demut, die der Größe sich verbündet,

So war der Eine – hell und sonnenlicht
Hat uns der Andre Kommendes verkündet;
Ein jeder groß in seiner Fürstenpflicht,
So ward durch *sie* die neue Zeit gegründet.
Uns aber, die wir stehn in ihrem Segen,
Uns ziemet Dank. Gott mit uns allerwegen!

LIEDER UND BALLADEN

FREI NACH DEM ENGLISCHEN

JUNG-MUSGRAVE UND LADY BARNARD

Jung-Musgrave trat in die Kirche,
Sein Kleid war gold und blau;
Er grüßte die schönen Frauen,
Nicht so Unsre liebe Frau.

Er sah sich um im Kreise,
Nur eine fehlte noch;
Ein trat da Lady Barnard,
Das war die schönste doch.

Ihr Auge fiel auf Musgrave,
Ihr Auge wie Sonnenschein,
Da fühlte des Knaben Herze:
Der Lady Herz ist dein.

Sie flüsterte: »Jung-Musgrave,
Ich liebe dich seit lang'!«
»So tat ich, liebe Lady,
Nur war mein Wort zu bang.«

»Ich hab' ein Haus im Walde,
Verschwiegen und bewacht,
Und willst du kommen, Jung-Musgrave,
Jung-Musgrave, so komm heut nacht!«

Den Knaben überlief es,
Als habe sie ihn geküßt,
Er sprach: »Ich komme, lieb' Lady,
Und wenn ich sterben müßt'.«

Das hörte der Lady Läufer,
Nicht lang' er so stund und sann:
»Und bin ich Myladys Läufer,
So bin ich Mylords Mann!«

Er sprach es und lief waldeinwärts,
Lief über das Heideland;
Die Sterne standen am Himmel,
Als vor dem Schloß er stand.

»Wach auf, wach auf, Lord Barnard,
Deine Ehr' ist krank und wund;
Jung-Musgrave und deine Lady,
Die küssen sich zur Stund.

Sie küssen sich im Walde
In deines Försters Haus –
Laß satteln, Mylord Barnard,
Und komm und reite hinaus!«

Der Lord fuhr auf vom Lager:
»Lieber Läufer, sprichst du wahr,
Mein Forst und meine Äcker
Sind deine auf ein Jahr.

Doch hast du falsch gesprochen,
Oder trog dich falscher Schein,
An den höchsten Baum im Walde
Sollst du gehangen sein!

Auf, auf, meine Mannen alle,
Und sattelt mein schnellstes Tier!
Oft sind wir rasch geritten,
Heut reiten rascher wir.«

Hin ging es über die Heide,
Lord Barnards Horn erklang –
Jung-Musgrave küßte die Lady,
Er küßte sie so bang.

»Ich hör' es von fernher klingen –
Das ist keine Wachtel im Korn,
Das ist kein Häher im Walde,
Das ist Lord Barnards Horn!«

»Gib mir die Hand, Jung-Musgrave,
Deine Lippen sind so kalt –
's ist Pfeif' und Horn des Hirten,
Was über die Heide schallt.

Dein Falk hat Schellen und Bänder,
Dein Roß hat Streu und Korn,
Und du, du hast mich selber –
Was kümmern dich Pfeif' und Horn?«

Und als sie das gesprochen,
Lord Barnard hält davor –
Er hat drei silberne Schlüssel,
Die schlossen Tür und Tor.

Er schob zurück den Vorhang,
Zorn schüttelte seinen Leib:
»Sag an, sag an, Jung-Musgrave,
Wie findest du mein Weib?«

»Ich finde sie süß, Lord Barnard,
Ich finde sie süß und traut,
Und schliefe doch lieber im Walde
Bei Ginster und Heidekraut.«

»Steh auf, steh auf, Jung-Musgrave,
Leg Kleid und Waffen an,
Steh auf, ich mag nicht töten
Einen unbewehrten Mann.

Und hast du keine Waffen,
Ich hab' zwei Klingen hier,
Nimm du die beste und längste
Und laß die kürzeste mir.«

Jung-Musgrave schlug zum ersten,
Er traf Lord Barnard gut,
Lord Barnard schlug zum zweiten,
Da lag der Knab' im Blut.

Die Lady warf sich auf ihn:
»Leb wohl mein süßer Knab',
Will beten für deine Seele,
So lang' ich Leben hab'.«

»Dann bete schnell, lieb' Lady,
Und bete für dich mit!«
In ihren weißen Nacken
Die rote Klinge schnitt.

Lord Barnard stieg zu Rosse,
Auf glomm der erste Schein:
»Begrabt sie beieinander –
Ein Grab und einen Stein!«

Lord Barnard ritt von dannen,
Sah starr ins Morgenlicht:
»Die Ehre ist genesen,
Mein Herze ist es nicht!«

DAS DOUGLAS-TRAUERSPIEL

»Zu Roß, Mylord, leg Waffen an
Und räch unsres Hauses Schmach!
Lord William entführt unsre Tochter –
Auf, auf, und den Flüchtigen nach!

Und zu Roß, meine sieben Söhne,
Und hinaus, und hinein in die Nacht,
Und eurer jüngsten Schwester
Habet besser Acht!«

Lady Douglas rief's. Sie fuhren alle auf,
Legten Helm und Waffen an:
Lord William und Lady Margret
Die waren noch kaum von dann.

Er hob sie auf ein milchweiß Roß,
Ein Jagdhorn zu Seiten ihm hing,
Einen Apfelschimmel bestieg er selbst,
Und über die Heid' es ging.

Oft, über die linke Schulter hinweg,
Im Reiten er rückwärts sah:
Den Alten und seine Söhne
Ansprengen sah er da.

»Steig ab, steig ab, liebe Lady mein,
Und nimm mein Roß an die Hand,

Deinem Vater und deinen Brüdern
Muß ich nun halten Stand.«

Sie nahm sein Roß; hernieder rann
Keine Träne auf den Hag,
Bis neben ihren Brüdern
Ihr Vater im Blute lag.

»Halt ein, halt ein, Lord William,
Deine Streiche treffen zu schwer!
Ich fände wohl manchen Liebsten noch,
Einen Vater nimmermehr.«

Sie nahm aus dem Mieder ein weißes Tuch
Von niederländischem Lein,
Sie wusch ihres Vaters Wunden damit,
Die waren röter als Wein.

»Nun wähle, lieb' Lady, und wähle schnell:
Willst du gehn oder bleiben, sprich!«
»Ich will mit dir gehn, ich muß mit dir gehn,
Ich habe ja nur noch dich.«

Er hob sie auf ihr milchweiß Roß,
Auf der Heide lag Vollmondschein;
Seinen Apfelschimmel bestieg er selbst,
Und so ritten sie querfeldein.

Sie ritten feldein bei Mondenschein,
Im Schritt halb, halb im Trab;
Und als sie kamen an einen Quell,
Da stiegen sie langsam ab.

Sie wollten trinken; vorüber rann
Wie Silber die klare Flut,

Und als sich Lord William bückte,
Da wurde sie rot von Blut.

»Halt an, halt an, Lord William,
Du bist wund bis auf den Tod!«
»Es ist mein Scharlachmantel,
Der scheint im Wasser so rot.«

Sie ritten feldein bei Mondenschein,
Im Schritt halb, halb im Trab;
Und als sie kamen an sein Schloß,
Da stiegen sie langsam ab.

»Steh auf, steh auf, liebe Mutter mein,
Steh auf und öffne das Tor!
Ich hab' mein Lieb gewonnen,
Und wir halten beide davor.

Und mache mein Bett, liebe Mutter,
Und ein zweites dicht daran!
Lady Margret muß dicht bei mir sein,
Auf daß ich schlafen kann.«

Lord William starb vor Mitternacht,
Lady Margret vor Tagesfrüh;
Man trug sie nach Sankt Marien hin,
Da standen drei Tage sie.

Er wurde begraben im Kirchenschiff,
Und sie in der Halle vorn;
Eine Rose wuchs aus ihrem Grab,
Aus seinem ein Hagedorn.

Sie wuchsen hoch am Gewölb entlang,
Als wären sie gern sich nah,

Und jeder sagte: »Zwei Liebende sind's!«
Wer sie so wachsen sah.

Bis endlich der schwarze Douglas kam,
Im Herzen Wut und Weh,
Der riß die beiden Sträucher heraus
Und schleuderte sie in den See.

LORD ATHOL

Lord Athol kniet im Beichtstuhl
Vor dem Bischof von Aberdeen:
»Frommer Bischof, ich fühl' ein Feuer
In Mark und Adern glühn.

O lösch mit Gebet und Gnade
Mir das Feuer im Herzen aus –
Unter weißen Schlehn im Walde
Stand ein einsam Jägerhaus.

Es stand im Wald unter weißen Schlehn,
Seit drei Nächten steht es nicht mehr,
Ich legte Stroh und Reisig
Und Strauchwerk rings umher.

Die Flammen verzehrten alles,
Das Haus und den Mönch und mein Kind;
Sie liebten sich, sie küßten sich,
Ihre Asche hat der Wind.«

Der fromme Bischof von Aberdeen
Hat sich seufzend abgekehrt:
»Lord Athol, ich kann nicht löschen
Das Feuer, das dich verzehrt.

Deiner Tochter stille Asche,
Die hinweht über die Flur,
Sie flüstert von deiner Sünde
Wider Gott und die Natur.

Und die sündige Seele des Mönches,
Die jetzt in Flammen kreist,
Schreit auf über deine Untat
Wider Gott und den heiligen Geist.

Die Schuld hinwegzuwaschen,
hat die Welt nur *einen* Strom:
Brich auf und wirf dich nieder
Vor dem heiligen Vater in Rom.«

Lord Athol nahm eines Pilgers Kleid,
Zog hin über Land und Meer,
Er trat in die Peterskirche –
Viel Tausend knieten umher.

Der Papst, in Gold und Purpur,
Stand da mit verklärtem Gesicht:
Es war am Gründonnerstage,
Wo er Worte des Segens spricht.

Und als er der Segensworte
Allerheiligstes nun begann,
Da begann seine Stimme zu beben,
Und ein Schauer faßte ihn an;

Und der Kelch in seiner Rechten
Entglitt seiner zitternden Hand,
Es rollten die roten Tropfen
Hin über den weißen Sand.

Todblaß der heilige Vater
Vor Entsetzen stand er da,
Dann hob er mit Macht seine Stimme:
»Ein Verfluchter ist uns nah!

Er hat nicht teil am Segen
Und nicht teil an Christi Huld,
Der Kelch mit dem Blute des Heilands
Erbebte vor seiner Schuld.

Unseliger, flieh! diese Wände,
Sie haben für dich nicht Raum!« –
Lord Athol schwankte von dannen,
Seine Füße trugen ihn kaum.

Er schritt ans Meer, zu Schiffe,
Es kamen Ebb' und Flut,
Die Jahre kamen und gingen,
Im Herzen blieb die Glut.

Er kniete am heilige Grabe,
Er fuhr über Land und See,
Die Jahre kamen und gingen,
Im Herzen blieb das Weh.

Und heimwärts endlich fuhr er
Über Land und über Meer,
Er trat in Hof und Halle,
Und Hof und Halle war leer.

Im Kamine lag tote Asche,
Drüber hing seines Kindes Bild,
Hing unter Staub und Spinnweb
Und lächelte doch so mild.

Und mild kam's über Lord Athol:
»Ich kenn' eine stille Stell',
Eine einsame Stell' im Walde,
Da bau' ich Kirch' und Kapell'.

Ich bau' sie mit eigenen Händen
Und will schlafen auf Stein und Streu:
Die Stätte, wo ich gefrevelt,
Sei auch Stätte meiner Reu.«

Und Schloß und Hof und Halle
Verließ er alsobald,
Nacht dämmerte in den Zweigen,
Da schritt er hinab in den Wald.

Er kam an den Platz; über Trümmern
Blühten wieder die weißen Schlehn –
Auf dem Estrich, in grauer Kapuze,
Sah einen Mönch er stehn.

»Knie nieder zur Stell', Lord Athol,
Ich kenn' deine Beichte schon,
Knie nieder zur Stell', Lord Athol,
Und empfange die Absolution.«

»Wer bist du, dessen Freispruch
An *dieser* Stätte mich sucht?
Wer bist du, der begnadet,
Wo der heilige Vater flucht?«

»Bin ein Fremdling worden, Lord Athol,
Mein Land ist fern und weit,
Knie nieder zur Stell', knie nieder
Und bete und sei bereit.«

Lord Athol kniete lange,
Tau fiel und Morgenduft,
Der Fremde zerrann in Nebel,
Und der Nebel zerrann in Luft.

Im Walde sangen die Vögel,
An den Zweigen hing Morgenrot,
Lord Athol kniete noch immer –
Sie fanden ihn kalt und tot.

SCHÖN-MARGRET UND LORD WILLIAM

»Leb wohl, meine süße Margret!
Ich hab' eine stolze Braut,
Morgen mit dem frühsten
Werd' ich ihr angetraut.

Leb wohl, meine süße Margret!
Ich freie die stolze Maid,
Am Kleide trag' ich Hochzeit,
Im Herzen trag' ich Leid.«

Es kam der Hochzeitsmorgen,
Zur Kirche schritt das Paar,
Schön-Margret saß am Fenster
Und strählte ihr blondes Haar.

Sie sah die Braut in Seide,
In Sammet den Bräutigam,
Sie legte schweigend nieder
Den elfenbeinernen Kamm.

Sie schritt zum Strom hinunter
Und brach ein Blümlein da;

Das Blümlein war sie selber,
Ein Fischer sie treiben sah. –

Nun blinken die stillen Sterne
Über dem Hochzeitshaus,
Musik ist längst verklungen,
Die Lichter loschen aus.

Lord William hält in Armen
Die stolze, die braune Maid –
Da horch, was rauscht vorüber
In weißem, wallendem Kleid?

Was stellt sich ihm zu Füßen
Und lächelt in Tränen noch?
Was flüstert ihm zu: »Lieb William,
Leb wohl, ich liebe dich doch!« –

Auf blitzt die Morgensonne,
Die Vöglein singen vom Baum,
Lord William spricht: »Lieb' Lady,
Ich hatt' einen bösen Traum.

Ich sah zwei rote Rosen,
Und die eine liebt' ich heiß,
Und als ich brach die andre,
Da wurde die eine – weiß.«

Lord William steigt zu Rosse,
Seine Diener reiten mit,
Er weiß nicht, soll er jagen
Oder soll er reiten im Schritt.

Er kommt an Margrets Fenster,
Keine Margret dran zu sehn,

Er tritt in Haus und Halle –
Da wußt' er, was geschehn.

Sieben Brüder stehend schweigend
Um ihrer Schwester Bahr',
Noch blinken Wassertropfen
In ihrem goldnen Haar.

»Ich liebte dich im Leben,
Ich liebe dich im Tod –
Deine Lippen, könnt' ich sie küssen,
Bis daß sie wieder rot!«

Da murrten die sieben Brüder,
Und der älteste sprach laut:
»Lord William, willst du küssen,
So küß deine stolze Braut.«

»Wenn meine Braut ich küsse,
Küss' ich nach Recht sie nur –
Ich brach eurer Schwester Herze,
Doch brach ich keinen Schwur.

Zu Tisch nun, liebe Mannen!
Die Tafel blinkt von Wein,
Morgen mit dem frühsten
Soll neu gedeckt sie sein.«

Wohl war sie neu gedecket,
Noch eh' der Morgen kam:
Schön-Margret starb aus Liebe,
Lord William starb aus Gram.

Er ward im Chor bestattet,
Und siehe, Schön-Margret auch;

Sein Grab trug einen Weißdorn,
Ihrs einen Rosenstrauch.

Sie wuchsen bis zum Dache
Und reichten sich da die Hand,
Kein Auge sah die beiden,
Das nicht in Tränen stand.

Der Küster hieb sie nieder
Und warf sie in die Flamm,
Sie aber wuchsen wieder –
Treue Liebe kommt zusamm.

BARBARA ALLEN

Es war im Herbst, im bunten Herbst,
Wenn die rotgelben Blätter fallen,
Da wurde John Graham vor Liebe krank,
Vor Liebe zu Barbara Allen.

Seine Läufer liefen hinab in die Stadt
Und suchten, bis sie gefunden:
»Ach, unser Herr ist krank nach dir,
Komm, Lady, und mach ihn gesunden.«

Die Lady schritt zum Schloß hinan,
Schritt über die marmornen Stufen,
Sie trat ans Bett, sie sah ihn an:
»John Graham, du ließest mich rufen.«

»Ich ließ dich rufen, ich bin im Herbst,
Und die rotgelben Blätter fallen –
Hast du kein letztes Wort für mich?
Ich sterbe, Barbara Allen.«

»John Graham, ich hab' ein letztes Wort,
Du warst mein all und eines;
Du teiltest Pfänder und Bänder aus,
Mir aber gönntest du keines.

John Graham, und ob du mich lieben magst,
Ich weiß, ich hatte dich lieber,
Ich sah nach dir, du lachtest mich an
Und gingest lachend vorüber.

Wir haben gewechselt, ich und du,
Die Sprossen der Liebesleiter:
Du bist nun unten, du hast es gewollt,
Ich aber bin oben und heiter.«

Sie ging zurück. Eine Meil' oder zwei,
Da hörte sie Glocken schallen;
Sie sprach: »Die Glocken klingen für ihn,
Für ihn und für – Barbara Allen.

Liebe Mutter, mach ein Bett für mich,
Unter Weiden und Eschen geborgen;
John Graham ist heute gestorben um mich,
Und ich sterbe um ihn morgen.«

JUNG-WALTER

Um Weihnacht war's, der Wind blies kalt,
Und die Tafelrunde begann,
Da kam an den Hof des Königs
Manch schottischer Rittersmann.

Der König und die Königin
Schauten nieder von ihrem Schloß:

Da sahen sie kommen Jung-Walter,
Jung-Walter hoch zu Roß.

Seine Läufer liefen vor ihm her,
Seine Reiter folgten ihm dicht,
Und sein Mantel wie von Golde
Blitzte im Sonnenlicht.

Und von Golde waren die Decken,
Und die Hufe von Silber hell,
Und das Roß, auf dem Jung-Walter ritt,
War wie der Wind so schnell.

Da sprach ein tückischer Höfling,
Der neben der Königin stand:
»Wer ist der schönste Ritter
In Hoch- und Niederland?«

»Ich habe gesehn viel Lords und Lairds,
Manch schönen Ritters Gesicht,
Einen schöneren als Jung-Walter
Sah ich mein Lebtag nicht.«

Das hörte der neidische König,
Seine Wange verfärbte sich:
»Und wär' er zweimal schöner,
Erst nennen mußtest du mich.«

»Du bist kein Lord und du bist kein Laird,
Du bist König über sie all,
Da ist kein Ritter in Schottland,
Der nicht wäre dein Vasall.«

Die Königin sprach es bang und blaß,
Der König ward blutrot –

Jung-Walter, daß so schön du bist,
Das bringt dir nun den Tod.

Sie haben ihn flugs ergriffen,
Ihn sicher eingehegt,
Sie haben Jung-Walter ergriffen
Und ihn in Ketten gelegt.

»Oft bin ich geritten durch Stirling
Bei Wetter und Regenguß,
Nie bin ich geritten durch Stirling
Mit Ketten an Hand und Fuß.

Oft bin ich geritten durch Stirling
Bei Regen und Windeswehn,
Nie bin ich geritten durch Stirling,
Um's nimmer wieder zu sehn.«

Am Fuß des Hügels noch einmal
Sah er Wappen und Helm und Schwert,
Am Fuß des Hügels noch einmal
Sah er Sattel und Zaum und Pferd.

Am Fuß des Hügels noch einmal
Sah er seine Lady schön –
Um das Wörtlein, das die Königin sprach,
Mußt' sie ihn sterben sehn.

BERTRAMS TOTENGESANG

Sie schossen ihn tot um Mitternacht,
Wo das Steinkreuz ragt empor,
Und sie ließen ihn liegen in seinem Blut
Auf dem einsamen Heidemoor.

Sie ritten zu ihres Vaters Haus
Und sprachen: »Es ist geschehn;
Unsre Schwester, die zu oft ihn sah,
Soll ihn nicht wieder sehn.«

Am andern Morgen aber zurück
Ritten sie zu der Stell',
Und sie machten von Zweigen die Totenbahr'
Und trugen ihn in die Kapell'.

Ihre Schwester harrte des Zuges schon,
Sie zerriß ihr langes Kleid,
Ihre gelben Locken löste sie auf
Und kniete an Bertrams Seit'.

Sie holte geweihtes Wasser herbei
Und wusch ihm die Wunden rein,
Einen Kranz um die Brust, einen Kranz ins Haar –
»Nun«, sprach sie, »mag es sein!«

Sie hüllten ihn ein in schneeweiß Lein
und trugen ihn dann zur Ruh,
Die Mönche sangen die Totenmess'
Und Litaneien dazu.

Sie trugen ihn fort an den alten Ort,
Die Nacht war still und bang;
Es fiel der Tau, der Nebel zog
Das Heidemoor entlang.

Sie gruben sein Grab zwei Fuß tief nur,
Wo das Kreuz gen Osten schaut,
Und sie deckten ihn zu mit Ginstergestrüpp
Und mit Moos und mit Farrenkraut.

Der Mönche einer stand am Grab
Und betete, bis es getagt;
Und in der Kapelle singen sie,
So lange das Steinkreuz ragt.

SIR PATRICK SPENS

Der König sitzt in Dumferlin-Schloß,
Er trinkt blutroten Wein:
»Wer ist mein bester Segler?
Er muß in See hinein!«

Sprach da ein schottischer Ritter
(Er stand an des Königs Seit'):
»Der beste, das ist Sir Patrick
Im Lande weit und breit.«

Der König schrieb einen offenen Brief,
Einen Brief mit eigner Hand;
Sir Patrick schritt am Meere
Hin über den knirschenden Sand.

Er sah auf die erste Zeile
Und lachte, als er sie sah;
Er las die zweite Zeile,
Nicht weiter las er da.

Sein Auge stund in Tränen:
»Wem tat ich also weh,
Zu schicken in dieser Sturmzeit
Mich über die weiße See?

Zu Schiff nun, liebe Mannen,
Wir segeln vor Tagesschein!«

Da sprach ein alter Matrose:
»Sir Patrick, das kann nicht sein.

Ich hört' in meiner Koje
Die Windsbraut, wie sie gelacht,
Und der neue Mond hielt den alten
Im Arme die letzte Nacht.«

*

Es kam der nächste Morgen,
Sie gingen alle an Bord,
Sir Patrick und die Seinen
Und mancher schottische Lord.

Im Winde flaggten die Wimpel,
Hoch tanzten Schiff und Flut –
Drei Tage, da schwamm auf dem Meere
Nur noch ein bebänderter Hut.

*

Nun sitzen viel schöne Frauen
Mit ihren Fächern am Strand
Und warten auf Sir Patrick,
Und daß er steig' an Land.

Alle tragen sie Kämme mit Goldschmuck
Und blicken hinaus aufs Meer,
Doch sie erharren keinen
Und sehen keinen mehr.

Fünfzig Faden tief und tiefer,
Da pflegen sie all der Ruh:
Sir Patrick und die Seinen
Und die schottischen Lords dazu.

LORD MURRAY

Ihr bunten Hochlands-Clane,
Was waret ihr so fern?
Sie hätten nicht erschlagen
Lord Murray, euren Herrn!

Er kam von Spiel und Tanze,
Ritt singend durch die Schlucht –
Sie haben ihn erschlagen
Aus Neid und Eifersucht.

Im Lenze, ach, im Lenze –
Sie spielten Federball,
Lord Murrays stieg am höchsten
Und überflog sie all.

Im Sommer, ach, im Sommer –
Aus zogen sie zum Strauß,
Da rief das Volk: Lord Murray
Sieht wie ein König aus.

Im Herbste, ach, im Herbste –
Zu Tanze ging es hin:
»Mit Murray will ich tanzen!«
Rief da die Königin.

Er kam von Spiel und Tanze,
Ritt singend durch die Schlucht –
Sie haben ihn erschlagen
Aus Neid und Eifersucht.

Ihr bunten Hochlands-Clane,
Was waret ihr so fern?

Sie hätten nicht erschlagen
Lord Murray, euren Herrn!

KÖNIGIN ELEONORENS BEICHTE

Totkrank lag Königin Eleonor',
Sie wußte, daß schlecht es stünde:
»Schickt mir zwei Mönche von Frankreich her,
Daß ich beichte meine Sünde.«

Der König rief seine Haushalt-Lords,
Seinen ersten und seinen zweiten:
»Ich will Leonorens Beichtiger sein,
Lord Marschall, du sollst mich begleiten.«

Lord Marschall erschrak und sank in die Knie:
»Woll' mir zuvor versprechen,
Was auch die Königin beichten mag,
An mir es nimmer zu rächen.«

»Lord Marschall, steh auf, ich verpfände mein Wort
Und ganz England zu meinen Füßen:
Was auch die Königin beichten mag,
Du sollst es nimmer büßen.

»Wir legen an ein mönchisch Gewand –
In Kapuze und grauem Kleide,
So kommen wir betend von Frankreich her
Und hören die Beichte beide.«

Sie legten an ein mönchisch Gewand;
Als gen Whitehall sie schritten,
Des Volkes Menge begleitete sie
Mit Kniefall und frommen Bitten.

Sie traten hin vor die Königin
Und sprachen mit Händefalten:
»Vergib, es haben Wetter und Wind
Unsren Dienst zurückgehalten.«

»Wenn ihr zwei Mönche von Frankreich seid,
Kann ich euer Säumen nicht schelten;
Wenn ihr zwei englische Mönche seid,
Sollt ihr's am Leben entgelten.«

»Wir sind zwei Mönche von Frankreich her,
Drum beichte ohne Bangen;
Wir haben noch keine Messe gehört,
Seit wir zu Schiff gegangen.«

»Die erste Sünde, die ich beging,
Hat andre groß gezogen:
Lord Marschall hab' ich *zuvor* geliebt
Und den König hab' ich betrogen.«

»Eine schwere Sünde! ich löse sie doch
In Gottes und Christi Namen.«
Der König spricht's, Lord Marschall bebt
Und murmelt: Amen, Amen.

»Die zweite Sünde, die ich beging,
Die will ich zum andern bekennen:
Ich mischt' einen Trunk, der sollte mich rasch
Von König Heinrich trennen.«

»Eine schwere Sünde! ich löse sie doch
In Gottes und Christi Namen.«
Der König spricht's, Lord Marschall bebt
Und murmelt: Amen, Amen.

»Die dritte Sünde, die ich beging,
Die will zum dritten ich beichten:
Meine Hände waren's, die Becher und Gift
An Rosamunden reichten.«

»Eine schwere Sünde! ich löse sie doch
In Gottes und Christi Namen.«
Der König spricht's, Lord Marschall bebt
Und murmelt: Amen, Amen.

»Seht in der Halle den Knaben dort,
Er spielt mit dem Federballe:
Das ist Lord Marschalls ältester Sohn,
Und ich lieb' ihn mehr als alle.

Und seht in der Halle den zweiten dort,
Er hascht nach dem fliegenden Balle:
Das ist König Heinrichs jüngster Sohn,
Und ich hass' ihn mehr als alle.

Er hat einen Kopf wie ein Warwick-Stier
Und ist täppisch wie ein Bär« –
»Mag sein«, rief König Heinrich da,
»Ich lieb' ihn desto mehr.«

Ab riß er Kapuze und Mönchsgewand,
Sein Antlitz war blutrot,
Leonore schrie auf und rang die Händ' –
Ihre Beichte war ihr Tod.

Der König über die Schulter sah,
Vielgrimmig sah er drein.
»Lord Marschall, wär's nicht um mein Wort,
Du solltest gehangen sein.«

CHEVY-CHASE
oder
DIE JAGD IM CHEVY-FORST

Gott schütz' den König, unsren Herrn,
Und unser aller Leben!
Im Chevy-Walde hat sich einst
Wehvolle Jagd begeben.

*

Graf Percy von Northumberland,
Vor Taue noch und Tage
Zog aus er heut, mit Hund und Horn,
Daß er den Hirsch erjage.

Er schwur es jüngst an heil'ger Stätt',
Sorglos um Groll und Knirschen:
Er woll' drei Sommertage lang
Auf schott'schem Boden pirschen.

Er woll', was lebt im Chevy-Forst,
Mit Speer und Pfeil erlegen –
»Lord Douglas schütze, wenn er kann,
Den Hirsch in den Gehegen!«

*

Lord Douglas, der in Schottland lag,
Als er das Wort vernommen,
Dem Percy-Grafen schwur er da
Ein blutiges Willkommen.

Der aber ist im Walde schon
Mit fünfzehnhundert Mannen,
Wohlausgesucht und wohlerprobt,
Den Bogen straff zu spannen.

Schon, von der Meute aufgeschreckt,
Flieht, was die Schlucht geborgen;
Ein Montag war's, noch halbe Nacht,
Es graute just im Morgen.

Und eh' der Mittag kam, da lag
Haufweis das Wild erschlagen;
Doch rastlos, nach getanem Schmaus,
Begann ein neues Jagen.

Aufs neu durch Schlucht und Dickicht hin
Stob Huf und Hund nach Beute,
Und neuer Angstschrei mischte sich
Dem Lustgeheul der Meute.

Graf Percy nun war satt des Spiels
Mit Hirschen und mit Hinden,
Er sprach: »Lord Douglas gab sein Wort,
Hier soll' ich heut ihn finden.

Bei Gott, nicht länger harrt' ich sein,
Dächt' ich, er könn' es brechen.«
Da tät alsbald ein Ritter jung
Also zum Grafen sprechen:

»Schau, Herr, dort blitzt es durch den Wald,
Das ist er mit den Seinen!
Schau, wie im Mittagssonnenglühn
Die blanken Speere scheinen.

Zweitausend sind's vom Lauf des Tweed,
Aus Tälern und aus Glennen,
Und der vorauf ist Douglas selbst,
An Roß und Helm zu kennen.«

»Nun denn, wohlan!« rief Percy da,
»Dies Feld sei unsre Schranke!
Noch schlüpfte keiner mir hindurch,
Sei's Schotte oder Franke.

Das ist der Hirsch, den ich gesucht,
Nun lohnt es sich, zu jagen,
Es brennt mein Herz, Mann gegen Mann
Die Schlacht mit ihm zu schlagen.«

Lord Douglas hört's und ruft ihm zu:
»Da soll mich Gott verderben!
So wahr ein Lord ich bin wie du,
Du oder ich muß sterben.

Doch hör mich, Percy, Schande wär's
Und Schimpf an unsrem Leben,
So vieler Mannen schuldlos Blut
Mit in den Kauf zu geben.

Es sei all unser Streit gelegt
In unsre beiden Speere!«
»Verdammt sei der«, rief Percy da,
»Der andren Sinnes wäre!«

Da trat ein Rittersmann herfür,
Withrington hieß der Degen,
Der sprach: »Hier müßig zuzuschaun,
Dran ist uns nicht gelegen.

Wir wollen nicht, dieweil ihr kämpft,
Hier Psalm und Lieder singen
Und unsrem König Heinrich dann
In London Botschaft bringen.

Wohl seid ihr Lords und edle Herrn,
Und wir nur Knapp' und Ritter,
Doch dächt' ich traun, auch unser Schwert
Macht Wunden oder Splitter.«

Da tät alsbald all englisch Volk
Den Eschenbogen biegen,
Und achtzig Schotten sanken hin
Von ihrer Pfeile Fliegen.

Lord Douglas aber, unbewegt,
Sitzt fest im Eisenbügel
Und kehrt zu seinen Mannen jetzt
Hoch auf des Waldes Hügel.

Schon stehn sie da, nach Kriegesart
Geteilt zu dreien Rotten,
Und nieder wie ein Hagel jetzt
Fährt Douglas mit den Schotten.

Das gab ein Stechen und ein Hau'n,
Manch breite Wunde klaffte,
Längst unser englisch Bogenvolk
Nicht mehr den Bogen straffte.

O Christ, es war für Herz und Sinn
Ein Leid, nicht auszusagen,
Wie stöhnend da in Sand und Blut
Die Menschenknäule lagen.

Und immer schwankte noch die Schlacht –
Da endlich, mit Gestampfe,
Ansprangen wie zwei Löwen jetzt
Die Führer selbst zum Kampfe.

Sie kämpften, bis vernehmbar fast
Ihr Herz im Busen klopfte,
Bis Blut und Schweiß von Brust und Stirn
Wie Regen niedertropfte.

»Ergib dich, Percy!« Douglas rief's,
»Ganz Schottland soll dich preisen,
Und König Jakob Ehr' und Gunst
Am Throne dir erweisen.«

Doch Percy stolz: »Da wollt' ich eh'
Wie Kraut am Sumpf verrotten,
Mein Wort ist nein und dreimal nein
Genüber jedem Schotten.«

Da kam ein Pfeil, aus unsren Reihn,
Verrätrisch durch die Lüfte
Und bohrte tief in Douglas' Herz
Durch Rippe sich und Hüfte.

Er sank vom Roß, ein stiller Mann,
Graf Percy sah ihn enden
Und faßte dann des Toten Hand
Mit seinen beiden Händen.

»O Douglas«, rief er, »solchen Siegs,
Des hat mein Herz nicht Labe!
Hin gäb' ich für dein Leben jetzt
Mein Land und meine Habe.«

Er sprach es kaum, da kam's wie Sturm
Durch Freund und Feind gestoben,
Den Leib zum Stoß weit vorgebeugt
Und hoch den Schild gehoben.

Wer ist's? Sir Ralph Montgommery.
Er sah den Douglas sinken –
Nun soll auch Percys Helmbuschzier
Nicht länger drohn und winken.

Und schleudernd jetzt den wucht'gen Schaft
Mit Hasses Kraft und Schnelle,
Durchfuhr die Lanze Percys Leib
Um eine Weber-Elle.

Hin sank der ritterlichste Held
Auf hufgestampfte Tenne;
Schon aber griff ein Bogenschütz
Nach Köcher und nach Senne.

Er spannte straff des Bogens Seil,
So straff, wie nie er's spannte,
Und drückte seinen längsten Pfeil
Scharf an die Eschenkante.

Lang' zielt' er so, daß sichren Flugs
Der Pfeil zum Herzen dringe,
Und feucht vom Blut des Schotten jetzt
Bebt' in der Brust die Schwinge.

So fiel Sir Ralph Montgommery,
Und mit ihm sind gefallen
Auf beiden Seiten männiglich
Die Ritter und Vasallen.

Von zwanzighundert schott'schen Volks,
Die Schild und Speer genommen,
Kaum fünfundfünfzig, weh und wund,
Sind norderwärts entkommen.

Und unser Volk, nicht siegesfroh
Trug es den Sieg von dannen:
Nur dreiundfünfzig kehrten heim
Von fünfzehnhundert Mannen.

Die andern schliefen fest im Wald
Nach heißem Kampfgewühle,
Und Nachtwind nur und Mondenlicht
Glitt über ihre Pfühle.

*

Das war die Jagd im Chevy-Forst,
Wo Herr und Hirsch gefallen.
Gott schütz' den König, unsren Herrn,
Und sei uns gnädig allen!

CHARLES BAWDINS TOD UND BEGRÄBNIS
1471
(Nach Thomas Chatterton)

Auf dämmert der Tag, der Hahn kräht hell,
Blaß schimmert des Mondes Horn,
Und im Morgenrote der Tropfen Tau
Glitzert am Hagedorn.

König Edward aber, nicht Hahnenschrei
Rief ihn vom Schlummer wach;
Drei Raben weckten ihn mit Gekreisch
Oben am Wetterdach.

Und der König fuhr auf: »Beim ew'gen Gott,
Ich versteh' euer Mahnen und Schrei'n,
Charles Bawdin, der soll sterben heut
Und eure Speise sein.

Verräter war er. Er hat seine Hand
In das Blut der Yorks getaucht;
Nicht eher hab' ich Rast noch Ruh,
Bis seines gen Himmel raucht.«

Da sprach Ritter Canning: »Mein König und Herr,
Vergieße nicht Bawdins Blut!
Was immer er dir Böses tat,
Ihm galt es brav und gut.

Dem Lankasterkönig hat er gedient
Offen und sonder Scheu –
König Edward, an deinen Feinden auch
Ehre Mut und Treu.

Laß Gnade walten, nur Gnad' allein
Machet des Siegs dich wert,
Den Ölzweig und die Palme nimm,
Nicht aber das Racheschwert.

Gedenke, wir Menschen allzumal
Sind nur an Sünde groß,
Ein einziger auf Sankt Petri Stuhl
Ist schuld- und fleckenlos.

Vergib! *das* festiget dir aufs Haupt
Die kaum gewonnene Kron'...«
Umsonst, die rostigen Angeln drehn
Sich schrill im Tower schon.

Und bei Tagesfrüh' in des Kerkers Tor
Der Sheriff die Botschaft trug;
Und ein Stündlein, und zum Richtplatz hin
Bewegte sich der Zug.

Der Zug war so: der Richter vorn
In seines Amts Geschmeid,
Hell glitzerte das Quastengold
An seinem Scharlachkleid.

Zwölf Augustiner kamen dann
In härenem Gewand,
Mit Rosenkranz und Geißelstrick
In recht- und linker Hand.

Bußpsalmen sangen finster sie,
Und finster die Wolken ziehn,
Und dazwischen schrillte Glöckleinklang
Vom Turme Sankt Marien.

Den Mönchen folgte, festen Schritts,
Ein Bogenschützenhauf,
Die Sennen waren all gespannt,
Die Pfeile lagen auf.

Wohl mochte versteckt lankastrisch Volk
Den Ritter noch befrein,
Es mochte Charles Bawdins letzter Gang
Der seiner Feinde sein.

Dann kam er selbst: zwei Rappen vorn
In schwarzer Decken Putz,
Auf ihren Köpfen bewegte sich
Ein Straußenfederstutz.

Und wieder dann kam festen Schritts
Ein Bogenschützenhauf,
Die Sennen waren all gespannt,
Die Pfeile lagen auf.

Zwölf Augustiner wieder dann
Mit Psalmenmelodien,
Und immer noch scholl Glöckleinklang
Vom Turme Sankt Marien.

Und nun zum Schlusse, straßenbreit,
Des Volkes dicht Gedräng;
Von allen Dächern folgte man
Dem traurigen Gepräng.

Zuletzt an Christi Kreuz vorbei
Bewegte sich der Zug,
Hernieder schaute das stille Lamm,
Das unsre Sünden trug.

Charles Bawdin aber betete leis:
»Heiland, erbarm dich mein
Und wasch auch meine Seele heut
Von aller Sünde rein.«

Und die Thems' entlang und das Schloß vorbei,
Und nun waren sie zur Stell':
Verhangen schwarz war das Schafott,
Das Beil, es blitzte hell.

Rings Stille. Da sprach Charles Bawdin laut:
»Blutacker bleibt dies Land,
So lange Schwert und Zepter bleibt
In dieses Edwards Hand.

Vergehn vor Gram wird manches Weib
Und manche junge Braut,
Eh' dieses Land den ersten Strahl
Des Friedens wieder schaut.«

Und rasch an Priesters Seite dann
Hin kniet' er aufs Schafott,
Und betend still die Seele sein
Empfahl er seinem Gott.

Hin floß sein Blut. Laut weinend stand
Das Volk im Kreis umher,
Wieviel auch roten Blutes floß,
Der Tränen flossen mehr.

Der Henker dann, mit scharfer Axt,
Vierteilte Bawdins Rumpf,
Und jeder Teil ward aufgesteckt
Auf einen Lanzenstumpf.

Der eine tät als Wetterfahn'
Auf dem Tower-Turm sich drehn,
Ein zweiter war als Gitterschmuck
Vor Edwards Schloß zu sehn.

Der dritt' und vierte, samt dem Haupt,
Bei fahlem Mittagsschein
Von dreien Toren blickten die
Weit in das Land hinein.

Da wurden sie, bei Tag und Nacht,
Umkrächzet und umkreist,
Das Raben- und das Krähenvolk
Hat alles aufgespeist.

Das war das End' von Bawdins Treu
Und seiner Ehren Ziel…
Gott schenk' dem König, unsrem Herrn,
So treuer Diener viel.

DER AUFSTAND IN NORTHUMBERLAND

I
Percy und die Nortons

Graf Percy ging in den Garten sein,
Sein junges Gemahl geleitet ihn,
Er spricht: »Mir singt ein Vogel ins Ohr:
Du mußt fechten, Percy, oder fliehn.«

Lady Percy spricht: »Verhüte das Gott!
O sei nicht so stolz, o sei nicht so scheu:
Nach London geh, an der Königin Hof,
Und beug ihr dein Knie und leist ihr die Treu.«

»Zu spät, zu spät, liebe Lady mein,
Es ist nicht mehr, wie sonst es war:
Meine Feinde gelten bei Hofe jetzt,
Ich kann nicht gehn, mir droht Gefahr.«

»Und doch, und doch – sonst reut es dich noch!
Leg ab deine Scheu, leg ab deinen Trutz,
Nimm all deine besten Mannen mit,
So hast du Schirm, und so hast du Schutz.«

»Zu spät, zu spät, liebe Lady mein,
Der Hof ist klug, ist fein-verstrickt,
Und wenn ich morgen zu Hofe ging',
So hätt' ich dich heute zuletzt erblickt.«

»Und doch, und doch – sonst reut es dich noch!
Laß satteln! ich will ja mit dir gehn
Und will bei Hofe, so Tag wie Nacht,
Meinem lieben Herrn zur Seite stehn.«

»Halt ein, halt ein, liebe Lady mein,
Es ist zu spät, ich bin nicht blind,
Der Vogel hat Recht, und mein Herz hat Recht,
Und fechten muß ich für Weib und Kind.

Tritt her, tritt her, mein Knappe jung,
Und schaue mich an und horche wohl auf:
Zu Richard Norton muß dieser Brief,
Noch eh' vorüber des Tages Lauf.

Empfiehl mich dem Squire und sag ihm das Wort:
Die Stunde sei da, und wir seien bereit,
Und wenn er noch Richard Norton wär',
So müss' er kommen zu dieser Zeit.«

Der Percy sprach's, der Knappe brach auf,
Eine Weile er ging, eine Weile er lief,
Und eh' die Sonne hernieder war,
Da hatte der Squire des Grafen Brief.

Er las voll Ernst, er las zweimal,
Seine Söhne sahen ihn fragend an,
Und als er las zum dritten Mal,
Eine Trän' ihm über das Antlitz rann.

»Sag an, sag an, Christopher, mein Sohn,
Dein junges Herz hat braven Mut –
Graf Percy ziehet in bösen Streit,
Was sollen wir tun? welch Rat ist gut?«

»Und soll ich raten, so rat' ich frei:
Graf Percy ist ein edler Lord,
Und was es immer uns bringen mag,
Wir müssen ihm halten unser Wort.«

»Hab Dank, hab Dank, Christopher, mein Sohn,
Dein Rat ist gut, Gott schenk' ihm Gedeihn,
Und kommen wir mit dem Leben davon,
So soll dir's nicht vergessen sein.

Was aber sprecht ihr, ihr andern acht?
Sagt ja, sagt nein, ich lass' es geschehn.«
Da sprachen sieben: »Wie's kommen mag,
Wir wollen zu unserm Vater stehn.«

»Habt Dank, habt Dank, meine Kinder brav,
Unser sächsisch Blut, ihr haltet es rein,
Und ob ich leben, ob sterben mag,
Eures Vaters Segen soll mit euch sein.

»Doch was sagst du, Franz Norton, mein Sohn,
Mein Ältester du und mein Erbe dazu!
Ich seh' was brüten in deiner Brust;
Deine Brüder sprachen, so sprich auch du.«

»Und soll ich sprechen, lieb Vater mein:
Dein Bart ist grau, dein Haupt ist weiß;
Setz nicht an faulen, schimpflichen Kampf
Deiner siebzig Jahre ehrlichen Preis.«

»Halt ein, Franz Norton! der Schimpf ist dein!
Mein Sohn, mein Sohn, wer hat dich betört?
Als Kind auf deines Vaters Knien,
Da hab' ich dich andre Sprache gelehrt.«

Der Alte rief's. – Vor Tagesschein
Brachen sie auf mit Mann und Roß,
Und ehe die Sonne in Mittag stand,
Hielten sie schon vor des Percy Schloß.

Bald auch die Nevils kamen heran,
Die stolzen Grafen von Westmorland,
Und – eh' die Sonne zu Rüste ging,
Sie dreizehntausend beisammen fand.

Das Nevil-Banner zum ersten dann,
Im Morgenwinde ward es entrollt;
Sein Zeichen war ein silberner Stier,
Der trug eine blinkende Kette von Gold.

Die Percys ließen zum zweiten dann
Ihren schimmernden Halbmond flattern und wehn;
Die Nortons aber führten ein Kreuz,
Dran waren die Wunden des Heilands zu sehn.

Sie zogen ins Feld, und sie jagten wie Spreu
Der Königin Volk übers Clifford-Moor,
Siebenhundert retteten sich aufs Schloß –
Bald aber lagen die Grafen davor.

Sie griffen an am kommenden Tag,
Und am dritten Tage da glückte der Sturm:
Die Percys nahmen den Felsenwall,
Die Nortons nahmen den Backsteinturm.

Ihre Banner wehten von Schloß zu Schloß,
Bleicher Schrecken lief gen London hin,
Da aber ward der Schrecken zu Wut
Im Herzen unsrer Königin.

Sie rief: »Wohlan denn, Blut um Blut!
Sie sollen ernten, was sie gesät,
Und das Beil mag beugen ihren Kopf,
Der so trotzig auf ihren Hälsen steht.«

Sie musterte dreißigtausend Mann,
Die führte der höfische Warwick-Graf,
Und am elften Tag, am Humber-Strom,
Da war es, wo er die Grafen traf.

Er rief hinüber, voll Spott und Hohn:
»Nun Nevil-Stier, stürm an in Wut,
Nun Percy-Mond, geh auf, geh auf,
Nun Norton, sieh, was dein Heiland tut!«

Der Nevil-Stier und das Norton-Kreuz,
Wohl täten sie hoch in Lüften wehn;
Der Percy-Mond, wohl ging er auf,
Doch er ging nur auf, um unterzugehn.

Graf Percy floh gen Schottland hin,
Graf Nevil floh weit über die See,
Die Nortons aber wollten nicht fliehn,
Sprach jeder: »Ich fall', wo ich steh'.«

Sie fielen nicht, nicht Vater, nicht Sohn,
Und litten doch alle blutigen Tod;
Vergebens war seine Locke so weiß,
Vergebens war ihre Wange so rot.

Sie fielen nicht auf ehrlichem Feld,
Sie fielen, wo der Drei-Baum stand;
Der Würger ging von Tür zu Tür,
Und ein Schrei ging über Northumberland.

2
Percys Tod

»Mein Dach ist der Himmel seit manchem Tag,
Mein Lager zur Nacht des Waldes Streu:
Zu William Douglas will ich gehn,
Sein Schloß ist fest, sein Herz ist treu.

Als einst er floh, wie jetzt ich flieh',
Da fand er Schutz am Herde mein:
Die Douglas waren immer treu,
Auch William Douglas muß es sein.«

Graf Percy spricht's. Sein müdes Roß,
Er treibt es an mit Sporn und Schlag;
Er reitet gen Lochleven-Schloß
Und hält davor am dritten Tag.

Die Brücke rasselt niederwärts,
Graf Percy tritt zur Hall' hinein;
Graf Douglas spricht: »Willkomm, willkomm!«
Und reicht ihm Hand und reicht ihm Wein.

Es geht der Tag, die Monde gehn;
Am Fenster rüttelt Herbsteswind,
Des Percy Herz wird bang und schwer,
Er denkt an Weib und denkt an Kind.

Graf Douglas sitzt zu Seiten ihm
Und ruft ihm zu: »Was trübt dich so?
Wir fahren morgen über See –
Lord Murray jagt bei Linlithgow.

Und bist du krank, so heil dein Herz
Durch grünen Wald und raschen Ritt;
Zudem, ich gab dem Lord mein Wort,
Du wärst dabei, du jagtest mit.«

Der Douglas spricht's. Graf Percy drauf:
»Du gabst dein Wort – ich bin bereit!
Und ritt'st du bis zum heil'gen Grab,
Ich ritte mit an deiner Seit'.«

Er spricht's und reicht ihm rasch die Hand;
Rot wird des Douglas bleich Gesicht,
Er senkt sein Aug' und geht hinaus.
Maria Douglas aber spricht:

»Hab acht! mein Bruder spinnt Verrat;
Unstet seit lang' sein Auge rollt;
Das macht, er hat verkauft die Treu,
Verkauft um englisch Sündengold.

Er führt dich nicht nach Linlithgow,
Er führt dich, wo Schloß Berwick ragt;
Nach *England* geht's; wohl gibt es Jagd –
Du bist es *selbst*, auf den man jagt.

Bleib hier und sprich: du seiest krank!
So helf' mit Gott ich dir hindurch
Und führ' dich, auf verborgnem Pfad,
Durch Wald und Nacht nach Edinburg.

Und bring' dich zu Lord Hamilton,
Das ist ein echter Schotten-Lord,
Der ließ' wohl lieber Land und Leib,
Als daß er ließ' von seinem Wort.«

Graf Percy hört's, sein Aug' wird feucht,
Er spricht: »Schwer trifft mich Gottes Hand!
So vielen Freunden bracht' ich Tod,
Dem letzten bring' ich Schimpf und Schand'.

Ich hab' gedacht: es sei vorbei,
Und hab' gedacht: das Maß sei voll;
Weh mir, daß Schlimmres nun als Tod
Auf Freundes Haupt ich laden soll.

Die Treue bring' ich in Verdacht,
Sie sei nicht treu, sei falsches Spiel;
Ich trage Fluch in jedes Haus –
Es ist zuviel, es ist zuviel.

Und sprichst du auch: Hab acht, hab acht!
Ich sprech' doch nur: Halt ein, halt ein!
Die Douglas waren immer treu,
Auch William Douglas muß es sein.«

Graf Percy spricht's. Die Lady drauf:
»Und schätzest du mein Wort gering,
Kommt mit mir an den Leven-See
Und schau hinein durch diesen Ring.

Den Ring mir meine Mutter gab,
Die konnte Wind und Wald verstehn –
Und blickst du auf des Seees Grund,
So wirst du deine Zukunft sehn.

Komm mit, komm mit! und willst du nicht,
Und glaubst du nicht, Gefahr sei nah,
So gib mir deinen Diener mit,
Der mag dir sagen, was er sah.«

James Swinnard mit der Lady ging,
Sie kamen an den Leven-See;
James Swinnard spricht: »Das sind von York
Die Türme, die ich drunten seh'!

Doch, Lady, sprich, auf offnem Platz
Was soll von Brettern das Gerüst?«
»Das ist der Altar, drauf dein Herr
Zum letzten Mal den Heiland küßt.«

»Und, Lady, sprich, wer steht dabei,
Gehüllt in Mantel, schwarz und dicht?«
»Das ist von York der Lord-Wardein,
Der deinem Herrn das Stäbchen bricht.«

»Und, Lady, sprich, wer steht dabei,
Gehüllt in Mantel, rot wie Blut?«
»Das ist von York der Meister Hans,
Der deinem Herrn das Letzte tut.«

James Swinnard trat vor seinen Herrn,
Er sah ihn an und weinte laut;
Er sprach: »Bleib hier, mein teurer Lord,
Ich hab' nichts Gutes da geschaut.«

Er schwieg. Graf Percy aber schnell:
»Und kostet's Leben mir und Leib,
Ich bau' auf Mann und Manneswort
Und nicht auf Spuk und Zauberweib.

Und wär's kein Spuk und würd' es wahr,
Ich spräche doch: 's ist Trug und Schein –
Die Douglas waren immer treu,
Auch William Douglas muß es sein.«

Der Morgen kam, der Wind war gut,
Die Pfeife rief: an Bord, an Bord!
Man stieg zu Schiff – James Swinnard auch,
Der ließ kein Aug' von seinem Lord.

Und Douglas rief: »Setzt Segel bei,
Kein Handbreit Linnen sei gespart!«
Hell lag die Sonn' auf Land und Meer,
Und rasch gen Süden ging die Fahrt.

Sie fuhren fünfzig Meilen schon,
Der Percy aber ward's nicht froh,
Er sprach: »James Swinnard, frag den Lord,
Wie weit es noch bis Linlithgow.«

James Swinnard vor Lord Douglas trat;
Der lacht und spricht: »Wir sind noch fern!
Ein Narr, wer schönen Worten traut –
Und nun empfiehl mich deinem Herrn.«

Und wieder fünfzig Meilen ging's,
Rings offne See, kein Land zu sehn;
Da trat Graf Percy selbst heran:
»Douglas, sag an, was soll geschehn?«

Der lacht und spricht: »Setz dich zu Roß
Und spring ins Meer und such dein Glück,
Und willst du noch nach Linlithgow,
So reit den halben Weg zurück.«

Und wieder fünfzig Meilen ging's –
Da blinkt's wie Türme über See;
Graf Percy spricht: »Nun helf' mir Gott,
Das ist Stadt Berwick, was ich seh'!«

Sie legten an bei Abendschein,
Frühmorgens hat er fortgemüßt;
Und als der dritte Morgen kam,
Stand er in York am Blutgerüst.

Er stieg die Stufen fest hinan,
Das blanke Beil, er sah es nicht,
Sein Auge schweifte rings umher
Und traf des Douglas bleich Gesicht.

Noch einmal klang's ihm durch das Herz,
Und bitter lächelnd schaut' er drein:
»Die Douglas waren immer treu,
Auch William Douglas muß es sein.«

Dann ließ er nieder sich aufs Knie
Und gab das Zeichen mit der Hand;
Ab flog sein Haupt – das war das End'
Des Percy von Northumberland.

ROBIN HOOD

I

Liebe Herrn, horcht auf und habt mal Geduld,
Und lauf' mir keiner davon –
Ich will euch erzählen von Robin Hood,
Und vielleicht auch von Little John.

Zu Locksly, im lustigen Nottinghamshire,
Beginn' ich mit meiner Geschicht',
Da bracht' Robins Mutter den Robin zur Welt,
Und das andre – das weiß ich nicht.

Das aber weiß ich, und hört' es oft:
Sein Vater war Förster allda,
Er traf ins Schwarze auf tausend Schritt,
Und das ist just nicht nah.

Mit Adam Bell und Will Cloudesly
Schoß er oftmals um die Wett',
Die mußten ihm zahlen vierzig Mark
In Gold und auf *ein* Brett.

Robins Mutter, die war John Gamwels Kind,
Der 'nen Wolf mit der Hand erwürgt
(Zu Coventry der Ochsenwirt
hat mir's hundertmal verbürgt).

Und ihr Bruder hieß Gamwel von Gamwel-Hall,
Und sein altes Herz war frisch;
Das weißeste Brot in Nottinghamshire,
Das kam auf seinen Tisch.

Und sieh, Jung-Robin wuchs heran,
Zählte zwanzig Jahre bald,
Er hatte Vater und Mutter lieb,
Doch noch lieber den Sherwood-Wald.

Robins Mutter aber zum Vater sprach:
»Mein Liebster, der du bist,
Gern ritt' ich heute gen Gamwell-Hall
Und feierte heiligen Christ.

Ich hab' eine Lust, in Keller und Küch'
So recht zur Hand zu gehn;
Auch hab' ich den lieben Bruder mein
Seit Pfingsten nicht gesehn.«

Vater Robin drauf: »Lieb' Hanna, gewiß,
Meinen Braunen geb' ich gern,
Nur nimm mir unsren Robin mit
Und zeig ihn dem alten Herrn;

Und grüß den Alten und küsse dazu
Die Kinder groß und klein,
Und wenn ihr alle recht lustig seid,
Lieb' Hanna, so denke mein.«

Er sprach's. Alsbald der Braune kam,
Gestriegelt und aufgestutzt;
Nur Robins Mutter und Robin selbst,
Die waren noch mehr geputzt.

Jung-Robin trug eine blaue Kapp'
Und ein Schwert an seiner Seit',
Und die Mutter gar, die bauschte daher
Im Vierzig-Falten-Kleid.

Es war ein selbstgesponnenes Stück,
Und sie wußte sich was darin,
Und sie sah beinah so stattlich aus
Wie zu London die Königin.

Jung-Robin schwang in den Sattel sich,
Seine Mutter kletterte nach,
Sie sah den Braunen ängstlich an,
Vater Robin aber sprach:

»Lieb' Hanna, laß, ich kenne sein Kreuz,
Zwei Reiter ist ihm Spiel,
Er trug schon sieben Scheffel Korn,
Und die wiegen doppelt so viel.«

Er sprach's. Jung-Robin ritt im Schritt
Bis dicht an das Stadttor hin –
Das Händeschütteln nahm kein End'
Von Nachbar und Nachbarin.

Nun aber ging's auf den Braunen los
Zugleich mit Peitsch' und Sporn,
Und Robin rief: »He, lauf einmal
Und verdiene dein Weihnachtskorn!«

Sie kamen an. Das ganze Haus
Geriet wie außer sich,
Der Alte rief in einem fort:
»Lieb' Schwester, wie freue ich mich!«

Am andern Morgen ging's zur Mess',
Dann aber ging's wieder nach Haus;
Sechs Tische standen da, wohlgedeckt,
Drauf dampfte der Weihnachtsschmaus.

Jede Tafel trug eine braune Gans,
Mit saftigen Äpfeln gefüllt,
Daneben Wildpret mit Schinken zumal,
In Eierteig gehüllt.

Sechs Lichter brannten; der Pfarrer vom Dorf
Sprach den Segen kurz und fromm –
Dann aber rief Squire Gamwel selbst:
»Lieben Gäste, Gott willkomm!

Willkommen mir all in Gamwell-Hall,
Und nun seht, was die Küche briet;
Wer aber mein Märzbier trinken will,
Der singe zuvor ein Lied.«

Da sangen sie all (denn das Bier war gut)
Aus voller Kehl' und Brust –
Squire Gamwell schlug den Takt dazu
Und weinte beinah vor Lust.

Er rief: »Hört nur, wie draußen der Wind
Den Regen ans Fenster schlägt,
Das ist die Zeit, wo das Menschengemüt
Einen Humpen mehr verträgt.

Lieb' Hanna, hol uns den Stachelbeerwein,
Er zählt schon manchen Tag,
Und wirf mehr Holz noch in den Kamin,
Daß es lustiger knistern mag.«

Und sie brachte das Holz und sie brachte den Wein,
Und sie tranken wacker davon,
Und der Alte rief: »Nun kommt das Best',
Nun hol' ich den Little John;

Little John, das ist der flinkeste Bursch
zehn Meilen in der Rund':
Kopfstehn, Radschlagen und Gliederverdrehn,
Das versteht er aus dem Grund.«

Little John trat ein; Jung-Robin rief:
»Nun flinkester Bursch, komm her!
Und springst du sieben Ellen weit,
So spring' ich noch eine mehr.«

Little John sprang sieben, Jung-Robin sprang acht,
Auf Zollbreit hielt er Wort;
Da rief der Alte: »So wahr ich leb',
Ich lasse dich nicht mehr fort.

Sei mir ein Sohn! wir haben hier auch
Fangmesser, Bogen und Pfeil,
Und mach' ich mal die Augen zu,
So erbst du Kindesteil.«

2

Jung-Robin blieb. Der Frühling kam,
Auf sproßten die Veilchen, die blau'n,
Die Lerche hatte mit Liedern zu tun,
Und die Schwalbe mit Nesterbau'n.

Da rief Jung-Robin: »Nun komm, Little John,
Jeder Vogel ruft mich hinaus –
Ich muß wieder heim in den Sherwood-Wald
Und sein grünes Blätterhaus.«

Sie kamen zum Wald; sein Hüfthorn rasch
Führte Robin an den Mund –
Da wuchsen, wie auf Zauberschlag,
Fünfzig Jäger aus dem Grund.

Er rief: »Grüß' Gott euch, liebe Gesell'n!«
Und fragte sie her und hin;
Dann plötzlich schwieg er: aus Waldesnacht
Trat Jenny, die Schäferin.

Seine Sinne hatten sie nie gesehn,
Betroffen er vor ihr stand;
Sie trug in Strählen ihr schwarzes Haar,
Durchflochten mit rotem Band.

Sie trug ein Mieder, kornblumenblau,
An silbernen Spangen reich,

Und ihr Aug', umwölbt von dunkler Brau,
Blickte mild und mutig zugleich.

Er rief: »Willkommen, wer immer du seist!
Und suchest du unsren Schutz –
Beim Himmel, um deinen süßen Leib
Böt' ich dem Könige Trutz.«

Da lachte sie laut und rief: »Hab Dank!
Ich bin eine Warwick-Maid,
Und braucht' ich Schutz – sieh diesen Pfeil
Und den Bogen an meiner Seit'!«

Sie sprach es kaum, da brach mit Geräusch
Ein Reh durchs knickende Holz;
Sie rief: »Schau auf!« Und mitten durchs Herz
Drang ihr gefiederter Bolz.

Jung-Robin sah's. »Und brauchest du nicht
Meines Arms« – so rief er laut –
»So nimm meine Hand und mein Herz dazu
Und sei meine süße Braut!

»Ich bin Robin Hood. Im Sherwood-Wald
Sollt du die Königin sein –
Was Bogen und Pfeil erreichen kann,
Ist alles, alles mein.«

Wohl wurde sie rot und rief doch: »Ja!
Ja, und von Herzen gern!
Ich will dir folgen, wohin du gehst,
Und dir dienen als meinem Herrn.

Jetzt aber komm und geleite mich heim
In meines Vaters Haus;

Wir feiern heute das Kirchweihfest –
Nun wird es mein Hochzeitsschmaus!«

Da brachen sie auf nach Titbury-Town,
Little John, der schritt voran,
Auf den Schultern er einen Rehbock trug,
Den man immer brauchen kann.

So ging's feldein. Schon grüßte der Turm
Von Titbury ganz in der Näh,
Da sperrten fünf Burschen ihnen den Weg
Und schrieen: »Gebt uns das Reh!«

Ihre Messer blitzten. Da lachten laut auf
Robin Hood und Little John,
Sie schlugen zwei von den Strolchen tot,
Die andern liefen davon.

Beim Himmel, ein lustiger Stückchen Kampf
Tät Robin nie bestehn –
Ich bin der Fiedler von Titbury-Town
Und habe mit zugesehn.

Ich stand kaum fünfzig Schritt davon
Und fiedelte wacker mit drein,
Auch aus der Stadt scholl Jubel her
Von Dudelsack und Schalmein.

Und als der Kampf vorüber war,
Jung-Robin war nicht matt,
Er faßte schön Jenny um den Leib
Und tanzte hinein in die Stadt.

Da war auf Markt und Gassen schon
Das Kirchweihfest im Gang,

Selbst Tom, der Schreiber vom Gericht,
Über Tisch und Bänke sprang.

Er führte die Anne Marie zum Tanz –
Bei Gott, eine hübsche Dirn!
Und richtig gezählt, jeden dritten Takt
Da küßt' er sie auf die Stirn.

Ich bin der Fiedler und hab' es gesehn
Und gönn's ihm auch von Grund,
Denn meine Nanny war auch dabei,
Und die küßt' ich auf den Mund.

Jung-Robin aber und Jenny schön,
Die tanzten zum Vater ins Haus,
Und als der Herr Pfarrer sein Sach' getan,
Ging's tanzend wieder hinaus;

Hinaus in den Wald; da waren die Tisch'
Unterm Laubdach angericht't –
Ach, was ich da alles *gegessen* hab',
Vor *Trinken* weiß ich's nicht.

Nur in den Wabenhonig hinein
Schnitt ich ein tiefes Loch,
Und wenn ich daran denken tu',
Schmeckt es mir immer noch.

Jung-Robin und Jenny gingen zu Bett,
Wir aber schliefen aus,
Und als der nächste Morgen kam,
Nahm jeder was mit nach Haus.

Ich nahm einen Kuchen; er war nicht groß,
Doch war er auch nicht klein,

Ich lebt an die sieben Tag' davon
Und lud noch Gäste ein.

Und halt! daß *eins* ich nicht vergess'
Vor lauter Hast und Eil':
Sie wurden getraut mit einem Ring.
Und nun dem Könige Heil!

Dem Könige Heil! und geb' ihm Gott
Einen jungen Prinzen bald! –
Ich aber will singen von Robin Hood
Und dem lustigen Sherwood-Wald.

KÖNIG JOHANN UND DER BISCHOF VON CANTERBURRY

Nun heb' einen lustigen Schwank ich an,
Ein Märchen von unsrem König Johann;
Mutwillig hat er im Lande regiert,
Ob's recht war, ob nicht – hat ihn wenig geschiert.

Und erzählen auch will ich zur Stelle hie
Von dem hochweisen Bischof von Canterbury;
Die Küche voll Wildpret, der Keller voll Wein
Und Früchte von London, so mußt' es sein.

Und hundert Diener tagein, tagaus,
Die warteten seiner in Hof und Haus,
Sie trugen Kleider von Sammet schwer
Und goldene Ketten darüber her.

Das hörte der König. »He, Bischof, sprich,
Du hältst ja glänzender Haus als ich!
Ich wett', du betrügst mich um Steuer und Zins
Und beraubst meinen Seckel seines Gewinns.«

»Herr«, seufzte der Bischof, »vor Gott ich bekenn':
Ich hab' nur vertafelt, was mein ich nenn',
Und Ihr könnet und werdet mir krümmen kein Haar,
Weil ich Wein getrunken, der meine war.«

»Doch, Bischof, doch, dein Verbrechen wiegt schwer,
Du stirbst, es kann dich nichts retten mehr –
Es sei denn, du fändest die Antwort schnell
Auf drei winzige Fragen, die ich dir stell'.

Zum ersten: wenn ich auf Englands Thron,
Das Zepter in Händen, zu Häupten die Kron',
Rat halte mit meinen Grafen und Herrn,
Wie viel ich dann wert bin, wüßt' ich gern.

Und zum zweiten sollst du mir sagen dann,
Wie rasch wohl die Welt ich umreiten kann.
Und zum dritten will ich wissen geschwind,
Was zur Stelle meine Gedanken sind.«

»Herr, Eure Fragen sind viel zu schwer,
Da find' ich nicht Lösung flugs hinterher;
Gönnt mir drei Wochen vom heutigen Tag,
Daß ich Frag' und Antwort ergründen mag.«

»Wohlan, es sei! doch nutze die Frist,
So lieb dir dein Land und dein Leben ist;
Denn rätst du falsch oder bist du nicht hier,
Sind dein Land und dein Leben verfallen mir.«

Der Bischof hört' es in trübem Sinn,
Gen Oxford und Cambridge ritt er hin:
Da war kein Doktor, den er nicht frug,
Doch die Klugen war nicht klug genug.

So ritt er denn heimwärts, das Kinn auf der Brust.
Da kam sein Schäfer des Weges just,
Der rief ihm zu: »Willkommen zu Haus!
Was bringt Ihr? Wie sieht es in London aus?«

»Schlecht«, seufzte der Bischof, »drei Tage nach hier
Fällt mein armer Kopf vor die Füße mir –
Es sei denn, daß er auf Antwort verfällt
Auf drei Fragen, die mir der König gestellt.

Zum ersten: wenn er auf Englands Thron,
Das Zepter in Händen, zu Häupten die Kron',
Rat hält mit seinen Grafen und Herrn,
Wieviel er dann wert ist, wüßt' er gern.

Und zum zweiten soll ich ihm sagen dann,
Wie rasch er die Welt wohl umreiten kann.
Und zum dritten will er wissen geschwind,
Was zur Stelle seine Gedanken sind.«

Da lachte der Schäfer: »Herr, denket daran,
Daß ein Narr einen Weisen lehren kann;
Gebt mir Euer Roß, Euren Stab, Euer Kleid,
Und ich fecht' Euch aus Euren ganzen Streit.

Sorgt nicht; in Kentshire weiß jedes Kind,
Daß wir zwei wie von einem Vater sind,
Und trag' ich nur erst Euer prächtig Gewand,
Unterscheidet uns keiner im ganzen Land.«

Da beschwor ihn der Bischof: »Nimm Chorrock und Stab,
Nimm Diener und Läufer, so viel ich hab',
Nimm Mitra, Kapuze, nimm was dir gefällt –
Nur löse die Fragen, die er gestellt.«

»Willkommen, Freund Bischof«, rief König Johann,
»Du hältst deine Zeit, das ist wohlgetan,
Und hält nur dein Witz auch so pünktlich Stand,
Belehn' ich aufs neu dich mit Leuten und Land.

Zum ersten: Wenn ich auf Englands Thron,
Das Zepter in Händen, zu Häupten die Kron',
Rat halte mit meinen Grafen und Herrn,
Wie viel ich dann wert bin, wüßt' ich gern.«

»Unser Heiland wurde, so wahr ich getauft,
Um dreißig Silberlinge verkauft;
Drum neunundzwanzig schätz' ich Euch ein,
Um *einen* müßt Ihr doch billiger sein.«

Da lachte der König und schwur bei Sankt Velt:
»Ich hab' nicht gedacht, daß so wenig ich gelt'!
Nun aber zum zweiten sage mir an;
Wie rasch wohl die Welt ich umreiten kann.«

»Reit aus mit der Sonn', immer neben ihr fort,
Bis du andren Tages am alten Ort,
So hast du die Reise in Tag und Nacht
Oder vierundzwanzig Stunden gemacht.«

Da lachte der König und schwur bei Sankt Veit:
»Ich hab' nicht gedacht, daß so rasch ich reit'!
Nun aber sollst du mir sagen geschwind,
Was zur Stelle meine Gedanken sind.«

Da beugte der Schäfer schnell sein Knie:
»Ihr denkt, ich sei Bischof von Canterbury –
Der sitzet daheim; nur sein Schäfer bin ich
Und bitt' um Gnade für ihn und für mich.«

Da schwur der König und lachte hell:
»Du sollst Bischof sein an seiner Stell'.«
Der Schäfer seufzte: »'s geht halt nit mehr,
Wo nähm' ich das Lesen und Schreiben her?«

»Wohlan denn, so nimm zu Dank und Lohn
Vier Nobel die Woche von mir, mein Sohn,
Und reitst du bei deinem Bischof heran,
So bring ihm Verzeihung von König Johann.«

JOHN GILPIN
(Nach William Cowper)

John Gilpin hat ein Tuchgeschäft
Nicht weit von Leicester-Square,
Auch war er Hauptmann der Miliz
In Londons Bürgerwehr.

Und Gilpin hat ein edles Weib;
Sie sprach: »Mein teurer John,
Wir sahen keinen Feiertag
Die zwanzig Jahre schon.

Drum, heut an unsrem Hochzeitstag,
Dächt' ich, Mann meiner Wahl,
Kutschierten wir nach Islington,
Ins frische Grün einmal.

Fünf unsrer Kleinen nehm' ich mit,
Sie wiegen ja nicht schwer
Und haben Platz – du steigst zu Roß
Und reitest hinterher.«

John Gilpin sprach: »Ich ehrte stets
Das weibliche Geschlecht,
Doch dreimal ehr' ich dich, o Weib,
Drum ist mir alles recht.

Auch schafft mein blühend Tuchgeschäft
Leicht meinem Wunsch Gehör,
Und seinen Braunen leiht mir gern
Mein Freund, der Appreteur.«

Sprach Mistreß Gilpin: »John, noch eins,
Wie ist es mit dem Wein?
Ich denk', wir nehmen welchen mit,
Es dürfte bill'ger sein.«

John Gilpin küßt' sein treues Weib,
Er weinte auf ein Haar,
Daß Mistreß, trotz Vergnügungssucht,
Doch noch so sparsam war.

Der Wagen kam, doch hielt er nicht
Vor Gilpins eignem Haus,
Sie waren all in Sorg' und Furcht:
Hochmütig säh' das aus.

Drei Häuser abwärts stieg man ein,
Die Küchlein und das Huhn,
Und durch die City-Straßen hin
Ging es im Trabe nun.

Die Peitsche pfiff, auf schlug der Huf,
Daß alles klang und scholl,
Und Rad und Steine lärmten schier,
Als wären beide toll.

John Gilpin hatte sich indes
Als Reiter schon gezeigt
Und lang' geschwankt, ob rechts, ob links
Man in den Bügel steigt.

Jetzt aber sitzt er sattelfest –
Er will davon im Nu,
Da steuern seiner Kunden drei
Grad auf den Laden zu.

John Gilpin denkt: »Verlust an Zeit,
Ich schätz' ihn nicht gering,
Doch traun, Verlust an Gut und Geld
Ist noch ein übler Ding.«

Schnell springt er ab. – Noch steht und schwankt
Der Handel mit den Drei'n,
Da stürzt ihm Betty in den Weg:
»Hier, Herr, ist noch der Wein!«

»Gut«, spricht er, »doch nun bring' mir auch
Das Lederfutteral,
Darinnen bei Paraden steckt
Mein fleckenloser Stahl.«

John Gilpin nahm die Flaschen beid',
Sie waren voll Likör
Und hatten oben an dem Hals
Ein weites Henkelöhr.

Durch beide zog er jetzt hindurch
Die Scheide seines Schwerts –
Sie hingen wie Pistolen schier
Am Sattel seines Pferds.

Dann schlug er um die Schultern sich
Den Mantel schwarz und rot,
Als zög' er in die Ritterschlacht
Zum Siege oder Tod. –

Die Stadt hindurch, auf hartem Stein,
Da schien der Renner faul;
John Gilpin sprach: »O schäme dich,
Bist du ein Karrengaul?«

Doch plötzlich, draußen vor dem Tor,
Verging ihm aller Spott,
Der Braune schnob und wieherte
Und setzte sich in Trott.

»Still, still, mein Tierchen«, ächzte John,
»So wirf mich doch nicht ab!«
Doch, wie er auch am Zügel riß,
Galopp ward aus dem Trab.

Und auf und nieder, her und hin
Flog unser armer Tropf,
Bald hielt er an der Mähne sich
Und bald am Sattelknopf.

Das arme Pferd, das immer sonst
Gelenkt von sichrer Hand,
Es kam bei Gilpins Reiterei
Zuletzt um den Verstand.

Und wie vom Teufel angeschürt,
Durch ging es voller Wut;
Ab riß ein Baum von Gilpins Kopf
Perücke, Zopf und Hut.

Scharf blies der Ost; noch flaggte bunt
Des Mantels weiter Schoß –
Jetzt aber ging er in die Welt,
Die Knöpfe ließen los.

Die Hunde bellten Dorf um Dorf,
Die Kinder lärmten mit,
Und alles schrie: »Das nenn' ich brav,
Das nenn' ich einen Ritt!«

Die Nachbarweiber klatschten sich
Bereits die Mäuler wund;
Die eine wußt' es ganz genau:
Es gelte tausend Pfund.

Die Zolleinnehmer hielten's auch
Für Wetteritt und Lauf
Und rissen mit geschäft'ger Hand
Die Gittertore auf.

John Gilpin schlüpfte heil hindurch,
Nicht so das Flaschenpaar,
Die eine ließ den Kork zurück,
Den Hals die andre gar.

Hin troff der rötliche Likör,
Man dacht', es wäre Blut,
Und murrend klang es hie und da:
»Der spornt auch allzu gut!«

Jetzt aber in Klein-Islington
Hinein sprengt unser John;
Es harrte schon, mit Gruß und Kuß,
Die Gattin am Balkon.

Sie ruft ihm zu: »Halt, Gilpin, halt!
Wo willst du hin? so sprich!
Die Kinder haben Hunger schon
Und weinen bitterlich.«

John Gilpin hört's; in tiefem Schmerz
Fleht er den Braunen: steh!
Doch ach, der Braune hat kein Herz
Für eines Vaters Weh.

Zwei Meilen hinter Islington
Da liegt ein zierlich Haus,
John Gilpins Freund, der Appreteur,
Zog Sommers da hinaus.

Der Braune machte oft den Weg,
Und wiehernd jetzt am Zaun
Ruft er den Herrn, der aber will
Kaum seinen Augen traun.

»He, Gilpin, he! was ist geschehn?
Was kommt Ihr überhaupt?
Und wenn Ihr kommt, warum beschmutzt,
Barhäuptig und bestaubt?«

John Gilpin drauf: »Was ich hier soll,
Das frage dieses Tier;
Wir ritten scharf, Perück' und Hut
Sind darum noch nicht hier.«

Laut lachte da der alte Freund,
Es war ein lust'ges Blut –
Er nahm sich die Perück' vom Kopf
Und sprach in frohem Mut:

»Nimm hin! Du starrst von Staub und Schmutz,
Drum scheint sie noch zu klein;
Doch wasch nur erst die Kruste ab,
So wird sie passend sein.«

John Gilpin nahm und dankte viel
Und sprach zum Pferde dann:
»He Freund, ich hab' für dich getan,
Was man nur tuen kann.

Du wolltest her zu deinem Herrn,
Ich ehrte diesen Trieb,
Nun aber trag auch mich zurück
Zu meinem treuen Lieb.«

Er sprach es kaum, da kreischte laut
Ein Esel hinterm Heck,
Und Roß und Reiter zitterte,
So packte sie der Schreck.

Wie wenn ein Löwe wo gebrüllt,
So griff der Renner aus –
Auf tauchte bald Klein-Islington
Samt seinem Kaffeehaus.

Die Gattin harrte immer noch
Des Gatten am Balkon,
Jetzt sah sie ihn und wandte sich
Zum Schwager Postillon:

»Sieh, diese halbe Kron' ist dein,
Mein wackerer Gesell',
Schaffst du mir meinen Ehemann
Lebendig hier zur Stell'.«

Der Postillon, der war nicht faul,
Aus zog er auf den Fang
Und hakte bald nach Mann und Roß
Mit Zügel und mit Strang.

Dem Braunen aber deucht' es schier,
Als wär's ein Peitschenhieb,
Er lief, daß selbst der Postillon
Im Hintertreffen blieb.

Sechs Reiter kamen just des Wegs,
Die sahen Gilpins Flucht,
Und wie der Postillon umsonst
Ihn einzuholen sucht.

Sie jagten mit und schrieen laut:
»Halt't ihn! ein Dieb! ein Dieb!«
John Gilpin aber unverkürzt
Des Tages Sieger blieb.

Und wie ein Jockey bester Art,
Mit Weste, Stulp und Kapp –
Erst wo er aufgestiegen war,
Da stieg er wieder ab.

Und nun zum Schluß: dem König Heil,
Und heil, John Gilpin, dir,
Und setzt du wieder dich zu Roß,
So bitt' ich, sag' es mir.

DIE DREI RABEN

Drei Raben saßen auf einem Baum,
Drei schwärzere Raben gab es kaum.

Der eine sprach zu den andern zwei'n:
»Wo nehmen wir unser Frühmahl ein?«

Die andern sprachen: »Dort unten im Feld
Unterm Schilde liegt ein erschlagener Held.

Zu seinen Füßen liegt sein Hund
Und hält die Wache seit mancher Stund'.

Und seine Falken umkreisen ihn scharf,
Kein Vogel, der sich ihm nahen darf.«

Sie sprachen's. Da kam eine Hinde daher,
Unterm Herzen trug sie ein Junges schwer.

Sie hob des Toten Haupt in die Höh
Und küßte die Wunden, ihr war so weh.

Sie lud auf ihren Rücken ihn bald
Und trug ihn hinab zwischen See und Wald.

Sie begrub ihn da vor Morgenrot,
Vor Abend war sie selber tot.

Gott sende jedem Ritter zumal
Solche Falken und Hunde und solches Gemahl.

DIE ZWEI RABEN

Ich ging übers Heidenmoor allein,
Da hört' ich zwei Raben kreischen und schrei'n;
Der eine rief dem andern zu:
»Wo machen wir Mittag, ich und du?«

»Im Walde drüben liegt unbewacht
Ein erschlagener Ritter seit heute Nacht,
Und niemand sah ihn in Waldesgrund
Als sein Lieb und sein Falke und sein Hund.

Sein Hund auf neuer Fährte geht,
Sein Falk auf frische Beute späht,
Sein Lieb ist mit ihrem Buhlen fort –
Wir können speisen in Ruhe dort.

Du setzest auf seinen Nacken dich,
Seine blauen Augen, die sind für mich,
Eine goldene Locke aus seinem Haar
Soll wärmen das Nest uns nächstes Jahr.

Manch einer wird sprechen: ich hatt' ihn lieb!
Doch keiner wird wissen, wo er blieb,
Und hingehn über sein bleich Gebein
Wird Wind und Regen und Sonnenschein.«

LORD MAXWELLS LEBEWOHL

»Leb wohl, leb wohl, liebe Mutter mein,
Und leb wohl, meines Vaters Haus,
Lebt wohl, es soll geschieden sein,
Ich muß in die See hinaus;
Leb wohl, du Garten im Sonnenschein,
Drin die Maienglöckchen stehn,
Und vor allem leb wohl, lieb' Lady mein,
Ich muß von dannen gehn.

Lord Johnston erschlug ich am Wege hier,
Es war eine dunkle Nacht,
Lord Johnston erschlug meinen Vater mir,

Und so hab ich's quitt gemacht;
Drei Jahre harrt' ich bei Nacht, bei Tag,
Meinen Vater gerächt zu sehn,
Ich hab' nicht Reu, was kommen mag,
Aber von dir muß ich gehn.

Und hätt' ich Reu, ich dächt' an den Tag,
Der wie gestern vor mir steht,
Wo mein Vater auf seinen Knieen lag
Und die Johnstons um Gnade gefleht;
Sie hieben ihm ab die flehende Hand,
Geschehn ist, was geschehn –
Nun muß ich lassen Lieb' und Land
Und, lieb' Lady, von dir gehn.

Leb wohl, Carnarven, mein Fels, mein Schloß,
Leb wohl auf manches Jahr,
Leb wohl, du Wald, du stiller Genoß,
Darinnen ich glücklich war,
Leb wohl, Lochmabens Birkenhain,
Und du Platz, wo die Tannen stehn,
Und vor allem leb wohl, lieb' Lady mein,
Denn ich muß von dir gehn.«

Sie hielt ihn an ihr Herz gepreßt:
»Bleib hier und bleibe mir!
Meines Bruders Schloß ist stark und fest
Und doppelt fest mit dir;
Die Hamiltons und die Douglas beid',
Sie werden zu uns stehn –«
»Es bricht mein Herz in Weh und Leid,
Aber von dir muß ich gehn.«

Er nahm einen Ring, an dem Ringe hing
Ein Kreuz von rotem Stein:

»Nimm hin den Ring und trage den Ring
Und vor allem gedenke mein!
Denn ach, vergäßest du mich je,
Um nach andrem Glück zu sehn,
Rück flög' ich über die schäumende See,
Und um alles wär' es geschehn.«

Der Tag war grau, das Deck war klar,
Lord Maxwell ging zu Schiff,
Der Wind in allen Segeln war,
Die Bootsmannspfeife pfiff;
Ein Streifen schwand das Ufer jetzt –
»Ade!« Die See ging hohl,
Und Wind und Wogen verschlangen zuletzt
Lord Maxwells Lebewohl.

MELROSE-ABBEY

Und willst du des Zaubers sicher sein,
So besuche Melros' bei Mondenschein;
Die goldne Sonne, des Tages Licht,
Sie passen zu seinen Trümmern nicht.
Wenn die Bögen und Nischen im Schatten stehn,
Die Ecken und Pfeiler wie Silber sehn,
Wenn das weiße, kalte, zitternde Licht
Um den Mittelturm seine Girlanden flicht,
Wenn die Strebepfeiler sich wechselnd reihn,
Halb Ebenholz, halb Elfenbein,
Wenn's schneeig auf allen Gräbern liegt
Und die weißen Figuren noch weißer umschmiegt,
Wenn das Rauschen des Tweed, weitab gehört,
Wie Summen die nächtige Stille stört –
Ja, dann tritt ein: bei *Mondesschein*
Besuche Melros' und – *tu es allein.*

DIE BLUMEN DES WALDES

(Nach der Schlacht bei Flodden)

Ich hörte sie singen, wenn morgens sie gingen,
Die Herde zu melken, die draußen steht;
Nun hör' ich ihr Wehe, wo immer ich gehe –
Die Blumen des Waldes sind abgemäht.

Vorüber das Necken an Wegen und Hecken,
Still eine neben der andern geht,
Sie können nicht scherzen mit Trauer im Herzen,
Und was sie sprechen, ist leises Gebet.

Kein Erntereigen; es schweigen die Geigen,
Kein Tänzer, der fröhlich im Tanze sich dreht.
Auf Märkten und Messen die Lust ist vergessen –
Die Blumen des Waldes sind abgemäht.

Kommt Dämmerstunde, nicht mehr in die Runde
Das Haschen und Pfänderspielen geht,
In stiller Kammer verbirgt sich ihr Jammer –
Die Blumen des Waldes sind abgemäht.

Dahin unsre Kränze! wir zogen zur Grenze,
Wo Englands Banner im Winde geweht,
Unsre Blumen vom Walde, sie ruhn auf der Halde,
Die Blüte des Landes ist abgemäht.

Ich hörte sie singen, wenn morgens sie gingen,
Die Herde zu melken, die draußen steht;
Nun klingt ihre Klage von Tage zu Tage:
Die Blumen des Waldes sind abgemäht.

LESLYS MARSCH
(Puritanerlied)

Immer mit, immer mit!
Was Teufel, wer hält nicht Schritt?
Die Englischen ziehen von drüben heran:
Schließt euch fester Mann an Mann,
Musketiere rasch in die Front!
Habt ihr vergessen, was ihr gekonnt?
Schießen und Fechten und Schädelspalten
Und mit der Linken die Bibel halten.

Die erste Kirche, in die wir kommen,
Drin Rom und die Pfaffen Platz genommen
Und Orgel und Altar hinein erneuert,
Werd' ausgefegt und ausgescheuert;
Jenny soll das Käppchen tragen,
Jocky das Chorhemd um sich schlagen,
Und nach der Orgel und ihren Pfeifen
Sollen unsre Pfeifer greifen,
Können drauf spielen den ganzen Tag,
Komme, was da kommen mag;
Bursche, munter,
Bald wird's bunter,
Schürzet die Plaids! sie kommen, Juchhe!
Und klappt die Mützen in die Höh!

JAKOBITENLIEDER
(Von 1715 bis 1746)

I

Die Duncans kommen, die Donalds kommen,
Die Colins kommen, die Ronalds kommen,
Es kommen die Kenmures Sohn und Vater,
Lord Foster und Lord Derwentwater,
  Und Jack und Tom und Bobby kommen
  Und haben die blaue Blume genommen.

Die Intosh kommen, die Quarries kommen,
Die Söhne Lord Glengarrys kommen,
Es kommen die Douglas und Mac Gregore
Mit kurzem Schwert und langem Rohre,
  Und Jack und Tom und Bobby kommen
  Und haben die blaue Blume genommen.

Die Phersons kommen, die Kenzies kommen,
Die Grants, die Leans, die Menzies kommen,
Es kommen die Bursch' aus allen Clanen,
Die Mädchen selbst zu unsren Fahnen,
  Und Jack und Tom und Bobby kommen
  Und haben die blaue Blume genommen.

Die Camerons kommen, die Gordons kommen,
Die stolzen Söhne des Nordes kommen,
Es kommen die Enkel der alten Thane,
Die Crabies und die Mac Farlane,
  Und Jack und Tom und Bobby kommen
  Und haben die blaue Blume genommen.

Sie kommen mit Pfeifen und Dudelsäcken
Und suchen das Volk mit den roten Röcken,
Bald werden die Schöße im Winde fliegen,
Bald werden die Whigs auf der Nase liegen,
Denn Jack und Tom und Bobby kommen
Und haben die blaue Blume genommen.

2

Die einen sagen: wir haben gewonnen;
Die andern sagen: sie haben gewonnen;
Ich aber sage das eine nur:
Es ward viel gelaufen bei Sherifmur,
Wir sind gelaufen, und sie sind gelaufen,
Gelaufen einzeln und in Haufen.

Wir haben den linken Flügel geschlagen,
Der rechte Flügel hat uns geschlagen,
Eine Rennbahn war die ganze Flur;
Es ward viel gelaufen bei Sherifmur,
Wir sind gelaufen, und sie sind gelaufen,
Gelaufen einzeln und in Haufen.

Rob Roy, o wärst du zu Hilf' uns gekommen,
Es hätt' ein anderes Ende genommen;
So aber war das Ende nur:
Es ward viel gelaufen bei Sherifmur,
Wir sind gelaufen, und sie sind gelaufen,
Gelaufen einzeln und in Haufen.

3

O käm' er wieder mit Waffen scharf,
Der Bursch, den ich nicht nennen darf,
O käm' er wieder und käm' er schnell,
Hier ist sein Platz und seine Stell',
  Ich wollt' ihn schützen, wo immer er wär',
  Und wären zehntausend um ihn her.

Von Tartan der Rock und die Hose dazu,
Die Mütze blau und geschnürt die Schuh,
Ein Hochlandsbursch vom Wirbel zur Zeh,
Das ist der Bursch, mit dem ich geh',
  Und ich wollt' ihn schützen, wo immer er wär',
  Und wären zehntausend um ihn her.

O ging' es wieder ins grüne Feld,
Er ist ein König und ist ein Held,
Auf seiner Brust der goldene Stern,
Wo der uns leuchtet, da folgen wir gern,
  Und ich wollt' ihn schützen, wo immer er wär',
  Und wären zehntausend um ihn her.

O säß' er wieder, der Erb' einer Kron',
Auf seiner Väter heiligem Thron,
Da wären vorüber Weh und Streit
Und wir lebten wieder die goldene Zeit,
  Und ich wollt' ihn schützen, wo immer er wär',
  Und wären zehntausend um ihn her.

4

Mein Liebster ist kommen von Aberdeen,
Ach, über die Maßen lieb' ich ihn,
Und hat mich doch betrübt und erschreckt
Und die weiße Kokarde aufgesteckt;
Er ist ein übermütiger Bursch,
Und doch ein lieber, gütiger Bursch,
Und ich lieb' ihn und will mit ihm gehn
Und immer die weiße Kokarde sehn.

Ich will verkaufen Geiß und Kuh
Und Spindel und Flachs und Garn dazu
Und will mir kaufen ein Tartankleid
Und still marschieren an seiner Seit';
Er ist ein übermütiger Bursch,
Und doch ein lieber, gütiger Bursch,
Und ich lieb' ihn und will mit ihm gehn
Und immer die weiße Kokarde sehn.

5

An einem Montag Morgen war's,
Kaum schlug die Glocke vier,
Da zog er ein in unsre Stadt,
Der junge Kavalier;
O Charlie ist mein Liebling,
Mein Liebling, mein Liebling,
O Charlie ist mein Liebling,
Der junge Kavalier.

Und als er zog die Straß' hinauf
Und nickte dort und hier,

Da klang's aus allen Fenstern: Heil
Dir, junger Kavalier!
  O Charlie ist mein Liebling,
  Mein Liebling, mein Liebling,
  O Charlie ist mein Liebling,
  Der junge Kavalier.

Viel tausend Bursche bracht' er mit,
Das halbe Hochland schier,
Die folgten gern dem *echten* Herrn,
Dem jungen Kavalier.
  O Charlie ist mein Liebling,
  Mein Liebling, mein Liebling,
  O Charlie ist mein Liebling,
  Der junge Kavalier.

Sie ließen Weib und Kind zurück,
Wohlan, so tun auch wir,
Wir baun auf Gott und gutes Glück
Und auf den Kavalier;
  O Charlie ist mein Liebling,
  Mein Liebling, mein Liebling,
  O Charlie ist mein Liebling,
  Der junge Kavalier.

Wir ziehn entlang mit Pfeifenklang,
Die Distel als Panier,
Mit Kilt und Plaid und Schwertern blank,
So siegt der Kavalier;
  O Charlie ist mein Liebling,
  Mein Liebling, mein Liebling,
  O Charlie ist mein Liebling,
  Der junge Kavalier.

6

Cope schrieb einen Brief an den Kavalier:
»So du Mut hast, komm und fecht mit mir
Und bist du nicht in zwei Stunden hier,
So komm' ich früh am Morgen.«

Prinz Charlie sah hinein in den Brief;
Er zog sein Schwert und lacht' und rief:
»Und sind deine Gräben noch so tief,
Wir kommen früh am Morgen.«

Auf, Hochlandsbursche, auf, ins Feld!
Grau-Dämmrung schon die Nacht erhellt,
Und wo John Cope uns hinbestellt,
Da stehn wir früh am Morgen.

Wie, was? ob Cope noch schlafen mag?
Wach auf, es ist schon heller Tag!
Hörst du nicht Pfeif' und Trommelschlag?
Wir kommen früh am Morgen.

Halt, Cope, was läufst du schon von fern?
Wir schüttelten dir die Pätschchen gern.
Nun lauf und grüß uns deinen Herrn
Und biet ihm guten Morgen.

Cope lief bis Leith mit rotem Gesicht.
»Wo sind deine Leute?« der Sheriff spricht.
»Zum Teufel«, rief Cope, »ich weiß es nicht,
Ich sah sie zuletzt heut Morgen.«

7

Mein Harry war ein tapfres Blut,
Ich sah ihn neben der Fahne gehn,
Nun ist er über die große Flut
Auf nimmer, nimmer Wiedersehn,
  Und doch nur einmal herzen ihn,
  Was gäb' ich alles nicht drum hin!
  Ich gäb' unser Hafer- und Gerstenland,
  Für den kleinen Finger von seiner Hand.

Oft, wenn es still geworden im Haus
Und von Abend her die Lüfte wehn,
Dann frag' ich in den Wind hinaus:
Werd' ich ihn nimmer wiedersehn?
  Ihn sehn, nur einmal herzen ihn,
  Was gäb' ich alles nicht drum hin!
  Ich gäb' unser Hafer- und Gerstenland
  Für den kleinen Finger von seiner Hand.

O hingen einige Schurken hoch
Und ließ' uns Gott einen Rächer erstehn,
Da kämen frohe Tage noch
Und den Liebsten würd' ich wiedersehn;
  Ihn sehn, nur einmal herzen ihn,
  Was gäb' ich alles nicht drum hin!
  Ich gäb' unser Hafer- und Gerstenland
  Für den kleinen Finger von seiner Hand.

8

  Die schöne Maid von Inverneß,
  Wie freudlos ihr der Tag vergeht,

Sie schafft und spinnt und webt, indes
Ihr dunkles Aug' in Tränen steht:
»Drummossie-Moor, Drummossie-Tag,
O bittrer Tag, o blut'ges Moor,
Wo kalt und starr mein Vater lag
Und ich der Brüder drei verlor.

Sie liegen tief in Sand und Blut,
Im ersten Grün die Gräber stehn,
Der beste Bursch daneben ruht,
Den Mädchenaugen sie gesehn.
Weh Sieger dir, der nach der Schlacht
Noch die Geschlagnen niedertrat,
Du hast manch Herz betrübt gemacht,
Das dir doch nichts zu leide tat.«

9

Wetternacht und Sturmesgrollen
Hab' ich um mich für und für,
Und der Gießbach, angeschwollen,
Klopft an meine Felsentür;
Ach, von jenen stillen Quellen,
Dran die blaue Blume blüht,
Von des Westwinds leisen Wellen
Labt nicht eine mein Gemüt.

Rechtes willen, Ehre wegen
Kämpften wir den Kampf der Pflicht,
Doch der Himmel war entgegen,
Und die Götter wollten's nicht;
Sieg und Ruhm entsank im Streite
Uns auf Hochlands Moor und Moos,
Vor uns liegt die Welt, die weite,
Aber freund- und freudelos.

10

Sieben Söhne gab ich dem Kavalier
Sieben grüne Plätze sind blieben mir,
Ihrer Mutter Herz ist gebrochen vor Weh –
König Jakob, daß ich dich wiedersäh'.

In Trümmern die Kirche, in Fesseln das Land,
Das Schwert in Mörder- und Henkershand,
Und schweigen müssen, was immer geschäh' –
König Jakob, daß ich dich wiedersäh'.

Mir ist zu leben nimmer Gewinn,
Meine Söhne tot, seine Krone dahin,
Doch singen will ich, wo immer ich steh':
König Jakob, daß ich dich wiedersäh'.

11

Die ihr euch Jakobiten nanntet
Zu eigner und des Königs Ehr',
Die ihr euch Jakobiten nanntet,
Zu Thron und Stuart euch bekanntet
Und endlich doch den Rücken wandet,
O tretet her!

Was kämpft ihr noch voll halben Zwanges
Ein leeres Wortgefecht »ums Recht«?
Entschlagt euch des gelehrten Dranges,
Ich sag': ein kurz Schwert und ein langes,
Ich sag': ein stark Herz und ein banges,
Die machen Unrecht, ach, und – Recht.

Was schwankt ihr länger bang und schüchtern
Der *findet* Gnade, der drum *wirbt*;
Was schwankt ihr länger bang und schüchtern?
Fügt euch den neuen Himmelslichtern
Und – überlasset seinen Richtern
Den, der in Treue lebt und stirbt.

SCHWERTSPRUCH

(Eingegraben in das Erbschwert der Douglas-Familie)

Unter allen Lords in meinem Reich
War keiner doch dem Douglas gleich.

Drum trag du, wenn ich gestorben bin,
Mein Herz zum heiligen Grabe hin.

Dort mag es liegen tief und still,
Bis meine Erlöser es wecken will.

Ein besserer Ritter bis diese Stund'
An keines Königs Seite stund.

GRABSCHRIFT

(Auf einem Grabstein im Kirchhof von Melrose-Abbey)

Erde gleißt auf Erden
In Gold und in Pracht;
Erde wird Erde,
Bevor es gedacht;
Erde türmt auf Erden
Schloß, Burg, Stein;
Erde spricht zu Erde:
Alles wird mein.

Gedichte aus den Auflagen von 1850 bis 1892

LIEDER UND SPRÜCHE

MEIN HERZ

Der stolzen Sonne, heiß und glühend,
Dem stillen Monde, trüb und bleich,
– Sehnsüchtig tausend Sterne sprühend –
Mein Herz, mein Herz ist beiden gleich.

Dem Himmel, klar und rein und blauend,
Der Wolke, – jetzt gewitterreich
Und jetzt in Tränen niedertauend –
Mein Herz, mein Herz ist beiden gleich.

Der Nachtigall voll frischer Lieder,
Der Rose – blüten-dornenreich,
Dem Frühling und dem Winter wieder,
Mein Herz, es ist dem allen gleich.

Nur einem gleicht es nicht auf Erden:
Nie will in seinem kleinen Reich
Der langersehnte Friede werden.
Drum ist es nie sich selber gleich.

AN MARIE

Zur Maria, zur Madonne,
Bet' ich gläubig spät und früh,
All mein Sein ist Andachtswonne
Vor der himmlischen Marie.

Und das Himmelskind Marias,
Der Erlöser Jesus Christ,
Ja, die Liebe – der Messias
Endlich mir erschienen ist.

Daß Maria doch verbliebe
Ihrem Kinde treugesinnt!
Tötet sie in mir die Liebe,
Kreuzigt sie das eigne Kind.

IM ILSETAL

Hier möcht ich, wo hüpfend die Wellen
Sich stürzen vom Felsgestein,
Hier unter dem blauenden Himmel
Im Frühling geboren sein.

Dann hätte sich, statt eines Priesters,
Sobald ich die Sonne erblickt,
Die hehre, göttliche Schöpfung
Zu meiner Taufe beschickt.

Es hätte sich über dem Täufling
Gewölbt des Himmels Dom,
Die Bäume hätten gerauschet
Wie leiser Orgelstrom.

Es wäre darinnen erklungen
Der Vögel Melodei;
Die Felsen hätten gestanden
Als ernste Zeugen dabei.

Ein Felsblock hätte mich sicher
In seinem weiten Schoß

Wohl über die Taufe gehalten,
Umhüllt von duftigem Moos.

Es hätte der Kuß der Sonne
Die Stirne mir gesengt,
Und mit dem Wasser der Taufe
Die Ilse mich besprengt.

Die Felsen hätten geschworen
Den felsenfesten Schwur:
Im Glauben mich groß zu ziehen
An Gott in der Natur.

DER FRÜHLING AN DEN GEFANGNEN

(Nach dem Englischen des John Prince)

»O komm, laß uns fliehn,
Laß uns jubelnd durchziehn
Die wiedererwachte Natur,
Die Himmel blaun,
Und die Lüfte betaun
Mit Wonneschauern die Flur.
Maßliebchen erscheint,
Und das Veilchen weint
Wie Tränen der Freude – den Tau,
Und 's Bächlein spricht:
›*Vergiß-mein-nicht*‹
In Blumensprache zur Au; –
Doch der Sommer ist nah, und ich darf nicht verziehn,
Komm, zögre nicht länger, komm, komm, laß uns fliehn.

Die Lerche singt
Und steiget, und schwingt

Sich hoch in den Himmel empor,
Und Iris spannt
Über Meer und Land
Ihr farbenschimmerndes Tor.
Der Zephir spielt
Und koset und stiehlt
Der Rose würzigen Duft,
Im Nu durchdringt,
Unsichtbar beschwingt
Der Blumenatem die Luft;
Doch der Sommer ist nah, und ich darf nicht verziehn,
Komm, zögre nicht länger, komm, komm, laß uns
fliehn.

Auf den Bergen thront
Und in Tälern wohnt
Nun Freiheit wieder und Lust,
Es trägt der Strom
Des Himmels Dom
Gespiegelt an der Brust;
Selbst Moor und Bucht,
Selbst Fels und Schlucht
Im Reize der Jugend erglänzt,
Sogar der Quell
An waldiger Stell
Ist farrenkraut-bekränzt; –
Doch der Sommer ist nah, und ich darf nicht verziehn,
Komm, zögre nicht länger, komm, komm, laß uns
fliehn.

Der Bursch umschlingt
Sein Liebchen und schwingt
Sich fort nach dem Takt der Schalmei,
Und widerhallt
Der grünende Wald

Die lustige Melodei;
Das Alter wird jung,
Von Erinnerung
Und Frühlingshauch geschwellt, –
Der Jugend nur
Jung wie die Natur
Gehöret im Lenze die Welt;
Doch der Sommer ist nah, und ich darf nicht verziehn,
Komm, zögre nicht länger, komm, komm, laß uns fliehn.«

IM HERBST

Es fällt das Laub wie Regentropfen
So zahllos auf die Stoppelflur;
Matt pulst der Bach wie letztes Klopfen
Im Todeskampfe der Natur.

Still wird's! und als den tiefen Frieden
Ein leises Wehen jetzt durchzog,
Da mocht es sein, daß abgeschieden
Die Erdenseele aufwärts flog.

WUNSCH

Ich wollte, daß in Sturmesnacht
Die Mutter mich zur Welt gebracht,
Daß auf das Blitzen rings umher
Mein erster Blick gefallen wär'.

Ich wollte, daß sie nackt und bloß
Gebettet mich in Laub und Moos,
Daß Sturm und Donner um die Wett'.
Mein Wiegenlied gesungen hätt'.

Ich wollte, daß der Hirsch im Tann
  Mein Spielgenoß als Knabe dann,
Daß, über mir, der Sterne Heer
  Die Bibel mein gewesen wär'.

Das Auge hell, im Arme Mark,
  Frisch wie der Quell, wie Eichen stark,
So wär' ich in das Leben dann
  Getreten als ein ganzer Mann.

Im Busen lebte mir die Kraft,
  Die Taten statt der Lieder schafft,
Nicht länger säß' der gute Will'
  Im Winkel drinnen, fromm und still.

O wär' ich stark! Nah ist der Streit,
  Und ganze Männer heischt die Zeit –
Ich wollte, daß in Sturmesnacht
  Die Mutter mich zur Welt gebracht.

NAH UND FERN

Wenn die Wolken vielgestaltig
  Sich am Horizonte dehnen,
Überkommt uns allgewaltig
  Ihnen nach ein tiefes Sehnen.

Aber wenn die stolzen Züge
  Sich zur Erde niederlassen,
War ihr Zauber – eitle Lüge,
  Sind es graue Nebelmassen.

Wenig läßt die Nähe gelten,
  Tausend Reize hat die Ferne:

Selbst die lichtesärmsten Welten
Wandelt sie – in helle Sterne.

HINAUS!

Ich bin es satt, auf Polstern mich zu dehnen,
Es ekelt mich dies weibergleiche Tun,
Ich möcht' im Kampf anspannen alle Sehnen,
Mich müd und matt an die Lafette lehnen
Und, käm der Schlaf, auf bloßer Erde ruhn.

Ich möcht' hinaus! Umbrüllt von Sturm und Wettern
Möcht' ich zu Schiff auf hohem Meere sein;
Vom Blitz umflammt möcht ich den Mast erklettern,
Und wenn die Wellen unser Schiff zerschmettern,
Ein kühner Schwimmer um das Leben frei'n.

Ich möcht hinaus! Mag schleudern mich die Reise
Wohin sie will, mir gilt es gleich führwahr;
Heraus nur endlich aus dem alten Gleise,
Das Leben steigt mit der Gefahr im Preise –
Auf denn, hinaus! zu Taten und Gefahr.

SONETTE

I

Ein Leben war's, mit Kolben und mit Knütteln
In diesen eitlen Jammer drein zu schlagen,
Doch hab' ich still ein lästig Joch getragen
Und meiner Pflicht gehorcht und ihren Bütteln.

Jetzt aber, wo an Winters Thron zu rütteln,
Voll Lerchenschlag, die Frühlingslüfte wagen,
Jetzt will auch ich, und müßt' ich sie zernagen,
Die Ketten alle mutig von mir schütteln.

Ein Lebewohl – kein Fluch euch, meine Dränger;
Ihr seid geschützt vor meines Zorns Ergüssen,
Weil ihr zu klein dem neugebornen Sänger;

Er eilt hinaus, den jungen Lenz zu küssen,
Und kein Gedanke nur gehört euch länger,
Als er euch selber hat ertragen müssen.

2

Nun kann ich wieder wie die Lüfte schweifen,
Am Strom, im Wald aufs neue bei den alten
Geliebten Plätzen Rast und Andacht halten
Und lächelnd nach der Abendröte greifen.

Dem Markte fern, dem Feilschen und dem Keifen,
Fühl' ich der Seele Schwingen sich entfalten;
Mir kehrt die Kraft, mein Denken zu gestalten,
Der Keim wird stark, zur Frucht heranzureifen.

Bald werd' ich neu zu Freund' und Frohsinn taugen;
Schon lern' ich aus des Frühlings heitren Klängen,
Wie süßen Nektar, Lust am Leben saugen;

Schon lächl' ich wieder, statt den Kopf zu hängen,
Und zwischen mich und deine lieben Augen
Seh ich sich fürder keine Wolke drängen.

3

Zur Geltung kommt das kläglichste Gelichter!
»Sei Bänkelsänger oder Farbenreiber,
Sei Dorfschulmeister oder Eseltreiber,
Sei, was du willst, gleichviel! nur sei kein Dichter.«

Verlacht man auch solch Schwatzen geistesschlichter
Gevatterschaft, samt ihrer alten Weiber,
's greift doch ins Herz, und einen müß'gen Schreiber
Schilt man sich oft als eigner Splitterrichter.

Wenn aber dann nicht *Scham* ob eitlem Ringen
Das heiße Blut ins Antlitz mir getrieben –
Wenn's *Freude* war am Schaffen und Gelingen,

Dann, während Erd' und Erdennot zerstieben,
Fühl ich mich stark zu allen höchsten Dingen,
Und würdig selbst, *dein* schönes Herz zu lieben.

4

Ich würde mich in Märchenträumen wiegen,
Und lerchenfroh begrüßen jeden Morgen,
Könnt' ich den irdisch'sten der Erdensorgen
Gebieten, sich zu Füßen mir zu schmiegen.

Mir ist, als müßt' ich durch die Lüfte fliegen,
Als würde mir die Freude Flügel borgen,
Vermöcht ich je, gleich jenem Sankt Georgen,
Die Not – den ew'gen Drachen zu besiegen.

Doch ob das Glück mir auch ein dürrer Bronnen,
Und ob ich auch entbehren mag und leiden,
Ich habe doch das beste Teil gewonnen.

Und sollt' ich, diese Stunde noch, entscheiden
Mich zwischen dir und einer Welt voll Wonnen,
Es bliebe doch beim alten mit uns beiden.

5

Es hat das Herz viel Tote zu bestatten!
Sie, die gelebt drin und es ganz besessen,
Verrieten's oder lernten's doch vergessen,
Sie wurden kalt, wie heiß geglüht sie hatten.

Die Besten selbst, und ob einst ohn' Ermatten
Ihr Lieben sie verschwendrisch zugemessen,
Längst pflanzt mein Herz an ihrem Grab Zypressen,
Sie leben noch, und wurden dennoch – Schatten.

Ein jeder Tag sieht neue Kreuze ragen;
Wohl weint das Herz, – doch Mannes-Kraft und Würde
Lehrt immer neu *geduldiges* Entsagen.

Nur sollt ich je als schwerste Lebensbürde
Auch *dich* hinaus auf jenen Friedhof tragen, –
Mein Herze fühlt es, daß es brechen würde.

NACH DEM STURM

O frage nicht, warum noch itzt,
Wo mir des Glückes Sonne leuchtet,
Der Gram auf meiner Stirne sitzt
Und oftmals mir das Auge feuchtet.

Sahst du das Meer? hoch türmen dort
Auch nach dem Sturm sich noch die Wogen;
Die Bäume schau': sie tropfen fort,
Wenn längst der Regen weggezogen.

GLÜCKSELIG SIND DIE REINEN

Ich las: »Glückselig sind die Reinen,
Ihr Sinn ist offen, Gott zu schaun«; –
Er trieb in reuevollem Weinen
Hinaus mich in die Frühlingsaun.

Wie schwach sind unsre besten Gaben:
Die Liebe strauchelt und die Treu,
Das Beste, was wir Menschen haben,
Ist unser Wolln und unsre Reu.

Ich rief zu Gott: »Woll du mich leiten,
Die Gnade kennt ja kein Zuspät!«
Da sah ich ihn vorüberschreiten,
Wie Lenz, in stiller Majestät.

SEI MILDE STETS, UND HALTE FERN

Sei milde stets, und halte fern
Von Hoffart deine Seele,
Wir wandeln alle vor dem Herrn
Des Wegs in Schuld und Fehle.

Woll *einen* Spruch, woll *ein* Geheiß
Dir in die Seele schärfen:
»Es möge, wer sich schuldlos weiß,
Den Stein auf andre werfen.«

Die Tugend, die voll Stolz sich gibt,
Ist eitles Selbsterheben:
Wer alles *Rechte* wahrhaft liebt,
Weiß *Unrecht* zu vergeben.

WAS KANN EIN JUNG MÄDEL, WAS SOLL EIN JUNG MÄDEL?

Was kann ein jung Mädel, was soll ein jung Mädel,
Was kann ihr, was soll ihr ein ältlicher Mann?
Ich muß mich gedulden bei all seinen Gulden,
Womit er das Herz meiner *Mutter* gewann.

Nichts hat er wie Sorgen vom Abend zum Morgen,
Er hustet, daß ich nicht schlafen kann;
Halbtaub seine Ohren, sein Blut wie gefroren,
Ach traurig die Nacht mit 'nem ältlichen Mann.

Er mängelt und brummelt, er quängelt und mummelt,
Ich mach ihm nichts recht und dann fährt er mich an,
Zu nichts ist er tüchtig, nur eifersüchtig
Ach, ist er weiß Gott wie ein ältlicher Mann.

Meine Tanten und Paten all ha'n mir geraten:
»Du mußt ihn mehr ärgern, den alten Tropf«;
Bei meiner Seelen, tot will ich ihn quälen
Und dann für den alten 'nen neuen Topf.

BILDER UND BALLADEN

SCHILL

Das war ein Mann, trotz einem, der *Ferdinand von Schill*,
Der lieber ehrlich sterben als feig verderben will;
Ihn wurmt's, daß der Franzose in deutschen Landen haust,
Und will kein andrer fechten, ficht er auf eigne Faust.

Fest sitzt er schon im Sattel, der bärtige Husar,
Es folgt dem kühnen Führer die treu ergebne Schar;
Sein Feuer sprühte Funken auch in die matt'ste Brust,
Gefahr ist ihre Freude und Kampf ist ihre Lust.

Sie haben rasche Pferde, sie haben starken Arm,
Von Ort zu Orte schwärmen sie wie ein Bienenschwarm;
Und wo sie Feinde treffen, da bringen Honigseim, –
Viele Ehre sie und Beute – von ihren Zügen heim.

Sie sind an hundert Orten, sie führen Schlag auf Schlag,
Und doch, die Macht des Feindes, sie wächst von Tag zu Tag,
Es ist, wie wenn die Schnitter das Gras des Feldes mähn,
Nur rascher sieht man's wachsen, nur dichter sieht man's stehn.

Gepanzert und geschlossen, so rückt der Feind heran,
Fußvolk und Kürassiere, an die zehntausend Mann;
Das Feld ist nicht zu halten und nirgends sichre Wehr,
Schill spricht: »Wer Lust am Leben, der rette sich aufs Meer.«

Da hängen sie die Köpfe, und Rott' um Rotte grollt;
Schill aber ruft aufjauchzend: »Das ist's, was ich gewollt!
Deutschland hat uns verlassen, wir aber lassen's nicht,
Und schaun auf *deutschem* Boden dem Tod ins Angesicht.«

Er spricht's, und wirft die Seinen nach Stralsund in die Stadt;
Wie's drin auf Markt und Gassen sich flugs verändert hat!
Sonst lagert da, in Fässern, des Weines feurig Naß,
Heut aber steht im Preise nichts als das Pulverfaß.

Wohl wird, wie Wein, auch Pulver auf Flaschen da gebracht,
Die Flaschen sind auf Dauer, und all aus Erz gemacht,
Von Schiffswerg sind die Pfropfen, man nimmt es nicht genau,
Korkzieher ist der Lunte dreifach gewundnes Tau.

Wer jemals trinken mußte aus solchem Flaschenlauf,
Der hat genug für immer und steht nicht wieder auf;
Schill ist heut Schenk geworden und schärft's den Seinen ein:
»Bedient mir prompt die Gäste, und wollt nicht sparsam sein!«

Hurra, die Feinde stürmen dem Schenken jetzt das Haus,
Sie sind schon weit geritten und sehn verdurstet aus,
Schill heißt sie laut willkommen; so herzlich war der Gruß,
Daß mancher, wider Willen, sich tief verbeugen muß.

Die Kellner bei den Flaschen, sie schenken aus und ein,
Bald werden Sieg und Ehre die Zeche dafür sein; –
Da plötzlich, dänisch Fußvolk naht als ein neuer Gast,
Dem alles Zechezahlen nicht in die Rechnung paßt.

Schill wirft sich ihm entgegen, Mann gegen Mann beginnt's;
Mann gegen Mann? mitnichten! Zehn gegen einen sind's;
Verzweiflung mag nicht siegen, so wird denn nur gerauft,
Daß man sein bißchen Leben nicht unterm Preis verkauft.

Versprengt, in Feindes Mitten, hält *Ferdinand von Schill*,
Sein Auge sucht den Führer, dem er's nicht schenken will,
Er spaltet ihm den Schädel: »Hundsfott, bestell Quartier!«
Dann sinkt er selbst vom Pferde, tot und zersäbelt schier.

Sein Haupt ward abgeschlagen, in Weingeist drauf gesetzt,
Wie das, bei *Frühgeburten*, die Sitte noch anjetzt: –
Auch *ihn*, ans Licht der Freiheit, trieb's vor der Zeit hera[n]
Doch – ob zu *früh* gekommen, 's war doch ein *ganzer* Mann.

JOHN ODER HARRY?

Da drüben an des Rheines Borden,
Des Franzmanns ritterlicher Sinn
Ruft jenen Percy aus dem Norden,
Den Heißsporn, immer vor mich hin;
Den Heißsporn, der zum Zeitvertreibe
Die Schotten dutzendweis erstach
Und jammernd dann zu seinem Weibe
Von tatenlosem Dasein sprach.

Und seh' ich dann auf Polstersitze
Dich deutschen Michel hingestreckt:
Den Mund voll selbstgefäll'ger Witze,
Und in der Hand 'nen Becher Sekt;
Wird mir dazu die Augenweide
Von Hängebauch und Doppelkinn.
Will mir, zu meinem eigenen Leide,
John Falstaff gar nicht aus dem Sinn.

Wie, oder wär' dies Locker-leben
Der Klugheit Maske nur für dich?
Wirst du dich aus dem Schlamm erheben
Wie *Harry Monmouth* ritterlich?
Wirst du dereinst in Schlachtentänzen,
Bei Shrewsbury, auf blut'gem Feld
Mit Percys Lorbeer dich bekränzen?
Dann grüß dich Gott, du Zukunftsheld.

DIE STRANDBUCHE

Hoch auf meerumbrauster Düne ragt in voller Maienpracht
Eine Buche. »Mutter« – ruft sie – »wieder kam das Meer bei Nacht
Wieder hat's aus grünem Seetang viel der Kränze mir geschlungen,
Hat mir Bernsteinschmuck gespendet, und von Liebe viel gesungen.

Mutter, schilt es nicht Verführer, sag nicht, daß es treulos wär',
Treulos ist allein die Schwäche und gewaltig ist das Meer,
Hieltest du mich nicht umklammert, Mutter Erde, liebestrunken
Wär' ich nachts, als es mich lockte, hin an seine Brust gesunken.«

»Sturm herbei!« rief wild-aufjauchzend jetzt das liebesichre Meer,
Und auf hundert Wolkenrossen jagte schnaubend er einher;
»Auf! entwurzle mir die Buche, 's gilt, der Sehnsucht Schmerz zu kürzen,
Wär' sie frei, sie würde selber sich in meine Arme stürzen.

Arme Törin, die des Meeres eitlen Liebesschwüren traut!
Jeder Tanne spend' ich Bernstein, jede Buche nenn ich Braut;

Nicht um *unerfüllte* Hoffnung, um *betrogne* sollst du trauern,
Und der Liebe Wonne wird dich bald wie Todesfrost durchschauern.«

Tiefes Schweigen; – aber plötzlich kracht die Buche, sturmgepackt,
Blätterstiebend stürzt sie nieder wie ein grüner Katarakt;
Laut erbrausend heißt sein neues Opfer jetzt das Meer willkommen,
Hochaufschäumend hat's der Riese an die Wellenbrust genommen.

»Weh, halt ein in deinem Rasen, das mich zu vernichten droht,
So entblättert nicht die Liebe, so entblättert nur der Tod!«
Doch die Leidenschaft des Riesen kennet nicht der Lieb' Erbarmen,
Und er spielt mit seinem Opfer, bis es tot in seinen Armen.

Aber dann, als ob er Abscheu gegen eine Leiche fühlt,
Hat er seiner Lüste Spielzeug wieder an den Strand gespült;
An dem Fuß der Düne, deren Gipfel einst der Baum beschattet,
Hat die alte Mutter Erde ihr entführtes Kind bestattet.

EINES VATERS WEHKLAGE

(Nach dem Englischen des John Prince)*

Hell schien der Mond, und seinen blassen Schimmer
Ausweinend in mein kümmerliches Zimmer,
Verlieh er drin viel silberfarbnen Duft
Der schlummerstillen, träumerischen Luft.
Da war's, da klopfte, weh mir! an mein Fenster
Das schrecklich rätselvollste der Gespenster,
Da hat der Tod, ich war umsonst verschanzt,
An meinem Herd sein Banner aufgepflanzt.

O Trauertag! die letzte seiner Stunden
Schlug meinem Herzen unheilbare Wunden:
Der Blume gleich, die schon im Lenz geknickt,
Hab ich in ihr mein sterbend Kind erblickt.
Noch hielt ich zitternd es auf meinen Knien,
Als es vom Tode schon gestempelt schien,
Und als sein liebes, liebes Auge brach,
Sein letzter Seufzer mir zum Herzen sprach,
Entflohen war, still ohne Kampf, sein Geist,
Da fühlt ich mich auf immerdar verwaist.

Bald ward er, den gehegt ich und gepflegt,
Sanft schlummernd in sein Erdenbett gelegt;
Mitleidge Seelen schlossen einen Kreis,
Still betend standen sie, und weinten leis.
Der Pfarrer sprach; ich aber hörte nur
Den *einen* dumpfen Ton, der klanglos schwur:
»Wirst deinen Liebling hier nicht wiedersehn!
Bald ist der Liebe letzter Dienst geschehn.«

---

* Ein Fabrikarbeiter in Manchester.

Dann schlich, oft rückwärts schauend, ich von dannen,
Im Weltgewühl den Schmerz zu übermannen.

Ja, du mein Trost und deiner Mutter Stolz,
Die, wenn du krank, in Tränen schon zerschmolz,
Du bist dahin! doch ward dir eine Welt,
Wo man der Tugend keine Netze stellt.
Du darfst im Licht und in der Wahrheit sein,
Derweil ich hier gefangen und allein,
Allein! der Barke gleich, auf offnen Meeren,
Wenn sich die Elemente rings empören;
Allein! ein Harfenspiel, das halb zertrümmert,
Nur fürder noch in Klagetönen wimmert.

Ich traure heimlich: würde sonst ja mehren
Die Qualen, die an deiner Mutter zehren,
Den tiefen Schmerz, um den sie seufzt und weint,
Der ausgeprägt in jedem Zug erscheint.
Oft am Kamine sitzen wir zusammen,
Und schauen, dein gedenkend, in die Flammen,
Und sprechen von der Wangenröte – ach!
Die langes Leben lügnerisch versprach.
Wir denken jedes Blicks und Wortes dann,
Das, zu dem Herzen sprechend, dir's gewann,
Und schaun die Schätze an, die schon seit Jahren
Die Quelle deiner Kinderfreude waren,
Und die wir hüten nun, dem Geizhals gleich
(Dein Kleid, dein Spielzeug macht uns überreich!),
Bis, wenn sie leichter wird die Herzenslast,
Zur Ruh wir gehen, oder doch – zur Rast.

Zu küssen früh dein schlummernd Augenpaar,
Zu herzen dich, wenn heimgekehrt ich war,
Beim Spiel zu hören dich, dein herzlich Lachen,
Und sonntags deine Schritte zu bewachen, –

war schön! schön wenn du kindlich mir entdeckt
ıf meinem Schoß, was dich erfreut, erschreckt;
enn ich die Dämmrung der Gedanken klärte
nd dich die Macht der Wissenschaften lehrte.
as war mein Wunsch: dein kindlich frommes Walten,
ie reine Seele rein dir zu erhalten,
u leiten deine Schritte, bis die Tugend
ich wahre vor dem Flattersinn der Jugend,
nd *so*, geschützt vor des Versuchers Stricken,
'ollt' ich ins Weltgewühl hinaus dich schicken.
ann wollt' ich sterben; und zum Vatersegen
ı Todeskampf die Lippen noch bewegen,
st überzeugt, du werdest einst erscheinen,
n deines Vaters schlichtem Grab zu weinen.

› war mein Wunsch; doch wollte Gott mir zeigen,
'ie wenig Weisheit unsrem Wissen eigen;
› war mein Wunsch; doch anders war sein Sinn,
nd fühlen muß ich, wie so klein ich bin.
'as klag ich auch! Gott rief dich aus dem Leben,
es Himmels ewge Freuden dir zu geben;
ier aber sei mit nimmermüder Hand
em Schwesterlein *die* Liebe zugewandt,
ie – säßest du noch auf des Vaters Knien –
ür dich, mein Sohn, wie aufbewahrt erschien'.

ie *eine* Hoffnung bleibt mir auf der Welt:
aß, wenn dereinst die Erdenhülle fällt,
'enn Gott mich ruft, auch mich, vor seinen Thron,
h wiederfinde meinen Herzenssohn.

KÖNIG ALFRED

Der Däne haust mit Mord und Brand
In Wessex und Northumberland:
Held Alfred irrt im eignen Reich
Umher, dem flüchtgen Hirsche gleich.

Bei Wolf und Elen tief im Wald,
Da nimmt er seinen Aufenthalt,
Da sammelt er, im Schutz der Nacht,
Ein neues Heer zu neuer Schlacht.

Und als die Seinen kampfbereit,
Da legt er an ein Harfnerkleid:
In's Dänenlager will er gehn,
Des Feindes Schwächen auszuspähn.

Schon tritt er kühn, die Harf' im Arm,
Vor König Guthrums Zecherschwarm,
Bald in der Becher Kling und Klang
Tönt König Alfreds Schlachtgesang.

Er singt von jenem Zechermahl,
Wo statt der Becher Stahl an Stahl
In Lüften klirrt, und Schild an Schild, –
Wo Blut statt Wein in Strömen quillt.

Er singt von jenem Zechermahl,
Wo *»Tod«* den schäumenden Pokal
Kredenzt, und jeder, der da trinkt,
Für alle Zeit zu Boden sinkt.

Von seiner Ahnen Kraft und Krieg,
Von Hengist und dem Stamford-Sieg,

Von Eglesford, wo Horsa fiel, –
Singt er ein Lied zum Saitenspiel.

Der Dänenkönig aber lacht
Wohl ob der Sachsen Mut und Macht,
Er lacht, und hört nicht, wie das Lied
Der Raben schon die Luft durchzieht.

Er zecht und jubelt noch im Zelt,
Als schon der siegessichre Held
Mit Schild und Speer in's Lager dringt
Und neue Schlachtgesänge singt.

Und wilder jetzt in Feindesreihn
Greift er als in die Harf' hinein,
Und spielt, daß Sait' um Saite springt
Und Schrei um Schrei gen Himmel dringt.

Des Liedes lacht der Däne nicht,
Das klingenscharf zum Herzen spricht,
Gen Jütland jagt er über's Meer
Ihn, ohne Rast und – ohne Heer.

In Wessex und Northumberland
Herrscht wieder König Alfreds Hand,
Und heimwärts lenkt des Dänen Kiel,
Denkt er an Alfreds Saitenspiel.

SCHÖN-ANNE

I

Schön-Anne strählt ihr schwarzes Haar
  Und hängt den Kopf in Trauer;

Sie spricht: »heut werd ich zwanzig Jahr
Und Jugend hat nicht Dauer;
Wenn ich ein Herz noch finden soll,
Recht wie mein eignes liebevoll,
So muß ich's balde finden.«

Der Tag ist um; neugierig-bang
Legt Anne sich die Karten:
»Ein Jahr noch!« ach, es ist so lang,
Bis übers Jahr zu warten;
Sie seufzet: »wär erst wieder Mai,
Nicht eher atm ich froh und frei,
Bis ich ein Herz gefunden.«

Das Jahr ist um, der Mai ist da
Mit seinen Blumen allen,
Wohl mochte manchem, der sie sah,
Die hübsche Dirn' gefallen;
Doch Anne war ein Waisenkind,
Und wo nicht Hof und Truhe sind,
Da hat die Lieb' ein Ende.

Das Jahr ist um, und Anne spricht:
»Gott, diese Herzensleere
Trag ich geduldig länger nicht,
Und kostet's Ruf und Ehre;
Die Eltern hab ich kaum gekannt,
Niemals ein Herze mein genannt, –
Ich *will* ein Herz besitzen.«

Und als der Sonntagabend kam,
Da ging sie hin zum Tanze.
Sie fragte nichts nach Schand und Scham,
Und nichts nach ihrem Kranze, –
Sie suchte sich den Hübsch'sten aus

Und nahm ihn keck mit sich nach Haus; –
  Es war ihr fester Wille.

»Ich hab ein Recht!« der eitle Wahn
  Ließ keinen Spott sie scheuen;
Sie sprach: »Ich weiß, was ich getan,
  Und nimmer soll's mich reuen;
Was mir das Leben schuldig ist,
Das soll mir nun in kurzer Frist
  Mein eigen Kind bezahlen.«

2

Und übers Dorf ging Jahr um Jahr,
  Auf schoß manch schlanke Tanne,
Sie aber, die »Schön-Anne« war,
  Heißt lang nun »Mutter Anne«;
Jetzt, wenn im Krug brav Tänzer sind,
Geht schon der schönen Anne *Kind*
  Im Sonntagsschmuck zu Tanze.

Was weint die Mutter Anne so
  Und stützt den Kopf in Sorgen?
Schlägt ihr das Mutterherz nicht froh
  An jedem neuen Morgen?
Die Tochter kommt vom Tanz nach Haus,
Die Mutter spricht: »bliebst lange aus,
  Kind, halte dich in Ehren!«

Die Tochter zieht ein schnippsch Gesicht
  Und spricht: »laß mich nur machen!
Ich dächt, ich hielt auf Ehr und Pflicht,
  Und – kann mich selbst bewachen;
Und wenn ich leicht und locker wär,

Es käm wohl nicht von ungefähr',
  Hat alles seine Gründe.

Du sagst mir oft, mein Vater sei
  Vor Jahren schon gestorben,
Doch hat mir manche Neckerei
  Den Glauben dran verdorben;
Wohl schuld ich dieses Leben dir,
Doch, weiß es Gott, oft wünsch ich mir,
  Ich wäre nicht geboren.«

Sie spricht's, ihr schwarzes Auge glüht,
  Die Tür ist zugeflogen,
Und um die letzte Hoffnung sieht
  Arm-Anne sich betrogen;
Sie seufzt: »Das also ist der Lohn,
Um den ich allen Spott und Hohn
  Mein lebelang getragen!«

Dann aber betet sie bewegt:
  »Gott, es ist mein Verschulden!
Was uns dein Wille auferlegt,
  Geziemet uns zu dulden; –
Entsagen kann die wahre Lieb',
Es war die *Selbstsucht*, die mich trieb,
  Und bitter muß ich's büßen.«

GRAF HOHENSTEIN

I

Der junge Graf von Hohenstein
  War sonst kein Weidgeselle,
Was hält sein Roß tagaus, tagein

Jetzt an des Försters Schwelle?
Er trägt kein Hüfthorn um den Leib, –
Was will der Graf erjagen?
Ihr müßt des Försters junges Weib,
Die schöne Gertrud fragen.

Die schöne Gertrud horcht gespannt,
Bei Dämmerschein, im Garten;
Durch ihre Brust zieht, Hand in Hand,
Ein Bangen und Erwarten;
Da schallt ein Huf, der Hund schlägt an,
Sie spricht: »Gott, hab Erbarmen!«
Und eh sie weiter beten kann,
Hält sie der Graf in Armen.

Er spricht: »nun halt es endlich mir,
Was du mir oft versprochen,
Mir ist die Zeit seit Monden schier
Auf Schnecken fortgekrochen;
Sprich nicht, aufs neue, hin und her
Von Schwur, Altar und Treue, –
Die Treu ist eine alte Mär,
Und Schwachheit ist die Reue.«

Er spricht's, und als die Nacht erscheint,
Da hat das Spiel ein Ende,
Fort jagt der Graf, Schön-Gertrud weint
Und ringt die sündgen Hände;
Ihr Mann kehrt heim mit Gruß und Kuß,
Wie Abschied er genommen,
Sie heuchelt, weil sie heucheln muß,
Und heißt ihn froh willkommen. –

Ein Jahr und wenig Tage sind's,
Der Graf zieht andre Fährte,

Zur Taufe nur des Försterkinds
'nen Becher Wein er leerte.
Der Wein war nüchtern wie die Leut,
Und konnt ihn wenig laben,
Nur mocht an Försters Vaterfreud'
Er *seine* Freude haben.

2

Manch Jahr, in immer schnellrer Flucht,
Ist hin ins Land gegangen,
Längst hält der Graf, in Sitt' und Zucht,
Ein jung Gemahl umfangen;
In ihrem Aug ist andres nicht
Wie Lieb und Treu zu schauen,
Doch keinem Engelsangesicht
Vermöcht er zu vertrauen.

Er schläft: – auf fährt er aus dem Traum,
Er bebt an Seel' und Leibe,
Todblaß, die Füße wollen kaum,
Schleicht er zu seinem Weibe;
Er lauscht, und als er vor ihr steht,
Was hört er? *seinen* Namen;
Ihr Träumen war ein fromm Gebet,
Vernehmlich sprach sie: Amen!

Er reitet einsam in den Wald,
Und sinnt, und – muß erbleichen:
Er drückt dem Renner alsobald
Die Sporen in die Weichen,
Er fliegt nach Haus, auf seinem Roß,
Im Wettlauf mit dem Winde, –
Und findet – spielend vor dem Schloß,
Sein Weib mit seinem Kinde.

Oft läßt er selbst, auf seinen Knien,
Den hübschen Blondkopf schaukeln,
Bis plötzlich tolle Bilder ihn,
Wie hergeweht, umgaukeln:
Des Kindes Augen sind so blau,
Und schwarz sind doch die seinen, –
Er stößt es fort und murmelt rauh:
»Was kümmert mich sein Weinen?«

Einst als sein Roß, im Walde draus,
Gar alten Weg genommen,
Ist an des Försters stillem Haus
Der Graf vorbeigekommen;
Er sprach: »Die Treu ist keine Mär; –
Ich hab ihr Band zerrissen,
Nun treibt mich ruhelos umher
Ein strafendes Gewissen.«

SITTAH, DIE ZIGEUNERIN

I

Im Hochgebirg von Cumberland,
Zu Füßen einer Felsenwand,
Streckt wegesmüd und sonnermattet,
Von wenig Kiefern nur beschattet
Und von der Armut nur bewacht,
Ein Trupp Zigeuner sich zur Nacht.
Vor ihnen breitet seine Flut
Ein Bergsee bis an Schottlands Grenze,
Und abendrot-geflochtne Kränze
Bespiegeln drinnen ihre Glut.
Des Sees märchenhafte Schöne
Ergreift selbst die Zigeunersöhne,

Für deren Auge die Natur
Der Anblick eines Freundes nur,
Den man vieltausendmal betrachtet,
Und nichts Besondres mehr erachtet,
Bis, wenn er dann urplötzlich fehlt,
Die Lieb' uns doppelt stark beseelt.
Doch seltner spiegeln jetzt und blasser
Des Himmels Rosen sich im Wasser,
Und herwärts, von dem See zur Kluft,
Weht kühler schon die Abendluft.
Da nimmt das Träumen schnell ein Ende,
Geschäftig regen sich die Hände,
Und alt und jung, und klein und groß
Schafft Holz herbei, und Laub und Moos.
Der eine sucht in seiner Tasche
Den Stahl, daraus er Funken weckt,
Doch eines andern Tabaksasche
Hat schon das Laub in Brand gesteckt.
Schon wirft die Flamme rote Lichter
Auf ihre bräunlichen Gesichter;
Schon rupft man das gestohlne Huhn
Und eilt, es in den Topf zu tun;
Da, während's drinnen kocht und siedet,
Greift einer nach dem Tambourin,
Ob immer hungrig und ermüdet,
Sie fliegen all zum Tanze hin;
Die Augen glühn, die Pfeifen dampfen,
Und immer lauter wird gepocht,
Und während sie den Boden stampfen,
Des Pachters Huhn im Topfe kocht.
Der Tanz ist aus; bei frohem Mahle
Beschließen sie den frohen Tag,
Und aus des Sees weiter Schale
Trinkt jeder, was er trinken mag.
Schlicht ist der Trunk, die Hirsche dürfen

Ihn teilen an derselben Stell',
Doch läßt sich mehr als Wasser schlürfen
Aus Bergessee und Waldesquell;
Sie trinken, mit dem Trunk der Rehe,
Die Lust ins tiefste Herz hinein,
In ungetrübter Gottesnähe
Und frei wie Hirsch und Reh zu sein.

2

Noch eh die Sonn heraufgezogen,
Sind die Zigeuner ausgeflogen.
Als Kesselflicker, Rattenfänger,
Hanswurst, Prophet und Bänkelsänger, –
Der eine rechts, der andre links,
Zog alles in die Dörfer rings.
Nur eine Alte, welk und braun,
Und unerquicklich anzuschaun,
Auf deren Antlitz, vielerfahren,
Sich List und Herzensgüte paaren,
Sucht noch, mit ihren gelben Händen
Schön-Sittahs Anzug zu vollenden.
Zwölf Jahre mocht die Kleine zählen,
Und während das Zigeunerweib
Sich eilt, ihr schwarzes Haar zu strählen,
Schwatzt sie zu Sittahs Zeitvertreib:
»Die Flechte noch, mein Herzenskind,
Dann auf, ins nächste Dorf, geschwind,
Dort mach', auf jedem Pachterhofe,
Dich flugs an Tochter oder Zofe;
Nimm, wenn sich keine Karte fand,
Die Heiratslust'ge bei der Hand,
Und sag ihr, noch in diesem Jahre
Führ' sie der Liebste zum Altare.

Kann sein, es leuchtet ihr nicht ein,
Doch denkt sie drum, es *könnte* sein.
Vor allem aber achte schlau,
Ob eine junge Pachtersfrau
Vielleicht um Kinder im Gebet
Seit lange schon vergeblich fleht, –
Und Herzchen, hast du *die* gefunden,
So sag der Ärmsten unumwunden,
Daß, eh' der Kuckuck wiederkehre,
Ein Kindlein ihr geboren wäre; –
Sie mag dann sehn, ihr Glück zu haschen, –
Wir aber kriegen volle Taschen.«
Die Alte spricht's, die Kleine lauscht,
Die letze Flechte wird beendet,
Und als sie Gruß und Kuß getauscht,
Hat Sittah sich ins Dorf gewendet.
Ob sie der jungen Pachtersfrau
Ihr unfehlbares Schicksal lehrte, –
Erfahren hat man's nie genau;
Doch als sie abends heimwärts kehrte
Und dicht an eines Abgrunds Rand,
An dem der schmale Pfad sich wand,
In heitrem Mut vorüberschritt, –
Nahm sie ein volles Täschchen mit.
Die Dornen hatten sie geritzt,
Der weite Weg ihr Blut erhitzt,
Sie hätt 'nen Tag von ihrem Leben
Für wenig Wasser hingegeben.
So eilt den Felsweg sie entlang;
Da fordert schier am Bergeshang
Ein Brombeerstrauch mit schwarzen Beeren
Sie gastlich auf, doch einzukehren.
Die Lust ist groß, davon zu pflücken,
Und, abwärtsgleitend auf dem Rücken,
Labt sie sich mit des Durstes Gier, ––

Da weicht der Boden unter ihr.
Umsonst, daß sie mit beiden Händen
Selbst an des Felsens harten Wänden
Sich krampfhaft anzuklammern sucht, –
Sie stürzt hinunter in die Schlucht.

3

(Gefolgt von seinen Meutehunden,
hat aus dem nahgelegnen Schloß
Der Graf mit seinem Dienertroß
Das Kind, besinnungslos, gefunden.
Doch wenig Wein auf Brust und Stirn
Macht bald die Pulse wieder schlagen,
Und heim wird die Zigeuner-Dirn
Zu neuem Lebenslauf getragen.

4

Die Jahre fliehn; der Spielgenoß
Von Hirsch und Reh, von Quell und Wind,
Ist jetzt, auf seines Retters Schloß,
Des kinderlosen Grafen Kind; –
Vergessen ist, was einsten war:
Die Wildnis und die Einsamkeiten;
Und morgen soll, den Kranz im Haar,
Als Braut sie zum Altare schreiten.)

5

Von Gästen wimmelt Hof und Halle,
Aus Küch und Keller lärmt es laut,

Bei Gläserklang und Liederschalle
Trinkt man das Wohl der jungen Braut.
Schon an der Festestafel oben,
Gestützt auf ihres Gatten Arm,
Hat Sittah lächelnd sich erhoben
Und grüßt der Gäste lauten Schwarm; –
Da plötzlich schallen wilde Töne
Im Hofe drunten am Portal,
Und Lieder der Zigeunersöhne
Ziehn durch den hochzeitlichen Saal.
Sie tönen lauter schon – und wilder
Saust in der Luft das Tambourin,
Da treten halbvergeßne Bilder
Aufs neu vor Sittahs Seele hin.
Sie ruht, wie sonst, in tiefen Schluchten
Und hört dem Waldesrauschen zu,
Sie blickt aufs neu von Felsenbuchten
Auf Meeressturm und Meeresruh';
Sie schaut der Abendröte Streifen,
An denen einst ihr Auge hing,
Und möchte wieder danach greifen,
Wie Kinder nach dem Schmetterling.
Sie hört des Birkhuhns Kreischen wieder,
Sie sieht das Irrlicht wieder glühn,
Das längs der Heide, auf und nieder,
Unstet wie sie, zu wandern schien;
Sie möchte wieder, wieder wandern,
So weit die Himmel Gottes blau'n,
Aufs neu, von einem Tag zum andern,
Mit ihren Brüdern Hütten baun. –
Da, allgemach, erstirbt die Weise,
Und glühend, ohne Blick und Wort,
Schleicht Sittah aus dem Saal, und leise
Sich von des Gatten Seite fort.

6

Die Braut ist alsobald verschwunden,
Umsonst durchspäht man Flur und Wald,
Sie hat die Grenze schon gefunden
Und ihrer Brüder Aufenthalt.
Schon in des Cheviot wilden Kesseln
Hat sie ihr Brautgewand zerfetzt,
Und löst die langgetragnen Fesseln,
Wie ihre schwarzen Flechten jetzt.
Schon lagert alt und jung im Kreise
Um eines Feuers Flackerbrand,
Und ihres Liedes wilde Weise
Hallt fort von Fels zu Felsenwand:
»Zur Wüste wieder will der Löwe,
Der Aar zurück in seinen Horst,
Nur auf dem Meere jauchzt die Möwe, –
Und wir allein in Schlucht und Forst.
Ihr könnt den Sturzbach nimmer zähmen,
Die Wildheit ist sein Wesen nur; –
Es heißt uns Luft und Leben nehmen,
Nimmt man uns Freiheit und Natur.«

EDWARD, EDWARD

»Was blinket dein Schwert so rot von Blut,
    Edward, Edward?
Was blinket dein Schwert so rot von Blut
Und macht so trübe dich schreiten?«
»Ich hab erwürgt meinen Falken gut,
    Mutter, Mutter,
Ich hab erwürgt meinen Falken gut
Und hatte doch keinen zweiten.«

»Deines Falken Blut war nimmer so rot,
Edward, Edward,
Deines Falken Blut war nimmer so rot,
Dein Schwert ist dunkler gerötet; –«
»Ich hab erstochen mein rotbraun Roß,
Mutter, Mutter,
Ich hab erstochen mein rotbraun Roß,
Im Zorne hab ich's getötet.«

»Dein Roß war alt, das kann es nicht sein,
Edward, Edward,
Dein Roß war alt, das kann es nicht sein,
Was tät deine Wang entfärben; –«
»Ich hab erschlagen den Vater mein,
Mutter, Mutter,
Ich hab erschlagen den Vater mein,
Und mir ist weh zum Sterben!«

»Und so du büßest, was du getan,
Edward, Edward,
Und so du büßest, was du getan,
Wo hoffst du Sühne zu finden?«
»Ich geh an den Strand und steig in den Kahn,
Mutter, Mutter,
Ich geh an den Strand und steig in den Kahn
Und gebe mein Schiff den Winden.«

»Und was soll werden aus Hall' und Turm,
Edward, Edward,
Und was soll werden aus Hall' und Turm,
Wenn Wind und Welle dich wiegen?«
»Laß stehn, laß stehn, bis sie fallen im Sturm,
Mutter, Mutter,
Laß stehn, laß stehn, bis sie fallen im Sturm,
Ich hab' sie zum Letzten bestiegen.«

»Und Weib und Kind, die du lässest zurück,
Edward, Edward,
Und Weib und Kind, die du lässest zurück,
Was soll aus den Weinenden werden?«
»Laß sie betteln gehn nach Brot und Glück,
Mutter, Mutter,
Laß sie betteln gehn nach Brot und Glück,
Ich seh sie nicht wieder auf Erden.«

»Und deiner Mutter, was lässest du ihr,
Edward, Edward,
Und deiner Mutter, was lässest du ihr,
Die dich unterm Herzen getragen?«
»Den Fluch der Hölle, den laß ich dir,
Mutter, Mutter,
Die Tat war mein, doch du rietest sie mir,
Wir haben ihn beide erschlagen!«

ARMSTRONGS GUTE NACHT

Die Nacht ist still, wie Tod und Grab,
Und still zu Grabe soll ich gehn,
All Freund und Feinde, die ich hab',
Ich selber wünsche: wär's geschehn.

Rücktuen möcht ich, was ich tat,
Und selbst rückdenken, was ich dacht';
Ihr Freunde mein, es ist zu spat
Und nun lebt wohl und – gute Nacht.

LINLITHGOW

Schottland hat Schlösser, Hof und Hall'
Und Burgen und Paläste,
Linlithgow aber schlägt sie all
Und ist das schönste, beste:
Ei, wenn im Mai die Knospe springt,
Wie lustig da die Amsel singt
In Garten, Park und Wald,
Der Hänfling zwitschert in der Näh',
Das Wasserhuhn taucht in den See, –
Säh' ich dich wieder bald.

DIE RUINEN VON LOCHLEVEN-CASTLE

Die Fackeln längst erloschen, deren Glut
Lichtfurchen zog auf dieses Sees Flut;
Das Leben längst erloschen, hin der Klang,
Der hier im Echo von den Mauern sprang,
Die Mauern selbst zerbröckelt, öd der Turm,
Und im Kamine heimisch nur der Sturm.

DIE SCHUSTER VON SELKIRK
(Nach der Schlacht bei Flodden)

Wir sind die Schuster von Selkirk,
Und Graf Home, ein Schelm bist du,
Wir halten's mit Blau und Scharlach
Und machen einsohlige Schuh.

Zum Teufel alles, was gelb ist,
Und gelb und grün dazu,

Aber Vivat für Blau und Scharlach
Und jeden einsohligen Schuh.

Wir fechten für Blau und Scharlach
Und den König und unsre Schuh,
Denn wir sind die Schuster von Selkirk,
Und Graf Home, ein Schelm bist du.

DIE JÜDIN

Durch Mirryland rinnt der Regen,
Und durch Mirryland rinnt der Po,
Und die Mirryland-Knaben beim Ballspiel
Durchrennen es ebenso.

Ausschaute die Judentochter:
»Komm Knab und speise mit mir!«
»Nicht ohne meine Gespielen
Tret ich ein bei dir.«

Sie nahm einen roten Apfel
In ihre weiße Hand; –
Da brach der rote Apfel
Des Knaben Widerstand.

Sie hatte ein silbernes Messer,
Das trennte gut und schnitt;
Des Knaben Blut und Leben
Trennte sie heut damit.

Erst floß es rot und dunkel,
Dann floß es dünn und hell,
Zuletzt, da floß sein Herzblut, –
Hin sank er auf die Schwell.

Sie hüllte in Blei den Knaben,
»Schlaf fest!« sie leise rief,
Sie trug ihn an den Ziehbrunn,
War fünfzig Faden tief. –

Nun klingen die Abendglocken,
Und die heilige Mess' ist aus,
Die Mütter, raschen Ganges,
Tragen den Segen nach Haus.

Sie denken ihrer Kinder,
Und es lächelt ihr Gesicht;
Sie *finden* ihre Kinder,
Nur Lady Anna nicht.

Sie legt nicht ab den Mantel,
Ihr Herz ist bang und schwer,
Sie läuft in die Judenvorstadt, –
Wachte da keiner mehr.

»O sprich, lieb Wilm, mein Süßer,
Wo deine Mutter dich find't?«
»Am Ziehbrunn, Lady Anna!«
Klang eine Stimm' im Wind.

Lady Anna lief zum Ziehbrunn,
Sie warf zur Erde sich:
»O du mein Wilm, mein Süßer,
Nur ein einzig Wörtlein sprich.«

»Der Brunn ist tief, lieb Mutter,
Und das Blei ist gar so schwer,
Und ein silbern Messer im Herzen, –
Ich kann nicht sprechen mehr.

Geh heim, geh heim, lieb Mutter,
Kann länger nicht bei dir stehn,
Über Mirryland weit über
Will ich dich wiedersehn.«

Der junge und frühe Fontane der dreißiger und vierziger Jahre

DER BACH UND DER MOND

Es floß ein Bach durch Waldesgrün,
War lauter, klar und rein,
Viel Blümchen an dem Bache blühn,
Und alle nett und fein.

Doch tut er stets, als säh' er nicht
Die Blümchen um ihn her,
Des lieben Mondes Angesicht
Gefiel dem Bache mehr.

Er hat es gleich ans Herz gedrückt
Und zärtlich es geküßt,
Wenn's nur auf ihn herabgeblickt
Und freundlich ihn gegrüßt.

Doch plötzlich raubt ein Wolkenschwarm
Dem Bach des Mondes Bild,
Da tobt er voller Schmerz und Harm
Durchs nächtige Gefild.

Das Leben dünkt ihn kein Genuß,
Nur einzig Qual und Not,
Und voller Lebensüberdruß
Erfleht er schon den Tod; –

Da, dank dem Ewgen, bricht hervor
Der Mond gar hell und klar; –
Was alles auch der Bach verlor,
Jetzt droht ihm nicht Gefahr.

Jetzt, wo des Mondes Silberglanz
Sich spiegelt in der Flut,

Ist er der alte wieder ganz,
Dem Leben wieder gut.

TODESAHNUNG

Einsam wandre ich bei Nacht;
Höre Trauermelodieen
Durch die Eichengipfel ziehen,
Sanft vom Winde angefacht.

Weh, die düstren Klagelieder
Dringen tief zu meinem Herzen,
Wecken mir die alten Schmerzen
Und die alten Klagen wieder.

Winde, wehet! Winde, weht!
Alte Eichen, klaget, klaget! –
Bald, mein Herz, drum unverzaget,
All dein Leid zu Grabe geht.

DIE LIEBEN STERNE

Auf des Hauses niedrer Schwelle
Saß ich Wehmut in der Brust,
Sah hinauf zur Sternenhelle, –
Da ergriff mit banger Lust
Sehnsucht mich nach jenen Sternen,
Die, im mildverklärten Schein,
Hoch aus weiten Himmelsfernen
Unsrem Herzen Trost verleihn.

Aber ach, trotz allen Strebens
Nach dem ew'gen Himmelszelt,

War mein Sehnen doch vergebens,
Denn ich blieb der Erdenwelt.
Soll mir nie der Zutritt werden,
Rief ich nun gar traurig aus,
O, so schickt herab auf Erden
Einen Stern aus eurem Haus.

Und die lieben, guten Sterne
Haben mich nicht ausgelacht,
Haben trotz der weiten Ferne
Ihres armen Freunds gedacht.
Denn sie weigerten die Bitte
Mir, dem einst Verschmähten, nicht
Und gesandt aus ihrer Mitte
Strahlt ein zwiefach Doppellicht.

Ach, es strahlt mir, voller Wahrheit;
Treue, Liebe; Glaube, Hoffen;
Meines Sternbilds Sonnenklarheit
Hat wie Zauber mich getroffen.
Teures Bild verweile lange
Fern vom heimatlichen Zelt,
Leuchte mir noch auf dem Gange,
Der mich führt in deine Welt.

FRÜHLINGSKLAGE

Kalt und eisig ist die Flur,
Still und öde sind die Felder,
Schneebedeckt die stummen Wälder,
Todesstarr ist die Natur.

Kalt und eisig ist die Flur
Wie das Herz in meiner Brust;

Längst erstorben jeder Lust,
Kennt es – ach – den Winter nur. –

Aber in die Winternacht
Strahlt jetzt mild die Frühlingssonne; –
Alles atmet Lebenswonne,
Denn der Frühling ist erwacht.

Frühling! ruft der Blüte Pracht,
Frühling! singen tausend Lieder,
Und im Herzen klingt es wieder:
Ja, der Frühling ist erwacht.

Nur zu meinem kalten Herzen
Dringt sein Blick, sein Segen nicht,
Nie beglückt von seinem Licht,
Bleiben mir die Winterschmerzen.

TRAURIGES ERWACHEN

Der Mond, der alte Lauscher,
Steht vor dem Fensterlein;
Er horcht und schaut wie neidisch
In Liebchens Kämmerlein.

Ich lag zu ihren Füßen,
– O welch ein Götterlos! –
Und wiegte wonnetrunken
Mein Haupt in ihrem Schoß.

Sie spielte mit den Händchen
In meinem dunklen Haar
Und strich es zärtlich kosend; –
Wie schön das Mädchen war!

Mit ihrem lieben Auge,
Wie Demant rein und klar,
Versprach sie ewge Treue; –
Wie schön das Mädchen war!

Aus ihren süßen Küssen
Da fühlte ich fürwahr
Schon Seligkeit entsprießen; –
Wie schön das Mädchen war!

Die purpurfarbnen Lippen,
Die sagten endlich gar,
Daß sie mich herzlich liebe; –
Wie schön das Mädchen war!

Da, all die Lust zu fassen,
Hat meine Brust nicht Raum
Und selig rufend: Vanda!
Erwach' ich aus dem Traum.

Da war die Lust entflohen
Und bitterböser Schmerz,
Der Gram um ewge Trennung
Erfüllte nun mein Herz.

Zwar stand der Mond, der Lauscher,
Vor meinem Fensterlein;
Doch war er bald verschwunden,
Denn ich – war ganz allein.

DIE LERCHE UND DER WANDRER

Noch einmal schaut die Sonne
Rings auf die Erd' umher
Und taucht dann majestätisch
In's eigne Feuermeer.

Der Mond, der stolzen Sonne
Nie müder Bettelsmann,
Kommt blaß herangeschlichen
Und zeigt den Abend an.

Es stirbt das rege Leben,
Es feiert Wald und Flur,
Die Abendwinde schweigen,
Kaum atmet die Natur.

Rings herrschet Totenstille
Nichts stört die heil'ge Nacht,
Denn selbst die Bäume sagten
Sich längst schon: Gute Nacht!

Nur oben in den Lüften
Erklinget noch ein Lied,
Die Lerche singt melodisch
Der Erd' ein Schlummerlied.

Jetzt eilt auch seinem Neste
Der muntre Sänger zu,
Da schaut er einen Wandrer
Noch immer ohne Ruh'.

Der schaut mit starren Blicken
Hinauf zum Ätherraum

Und träumt mit wachen Augen
Gar einen schönen Traum.

Da singt die Lerche wieder
Die schönsten Melodien,
Viel schöne Schlummerlieder
Und singt sie nur für ihn.

Der Wandrer senkt die Augen
Zur Erde, nicht zur Ruh',
Und ruft mit trübem Lächeln
Dem muntren Vöglein zu:

»Du leichtbeschwingter Sänger,
Was störest du mein Glück
Und gibst durch deine Lieder
Der Erde mich zurück!

Ich war in einem Himmel
Wo ew'ge Wonne quillt
Und küßte die Geliebte,
Ein liebes Engelsbild.«

DAS WASSERRÖSLEIN

Auf weiches Moos gebettet
Lag ich am Uferrand,
Wo schön und wunderprächtig
Ein Wasserröslein stand.

Es guckte mit dem Köpfchen
Neugierig aus der Flut,
Und nickte mir so freundlich,
Als spräch's: »Ich bin dir gut.«

Der Abend sank hernieder,
Die Erde ging zur Ruh'
Und ich, im Schaun versunken,
Schloß auch die Augen zu. –

Da regt sich's in den Lüften,
Da rauscht es in dem See,
Und sieh – mein Wasserröslein
Ward eine Wasserfee.

Die neigt sich zu mir nieder
Und blickt mich zärtlich an,
Und preßt die schönen Glieder
Verlockend an mich an.

Der Augen heiße Gluten,
Erfüllt von Sehnsuchtsschmerz,
Verwirren mir die Sinne,
Durchzittern mir das Herz.

Der Locken goldne Fülle
Schlingt sie um meinen Leib,
Und spricht so süße Worte,
Das wunderschöne Weib.

Ha, wie die Pulse schlagen!
Wie rinnt so heiß mein Blut!
»O laß die Glut mich kühlen
Bei dir in kalter Flut.«

Sie zieht mich zu den Wogen
Und küßt und herzt und lacht;
Da, schon hinabgezogen,
Bin plötzlich ich – erwacht.

Der Sonne erste Strahlen
Vergolden Tal und Höh';
Verschwunden ist die Nixe,
Die schöne Wasserfee.

Ich seh' das Röslein wieder,
Benetzt vom Wellenschaum,
Wo bist du, schöne Nixe!
»War alles nur ein Traum?!«

TRÄUME SIND SCHÄUME!

Als ich ein fröhlich Kind noch war
Und Leid und Weh mich nie bedroht,
Da war der Träume luftge Schar
Schon immer meine liebe Not.
Kaum hat ein Bär mich angerochen,
So kam ein Elefant getappt,
Dann gar ein Lindwurm angekrochen,
Der beutegierig nach mir schnappt.
Doch war ich ängstlich auch erwacht,
Gequält, geschreckt vom Traum der Nacht,
Wenn ich mein Leiden dann geklagt,
Hat mir die Mutter stets gesagt:
Träume sind – Schäume!

Als ich ein muntrer Knabe ward,
Da hielt ich kaum es länger aus,
Die Träume wurden grausam hart
Und brachten nichts wie Angst und Graus.
Da sah ich Schwerter, Dolche blitzen,
Denn wißt, ich führte einen Krieg,
Ich kämpfte, ließ mein Blut verspritzen,
Und doch errang ich nie den Sieg.

Doch wie der Traum mich auch gequält,
Mit welcher Angst er mich beseelt, –
Mein Leiden hab' ich kaum geklagt,
Da mir die Mutter ja gesagt:
Träume sind – Schäume!

Ich träume jetzt jahraus, jahrein
Von meinem namenlosen Weh
Und wollte, daß statt solcher Pein
Vom Lindwurm mir ein Leids geschäh',
Will ich mein Lieb ans Herz mir drücken,
So flieht sie schüchtern, pfeilgeschwind,
Und soll ein Kuß mich gar beglücken,
Enteilt sie schneller als der Wind.
Wenn ich am Morgen dann erwacht,
Betrübt, gequält vom Traum der Nacht,
Wie ich dann denke her und hin,
Will mir's doch nimmer in den Sinn:
Träume sind – Schäume!

SELBST DIE DUNKELSTE DER NÄCHTE

Selbst die dunkelste der Nächte
Sieht am Morgen wieder Licht,
Nur der düstren Nacht des Blinden
Harrt das Licht des Tages nicht.

Menschenleer war's noch auf Erden,
Gott, da schufst Du schon das Licht,
Und Du lässest Blinde werden!
Höhnt das Deine Weisheit nicht?

Laß mich einmal nur erschauen
Deiner Augen Sternenlicht,

Und ich will Dir ganz vertrauen,
Länger zweifeln will ich nicht.

Laß in Claras Herz mich lesen,
Zeige mir ihr Angesicht,
Ja, Du bist ein höchstes Wesen,
Einen Zufall gibt es nicht.

DER LERCHE LIEDER TÖNEN

Der Lerche Lieder tönen
So voller Freud' und Lust,
Als wollten sie verhöhnen
Den Schmerz in meiner Brust.
Sie kann gar fröhlich singen,
Weil ihr das Leben lacht,
Mir wird es nie gelingen
Nach einer solchen Nacht.

Es tönten Orgelklänge
Mit feierlichem Laut,
Da schritten durchs Gedränge
Der Bräut'gam und die Braut.
Ich suchte ihre Herzen,
Doch ach, sie hatten keins,
Nicht Liebeslust, noch -schmerzen; –
Da schlug die Glocke eins.

Und sieh, am Hochzeitslager
Erblickt' ich jetzt die Braut,
Der Bräut'gam, blaß und hager,
War schon ihr angetraut.
Er hielt sie fest umschlungen,
Dann hört' ich einen Schrei,

Der mir das Herz durchdrungen; –
Da schlug die Glocke zwei.

Und durch des Tores Pforte
Zog jetzt ein Trauerzug,
Der still zum Friedensorte
Die tote Braut nun trug.
Ich fragte herzzerrissen:
Wo denn der Gatte sei?
Doch wollt' es keiner wissen; –
Da schlug die Glocke drei.

Und ehe neue Bilder
Mir Leib und Seel' erschreckt,
Die wild und immer wilder
Den Wahnsinn wohl geweckt,
Entfloh ich meinem Lager,
Doch nicht der Angst und Not,
Mir folgte, blaß und hager,
Ihr Gatte jetzt – der Tod.

LIED DER LADY WENTWORTH

Und weil du deiner Mutter Kind,
Bist zwiefach du erkoren,
Nur wem die Götter gnädig sind,
Der wird wie du geboren.

Du bist ein Kind der Sünde nicht,
Du bist ein Kind der Liebe;
Und wenn dir jeder Ruhm gebricht,
Wär's dieser, der dir bliebe.

Du bist ein Stuart! Wenn du's bist,
So lerne Kronen tragen;
Eu'r Haupt, wenn's ohne Krone ist,
Ist besser abgeschlagen.

Du bist ein Stuart! Nun so sei's
Und laß es weiter erben:
Um dieses Lebens höchsten Preis
Verlohnt es sich zu sterben.

VOR EINER ROSENHECKE

Still ist die Nacht; die Blumen alle neigen
Die müden Häupter auf die Rasendecken,
Da eilt der Zephyr zu den Rosenhecken,
Er küßt sie wach und stört das tiefe Schweigen.

Die Rosen zürnen – schöner sich zu zeigen –,
Der kluge Schelm fährt zärtlich fort zu necken,
Weiß endlich ihre Liebe zu erwecken
Und tanzt mit allen gleich den Hochzeitsreigen.

Dann aber flieht er treulos durch die Lüfte,
Vergeblich sind der Rosen Zauberdüfte,
Selbst ihre Tränen, ihn zurückzulenken.

Doch seid getrost! ich bin euch ja geblieben,
Ich will euch nun statt seiner innig lieben
Und schmerzlich noch der Toten einst gedenken.

ICH MUSS SIE WIEDERSEHEN!

»Mein Lieb, du kannst auf Erden
Doch nie die Meine werden,
Drum will ich von dir gehn.
Du bist für mich verloren,
Drum hab' ich's mir geschworen:
Nie wieder dich zu sehn!«

Der Abschied war genommen,
Schon ward mir so beklommen
Und sinnend blieb ich stehn;
Doch endlich schritt ich weiter
Und sprach – nicht allzuheiter –
Auf Nimmerwiedersehn!

Bald war das Land durchzogen
Bis an des Meeres Wogen
Und weiter sollt' es gehn.
Doch trieb es mich zu fragen:
»Herz, wirst du's auch ertragen,
Nie wieder sie zu sehn?«

Da hielten meine Schmerzen
Sich länger nicht im Herzen,
Es war um mich geschehn;
Ich rief – im Auge Tränen
Und in der Brust mein Sehnen –
»Ich muß sie wiedersehn! –«

Was konnte mich betören,
Solch einen Schwur zu schwören:
Weit, weit von ihr zu gehn!
Gott, magst du strenge richten,

Mag mich dein Zorn vernichten, –
Ich muß sie wiedersehn! –

GEDULD! GEDULD!

An Wilhelm Krause
(1839)

Ach Freund – ich soll ein Lied dir singen,
Wovon? – vielleicht von Liebespein?!
Das würde mir gewiß gelingen,
Ich dürfte nur aufrichtig sein;
Doch die Manier ist abgegriffen,
Die Melodie so oft gepfiffen,
Daß ich dem alten Schlendrian
Unmöglich wieder folgen kann.
Ich sing' ein Lied auf die Geduld,
Das dich vielleicht in Schlummer lullt,
Doch schläfst du schwerlich gut dabei,
Stets weck' ich dich durch das Geschrei:
Geduld! Geduld!

Was tat ich Böses denn auf Erden!
Ihr Götter – was ist meine Schuld,
Daß ihr aus tausend Hammelherden
Entlehntet meine Lammsgeduld!
In Liedern fang' ich an zu bäen,
Wenn mir ein Herzeleid geschehen,
Halb vollgepfropft ist schon mein Pult,
Sonst tu ich nichts, – das heißt *Geduld*.
Und raubt man mir, was ich geliebt,
Und werd' ich bis zum Tod betrübt,
Ich bleibe ewig, der ich bin,
Geduldig ist und bleibt mein Sinn;
Geduld! Geduld!

HOCHZEIT

Im Grafenschlosse drüben
Tobt laut der Freude Sturm,
Und in der Mühle hüben
Pickt leis der Totenwurm.
Im Schlosse heut vereinet
Die *Braut* dem Grafen sich,
Und in der Mühle weinet
Sein *Liebchen* bitterlich.

Im Grafenschlosse drüben
Erstirbt der Freude Sturm,
Doch in der Mühle hüben
Pickt noch der Totenwurm.
Im Schloß nach Gattenweise
Der Graf die Braut umschlingt,
Und in der Mühle leise
Es nach dem Liebchen winkt.

Im Grafenschlosse drüben
Erlosch der Freude Sturm,
Und in der Mühle hüben
Schweigt selbst der Totenwurm.
Die Gräfin, süß gekettet,
Entschlief im Brautgemach,
Das Liebchen, tief gebettet,
Ruht aus im Mühlenbach.

AM HEILIGEN ABEND

Fröhlich zog ich meine Straße,
Sang ein liebes, altes Lied,
Das in meiner Brust erklungen,
Eh' die Liebe von mir schied.

Plötzlich tönen Kirchenglocken
Aus der Ferne zu mir her,
Meine frohen Lieder stocken,
Und das Singen geht nicht mehr.

Kündet doch des Turms Geläute,
Daß ein Feiertag beginnt,
Daß der Heilge Abend heute,
Und die Ostern morgen sind.

Staunt ihr, daß bei solcher Kunde
Meine Freude mich verläßt?!
Ach, mein Herz, das ich begraben,
Feiert nicht sein Osterfest!

AM BUSSTAGE

Heut geh nur in die Kirche
Und büße deine Schuld
Und bitte Gott den Vater
Um unverdiente Huld.

Und kann er dir verzeihen,
Vergibt er wohl auch mir,
Daß ich seit vielen Jahren
Gebetet nur zu dir.

SYLVESTER

»Gott zum Gruße, Herr Sylvester,
Allerliebster, Allerbester,
　Sind Sie endlich angelangt,
Hat's mich doch, daß Sie erfroren
Oder Ihren Weg verloren,
　Gott sei Dank umsonst gebangt.

Freund, Sie sind wie stets willkommen,
Abgelegt und Platz genommen
　Hier ein Glas vom besten Wein; –
Nun, wozu dies Zieren, Zaudern?!
Haben vieles zu beplaudern
　Und da gilt es munter sein!

Ja, jetzt sind Sie guter Laune,
Mit der Bitte drum vom Zaune;
　Doch vor allem: schenket ein!
Von dem einen zu dem andern
Lassen wir die Flaschen wandern
　Dorten mit Champagner-Wein.

Wenn Sie heut das Jahr, das alte,
Daß es ewge Ruhe halte,
　Zu den Vätern heimgebracht,
Wenn Sie, tief im Strom der Zeiten,
Auf den Friedhof es geleiten,
　Retten Sie mir eine Nacht.

Jene Nacht, wo meine bleiche
Eingesargte Liebesleiche
　Wie erwachend sich geregt,
Wo ich sie lebendig schaute,

Bis sie, als der Morgen graute,
  Wieder sich zur Ruh' gelegt.

Jene Nacht, wo das Erscheinen
Vandas, wo ihr reuig Weinen
  Meine Liebe fast erweckt;
Könnte je sie wiederkehren,
Könnte sie mich je bekehren,
  Daß kein Traumbild mich geneckt.

Dann...« doch ach, die Worte stocken,
Denn es künden alle Glocken
  In der Runde: Mitternacht;
Und, mein werter Herr Sylvester,
Meiner Freunde allerbester
  Hat sich auf den Weg gemacht.

Dennoch sei dem braven Jungen
Ganz allein dies Lied gesungen,
  Da er seines Freunds gedacht;
Denn ich hab' nach wenig Stunden
Schon mein Liebchen wiederfunden
  Reuig in der Neujahrsnacht.

Aus den Zeitschriften ›Berliner Figaro‹ und ›Die Eisenbahn‹ (1840/41)

DER KRANKE BAUM

Der Herbst ist wieder kommen
Und hat den Wald entlaubt;
Wieviel er auch genommen,
Mir hat er nichts geraubt.

Ich trug ja keine Blüten,
Kein hoffnungsgrünes Blatt,
Da mich des Winters Wüten
Zu tief verwundet hat.

Wann hab' ich ausgelitten?!
– Ein Sturmwind braust daher! –
Erhört er meine Bitten,
So währt's nicht lange mehr.

WIE KANN'S AUCH ANDERS SEIN!

Mein Liebchen ist geschieden,
Nun zieht der Winter ein,
Nun ist mein Herz erstorben; –
Wie kann's auch anders sein!

Ich steh' an ihrem Fenster
Und schaue oft hinein

Und weine manche Träne; –
Wie kann's auch anders sein!

Das Licht in ihrem Zimmer,
Es glimmt so matt und klein,
Fehlt doch ihr leuchtend Auge; –
Wie kann's drum anders sein!

Der Baum, an dem ich stehe,
Fühlt auch der Trennung Pein,
Klagt rauschend auch seine Wehe; –
Wie kann's auch anders sein!

Die Nacht ist trüb und dunkel,
Umflort der Sterne Schein,
Es trauert Erd' und Himmel; –
Wie kann's auch anders sein!

PROPHEZEIUNG

Ich starre auf die Hieroglyphen
Am sternbesäten Firmament,
Und forsche, meinen Geist zu prüfen,
Ob er der Rätsel Lösung kennt.

Es muß in jenen ewgen Reichen
Der Schlüssel unsrer Zukunft sein,
Es muß auch mir ein Himmelszeichen
Mein künftig Schicksal prophezein.

Und kaum betracht' ich mit Entzücken
Des Himmelsdomes Bilderzier,
Muß ich ein *Sternenkreuz* erblicken
Hoch im Zenithe über mir.

Wird mich das Kreuz des Glaubens schmücken?
Es wäre eine süße Last!
Wird mich das Kreuz des Duldens schmücken?
Die Seele ahnt und fürchtet's fast.

SIMSONS TOD

Inmitten Dagons Tempel lehnt sich ein blinder Mann,
In Ketten noch verspottet, an eine Säule an;
Es ist der starke Simson, ein Held, den nur Verrat
Den oft besiegten Feinden jetzt überliefert hat.

Sie führten aus dem Kerker den Blinden heut' herbei,
Ein Danklied soll er singen, daß er gefangen sei,
Soll ihrem Gott sich beugen, lobpreisen Dagons Macht,
Dem sie ein blutig Opfer – sein Auge – dargebracht.

Man nimmt ihm seine Fessel, wie fühlt er sich so leicht,
Es wird dem blinden Sänger die Harfe dargereicht;
Wild greift er in die Saiten und betet: O fürwahr,
Jetzt endlich laß mich rächen, was Dir und mir geschah.

Dann hebt er seine Stimme, sie tönt so wild, so laut,
Daß es den tausend Feinden bei solchem Singen graut,
Es schweigt das Hohngelächter, des Volkes roher Scherz,
Der Simson ist der Sänger, drum bebet jedes Herz.

»Ein Danklied soll ich singen! nun denn, wohlan es sei:
Ich preise euren Götzen für meine Sklaverei;
Des Dankes Flamme lodert, erhellt die ew'ge Nacht,
Zu der ihr mich verdammet, als ihr mich blind gemacht.

Des Dankes Flamme lodert, begeistert meine Brust,
Ich werde meiner Sendung aufs neue mir bewußt;

Euch alle zu vernichten, was ich umsonst erstrebt,
Die Hoffnung, *der* Gedanke ist wieder aufgelebt.

Nicht als den starken Simson, das Schwert in meiner Hand,
Hat mich der Gott der Götter als Rächer hergesandt;
Gefangen und erblindet, so sollt' ich vor euch stehn,
Durch den verhöhnten Sänger läßt er euch untergehn.«

Weit schleuderte der Riese die Harfe von sich fort;
Des Volkes Menge fliehet entsetzt den Schreckensort –
Zu spät – zwei Säulen wanken – ein Krachen und ein Schrein,
Und alle sind begraben – der Tempel stürzte ein.

VERGELTUNG I.

Tobend gleich dem Niagara, wenn er in den Abgrund stürmt,
Wo er schäumend Wasserberge bis hinauf zum Felsen türmt,
So durchbraust es Cuzcos Straßen – Menschenströme wogen dort,
Wälzen ihre bunten Fluten wildbewegt zum Richtplatz fort.

Aber wie des Meeres Welle von der Felsenmauer prallt,
Bricht sich hier der Menschenmenge immer wachsende Gewalt;
Spanier und Peruaner stehen angstvoll, wie gebannt,
Denn sie haben mit Entsetzen dort ein Blutgerüst erkannt.

Nur am Rande der Tribüne, wo die Geißel Perus sitzt,
Sieht man, wie das Flammenauge des Tyrannen freudig blitzt,
Wie die Tücke des Verräters grinst aus seines Bruders Blick;
Stolz belächeln die Pizarros ihres Feindes Mißgeschick.

Plötzlich schallt ein lautes »Wehe!« durch die dichtgedrängten Reihn,
»Gnade! Gnade für Almagro!« hört man tausend Stimmen schrei'n;
Zum Schafotte führt der Henker einen todesmatten Greis,
Fünfundsiebzig Jahre bleichten seine Locken silberweiß.

Kaum erklimmt er noch die Stufen, kraftlos sinkt er endlich hin,
Nacht umflort des Alten Auge, schwer umfängt sie jeden Sinn;
Da noch einmal flackert leuchtend sein verglimmend Lebenslicht,
Strahlt und glänzt im Widerscheine auf des Helden Angesicht.

Blitze, wie aus dunklen Wolken, schießt sein düstres Aug' hervor,
Drohend hebt der Halberstorbne seine Knochenhand empor,
Und mit geisterhafter Stimme ruft er, daß es fernhin klingt
Und hinauf zu der Tribüne und hinab zur Menge dringt:

»Franz Pizarro, deine Gnade will Almagro nicht erflehn,
Unersättlich, unerbittlich, habe stets ich dich gesehn.
Doch mein Blut, das du vergießest, wird um Rache für mich schrein,

Blutig, wie dein ganzes Leben, wird auch einst dein Ende sein.

Du Fernando, zittre, Schlange, denn der Rachegeist ist wach,
Nimmer ruhend, nimmer rastend eilt er dem Verräter nach.
Tausend Qualen im Geleite folgt er deinem bangen Schritt,
Bis der Tod nach vielen Jahren als Erlöser zu dir tritt.«

Da verstummt der greise Krieger, leise fleht er noch zu Gott,
Und den Blick zu ihm erhoben, sinkt er tot auf das Schafott.
An der Leiche übt der Henker seine fürchterliche Pflicht,
Mitleidsvolle Tränen glänzen selbst in seinem Angesicht.

Schaudernd zeigt er rings des Toten weißes Haupt mit Blut bespritzt,
Horch! Da kracht es in den Lüften – hört! es donnert; seht! es blitzt.
Seht! Verhüllt ist schon der heißen Mittagssonne goldene Pracht,
Immer dunkler wird der Himmel, düster wie um Mitternacht.

Aber plötzlich strahlt ein Feuer in die Finsternis hinein,
Eine Flammensäule leuchtet heller wie der Sonne Schein,
Bricht mit allgewalt'gem Toben riesig groß aus dem Vulkan,
Steigt mit blutigrotem Glanze racheforderd himmelan.

Betend, um Almagros Leiche, liegt die Menge auf den Knien,
Die Pizarros sieht man zitternd windesschnell gen Lima fliehn,
Aber eine grelle Stimme kreischet dem Tyrannen nach:
»Ihr entflieht nicht meinem Grimme, ich, der Rachegeist, bin wach!«

VERGELTUNG II.

Hoch am Himmel steht die Sonne! Aus des Äthers blauer Flut,
Strahlt auf Lima sie hernieder ihre brennend heiße Glut;
Matt verläßt das Volk die Straßen, schleicht zur kühlen Lagerstatt,
Die ein Pfühl von Pisangblättern und ein Dach von Palmen hat.

Lima schläft! Der Peruaner denkt vergangner Zeiten Glück,
Träumt sich die verlorne Freiheit, seinen Inka sich zurück;
Nach Sevilla, zur Geliebten, führt der Traum den Spanier hin,
Es umgaukeln liebe Bilder seinen wonnetrunknen Sinn.

Plötzlich horcht er auf! Verworrne Töne störten seinen Traum;
– Waffen klirren! Stimmen flüstern! – Nein – es rauscht wohl nur der Baum?
»Ich berührte wohl im Schlafe meine Rüstung mit dem Schwert?«
So beruhigt träumt er wieder von dem heimatlichen Herd.

Doch es waren nicht die Lüfte, nicht der Traum, die ihn geneckt,
Nein, es hatten ihn die Stimmen von Empörern aufgeschreckt;
Seht! sie ziehen durch die Straßen, achtzehn sind es an der Zahl,
In den silberblanken Schilden spiegelt sich der Sonne Strahl.

Ihre Eisenrüstung glühet; Rache glüht in ihrer Brust,
Durch geschlossene Visiere blitzet noch die Kampfeslust;
Einen Vater gilt's zu rächen! Ja, Almagros Heldensohn,
Zahlt dir heute, Franz Pizarro, deinen wohlverdienten Lohn.

Durch die offenen Toresflügel stürmen sie in den Palast,
Durch den Hof, fort nach dem Zimmer, wo der Übermüt'ge praßt,
Wo er schlürft in langen Zügen von der Xeres-Traube Blut,
Um im Rausche zu vergessen das verspritzte Menschenblut.

»Zu den Waffen!« ruft Pizarro, als die Feinde er erblickt,
Seinen sieggewohnten Degen hat er augenblicks gezückt;
»Die Verräter mögen kommen, diese Geißel in der Hand,
Zücht'ge ich mit blut'gen Streichen solcher Kinder Unverstand.

Wie – die Meinen fliehen, springen zu den Fenstern gar hinaus?
Memmen flieht! zerschlagne Glieder bringt ihr dennoch nur nach Haus;

Doch Pizarro will hier siegen oder sterben wie ein
Held,
Wie die königliche Eiche, die des Himmels Blitz
zerschellt.«

Nur mit fünf getreuen Braven trotzt er jetzt dem stärkern
Feind,
Seht doch, wie Pizarros Degen gleich dem Strahl der
Sonne scheint,
Schnell und tötend, gleich dem Blitze, trifft der Schlag auf
seinen Mann,
Wie den Blitz, so zieht die Rüstung auch das Schwert
Pizarros an.

Leichen decken schon den Estrich, doch es wächst der
Kämpfer Wut,
Wie der grimme Zorn des Löwen, wenn er kostet Feindes
Blut;
Alle seine Braven fallen, auf der Schwelle hartem Stein
Stürzt zuletzt auch Alkantara, und – Pizarro kämpft
allein.

Schon aus mancher schweren Wunde rieselt des
Tyrannen Blut,
Es erschlafft die Kraft des Riesen, aber nicht sein
Heldenmut,
Wütend springt er in die Feinde, schlägt und sticht und
wirft und ringt,
Bis Almagros Hellebarde endlich seine Brust
durchdringt!

Auf die Straßen ziehn die Sieger, rufen: »Der Tyrann ist
tot!«
Doch noch lebt er schmerzgefoltert, lebt noch bis zum
Abendrot;

Als der Feuerball der Sonne tauchte in das stille Meer,
Ward es still auch im Palaste, Franz Pizarro war nicht mehr.

VERGELTUNG III.

Es ist Nacht! das Heer der Sterne strahlt in unverhüllter Pracht,
Hält bei der entschlafnen Erde seine stille, ew'ge Wacht,
Schön, gleich einer Silberkuppel, in dem großen Himmelsdom
Glänzt der Mond, sein bleiches Bildnis schwimmt im Manzanares-Strom.

An des Flusses seichtem Ufer steht ein altersgrauer Turm,
Länger als fünfhundert Jahre trotzt er schon der Zeiten Sturm,
Seine todesdüstren Mauern schließen nur Verbrecher ein,
In die Gräber der Lebend'gen dringt nicht Mond- noch Sonnenschein.

In dem allertiefsten Kerker liegt ein Greis auf feuchter Streu,
Rasselt mit den Eisenketten, blickt umher, so wild, so scheu;
Die Verzweiflung malt sich schrecklich in dem hag'ren Angesicht,
Und mit hohler, matter Stimme fleht er: »Du Allgüt'ger, Licht!

Licht! Damit sein bleiches Antlitz nicht vor meinen Blicken schwebt,

Licht! nur einen matten Schimmer, der die Seele neu belebt,
Der die unerträglich lange, ewig finst're Nacht erhellt,
Endlich meine Zweifel löset an das Dasein einer Welt.

Wenn man zwanzig Jahre lag in einer Totengruft,
Wenn man zwanzig lange Jahre lebte ohne frische Luft,
Ohne einen Blick zum Himmel, noch auf der Gestirne Lauf –
Wiegt ein einz'ger Strahl der Sonne hundertfach das Leben auf.

Ach! wie fiebern meine Pulse, glühend heiß ist meine Stirn,
Und der Wahnsinn zerrt und rüttelt fürchterlich an meinem Hirn;
Weh – Almagro – weh! ich seh' ihn, wie er mir zu Füßen sitzt,
Immer sind die weißen Locken noch mit rotem Blut bespritzt.

Hilf – Maria – sieh! es wachsen seine Arme immer mehr,
Seine dürren Knochenhände streckt er langsam zu mir her,
Jetzt ergreift mich seine Rechte – Hilfe – eh' er mich erdrückt,
Und in tötender Umarmung meinen Hilferuf erstickt.

Gott im Himmel, hab Erbarmen! rette mich aus meiner Not,
Rette mich vor diesem Feinde durch den oft erflehten Tod,
Laß die Erde rings erbeben, daß der Turm in Schutt zerfällt,
Und mit seinen tausend Trümmern meinen morschen Leib zerschellt.«

Und die Lebensgeister schwinden und die Augen werden matt,
Sterbend sinkt der Alte nieder auf die feuchte Lagerstatt.
Ungerufen hatte schon der Tod die Hand nach ihm gestreckt,
Als sein eigenes Gewissen den Almagro aufgeweckt. –

Früh am Morgen trat der Wärter in die schaurig stille Gruft,
Lud den Toten auf die Schulter, trug ihn an die frische Luft;
Senkte dann des Greises Leiche in der Erde Schoß hinab;
Weder Kreuz noch Stein bezeichnet Ferdinand Pizarros Grab.

DIE BEIDEN SCHULMEISTER

Kenn' einen Dorfschulmeister,
Wohl richt'ger – Dorftyrann;
Herr Knut' so glaub' ich, heißt er,
Der höchst humane Mann;
Der thront auf seinem Stuhle
Als unumschränkter Herr,
Die Jungen in der Schule
Die wollen stets, wie – er.

Denn Jäckchen nicht, und Röckchen,
Ach nein, das bloße Fell
zerbläut sein Haselstöckchen
Dem winzigsten Rebell.
Jüngst hat die tollsten Köpfe
Ins Karzer er gesteckt;
Nun sind die armen Tröpfe
Erschreckt und voll Respekt.

Des Dorftyrannen Vetter,
Auch ein Schulmeisterlein,
Wird bald zur Lust der Spötter
Vor Groll ganz hager sein.
Denn keine Bauernjungen
Hegt sein Gymnasium,
Wohl aber spitze Zungen,
Die weder dumm noch stumm.

Die Selektaner sprechen:
»Zur Universität,
Herr Doktor, aufzubrechen
Nachgrad' uns nötig tät'.
Wir fuchsen und wir drucksen
Nicht länger als Pennal,
Jetzt wollen wir uns mucksen
Und werden liberal.«

Sogar, wenn er den Bakel
Bei den Sextanern schwingt,
Ein schrecklicher Spektakel
Zu seinen Ohren dringt.
Er hört die Jungen raunen
Und respektive schrei'n:
»Wir woll'n von Deinen Launen
Jetzt unabhängig sein.

Privilegierte Mahner,
Erprobt an Herz und Sinn,
Die besten Selektaner
Stell' ans Katheder hin;
Daß, wenn Du schlecht geschlafen
Und schlechter noch verdaut,
Das span'sche Rohr beim Strafen
Nicht gar so schrecklich haut.«

Doch bleibt des Herrn Magister
Prinzip und Element:
»Ehrt *mich* und seid – Philister«
Fest wie das Firmament.
Die Jungen aber heizen
Dafür ihm tüchtig ein
Und reizen ihn und beizen
Ihn scharf mit Stichelein.

Wohl hält des Vetters Knittel
In Ordnung seine Brut, –
Daß doch dasselbe Mittel
Nicht gleiche Wirkung tut!
Drum seufzt er: leider, leider,
Hat jenes Sprichwort recht:
»Es ist Herr Fips – der Schneider,
Nicht Plump – der Grobschmiedsknecht.«

IN DER MARKKLEEBERGER SCHENKE

Geduld erlerne!
Chamisso

I

Auf Leipzigs Schlachtgefilden
Ich heute gewandert bin,
Das fallende Laub der Bäume
Tanzte vor mich hin.

Der Herbst muß von den Bäumen
Die Blätter mähn und wehn,
Wenn wir den neuen Frühling
In Blüten wollen sehn.

Ein Herbst hat hier genommen
Des deutschen Laubes viel, –
Wann wird *der* Frühling kommen,
Für den es freudig fiel?

2

Der stille Friedhof drüben
Mit Kreuz- und Hügelreih'n,
Ist auf dem großen Friedhof
Des Schlachtfelds arm und klein.

Des Schlachtfelds großer Friedhof,
Wie ist er doch so klein,
Ganz Deutschland scheint der Freiheit
Begräbnisplatz zu sein.

3

Es mähn der Schnitter Sensen
Bei lustigem Gesang,
Wo einst der Tod, der Schnitter,
Die Riesensense schwang.

Noch mähten ihre Sicheln
Der Halme nicht so viel,
Als unter seiner Sense
Von unsren Brüdern fiel.

Die Halme müssen fallen,
Sie geben uns das Brot,
Die Brüder mußten sterben
Für Freiheitsmorgenrot;

Doch haben sie den Boden
Mit Blute nur gedüngt,
Daß er – Heil uns! – Kartoffeln
Von seltner Güte bringt.

4

Hört die Musik erschallen,
Seht bunte Fahnen wehn,
Das Brautpaar seht, – die Gäste, –
Zur Hochzeit soll es gehn.

Durchglüht von heil'gem Feuer,
O schöne, hehre Zeit,
Hat Deutschland um die Freiheit
Hier ritterlich gefreit.

Statt Glockendonner – Kanonen,
Zum Tanz lud die Trommel ein,
Man speiste blaue Bohnen,
Blut floß als Hochzeitswein.

Doch hat sein Lieb gefunden,
Nur wen der Tod getraut, –
Den Wunden und Gesunden
Blieb fern wie je die Braut.

AN DER ELSTER

An der Elster schaut verstohlen
Um sich her ein schlichter Stein;
In ihn schnitten tapfre Polen
Weinend ihren Namen ein.

Statt des Lorbeers schmückt im Lenze
Ihn der Trauerweide Reis,
Um ihn windet seine Kränze
Deutungsvoll der Ehrenpreis.

Dorten, wo im Todesschlummer
Polens schönste Hoffnung ruht,
Dorten schaut' ich voller Kummer
Düster träumend in die Flut.

Schwül die Luft; der Mond versinkend
In das Wolkenmeer der Nacht,
Und die Sterne traurig blinkend –
Mahnen mich, daß Polens Macht,

Seine Freiheit tief versunken
In das Meer der Tyrannei,
Seine Hoffnung nur ein Funken,
Bleich wie jene Sterne sei!

Hört den Sturm die Geißel schwingen,
Peitschen die sonst freie Flut,
Tanzen soll sie, hüpfen, springen,
Ja, sie tanzt, und schäumt vor Wut.

Oder ist's ein Schneegefieder,
Was wie Schaum dort unten blitzt? –
Ja, der Polen-Aar, die Glieder
Reckend, auf den Fluten sitzt!

Ja, er ist's, der sonst am Grunde
Eine Totenwache hält,
Wo mit mancher blutgen Wunde
Sank ins Grab der Polenheld.

Auf der Stirn des Grames Falten,
Wehmut um den bleichen Mund,
Von der Hand das Schwert gehalten,
Seh' ich schlummern ihn am Grund.

Träume ziehn im stillen Reigen
Ernst an seinem Geist vorbei;
Mag ihr Spiegel wohl ihm zeigen
Polen wieder groß und frei? –

Seht, da zucken wilde Blitze,
Und es rollt am Himmel hin,
Und, als donnerten Geschütze,
Wird dem Polen es zu Sinn.

Seht! er schwingt sein Schwert, es leuchten
Seine düstern Augen wild,
Steigend aus dem Grab, dem feuchten,
Schaut er auf das Schlachtgefild.

Alles still! Die Kriegsfanfare
Hört er nicht, nicht Waffenklang,
Wo in jenem Freiheitsjahre
Er für Polens Freiheit rang.

Was dort unten er vernommen,
War der Donner nicht der Schlacht,
Seine Zeit war nicht gekommen,
Polen noch nicht auferwacht.

Traurig steigt er abwärts wieder
In der Elster wilde Flut;
Mit mir weint der Himmel nieder,
Wo der Polen Hoffnung ruht.

DAS GESPENSTERSCHIFF

Nach Kapt. Marryat

1. Der Fluch

»Gestritten hab' ich wochenlang
Umsonst gen Wind und Wogendrang,
Gebetet fromm und wild geflucht;
Es war umsonst, was ich versucht.

Und dennoch biet' ich trotzig Hohn,
Und wächst der Elemente Drohn,
Ich will ums Kap und kämpfe, bis
Das Meer mich in die Tiefe riß.«

So ruft Herr Vanderdecken laut
Und spottet stolz der Sturmesbraut,
Höhnt ihren Buhlen, den Orkan,
Und fordert sie zum Kampf heran.

Da wächst der Wind zur Sturmeswut,
Da schäumt vor Gram und Zorn die Flut,
Da beugt den riesigen Mittelmast
Die sturmgeschwellte Segellast.

Bang stöhnt das Schiff, die Planke kracht,
Es wandelt sich der Tag in Nacht,
Das Schiffsvolk kniet und fleht zu Gott:
»Erret' uns, Herr, aus unsrer Not!«

Doch Vanderdecken zornerblaßt,
Hat jetzt das Steuer selbst erfaßt,
Er lenkt das Schiff mit kräftiger Faust,
Wohl sieht er, wie's die Flut durchsaust.

Allein dem Sturmkap bleibt es fern:
Da flucht er schrecklich Gott dem Herrn.
Da ruft er in die Nacht hinaus,
Verhöhnend Sturm und Wogenbraus:

»Ich schwör's beim heiligen Kreuzesspan,
Der meines Weibes Talisman,
Ich will ums Kap und weiche nicht,
Und kämpft' ich bis zum Weltgericht.«

Und wie das letzte Wort verhallt,
Der Donner dumpf herüberschallt,
Und Blitze jagen, wild und bleich,
Am Himmel – bösen Geistern gleich.

Und wenn es blitzt am Firmament,
In fahlem Glanz die Inschrift brennt:
»Du Tor, dem Himmel weichst du nicht?
So kämpfe bis zum Weltgericht!«

2. *Die Erscheinung*

Daheim hat schon die halbe Nacht
Frau Vanderdecken lang durchwacht,
Ihr Herz ist schwer, die Wange blaß,
Das Auge trüb und tränennaß.

Ihr Kind, aus Träumen aufgeschreckt,
Die Händchen ihr entgegenstreckt;
Sie achtet's nicht; und nur der Wind
Singt Schlummerlieder für das Kind.

Sie denkt mit ahnungsvollem Weh
Nur ihres Gatten auf der See,

Sie neigt das Haupt und betet still,
Doch kein Gebet sie trösten will.

»Es ist umsonst, der Tränen Lauf
Weckt nimmer mir die Toten auf.
In dieser Welt läßt all mein Flehn
Mich nie den Gatten wiedersehn.«

Da plötzlich flammt es durch die Nacht,
Die Erde bebt, der Donner kracht,
Und brüllend wütet Sturmesbraus
Um des entsetzten Weibes Haus.

Die Fenster springen auf, das Licht
Erlischt, und trüb von Angesicht,
Schwebt sturmumbraust, bei Blitzesschein,
Ihr Gatte ins Gemach hinein.

Er schlingt den Arm so eisigkalt
Um ihre zitternde Gestalt,
Und preßt das todesblasse Weib
An seinen wellenfeuchten Leib.

»Mein Käthlieb, herz' und küsse mich
Recht glühend und recht inniglich,
Dein Gatte heischt noch als Gespenst,
Daß du in Liebe für ihn brennst.

Vergäß ich nur in deinem Schoß,
An deiner Brust mein grausig Los,
Doch diese Nacht, die mich erquickt,
Den Dolch nach deinem Frieden zückt.

Vernimm, ich bin verflucht von Gott,
Ich lebe nicht und bin nicht tot,

Wie einen zweiten Ahasver
Jagt mich der Fluch von Meer zu Meer.

Ich schwur beim heiligen Kreuzesspan,
Ums Sturmkap müßt' ich trotz Orkan
Und Windesbraut und Wellenschlag,
Und kämpft' ich bis zum jüngsten Tag.

Da schrieb ans schwarze Leichentuch
Des Himmels Gott selbst meinen Fluch:
In riesiger Schrift mit Blitzeslicht
Zu kämpfen bis zum Weltgericht.

Der würde mich vom Fluch befrein,
Doch sich gewissem Tode weihn,
Aus dessen Hand den heiligen Span
Auf meinem Schiff ich könnt' empfahn.

Dort, Käthlieb, schlummert mir ein Sohn,
... Doch nein, leb wohl, es dämmert schon.«
Er sauste blitzend fort, und fern
Verschwand er wie ein blasser Stern.

3. Die Erlösung

Wohl siebzig Jahre schwanden schon,
Ein Greis ist Vanderdeckens Sohn,
Der, auf der Brust den Talisman,
Durchkreuzt den weiten Ozean.

Seit in der Mutter Sterbestund'
Ihm das Geheimnis wurde kund:
Sein Vater sei von Gott verflucht,
Hat er zu retten ihn gesucht.

Umsonst! er jagt von Meer zu Meer
Ein halb Jahrhundert schon umher,
Der Gram hat längst sein Haar gebleicht,
Weil er den Vater nicht erreicht.

Oft, wenn der Himmel blau und klar,
Das Meer ein glatter Spiegel war,
Sah er ihn fern auf dunkler Flut
Ankämpfen wie gen Sturmeswut.

Oft konnt' er seinen Ruf verstehn,
Auf dem Verdeck ihn schreiten sehn
Mit grauumwölktem Angesicht,
Doch ihn erreichen konnt' er nicht.

Heut schwillt sein Herz, der Ahnung voll,
Daß er ihn bald erlösen soll,
Und auf der regungslosen Flut
Am Horizont sein Auge ruht.

Da hört er von des Mastes Höh'
Den Ruf: Ein Segel fern auf See!
Und seiner Wünsche Inbegriff
Jagt herwärts – das Gespensterschiff.

Mit vollen Segeln sieht er's nahn,
Gleich einem weißen Riesenschwan,
Schnell, wie auf Schwingen des Orkans,
Durchfliegt's die Flut des Ozeans.

Schon ist's heran, berührt den Bug
Des fremden Schiffs im Vogelflug,
Dann plötzlich hemmt es seinen Lauf,
Und Vanderdecken springt hinauf.

Er hat den Vater kaum erblickt
Und kaum zum Gruß sich angeschickt,
Da ruft er überwältigt schon:
»Erkenne, Vater, deinen Sohn!«

Der sieht ihn fragend, zweifelnd an,
Doch als der Sohn den Talisman
Ihm reicht, da preßt er ihn ans Herz
Und weinet lang vor Freud und Schmerz.

So ruhen sie, der Vater braun
Und manneskräftig anzuschaun,
Das Haar des Sohnes silberweiß,
Er selbst ein altersschwacher Greis.

Inbrünstig preßt der Vater dann
An seinen Mund den Talisman,
Und als er dreimal ihn geküßt,
Das Schiff zur Tiefe niederschießt.

Und Arm in Arm, und Brust an Brust,
Im Auge heiße Todeslust,
Steigt in das kühle Wassergrab
Der Vater mit dem Sohn hinab.

HEIMKEHR

Schon ist die Sonne längst geschieden,
Im Sternenkleid erschien die Nacht
Und hat der Erde Ruh' und Frieden
Und süßen Schlummer mitgebracht.

Die Vögel haben auf den Bäumen
Ihr Lied mit einem Traum vertauscht,

Und selbst der Strom scheint nur zu träumen,
Wenn seine Welle leise rauscht.

Der Mond geht auf. Bleich ist er wieder,
Und bleicher fast, als sonst er scheint;
Zur Erde sinken Sterne nieder,
Als ob er Sehnsuchtstränen weint. –

Da kommt ein Bursch dahergegangen,
Beflügelt ist sein flücht'ger Fuß,
Weil er des Liebchens Rosenwangen
Und Lippen heut' noch küssen muß.

Er grüßt den Strom, die Blumen, Bäume –
Und glaubt, sie grüßen wieder ihn,
Und liebe, nie vergeß'ne Träume
Umgaukeln seinen trunknen Sinn.

»Wo fand ich wohl in weiter Ferne
Die Bäum' und Blumen so voll Duft!
Wo solchen Himmel, solche Sterne,
Und wo so ätherreine Luft!

Wo schaut' ich, wie von dieser Brücke,
In einen solchen Zauberstrom?
Wohin ich wende meine Blicke,
All, überall ein Himmelsdom!«

Da strahlt der bleiche Mond hernieder,
Der hinter Wolken sich verbarg,
Und es erzittern seine Glieder –
Tief in den Fluten steht ein Sarg.

Drin ruht der Mond – der todesbleiche –;
Doch nein – o Gott, was er erschaut,

Ist nicht der Mond, ist – eine Leiche,
Ist seine todesblasse Braut!

Er flieht entsetzt, er eilt zum Städtchen,
Starr ist sein Blick, wild fliegt sein Haar,
Er ist am Ziel – und schaut sein Mädchen
Wie schlafend auf der Totenbahr'.

Er neigt sich weinend zu ihr nieder,
Er hat mit Küssen sie bedeckt,
Gehofft, daß deren Glut auch wieder
Die Lebensglut in ihr erweckt.

Doch als sie bleich und kalt geblieben,
Da schied er von dem Totenhaus,
Es hat ihn plötzlich fortgetrieben,
Er will in alle Welt hinaus;

Will auf der Flut des Meeres wohnen,
Die keine Tränenflut vermehrt,
Will leben unter heißen Zonen,
Wo sie der Wüstensand verzehrt.

Er hat den Stab zur Hand genommen,
Er wandert ob das Herz auch bricht, –
Doch als er an den Strom gekommen,
Da fesselt ihn des Mondes Licht;

Da ruht er wiederum, der Bleiche,
Tief unten wie im Totenschrein,
Da scheint er wieder ihm die Leiche
Der hingeschied'nen Braut zu sein.

»Wie zieht es mich mit tausend Armen
Hin in den trügerischen Schein!

Ich werde dort sie nicht umarmen,
Dort oben aber bei ihr sein!«

Er sinkt – er ist hinabgezogen
Zu seiner todesblassen Braut;
Es rauschen über ihm die Wogen, –
Der bleiche Mond herniederschaut.

DER KRANKE

Die Natur ist auferstanden;
Frühling hat die weite Welt
Freigemacht aus Todesbanden,
Daß auch sie die Ostern hält;
Aus dem Sonnenherzen sprießet
Wieder neue Lebensglut,
Durch der Erde Adern fließet
Wieder Bach- und Stromesblut.

In des Auges blauem Himmel
Spiegelt sich der Erde Glück,
Und der Vögel bunt Gewimmel
Giebt die Sprache ihr zurück;
Wenn sie atmet, weht's wie Düften
Jener Rosen durch das Land,
Die sich schlingen um die Hüften
Ihr – ein purpurn Gürtelband.

Frühling ist's! und süße Triebe
Sprießen in der ganzen Welt;
Frühling ist es, wo die Liebe
Ihren Siegeseinzug hält;
Frühling ist's, der schwachen Kranken
Seiner Liebe Grüße schickt,

Wenn am Fenster – Efeuranken,
Und die Schwalbe daran pickt.

Einem solchen bringt die Sonne
Heut' des Frühlings Liebesstrahl,
Und des Daseins süße Wonne
Fühlt der Kranke noch einmal;
Und die Lust, die er empfunden,
Treibt ihn, im Gebet zu flehn:
»Gott, o laß mich doch gesunden
Und den lieben Frühling sehn!«

Sieh, da wölbt das enge Zimmer
Plötzlich sich zum Himmelsdom,
Und der Mond, im Silberschimmer,
Schwimmt auf dem azurnen Strom,
Um den Kranken blüht ein Garten,
Drinnen Blumen überall,
Sylphen, Elfen – sein zu warten –
Und das Lied der Nachtigall.

Und die Blumen und die Elfen
Duften, singen all' ihm zu:
»Kranker Knabe, dir zu helfen,
Braucht es tiefer, tiefer Ruh;
Siehst du dort den Baum des Lebens? –
Wer dort schlummert eine Nacht,
Nimmer hoffte der vergebens,
Daß gesund er auferwacht.«

Immer lauter hört er's mahnen,
Er empfindet – wie im Traum –
Eines höhern Daseins Ahnen,
Und er eilt zum Wunderbaum.
Ruhend sanft in seinem Schatten,

Um ihr her des Frühlings Reich, –
Sah'n die Seinen ihn ermatten,
Bis die Lippen todesbleich.

KEIN WUNDER!

Wozu dies Ausposaunen,
Dies Christusbildbestaunen,
Weil es die Augen jüngst verdreht?
Es wird das Bild des Herren
Bald Mund und Nas' aufsperren,
Wenn ihr so fort den Krebsgang geht.

Es herrscht in eurem Lande –
So viel zu Christi Schande,
Daß mir es ganz natürlich scheint,
Wenn ich mit Nächstem lese:
In jeder Diözese
Hat jüngst ein Christusbild geweint.

BERLINER REPUBLIKANER

Der Apfel fällt nicht weit vom Stamm

Berliner Jungen scharten sich
Vor ein'ger Zeit allabendlich
Nicht weit vom Kupfergraben
Und schrieen gottserbärmiglich:
»Wir brauchen keenen Kenig nich,
Wir wollen keenen haben.«

Da plötzlich packt ein Fußgendarm
Nicht eben allzu zart am Arm

Den allergrößten Jungen
Und spricht: »He, Bursch, juckt dir das Fell?
Du Tausendsappermentsrebell,
Was hast du da gesungen?«

Doch der Berliner comme-il-faut
Erwidert: »Hab' Er sich nich so,
Un laß Er sich bejraben!
Wozu denn jleich so ängstiglich?
Wir brauchen keenen Kenig nich,
Weil wir all eenen haben.«

IM MAI

Die Frühlingslüfte blauen,
Der Winter ist vorbei,
Es lachen Wald und Auen; –
Es ist ja wieder Mai.

Es rieseln alle Quellen
So frisch, so froh und frei,
Es tanzen alle Wellen;
Es ist ja wieder Mai.

Und alle Vögel singen
Die schönste Melodei,
Und alle Lüfte klingen; –
Es ist ja wieder Mai.

Doch sieh, die Schwalbe kreiset
Geängstigt um den Turm,
Und ach, prophetisch weiset
Und deutet sie auf Sturm.

Kaum hört sie das Geschmetter,
Die lust'gen Melodein; –
Sie ahnet Sturm und Wetter
– Wie ich – bei Sonnenschein.

DAS ORAKEL

Halbsinnend und halbsinnig
Durchzog ich Wald und Flur;
Der Freiheit dacht' ich innig,
Der heißgeliebten nur.

Da hört' ich in der Nähe
Den muntern Kuckuck schrei'n
Und fragte laut: »Wann ehe
Werd' ich mein Liebchen frei'n?«

Ich zählte bald bis hundert,
Und zählte bis zur Nacht; –
Dann hab' ich schier verwundert
Mich auf den Weg gemacht.

GLOCKENLIEDER

I

Der Glocke feierliche Klänge
Ertönen mächtig durch die Luft,
Zur Kirche wallt die gläubge Menge,
Wie wenn sie Gottes Stimme ruft.

Der Turm erbebt, die Töne brausen
Wie Sturmwind in der Felsenkluft;

Jetzt möcht' ich auf der Glocke sausen
In wildem Fluge durch die Luft;

Und tönt es dann – gewaltger klingend –
Gottpreisend aus der Glocke Mund,
Da glaubt' ich, fester sie umschlingend,
Die eigne Seele gäb' ich kund.

2

Werden einst sie mich begraben,
Wird kein Auge trübe sein,
Kein Gefolge werd' ich haben,
Selbst zum Grabe gehn allein.

Sei's! anstatt des Volkes Menge
Wählt' ich mein Geleite schon,
Folgen werden Glockenklänge,
Schritt vor Schritt, mit ernstem Ton.

Nur die Glocke wird ertönen,
Trauern nur ihr Eisenherz;
Aber ihre Klänge höhnen,
Heucheln nie den wahren Schmerz.

Stürmen wird sie – mich zu ehren –,
Wenn ich schon zur Ruh' gebracht,
Wie die Salve von Gewehren
Über Kriegergräber kracht;

Und ihr tiefer Kummer dauert
Ewig wie der Mutterschmerz;
Meine Glocke tönt und trauert,
Bis ihr bricht das Eisenherz.

ABSCHIED

Zögernd steh' ich auf der Schwelle,
Biete stumm den Abschiedsgruß
Meiner kerkergleichen Zelle,
Die ich nun verlassen muß.

Ach, wohl hab' ich freiheitsflehend
Oft mich weit hinausgesehnt,
Und die eh'rnen Fesseln sehend
Nur zur Qual verdammt gewöhnt;

Hab' in diesen öden Mauern
Einen Engel eingebüßt,
Dessen Trost der Seele Trauern
Alle Schmerzen mir versüßt;

Hab' umsonst in schweren Tagen
Heiß erfleht ein liebend Herz,
Meinen Kummer mitzutragen,
Und zu lindern meinen Schmerz.

Aber heute, wo die Kette
Die mich fesselte, zerriß,
Scheid' ich von der Leidensstätte
Traurig wie vom Paradies;

Und ich fühl's, wenn von der Erde
Einst mich Gottes Stimme ruft,
Daß auch dann ich zögern werde,
Zu entfliehn der Kerkergruft.

BURG

Das ist deine Welt, das heißt eine Welt!
Faust

I
Roland

Schlag tot! Schlag tot!
Lear

Heraus, heraus mit eurem Flederwisch!
Faust

Horch! mit feierlichen Klängen tönt die Glocke Mitternacht;
Schlaflos ruh' ich auf dem Lager, Träume halten bei mir Wacht, –
Plötzlich hell das nächt'ge Dunkel, um mich her ein lichter Schein,
Und ein riesenhaftes Wesen schwebt in mein Gemach hinein.

Das Gespenst schien mir der Schatten eines Alpenteils zu sein,
Ein Gebirgsstock statt des Rumpfes, Felsenglieder Arm und Bein,
Seine ungeheure Stirne war ein Wetterwolkensitz,
Und aus seinen Augen flammte unaufhörlich Blitz auf Blitz.

Einen himmelhohen Fichtenschatten schwang sein Arm empor;
»Sei bereit!« Wie Donner schlugen diese Worte an mein Ohr;

Zitternd sprach ich: »Lieber, langer, ungeheuer großer Geist,
Weißt du nicht, daß große Geister jeder Burger von sich weist?«

Eine Träne sank zu Boden – ein Pendant zum Boden-See,
»Ja, ich weiß es!«, rief er traurig, »darum such' ich deine Näh';
Ja, dich hab' ich auserkoren, an den Burgern mich zu rächen,
Ihnen – nicht den Hals zu brechen, aber doch den Star zu stechen.

Freund, ich bin der Geist des Roland, der hier an dem Rathaus stand,
Länger als sechshundert Jahre lehnt' ich mich an seine Wand,
Da gefiel's dem Hohen Rate, Schneidern, Tuch- und Handschuhmachern,
Mit dem wankelmüt'gen Hause auch den Roland zu verschachern.

Mich erfeilschte ein Philister; ›Vorwärts!‹ – rief er – ›packet an!
Was beginn' ich mit dem alten, welthistor'schen Grobian?
Stellt mir seine beiden Lenden wie zwei Pfosten vor das Haus,
Nehmt ihm seine Arm' und Beine und macht Treppenstufen draus.‹

Und mein Rumpf? – Statt eines Troges residiert im Schweinekoben,
Nur mein Haupt ward hochgehalten oder wenigstens erhoben,

Auf dem Hühnerstalle steht es, daß es nach den Eiern sieht,
Und gewissenhaft berichtet, ob der Hahn kikerikiet.

Seit der großen Retirade ist solch Frevel nicht geschehn,
Darum muß ich exemplarisch dieses Chor gezüchtigt sehn;
Nicht mit Schwert und Feuer sollst du der Philister Land verwüsten,
Sie am Pranger zu erblicken, will's mich wahrlich mehr gelüsten.

›Drauf und dran!‹ Und die Satyre ström' aus deinem Federkiel;
Nein, was sprech' ich – solche Bilder malt man mit dem Besenstiel.
Tauch' ihn nicht – aus Furcht vor Klexen – sparsam in die Dintenbüchse,
Nein, recht stark in patentierte, englische Glanzstiefel-Wichse.

Gib den Bildern lauter Schatten, denn ich weiß, daß diese Stadt
Stets dem Lichte feind gewesen und nur Schattenseiten hat;
Ziele nicht nach Knalleffekten, male treu nach der Natur,
Alles, alles, was sie bietet, ist ja schon Karikatur.

Und dann klebe deine Bilder an den alten Rathausturm,
Eile flugs zur nächsten Kirche, läut' aus allen Kräften Sturm,
Und wenn sie zusammenlaufen, lesen, staunen, fluchen, toben,

Schick' ich meinen Leib zum Schutze dir aus Stall und Schweinekoben.«

Er verschwand; am andern Morgen zog ich wohlgemut vom Leder,
Wählte statt des Besenstieles just mir eine spitze Feder,
Und wo man statt der Satyre eine tücht'ge Grobheit hört,
Hab' ich leider, aus Versehen, meine Feder umgekehrt.

II
Burg und Burger Bürger

> Am Katheder trägt's der Lehrer schaudernd seinen Schülern vor:
> Wie zwei fürchterliche Inseln ragen nah am Pol empor,
> Eine voll von Kannibalen,
> menschenfressend gleich den Raben,
> Eine andre, wo da wohnen Menschen, die Gedanken haben.
>
> *Anast. Grün*

Eine Roma unsrer Zeiten liegt auf sieben Hügeln Burg,
Wie ein mäß'ger Rinnstein schlängelt sich der Ihlestrom hindurch;
Seine beiden Kirchen strecken je zwei Türme hoch empor,
Gleich den Scheren eines Krebses; – jeder hüte sich davor.

Wie zwei ries'ge Hieroglyphen sind die Türme hingestellt;
Ihre Deutung sei zur Warnung laut verkündet aller Welt:

›Wer kein Krebs noch Freund von Krebsen seh' mich mit dem Rücken an,
ist er nicht ein Aal, ein glatter, daß er leicht entschlüpfen kann.«

Hört und staunt! Die Burger Bürger fühlen schmählich sich verletzt,
Daß die gute Voß'sche Zeitung schon ein Fragezeichen setzt,
Daß sie kühn es wagt zu denken und zu hegen einen Zweifel,
Geht nicht zu mit rechten Dingen und gebührt allein dem Teufel.

Darum haben sie jetzunder jede Zeitung streng verpönt,
Aber durch zwei Tuchfabriken wunderbar die Stadt verschönt,
Und zu sprechen streng befohlen nur von Wolle und von Schafen,
Bei Vermeidung von zehn Taler ode gar von Leibesstrafen.

Einem ries'gen Stall voll Schafen gleicht fürwahr die ganze Stadt,
Die in einer Pfarrerwohnung ihren würd'gen Hirten hat.
Will er mit dem reinsten Wasser die geliebte Herde tränken,
Pflegt er ihr am Sonntagmorgen eine Predigt einzuschenken.

Auch ein Hund beglückt die Herde; wenn schon *Hundereich* benannt,
Ist er manchem armen Schlucker doch als reicher Hund bekannt.

Doch vor allen höchst erstaunlich ist es, daß man auf der Trift
Meistens Böcke, viele Hammel, selten gute Schafe trifft.

Jene mächt'gen Böcke bohren jeden Fremden in den Grund,
Der je klüger und gescheiter nur um so gewisser Schund;
Wenige – gemeinhin Hammel – ziehen ruhig ihren Pfad,
Sie verdanken nur den Leutnants ihren prächt'gen Hörnerstaat.

In der allerersten Reihe, wo die noblen Böcke gehn,
Kann man einen Quasi-Doktor jederzeit stolzieren sehn;
»Was, ein Doktor unter Schafen?« hör' ich manchen Zweifler schrein,
»Ist es so, da muß er sicher ein gewalt'ger Schafskopf sein.«

Nein – ich muß es euch bekennen – nein das Lob gebührt ihm nicht;
Könntet ihr sein Antlitz sehen und ihn hören, wenn er spricht,
Würdet ihr vielleicht erkennen, daß er nur Komödie spielt.
Wie der Wolf, als Bock gekleidet, Schafen ihre Wolle stiehlt.

Nicht gehört er jenen groben, blutbegier'gen Wölfen an;
Lächelnd rupft er nur die Wolle, wo er's möglich machen kann,

Schmückt damit die eigne Maske und nun rupft er frank und frei,
Wissend, daß er jetzt vor Wolle gar nicht mehr zu kennen sei.

Doch zunächst der ganzen Herde läuft ein Teckel durch die Stadt,
Teckel, weil er, wie man spottet, etwas krumme Beine hat;
Ruhig trabt er, – doch sobald er einen Zahn vom Wolf erschaut,
Um ein armes Schaf zu rupfen, hei! da bellt und blafft er laut.

Darum hat der Wolf ihm lange blut'ge Rache zugeschworen,
Und er will auch, wenn die Schafe nur erst allesamt geschoren,
Ihn vernichten, daß er endlich sich den Feind vom Halse schafft,
Doch dann ist der Teckel ferne, der ergrimmt dies Lied geblafft.

III
Theater

Denn Bank an Bank gedränget sitzen –
Es brechen fast der Bühne Stützen –
Herbeigeströmt von fern und nah
Die Wollespinner wartend da;...
....
Selbst von der Ihle fernsten Küsten,
Von allen Dörfern kamen sie
Und klatschen auf den Schaugerüsten.
Beim Totschlag deutscher Poesie.

Wien mit seinem Stephansturme, mit dem weltbekannten Prater,
Hat noch eine dritte Zierde in dem großen Burg-Theater; –
Eine Komödiantenbande führt in Burg die Musen ein,
Muß nicht ihre Bretter-Bude auch ein Burg-Theater sein?!

Ja! es haben große Mimen endlich sich nach Burg verirrt,
Denn es wird mit Schillers »Jungfrau« heute abend debütiert,
Und es heißt die Damenflora sei so schrecklich unschuldsvoll,
Daß man noch in Zweifel wäre, wer die Jungfrau spielen soll.

Ha! das zieht; als keuscher Josef die Susannen zu erspähn,
Könnte man um puncto sieben mich im Musentempel sehn,
Herrschte nicht im ganzen Saale eine rabenfinstre Nacht;

Aber jetzt – zwei Dreierlichte haben ihr den Tod
gebracht.

Die Musik beginnt; – o Himmel – welche
Sphärenmelodien!
Ist es nicht, als ob sechshundert Kater um die Wette
schrien;
Einer geigt wie Paganini – nicht um sein Genie zu
zeigen,
Weil vier seiner Saiten fehlen, muß er wohl auf einer
geigen.

Gott sei Dank, die Töne schweigen, und der Vorhang
rauscht empor,
Thibaut d'Arc nebst drei Susannen tritt als echter Bauer
vor;
Ein Herr Träger gab den Alten, war er auch der Kunst
kein Pfleger,
Paßt er doch des Namens wegen halb zu ihrem
Leichenträger.

Seine teure Ehehälfte spielte die Johanna d'Arc
Himmlisch wie seit zwanzig Jahren, und das ist ein
bißchen stark;
Schminkst du deine Runzelwangen auch mit bestem
Orlean,
Macht er doch dich alte Schachtel nie zur Maid von
Orleans.

Und der schwache König Karl ward fürwahr recht
schwach gegeben,
Lionel war pockennarbig, doch Johanna liebt das
eben,
Und der arme schwarze Ritter schien – ihr glaubt
vielleicht ein Neger –

Nein – ein ungeheuer langer, etwas heis'rer
Schornsteinfeger.

Endlich sah ich Taschentücher statt Johannas Fahnen
wallen,
Endlich ist der Witz zu Ende und der Vorhang kaum
gefallen,
Hei, da brüll'n die Burger »Bravo«, als ob rings die
Luft gewittert,
Und in alten Weiberaugen eine Wehmuts-Träne
zittert. –

Schon nach wenig Tagen las ich in dem Burger
Wochenblatt:
»Heil uns, daß in seiner Mitte unser Städtchen Künstler
hat;
Madam Träger, Sie verdienen aller Herzen wärmsten
Dank,
Aber ich als Dichter bringe Ihnen einen Lobgesang:

›Du – die – du – die keusche Hanne, schon seit zwanzig
Jahren spielst
Und mit jedem neuen Jahre mehr der Künstlerwelt
gefielst,
Lehrst nicht nur als hehres Beispiel: nimmer kann die
Kunst veralten,
Nein, auch Künstlerinnen wissen ewig jung sich zu
erhalten.‹«

Wütend kritzelt' ich darunter: »Du – der – du bei Woll'
und Schafen
Wardst geboren und erzogen, hast gegessen und
geschlafen –
Weine, daß dem Orleane – statt die Tuche dir zu
färben –

Ward das Los, als schlechte Schminke Schlechtes
vollends zu verderben.«

IV
Menagerie

Um das Rhinozeros zu sehn,
(Erzählte mir mein Freund) beschloß ich auszugehn.

*

Ach, sprach er, mit noch nassem Blick,
Ihr werdet euch vergriffen haben;
Es ist ein gar zu großes Stück.
Gellert

Hört! ein zweiter Herr van Aken kam durch unsre
Stadt hindurch,
Die Menagerie zu schauen, läuft und fährt das ganze
Burg,
Und um mich für wen'ge Groschen con amore zu
moquieren,
Seht ihr mich – vergnüglich schmunzelnd – mit den
andern hinspazieren.

Schon sind angefüllt die Räume, denn es hat für 50
Jungen,
Sich ein Menschenfreund und Lehrer die Erlaubnis
heut errungen,
Für das Stück zwei Groschen zahlend – wie an
manchen Weihnachtsbuden,
Seine Garde vorzuführen, gleich ob Christen oder
Juden.

Lassen wir die Buben stehen und den Lehrer Vortrag
halten,

Wandern wir zur andern Seite, zu dem schrecklich klugen Alten,
Der den Stock mit goldnem Knopfe manchmal an die Nase legt,
Salbungsvoll sein Urteil spendend, fashionable sich bewegt.

Seht! der Leu, die Mähne schüttelnd, der gefangen noch ein König,
Und der Tiger, Blitze schleudernd, reizen meinen Burger wenig;
Bei den Vögeln – Gottes Sängern – eilt er fort wie toll und blind,
Lerchen liebt er nur – versteht sich wenn's gebratne Leipz'ger sind.

Doch vor seinem Ebenbild – dem wiederkäuenden Kamele –
Bleibt er stehn und ruft: »Vortrefflich! schön! Bei meiner armen Seele;«
Bei den Affen meint er lächelnd: »Dieser lust'gen Springerschar,
Gleichen meine hoffnungsvollen Jungen wahrlich auf ein Haar.« –

Aber jetzt! – wie flammt sein Auge! seht, fast preßt er seinen Stock
Krampfhaft an die Kupfernase; – vor ihm steht ein span'scher Bock;
Seinen fetten Schwanz beschaut er tränenfeuchten Angesichts
Und bewegt im tiefsten Herzen sprechen seine Lippen – Nichts.

Endlich ruft er selig lächelnd, als er zögernd weiterschreitet:
»Dank dem Himmel, der mir heute solchen Hochgenuß bereitet,
Der das Tier, des edle Wolle ich von Jugend an gepriesen,
Der mir einen Veteranen span'scher Böcke heut gewiesen.

Solche Freude zu belohnen – ist mir nichts zu hoch und teuer!«
Sprach's und gab dem alten Wärter einen alten Kupferdreier;
Dieser wog die Bettlergabe; »– alter Filz!« – schien er zu sagen –
»Möchte der Verehrung halber in den span'schen Bock dich schlagen.« –

V

Metamorphose

Da nahm mein Todfeind schweigend mich am Arme
Und stellte mich vor einer Quelle Spiegel:
O, weh – mein Haupt eisgrau – daß Gott erbarme!
Auf Wang' und Stirn der Knechtschaft Furchensiegel.
Schutt. A. Grün

Seht! welch grauenhaftes Wesen kommt dort langsam hergekrochen?
Einer Mumie zu vergleichen ist es nichts als Haut und Knochen;
An dem klapperdürren Leibe nirgends ein Atom von Fett,
Einer mathemat'schen Linie gleicht wahrhaftig das Skelett.

Sind die Toten auferstanden?! nein, noch lebt der arme Tropf,
Hektisch hört' ich leis ihn husten, jetzo schüttelt er den Kopf,
Jetzt erblick' ich seine Züge, die zur Vogelscheuche taugen,
Tief versunken in den Höhlen dämmert kaum das Licht der Augen.

Dürr und spitz ist seine Nase; nur die Hände und die Ohren
Haben eine ries'ge Dicke, denn sie sind total erfroren,
Denkt Euch noch dies Bild des Elends wild von langem Haar umwallt,
Und Ihr habt ihn ganz, den Ritter von der traurigen Gestalt. –

Fragt Ihr nun, wen ich geschildert: ob den kranken Ahasver?
Ob den alten Moor im Kerker? Fehlgeschossen – ratet mehr!
Oder war's ein halberfrorner und schwindsüchtger Samojede?
War's ein Jude fast verhungert? – Nein, davon ist nicht die Rede! –

Als ich heut unselgerweise mich im Spiegel angesehn,
Sah ich jenes mumiengleiche Wesen schreckhaft vor mir stehn;
Wahrlich Burg – nebst Frost und Hunger – sind ein fein Trifolium,
Schaffen, glaub' ich, den Apollo mir zum Ebenbilde um.

VI
Die Liberalen

Der Mensch ist frei und wär' er in Köthen geboren.

Ha! ein Brief von meinen Lieben! – Ich zerreiß' in Hast zu Stücken
Das Kouvert, um in dem Schreiben – fremde Züge zu erblicken;
Staunend les' ich: »Heut versammelt sich der liberale Trupp,
Da auch Sie ein Freiheitsjünger, harret Ihrer unser Klub.«

Ort und Zeit war angegeben; als ein Freund von Abenteuern
Braucht' es nicht einmal der Neugier mich zum Gange anzufeuern;
Jakobiner, Sanskülotten, Marat, Danton, Robespierre,
Tanzten wie die roten Teufel Don Juans schon vor mir her.

Endlich schlug die Freiheitsstunde; hastig trat ich in das Zimmer;
Tiefe Nacht war rings verbreitet, nirgends eines Lichtes Schimmer,
Leise Stimmen hört' ich flüstern, düstre Schatten sah ich wallen;
Vor der heil'gen Feme glaubt' ich mich in diesen graus'gen Hallen.

Mich erfaßte banges Zagen; – aber plötzlich mußt' ich niesen,
»Prosit!« schrieen zwanzig Kehlen; – »Gott im Himmel sei gepriesen!

Zur Gesundheit!« rief ich dankend, weil ich noch konfuse war,
Aber glaubte doch mich sicher und geborgen vor Gefahr.

Jetzt, als sänk' es mir wie Schuppen von den Augen, sah ich klar,
Daß das Zimmer nur vom Tabaksqualme so verdüstert war;
»Guten Morgen!« rief ich mutig, ob es gleich schon Nacht geworden,
Und nach wenigen Minuten war ich einverleibt dem Orden.

»Schiebt die Riegel vor die Türen, stellt die Wachen an das Tor!«
Sprach der Präsident und zog die Voß'sche Zeitung jetzt hervor;
Ich erkannt' ihr deutungsreiches, eselgraues Fließ-Papier,
Ja, der Stolz der deutschen Blätter lag – o Wonne – neben mir.

Ja, ich war am Ort, wo man die liberalste Zeitung liest,
Die in Burg bei schwerer Strafe lange schon verboten ist; –
O, wie wohl doch stets die freie Sprache freier Männer tut:
»Seine Majestät der König haben gnädiglichst geruht!« –

»Hört! aus Frankreich wird gemeldet: – doch vernahmt ihr nicht ein Rauschen?
Laßt uns drum auf Augenblicke die Politica vertauschen!«

Und er schrie mit Stentor-Stimme, wie ich selten sie vernommen:
»Paetel ist mit sechzig Ochsen heut aus Dessau angekommen!«

»Ja, aus Frankreich wird gemeldet«: – murmelt leis' er durch die Zähne –
»Gestern stürzte sich ein armer, alter Jude in die Seine«;
»Schrecklich« tönt's von allen Lippen, und sie singen schmerzversunken:
»Hätt' man ihn am Zopf gekriegt, so wär' er sicher nicht ertrunken.«

»Aber hier! – es ist unglaublich! – ich bezweifle Wunder kaum:
Hört, es blüht in Hinterpommern jetzt im Herbst ein Apfelbaum;
Bei Soldin sind im Oktober noch Maikäfer angetroffen –
Die Natur verheißt es: Preußen, darf auf ew'gen Frühling hoffen!«

»Hoffen? – Warum nicht!« – sprach ich – »aber wird es ihn gewinnen?!«
Doch bevor ich noch geendet, hieß es: »Mensch, sind Sie bei Sinnen?!
Sind auch liberale Köpfe ganz nach unsres Klubs Geschmack,
Wollen wir in ihm doch keinen Damiens und Ravaillac.«

Alle waren aufgesprungen; jeder suchte Stock und Hut,
Flehend baten sie: »O seid doch unsretwillen auf der Hut,

Unsre Namen sind gebrandmarkt, schweigt ihr nicht, – o Freund, darum
Bitten wir um Himmels willen: Vorsicht und Silentium!«

VII

Der Halle-Burg'sche Kurier
(Nebst einem englischen Stahlstich)

> Sieh her! und bleibe deiner Sinne Meister.
> *Turandot*

> Er schmierte wie man Stiefel schmiert,
> vergebt mir diese Trope!...
> *Verhängnisvolle Gabel v. Platen*

Oft vernahm ich: »Die Zensoren schmieden unsren Geist in Ketten«;
Daß wir drum in deutschen Landen miserable Blätter hätten; –
Freche, unverschämte Lügen sind es, die man schreibt und spricht,
Lest die Halle-Burg'sche Zeitung und beklagt euch länger nicht.

Der Kurier jagt schon seit Jahren nur allein auf Burger Grund,
Darum schon sind andre Blätter gegen solche Zeitung Schund;
Höchstens daß ein »frische Wurst und Sauerkraut« Annoncen Blatt
Dann und wann so geistge Nahrung Lesern vorzusetzen hat.

Herr Kolbatzky heißt des Blattes Redakteur – nein – Fabrikant,
Der sogar den Straßenbuben wie ein bunter Hund bekannt;
Auch verdient er diese Ehre, fern von aller Ironie,
Sag' ich frei, daß Herr Kolbatzky ein Universalgenie.

Montags schnüffelt er in alten, fast verjährten Winkelblättern,
Dienstag ist's – geschäftig setzt und druckt er ausrangierte Lettern,
Andren Tages sieht man ihn als Kolporteur das Pflaster treten,
Und am Schluß der Woche bringt er seine Zeitung den Kossäten.

Daß er stiehlt aus andren Blättern, – o verzeiht's dem Ehrenmann;
Ach, er will ja nur beweisen, daß er leidlich lesen kann;
Denn als Orthograph – wie schmerzlich, daß ich es bekennen muß –
Wird er schwerlich Stellvertreter für den alten Heinsius.

Dennoch – grenzenlose Einfalt! himmlische Naivität!
Groß und breit in jeder Nummer *fehlerhaft* geschrieben steht:
»Wer von meinen Abennenten nicht gelernt hat richtig schreiben,
Muß mir künftig mit Annoncen jeder Art vom Halse bleiben.«

Alles was in andern Blättern keine Menschenseele liest,
Sicherlich – das heißt nach Monden – im Kurier zu finden ist;

Ja, solch Ungetüm von Zeitung kann allein in Burg sich halten,
Ja, hier liest man solchen Unsinn andachtsvoll mit Händefalten. –

Doch ich muß gemäß der Wahrheit auch gewissenhaft berichten,
Nicht auf all und jeden Vorzug durfte der Kurier verzichten;
Eine göttergleiche Freude schafft er beinah täglich mir,
Denn Kolbatzky druckt sein Blatt auf *allerweichstes* Fließ-Papier.

VIII
Vision

> Mehr noch! – Nimmt der Zug kein Ende? – immer mehr! wer kann sie zählen?
> Weh! Auch die zerstreuten Knochen werden wieder zu Kamelen.
> Und der braune Sand, der wirbelnd sich erhebt in dunklen Massen,
> Wandelt sich zu braunen Männern, die der Tiere Zügel fassen. –
> *Gesicht des Reisenden. Freiligrath.*

Auf dem stillen Friedhof stand ich einsam unter Totenhügeln,
Meinen Geist, phantastisch träumend, müht' ich mich umsonst zu zügeln,
Um mich schwebten, webten Geister, – in gespenstischen Gestalten,
Schien mir's, daß sie, leise flüsternd langsam mir vorüberwallten.

Dunkler ward's vor meinen Blicken, und die Träume wurden wilder,
Ries'ger und grotesker malte meine Phantasie die Bilder; –
Plötzlich öffnen sich die Gräber – ist es Wahrheit – ist es Traum? –
Die lebendigen Gestalten faßt der weite Friedhof kaum. –

Die ägypt'sche Seelenwandrung ist kein eitler, leerer Wahn;
Seht, von Tieren jeder Gattung wimmelt rings es auf dem Plan,
Immer neue Scharen wachsen aus den Gräbern schnell hervor,
Sausen, brausen mir vorüber und verschwinden durch das Tor.

Wo der alte Bürgermeister schlummert, hat das Grab geboren
Einen unnatürlich großen Esel mit gewalt'gen Ohren;
Zwei sackgrobe Ärzte steigen aus der Gruft empor als Ochsen,
Eingedenk des alten Streites fangen sie sich an zu boxen.

Wo die Tuch- und Wollespinner ruhen sanft in kühler Erde,
Wächst hervor mit Zauberschnelle eine ries'ge Hammelherde;
Hunde folgen – beißend, blaffend – auf dem Fuße diesem Schwarme,
Das sind sicher auferstandne Polizisten und Gendarme.

Über meinem Haupte schwebend, hör' ich's laut wie Gänse schrein,
Sollten das dem Grab entstiegne Burger Bürger-Töchter sein?
Alles flieht! – nur wo der Küster schläft den ew'gen Todesschlaf,
Steht und bäht in Jammer-Tönen ein verlaßnes schwarzes Schaf.

Mir vergehen alle Sinne; Rettung such' ich in den Füßen
Schon beginn' ich schnellen Laufes mich den Hammeln anzuschließen;
Da vernehm ich Fluchen, Toben, – höre laut die Peitsche knallen,
Und wie Schuppen ist es plötzlich von den Augen mir gefallen.

Hört und lächelt, die ihr einstens werdet diese Zeilen lesen:
Vieh- und Pferdemarkt war eben in dem guten Burg gewesen,
Und zwei unerzogne Hunde jagten einem alten Bauer
Seine halbe Arche Noah über jenes Friedhofs Mauer. –

Und so hab' ich denn die Toten selbst in Burg nicht ruhen lassen,
Reue würde mich gewißlich ob des frevlen Muts erfassen;
Aber jene Toten – glaub' ich – glichen denen, die jetzt leben,
Und da will ich mir pro primo auch die Frechheit dreist vergeben.

IX
Epilog

Erster: Herr, Sie sind ein Grobian!
Zweiter: O, bitte ergebenst, es ist recht gern geschehn.

Seht! Satyriker ward endlich der sentimentale Junge;
Freunde, gratuliert mir zu dem keck gewagten Riesensprunge,
Tadelt nicht, daß ich zu stark der Bilder Farben aufgetragen,
Nein, bewahrt des Zornes Feuer immerhin und laßt Euch sagen:

Jene Zeiten sind gewesen oder sollen noch erst kommen,
Wo, wenn mir ein Vagabonde meine Röcke fortgenommen,
Ich ihm sage: »Dero Gnaden wünschen wohl noch diesen Mantel!«
Nein, ich geb ihm eine Moppe gleich als stäch' ihn die Tarantel.

Durch die ganze Schöpfung findet Ihr verbreitet das Bestreben,
Erst nach langem, harten Kampfe sich dem Stärkren zu ergeben;
Was da lebt, das läßt geduldig sich nicht zausen und nicht raufen,
Alles will sein bißchen Pelle möglichst teuer noch verkaufen.

Selbst die scheinbar toten Dinge äußern deutlich ihre Wut:

Freunde, peitscht das Meer mit Ruten, zürnend schäumet seine Flut,
Schlagt mit hartem Stein das Eisen, seht nur wie vor Grimm es glüht
Und die hellen Funken seines Zornes Euch entgegensprüht.

Weder werdet Ihr den Löwen noch den Wurm geduldig finden,
Wollt Ihr ihn mit Füßen treten, placken, quälen oder schinden;
Nur *ein* Wesen auf der Erde, wenn der Henker schon es traf,
Bleibt bis in den Tod geduldig und dies Wesen ist das – Schaf.

Nein, Ihr könnt es nicht verlangen, daß ich still und ruhig bleibe,
Daß ich meinem Geist solch Testimonium paupertatis schreibe;
Lange mußten diese Burger zerr'n am Faden der Geduld –
Nun, sie haben ihn zerrissen und nicht mir gebührt die Schuld.

Lasset Ihr die schnöden Witze, die ich allgemach gerissen,
Mußtet Ihr darüber lachen, – macht Euch daraus kein Gewissen;
Denn ich selber werde heute sicher ganz vortrefflich schlafen,
Träumend nur von Drehe-Kranken oder doch verdrehten Schafen.

GELDULD

Und Fluch vor allem der Geduld
Faust

Ich muß mit meinem Volke hadern,
Im Arme Kraft, im Herzen Mut,
Und doch in den gesunden Adern
Da pulst kein Tropfen rasches Blut.
Du gleichst dem unverständ'gen Knechte,
Dem einen Schatz der Herr gelieh'n,
Daß Zins er über Zinsen brächte,
Und doch wie du vergrub er ihn.

Man kennt dich schon, und auf der Nase
Spielt man dir ohne große Scheu,
Man weiß es schon, er bleibt ein Hase,
Und wär' er stärker noch der Leu; –
So zeig' einmal die scharfen Zähne,
Und schlage mit dem mächt'gen Schweif,
Und schüttle endlich deine Mähne,
Denn glaub' es mir, die Zeit ist reif.

Tret' einer hin und straf' mich Lügen;
Hier waschen Russen uns den Kopf,
Dort übt sich Holland im Betrügen,
Und dreht uns ruhig einen Zopf.
Doch fünf ist immer bei uns grade,
Und ungehindert hier und dort
Zieht man die Haut uns ohne Gnade
Flugs über beide Ohren fort.

Ihr sprecht: Wir haben keinen Willen,
Verwandtschaft ist an allem schuld,

Wir denken unser Teil im stillen
Und fassen all uns in Geduld.
Sprecht lieber: Fluch den zahmen Tauben,
Die Fürstenbrut in Schlummer lullt,
Fluch euerm ganzen Ammenglauben,
Und Fluch vor allem der Geduld.

ZWEI PREUSSEN

Ein trügerisch Phantom ist's in der Wüste,
Ein Irrlicht ist's an klippenreicher Küste,
Und doch ist – *Hoffnung* alles, was ich habe…
»Der neue Ahasver« von Ludw. Köhler

Studenten – Jünger aller Fakultäten –
Sie saßen zechend um den Eichentisch,
Mit Leib und Seele waren sie Poeten,
Die Gläser klangen und die Lieder frisch.
Am Ehrenplatze stand – beraubt des Haares –
Voll bittren Hohns ein stummer, bleicher Tropf;
Der treuste Freund vom Mediziner war es,
Vom Leipz'ger Schlachtgefild' – ein Totenkopf.

Er hatte selbst bei Möckern ihn gefunden,
Wo sich die Preußen mit dem Feind gerauft,
Wo sie mit Blut aus vielen tausend Wunden
Ein Ordenskreuz – die Freiheit nicht erkauft.
Der Schädel hieß in dem Studentenkreise
Der Preuße stets, – weil er die Zähne weist,
Und doch nach echter, braver Preußenweise,
Nie zornentbrannt nach seinen Feinden beißt.

Ich trat herein, sie hießen mich willkommen,
Sie reichten mir die Hände Mann für Mann,

Darauf ein Glas, – dann hieß es: »Platz genommen!
Du heute statt des Schädels obenan.«
Wir haben, Brüder, statt des »Preußen« dorten
Hier seinen Landsmann kräftig, froh und frisch;
Der Schädel hat bequem es allerorten,
Stellt das Memento mori auf den Tisch.

Wir sprachen viel vom deutschen Vaterlande,
Erflehten Freiheit ihm und Einigkeit,
Daß unser Volk – dereinsten ohne Schande –
Des deutschen Namens würdig steh' im Streit.
Vertrauend blickte manches Aug' auf Preußen,
In dessen Hand die Zukunft Deutschlands ruht;
»Nur frei zuvor, in sich und von den Reußen,
Und wir sind sein mit unsrem Glut und Blut.«

Doch einer sprach: »Wenn nachts die Sonne scheinet,
Wenn christusgleich die Pfaffenklerisei,
Wenn sich ein Fürst von Volkesgnaden meinet,
Dann spricht er wohl: ›Geh hin, mein Volk, sei frei!‹
In Preußen Freiheit! An des Königs Bahre
Hat jüngst das ganze Volk darauf gehofft;
Es war umsonst und bleibt's noch viele Jahre,
Und wer da hofft, der täuschet sich noch oft.«

Ich sprang empor, ich rief: »Bei Gott, trübselig
Ist's, wenn es uns an Hoffnung selbst gebricht,
Die Himmelsfrucht der Freiheit reift allmählich,
Frühreife Früchte, wißt ihr, dauern nicht.
Die Zukunft huldigt auch dem Volksint'resse,
Der Preußen Fürst hat seine Zeit erkannt,
Das freie Wort und eine freie Presse
Beglücken bald mein liebes Heimatland.«

»Brav, Bursche« – sprach der andre – »zieh von Leder,
Ich lieb' es wohl, wenn es so kocht und sprüht,
Doch ach, von deinen Brüdern ist nicht jeder
Wie du von Hoffnung und Vertraun durchglüht.
Sieh deinen Landsmann dort, er scheint nicht eben
Das Lied zu pfeifen mir aus deinem Ton.«
Ich blickte hin und sah mit Widerstreben,
Den bleichen Schädel grinsen voller Hohn.

AN GEORG HERWEGH

Den Alpen, kühn gen Himmel dringend,
Und wieder um die Erde sich
Mit ihren Riesenarmen schlingend,
Den Alpen nur – vergleich' ich dich.
Den Alpen nur, darin zu Hause
Ein Zwingli und ein Wilhelm Tell,
Daraus mit donnerndem Gebrause
Stürzt eines deutschen Stromes Quell.

Den Alpen gleich bist du gedrungen
In Gottes Himmel tief hinein,
Und willst doch, wie du selbst gesungen,
Auf Erden, unter Menschen sein.
In deinem Busen ist zu Hause
Der Durst nach Freiheit, der Rebell,
Es stürzt mit donnerndem Gebrause
Aus dir ein deutscher Liederquell.

Ich lag verschmachtend in der Wüste,
Daheim in meinem Vaterland,
Und kein Oasenquell begrüßte,
Erquickte mich im heißen Sand; –

Ach, über mir stand unbeweglich
Die Wüstensonne im Zenit,
Unsäglich war's und unerträglich,
Was ich von ihren Gluten litt.

Schon fühlt' ich meinen Blick umnachtet; –
Da plötzlich zwang es mich empor, –
Es schlug, wonach ich längst geschmachtet,
Wie Wellenrauschen an mein Ohr.
Und siehe, daß gestillet werde
Der Durst, woran ich fast verschied,
Durchzog ein Strom die Wüstenerde,
Und dieser Strom – es war dein Lied.

Ich habe nicht genippt, getrunken
Und seinen Wogenschlag belauscht,
Ich bin in seine Flut gesunken,
Und habe drinnen mich berauscht.
Er ward zur Lethe mir; – begraben
Ist jede Furcht, die mich gequält,
Und Hoffnung und Vertrauen haben
Sich meiner Seele neu vermählt.

ZWEI LIEDER VOM LEDERRIEM

> Se. Majestät der König hat,
> laut Kabinettsordre, dem
> zweiten Garde-Regiment
> statt des wollenen Bandes
> zum Tragen der Troddel den
> früher besessenen Lederriem
> huldvollst wieder verliehn.
> Die Freude der Beschenkten
> ist grenzenlos.
> *Offizielle Bekanntmachung*

I

Ja, die Erzrepublikaner
Sind in ihrem ew'gen Zorn,
Wie die Heiden, Hegelianer,
Meinem Aug' ein wahrer Dorn.

Habe doch mir sagen lassen:
Nur die Liebe macht uns blind;
Aber wahrlich, die da hassen,
Blinder als die Blinden sind.

Wird doch jede Fürstentugend
Hier berümpft und dort beschimpft,
Und der armen deutschen Jugend
Gift und Galle eingeimpft.

Hier und dort der alte Tadel,
Stets dieselbe Litanei:
»Ja, der Adel, ja, der Adel!
Ja, die Pfaffenklerisei!«

Und nun schließlich das Geleier:
»Seht! er holt aus Albion
Das Rezept zur Sonntagsfeier« –
Jagt mich vollends noch davon.

Diese wütenden Zeloten
Schachern, glaub' ich, mit dem Zwist,
Denn ihr Fürst wird zum Despoten,
Wenn er schier ein Halbgott ist.

Hat nur einer nach Gebühren,
Nach Verdienst gehuldigt ihm,
Als er jüngst den Grenadieren
Zuerteilt den Lederriem?

Und fast glaub' ich, die Verruchten
Zetern noch ihr Ach und Weh,
Hängt an echten russ'schen Juchten
Nächstens unser Portepee.

2

Gott lohn' es ihm, Gott segn' es ihm,
Wir haben nun wieder den Lederriem;
Die ehrende Zierde, die man uns genommen,
Wir haben sie, haben sie wieder bekommen.
Gott lohn' es ihm, Gott segn' es ihm,
Wir haben, wir haben den Lederriem.

Nun wagt euch, Franzosen, noch über den Rhein,
Wir jagen euch wie in die Katzbach hinein,
Wir ziehen für alte, für heilige Rechte,
Wir ziehen begeistert hinaus zum Gefechte,
Mit flammenden Schwertern der Cherubim,
Zum Sieg oder Tod für den Lederriem.

Wir kämpfen ohn' irgendein Freiheitsversprechen,
Und Schwüre mag er zu Dutzenden brechen,
Er mag uns gebrauchen, den Thron ihm zu retten,
Und schmieden zum Dank uns in geistige Ketten,
Statt Schwerter uns geben den Schusterpfriem,
Nur hängen muß er am Lederriem.

Und wenn einst der Pöbel die Kette zerbricht,
Ob Vater, ob Bruder, das kümmert uns nicht,
Wir stürmen hinein in die feindlichen Glieder
Und stoßen und schlagen und schießen sie nieder;
Das sind wir ihm schuldig, das schulden wir ihm:
Dem wiedergewonnenen Lederriem.

AN DEN ORDEN JESU

Die Bibel haben Menschen nur geschrieben,
Ein Mensch war unser Heiland Christus nur,
Drum, wenn es mich so recht zu Gott getrieben,
Sucht' ich ihn immer nur in der Natur.

Doch wen es treibt an Christum fest zu glauben,
An seines Gottes eingebornen Sohn,
Wie soll mein Zweifel ihm Gefühle rauben,
Die seines Busens ganzer Himmel schon.

Führt in Moscheen mit luft'gen Minaretten,
Führt zum Brahminen mich im Lotoskranz,
In Sonnentempel, drinnen Perser beten,
Ich bleibe treu der Glaubenstoleranz.

Ernst werd' ich selbst den Unsinn noch betrachten,
Wenn ein Zuviel des Glaubens ihn erzeugt,
Doch jede Seele hassen und verachten,
Die nur zu Schein sich ihrem Gotte beugt.

Drum haß ich Euch von allen – Jesuiten,
Euch blendet nicht der falsche Heil'genschein,
Und hättet Ihr den Himmel mir zu bieten,
So wollt' ich freudig in der Hölle sein.

Ihr gleicht dem schlauen Arzt, der in Gedanken,
Sich seines Wissens Stückwerk nicht verhehlt,
Und doch aus Selbstsucht einen armen Kranken,
Aus Eitelkeit den schon Gequälten quält.

Nicht will ich mit Euch ob des Satzes rechten,
Ob stets der Zweck das Mittel heil'gen kann,
Wählt Mord und Brand, die Schlechtesten der Schlechten,
Kommt es auf edle Zwecke nur Euch an.

Doch ach! Das Ziel, nach dem Ihr stets getrachtet,
Es heißt: die Menschheit soll ein Sklave sein,
Mit Dummheit habt die Völker Ihr umnachtet,
Gehemmt ein freies geistiges Gedeihn.

Wer faßt in Blei die schönsten Edelsteine?
Wer trinkt den Wein aus einem eklen Glas?
Und doch, das Christentum, das göttlich reine,
Wir sollen trinken es aus Schmutz und Haß!

Aus Eurem Ordensbund, der gleich der Mistel
Dir, deutsche Eiche, Kraft und Saft entsaugt,
Der wie in Rosenkränze keine Distel
Nicht in den Kreis der Jünger Christi taugt.

Gleich einem Münster in die Wolke strebend
Stand einst das Papsttum trotzend jedem Sturm,
Bis Luthers Wort, wie Donner sich erhebend,
Ein Blitz zugleich, geschlagen in den Turm.

Es haben sich wie Efeu ihn umschlingend
Die Jesuiten dran emporgerankt.
Doch mit den Wurzeln in die Quadern dringend
Nur um so schneller die Ruine wankt.

Sie wankt! Der letzte Stein ist bald zertrümmert,
Der Efeu schuttbegraben welkt, erstickt,
Ob Fürstenegoismus schwer bekümmert
Auch immerhin den alten Münster flickt.

Die Throne schwanken und Tyrannen wanken,
Die Völker rüsten sich zum letzten Krieg,
Mit Schwertern hier und dorten mit Gedanken,
Erringen endlich, endlich sie den Sieg! –

DER TAUGENICHTS

Bei Gott, ich war ein guter Junge,
Als mich der Bröder eingehetzt,
Obschon ich oft mit scharfer Zunge
Den lieben Lehrern zugesetzt,
Obschon sie männiglich zu leiden
Vom Hohn und Spott des kleinen Wichts,
Obschon ich hieß Herr Unbescheiden
Und schließlich gar ein – Taugenichts.

Doch jeder meiner Brüder nannte
Mich seinen Freund und Hirt und Hort,
Und hatte, als man mich verbannte,
Manch liebevolles Trosteswort.
Sie sprachen all: »Aus deinen Augen,
Aus jedem deiner Züge spricht's:
Du magst denn doch wohl etwas taugen,
Du fortgejagter Taugenichts.«

Ich blieb mir treu; ich böser Junge
Hab' auf der Lebensschule jetzt
Nach altem Brauch, mit scharfer Zunge,
Den lieben Lehrern zugesetzt.
Mir dienten ihre Narreteien
Zum Vorwurf manchen Spottgedichts,
Drum hör' ich schon den Rektor schreien:
»Ins Karzer mit dem Taugenichts!«

O, möchten dann mit milden Worten
Sich meine Leidensbrüder nahn,
Du deutsches Volk von allen Orten,
Für das ich tat, was ich getan,
Und sagen mir mit trüben Augen:
»Aus jedem deiner Lieder spricht's:
Du magst denn doch wohl etwas taugen,
Du eingesperrter Taugenichts.«

DIE ZEHN GEBOTE

Aus dem russischen Katechismus

1

Bin der Herr, dein Gott und Vater,
Keine weiteren Berater
Sollst du haben neben mir;
Denn allmächt'ger und allweiser
Und allgüt'ger als der Kaiser
Zeigt sich keine Gottheit dir.

2

Ich erlaub' in meiner Milde,
Daß du huldigst meinem Bilde,
Solch ein Bilderdienst ist frei.
Was der alte Gott verpönet,

Jetzt mein Werk der Gnade krönet, –
Knie vor meinem Konterfei!

3

Ja, den Sabbat sollst du feiern;
Doch du brauchst nicht mitzuleiern
All die Kirchenmelodein;
Bete laut nur für den Kaiser,
Laut, bis dir die Kehle heiser,
Und das Himmelreich ist dein.

4

Vater, Mutter sollst du ehren;
Streng befolgen ihre Lehren
Heißt erfüllen seine Pflicht;
Folge stets der milden Führung
Deines Kaisers, der Regierung, –
Kränke deinen Vater nicht!

5

Töten sollst du, – Feinde töten,
Wenn sich nicht die Klingen röten,
Röte Scham dein Angesicht;
Tod den Polen, den Tscherkessen,
Jedem Schufte, der vermessen,
Freiheitstoll die Kette bricht.

6

Meinetwegen – ehebrechen,
Nie Gehorsam ehe brechen,
Als bis dir das Auge bricht;
Jenes kann ich selbst wohl leiden,
Dieses rat' ich dir zu meiden
Und ich rat' im Spaße nicht.

7

Knutenhiebe für die Diebe!
Doch aus Christengnad' und Liebe
Ändr' ich des Gesetzes Lauf,
Wenn ich selbst nicht Lust zum Kaufen;
Große Diebe läßt man laufen,
Nur die kleinen hängt man auf.

8

Stets die Wahrheit zu bezeugen,
Ihr wie mir sich freudig beugen,
Sei dir eine heil'ge Pflicht; –
Doch in meinem Interesse, –
Selbst die heftigsten Exzesse
Gegen Wahrheit straf' ich nicht.

9

Fremdes sollst du nicht begehren!
Nimmer in die Ferne kehren
Einen sehnsuchtsvollen Blick;
Müßtest geistig du verhungern,
Laß das Schielen, laß das Lungern,
Dummheit ist das höchste Glück.

10

Fremdes sollst du nicht begehren!
Keine Freiheit heiß verehren,
Sklave sein, statt freigesinnt;
Sonst spazierst du nach Siberien,
In die großen Winterferien,
Die zugleich – Hundstage sind.

DAS ALTE LIED

Es sang vor vielen tausend Jahren
Die Nachtigall wie heute schon,
Von Jahr zu Jahre – neue Scharen,
Von Jahr zu Jahr – der alte Ton.

Das alte Lied! Auf allen Zweigen
Tönt's ewig schön den Wald entlang,
Und doch – der Dichter soll verschweigen,
Was vor ihm schon ein andrer sang.

Was schiert's die Welt, ob tiefempfunden
Sein altes Lied, ob's wahr, ob's treu;
Sie fragt: »Ist's leidlich gut erfunden?«
Und fragt vor allem: »Ob es neu?«

Weh Abendrot, daß du mich wieder
Zu einem alten Sange zwingst,
Du Purpurträger, der du Lieder
Von je als Huld'gungseid empfingst.

Du Bild von einem Königsohne,
Der, in sich selber stark und fest,
Die strahlenreiche, goldne Krone,
Als wär's ein Spielzeug, sinken läßt.

UNSRE ZEIT

»Wir sind mit unsrer Zeit beraten,
Als ob ein altes Weib sie sei,
Entsetzlich arm an Männertaten
Und reich an Worten und Geschrei!«

So dacht' ich jüngst; – und doch vermählet
Mit des Jahrhunderts heil'gem Geist
Ist sie, das Weib, gottauserwählet,
Das mit dem neuen Heiland kreist.

Sie gleicht der winterlichen Scholle,
Die kahl und nüchtern sich erhebt,
Und drin der Lenz, der wonnevolle,
Trotzdem in tausend Keimen lebt.
Sie gleicht der regentrüben Wolke,
Die jetzt noch finster auf uns blickt,
Doch bald vielleicht dem armen Volke
Den Gottessegen niederschickt.

Sie gleicht der Puppe, die verborgen
Nach herrlichster Entfaltung strebt,
Und der – ob heut nun oder morgen –
Vielleicht der Falter schon entschwebt.
Sie sprengt nur und behaut die Steine
Für ein zukünftig Quadernhaus;
Sie pocht das Erz, doch Gold, das reine,
Gewinnt die Zukunft erst daraus.

Nicht alles gab der Himmel allen,
Und Größ'res als ein Heldenlos
Ist unsren Tagen zugefallen
Und wächst und reift in ihrem Schoß.
O zürnet nicht, wenn arm an Taten
Ein Weib in ihren Wehen ist,
Und schaut euch um nach wackren Paten
Für einen neuen Jesus Christ!

BERLIN 1850

Pfingsten ist das Fest der Freude
Das da feiern Wald und Heide
Uhland

Pfingsten war's! Nach langen Jahren
Kehrt' ich heim zur Vaterstadt,
Hatte Sehnsucht nach den Laren
Und die Fremde herzlich satt.
Tanzte schon im Kolosseum,
Rutschte schon im Tivoli,
Schlürfte Kaffee im Odeum
Und Bouillon bei Stehely.

Fröhlich kam ich hergeschlendert
Durch das Anhaltiner Tor, –
Gott, wie kam mir so verändert
Alles in den Straßen vor.
Todesstille allerorten;
Nur ein Polizistenpaar
Forschte nach, ob hier und dorten
Noch ein Laden offen war.

Vor dem elterlichen Hause
Stand ich endlich im Portal,
Schellte dann mit mancher Pause
Wohl ein halbes Dutzend mal.
»Das ist ja zum Geierholen!
Aufgemacht! Potzsapperment,
Steh' hier draußen wie auf Kohlen,
Aufgemacht! Mordelement.«

Endlich kroch des Hauses Stütze,
Ein erkrankter Greis hervor,
Eine weiße Zipfelmütze
Zog er über Stirn und Ohr.
»Welch ein Fluchen! wie beschädigt,
Wie verdorben bist du – Kind,
Bete, bete – geh zur Predigt,
Wo die Hausbewohner sind.«

Schier verwundert ging ich weiter,
Und es war mir just im Sinn
Nicht so lustig und so heiter,
Wie ich das gewöhnlich bin.
Langeweile, Durst und Ärger
Trieben mich ins Türk'sche Zelt,
Wo ich schnell Johannisberger,
Vierunddreiß'ger, mir bestellt.

Aber ach, den toten Wänden
Sprach ich mein Verlangen aus,
Denn von dienstbeflissnen Händen
Fand ich keine dort zu Haus.
Endlich ließ im schwarzen Fracke
Sich ein Kellner vor mir sehn,
Eine furchtbar dicke Backe
Ließ ihn nicht zur Kirche gehn.

Und ich fordre heftig wieder
Meinen Vierunddreiß'ger mir;
Sieh, da sinkt der Kellner nieder
Und ohnmächtig wird er schier.
»Gott im Himmel«, ruft er kläglich,
»Geh nicht mit ihm ins Gericht,
Trinken will er – feiertäglich!
Ach, er weiß nicht, was er spricht.«

Lächelnd meint' ich: »Nun, mit Biere
Will ich auch zufrieden sein,
Aber brocke mir Lektüre
In den Gerstensaft hinein.«
Er verklärte sich; die Bibel
Bracht' er freudestrahlend mir,
Ein Gesangbuch, eine Fibel,
Aber – Wasser nur statt Bier.

Doch das schien mir zu vergnüglich
Und ein nicht verdientes Glück,
Ich begab mich unverzüglich
In die fromme Stadt zurück.
Dorten wurde höchst moralisch
Ganz urplötzlich mir zu Sinn,
Oder war's nur theatralisch,
Kurz, ich ging zur Kirche hin.

Wunderbar! – Zur Andacht riefen
Priesterwort und Orgelton,
Aber die Berliner schliefen
Allesamt und schnarchten schon.
Mir zur Seite sprach im Traume
Eine Köchin äußerst fromm:
»Wilhelm, komm! im jrienen Baume
Ist Musik und Tanz; – o, komm!«

DIE ADELSZEITUNG

Was Gott nicht alles leben läßt!

Ich kann mir selbst es kaum vergeben
Und nicht erklären kann ich's mir, –
Drei Jahre ist sie schon am Leben,

Und gestern hört' ich erst von ihr.
Erst gestern hab' ich sie gelesen, –
Ich las – und wurde rot vor Scham,
Wie schlecht doch alle Kost gewesen,
Woraus ich sonsten Nahrung nahm.

O, welche Weisheit! hinzuschreiben:
Reif ist ein fürstlich Windelkind,
Unmündig aber muß es bleiben,
Das Volk, – das arme Findelkind. –
Es wird darinnen auch gedichtet,
Doch macht das Lied sich nie gemein,
Es muß an Fürsten meist gerichtet
Und stets von einem Grafen sein.

Preßfreiheit kann ihr nicht behagen,
Weil sie die Zeit erkannt, erfaßt;
Und jene vier so grobe Fragen
Sind ihr wie Bürgerplebs verhaßt.
Dem Herwegh macht es ew'ge Schande,
Daß er gezürnt so ungalant; –
Man merkt es, daß er hierzulande,
Ach, leider niemals Schildwacht stand.

Heut hat der Kellner mich berichtet,
Als ich das Adelsblatt begehrt:
»Wir haben, Gott sei Dank, gelichtet
Und abgeschafft, was gar nichts wert.
Wir sind nicht recht gescheit gewesen, –
Herr, in der Adelszeitung hat
Man immer nur zum Spaß gelesen,
Wie im ›Polit'schen Wochenblatt‹.«

EINE LINDE

Sieh, im Winde hebt den Wipfel
Ein gebeugter Lindenbaum,
Fast als such' er mit dem Gipfel
Wieder freien Himmelsraum.

Doch vergeblich ist sein Ringen;
In den dunklen Gassen – ach –
Glückt's ihm kaum hinaufzudringen
Zu der Häuser hohem Dach.

Und er hat's auch aufgegeben,
Und geschüttelt schmerzlich still,
Wie wenn einer nichts vom Leben
Weiter als noch sterben will.

Jährlich, wenn der Lenz erschienen,
Doch erst spät, im Monat Mai,
Zeigte seiner Zweige Grünen,
Daß er noch am Leben sei.

Aber Blüten hat seit Jahren
Schon der Lenz ihm nicht erzeugt;
Spott nur ist ihm widerfahren,
Der ihn mehr und mehr gebeugt.

Weil das Licht der Sonn' und Sterne
Ihn so kümmerlich bescheint,
Hat man einer Gaslaterne
Licht dem ihren noch vereint.

Und statt Nachtigallenlieder
Bot man ihm ein Liedchen an,

Das, die Straßen auf und nieder,
Spielt der Leierkastenmann.

Winters auch um seine Rinde
Legt man Stroh und warmen Mist
Wie zum Weihnachtsangebinde –
Daß der Baum nicht glücklich ist.

DER TRINKER
(Nach Rob. Nicoll)

Sie schicken sich zum Festmahl an
Und schenken jubelnd ein,
»Vergnügen« suchen sie, doch ich
»Vergessen« nur im Wein.
Von Not und Elend will ich frei
Und frei von Sorgen sein,
Von Armut, Frost und Hunger frei, –
Und darum schenk' ich ein.

Durch meine Lumpenkleidung pfeift
Der rauhe, kalte Wind,
Seit ich mein letztes Brot verzehrt,
Zwei Tag' vorüber sind; –
Ein einzig Glas, und sieh! – ich bin
Mit Purpur angetan,
Und seh' den leeren Tisch besetzt
Wohl gar mit Goldfasan.

Mein Weib, zerlumpt, erbettelt sich
Ihr Brot von Haus zu Haus
Und ruht auf bloßer Erde nachts
Bei ihren Kindern aus;
Sie trinkt wie ich; warum? – es frommt

Der Trank ihr ebenso,
Die blassen Kinder scheinen ihr
Statt hungrig – satt und froh.

Was *auf* dem Leib, was *in* dem Leib,
So habt gut reden ihr,
Doch anders kläng' es, – wär't ihr so
Halbnackt und arm wie wir.
Daß elend ich, was liegt daran!
Drum lebt ja unserein,
Brot ist nicht da; – komm Weib und trink
Und laß uns lustig sein!

ICH BIN ERWACHT!

Ich bin erwacht! Doch scheuchte meine Träume
Kein Morgenstrahl, der in mein Zimmer drang,
Mich weckte nicht der Morgengruß der Bäume,
Ihr Flüstern weder noch ihr Vogelsang.
Nein, nein, der Sturm hat im Vorüberfegen
Mich vor der Zeit um meine Ruh gebracht,
An Tür und Fenster schlägt und stürmt der Regen,
Und um mich her ist tiefe, tiefe Nacht.

Ich bin geheilt! Doch ach, von keinen Schmerzen,
Von keinem Weh, das jemals mich geplagt,
Von keinem Zweifel, der an meinem Herzen
Nur irgendwie gerissen und genagt; –
Nein, von dem Glauben, der ein Wahn gewesen,
Vom Köhlerglauben an ein dauernd Glück,
Und wünsche bei so traurigem Genesen
Mir oft den alten, lieben Wahn zurück.

Ich bin gestillt! Doch nicht als ob umschlungen
Der weiche Arm mich eines Liebchens hielt,
Bin nicht gestillt, als hätt' ich mir errungen,
Wonach voll heilgen Strebens ich gezielt;
Nein, jene Ruhe hat mich überschlichen,
Die den Gefangnen nach und nach entmannt,
Der seiner Zelle glücklich einst entwichen,
Noch Wall und Graben um den Kerker fand.

Ich bin bereit! Doch nicht zu neuen Rollen
In unsres Lebens Fastnachts-Possenspiel –
Im ersten Akt den Himmel stürmen wollen,
Und schließlich auf dem Blocksberg im Asyl.
Nein, nein – bereit, den weiten Weg zu machen,
Den man so schnell wie keinen andern macht,
Ja, statt ein nächtig Leben zu durchwachen,
Durchschlaf' ich lieber eine Todesnacht.

DER SCHWARZE KORSAR

Ein Spiegel das Meer – auf der Fluten Blau
Tanzt leicht der Fregatte zierlicher Bau.
Das Erz der Geschütze, das Segel so weiß,
Blinkt hell in der Somme so tropenheiß.

Matrosen, gebräunt und von struppigem Haar,
Schaun südwärts und schwatzen vom schwarzen Korsar;
Vom schwarzen Korsar, vom guten Fang,
Auf den sie passen schon mondenlang.

Schon flimmert am Himmel der Abendstern,
Da zieht's wie ein Schatten in weiter Fern.
Wie, sind sie der schwarzen Flagg' auf der Spur;
Wie, ist es ein schwarzes Wölkchen nur?

Er naht, der Korsar, er weckt das Meer,
Er segelt mit vollen Segeln daher;
Seine Stimme ist Donner, Nacht ist sein Haar,
So naht der Sturm, der schwarze Korsar.

Er höhnt die Fregatte und jagt herbei,
Als ob er ein Sklavenhändler sei,
Und peitschet über das schäumende Meer
Die schwarzen Wolken wie Neger einher.

Wohl trotzt die Fregatte dem Sturmesdräun,
Wohl krachen die Salven, den Feind zu zerstreun.
Umsonst – schon hat er sie wütend gefaßt,
Und die Fahne senkt sich, der Flaggenmast.

Schon streckt die Fregatte Waffen und Wehr
Und wirft die Geschütze hinunter ins Meer.
Der letzten Salve gedämpfter Klang
Wie Hilferufen zum Himmel drang.

Umsonst – unter schrillendem Hurrageschrei
Bricht er der Schlanken die Rippen entzwei,
Sie sinkt, von Riesenfäusten gepackt,
Und über ihr schließt sich der Katarakt.

Und weiter stürmt mit flatterndem Haar,
Mit blitzendem Auge der schwarze Korsar
Und spürt nach neuem Spielzeug umher
Für sein Lieb, das unersättliche Meer.

EINEM FREUNDE IN ODESSA

Nicht um eine Fürstenkrone
Wär' ich in das Land geeilt,
Wo das Volk sich in Spione,
Sklaven und Tyrannen teilt.
Nein, des freien Worts bedürftig,
Wie der frischen, freien Luft,
Stürb' ich dort, o Freund, als schlürft' ich
Nur des Upas gift'gen Duft.

Dort, wo Themis, urteilsprechend,
Nicht das Recht und Unrecht wägt,
Nein, das Gold nur, das, bestechend,
Reichtum in die Schale legt;
Wo die Augen ihr verbunden,
Daß sie desto sichrer irrt,
Und das Richtschwert allerstunden
Zu der Willkür Knute wird;

Freund, dort – wie im Reich der Toten –
Herrscht noch Nacht und finst'res Graun,
Während wir den Sonnenboten,
Wir – die Morgenröte schaun;
Dort, ob jeder freien Seele,
Hängt noch das Damoklesschwert,
Während hier mit lauter Kehle
Volk und Lied den Freimut ehrt.

Freund, wo man das Licht der Sonnen
Scheut und nur nach Vorschrift denkt,
Dorten sprudeln keine Bronnen,
Draus man deine Seele tränkt;
Drum zerreiße kühn die Bande,

– Wer nicht waget, nicht gewinnt –
Und entflieh dem Heimatlande,
Wo die Menschen – Sklaven sind.

Flieh, du bist nicht heimisch dorten,
Wo dein Vater dich gezeugt,
Heimisch bist du hier geworden,
Wo der Geist dich großgesäugt.
Zieht es nicht in unsre Mitte,
In die Ferne dich zurück?
Auf! es beut nur deutsche Sitte
Dir der wahren Heimat Glück.

AUCH EIN HERZENSTROST

Mein Freund, du frägst, warum ich singe?
Das ist mir eine Frage, das;
Ich singe, nun, ich singe, singe –
Mir macht einmal das Singen Spaß.

Daß andre so wie ich empfinden,
Das wär' bedeutend stolz gedacht;
Ich kenn' am besten die Gefühle,
Die solch ein Lied hervorgebracht.

Drum mach ich einen Katzenbuckel,
Biet' ich mein Lied den Leuten an:
»Sollt' etwas nur daran gefallen,
Ist's mehr schon, als ich hoffen kann!«

Vor jedem Lumpenjournalisten
Bin ich ein tief bescheidner Mann:
Der Mensch wird ganz gewiß was wissen,
Was unsereins nicht machen kann.

So schick' ich meine Vers' ins Leben,
Bis an ein Herz ins weite Land,
Das einst wie ich mit Jugendwärme
Die großen Sänger nachempfand.

Das einst wie ich an seiner Wiege
Der Musen Feuerkuß erhielt,
Das einst vielleicht auch meine Lieder
Mit allem Leben wiederfühlt.

Mein Freund, das ist so meine Hoffnung,
Das ist so meine Hoffnung, das –
Derweile sing' ich, sing' ich Lieder,
Mir macht einmal das Singen Spaß.

Ich singe fort, solang ich fühle,
Verlange Mitgefühle nie
Und klage nie, wie andre Dichter,
Ob Lumpenwelt und Kompanie.

REISEERINNERUNGEN

1. Abschied

Der Anker war gelichtet,
Bei lautem Böllergruß,
Bei Vivatruf und Hurra
Durchfurchten wir den Fluß.

Mit bunten Wimpeln grüßte
Uns jedes Schiff und Boot,
Der Himmel selber flaggte
Mit seinem Abendrot.

Und einsam auf den Bergen
Blieb eine Dirne stehn
Und ließ die bunte Schürze
Im Abendwinde wehn.

Ihr Gruß hat wie das Scherflein
Des Armen mich gerührt,
Ich nickte, bis die Ferne
Mich ihrem Blick entführt.

2. *Auf dem Meere*

Wir jagten auf flüchtigem Schiffe
Durch Nacht und Fluten einher,
Hoch schäumte der Becher der Freude,
Hoch schäumte das brausende Meer.

Raketen zischten und stiegen
Tief, tief in die Nacht hinein
Und schienen, in Funken zerstiebend,
Ein sinkender Himmel zu sein.

Es scholl in das Donnern des Meeres
Vielstimmiger Jubelgesang.
Kaum hörbar, wie Schmettern der Lerche
Bei Orgel- und Glockenklang.

Die Stunden entflohn; wetteifernd
Durchflog unser Fahrzeug die Flut;
Erloschen war die Freude,
Und der Rakete Glut;

Doch immer noch schäumte die Woge,
Und hallte wie Donner das Meer,

Und immer noch wachte am Himmel
Der Sterne ewiges Heer.

3. *In Westminster*

Inmitten der Kapelle
(Der halbverfallnen schon)
Von Edward dem Bekenner
Steht Englands Königsthron.

Plump ist sein Holz; sein Linnen
Nicht sauber und nicht klar,
Und doch, bei seinem Anblick
Ergriff's mich wunderbar.

Ich schloß mein Aug'; im Geiste
Sah ich an seiner Lehn'
Den Löwenherz'gen Richard
Und Richard Gloster stehn;

Ich sah die beiden Rosen
An dieser heil'gen Stätt',
Ich sah den achten Heinrich,
Und dich, Elisabeth.

Aufschreckt' ich aus dem Traume;
Da saß, zu Spott und Hohn,
Ein Leipz'ger Eisenkrämer
Auf Englands Königsthron.

Es freute sich des Witzes,
Und pflegte sein Gebein;
Bei Gott, es kann die Dummheit
Oft recht ironisch sein!

4. *In den Docks*

Wir kamen von Westminster,
Von William Pitt und Fox,
Voll Spinnweb sind und finster
Die Keller in den Docks.

Bei Lampenflackerscheine
Begann die Bergmannsfahrt;
Da gab es Edelsteine
Gar wunderbarer Art.

Gleich flüssigem Rubine
Sprang aus dem Faß der Port,
Als wir die erste Mine
In seine Wand gebohrt.

Im goldnen Strahle spritzte
– Gleich flüssigem Topas –
Und schimmerte und blitzte
Der Sherry in das Glas.

Wohl schenkte mir kein Teufel
Statt Weines – Flammen ein,
Doch war es sonder Zweifel
Ein rechter Feuerwein.

Wohl war's auch nicht die Hölle,
Die solchen Trank gebraut;
Doch fiel ich über die Schwelle
Und lacht' und schwatzte laut.

5. *Auf dem Brightoner Kirchhof*

Ich stand auf der Höhe des Friedhofs
Und schaute hinaus auf das Meer,
Still unter mir schliefen die Toten,
Laut spielten die Kinder umher.

Und über mir blaute der Himmel,
Es war ein wonniger Tag,
Wo jeder des Lebens sich freuen
Und's nimmer missen mag.

Und eines der Kinder rief ich
Und küßt' es in stiller Lust
Und preßte Jugend und Leben
Mit ihm an meine Brust.

6. *Rückkehr*

Und wieder in die Heimat
Nahm unser Schiff den Lauf
Und kämpfte sich stromaufwärts
Den Elbefluß hinauf.

Die Nacht war still; vom Ufer
Kein Gruß, kein Vivat scholl,
Und doch – mein Herze pochte
So laut, so freudevoll.

Kühl ging die Luft; mir aber,
Mir war so wohl, so warm;
Ich sah ja meine Mutter
Mir öffnen schon den Arm.

ALS HUNDSTAGE WAREN

Bedientenvolk! schon wähnt' ich eitel,
Du zögst den neuen Adam an,
Doch von der Sohle bis zum Scheitel
Steckt in dir noch der »Untertan«.
Das war ein Gähnen, Murren, Grollen,
Die Meinung wuchs und wurde dreist,
Und doch ein einzig kühnes Wollen
Belebt den alten Sklavengeist.

Still bringe deinen Dank entgegen
Ihm, der ein Unheil abgewandt,
Doch jedes *laute* Freuderegen
Ist ein Verrat am Vaterland;
Denn »*Liebe*« nennt man dein Entzücken,
Und »Liebe« jeden Vivatruf,
Ja, alles, was ein krummer Rücken
Und sklavische Gewohnheit schuf.

Vergeblich! alle Glocken tönen,
Man singt: »Nun danket alle Gott«,
Ich möchte bitter, bitter höhnen,
Doch ach, der Zorn erstickt den Spott.
Wir sind mit dem, was wir gewannen,
Wie Sisyphus mit seinem Stein,
Man wird sich vor den Wagen spannen,
Und hochbeglückt im Joche sein.

»ZWEI SEELEN UND EIN GEDANKE, ZWEI HERZEN UND EIN SCHLAG!«

Ein Hund und eine Katz' verloren
Schon früh die teuren Eltern beid';
Ein alter Freund, mit langen Ohren,
Erbarmte sich der jungen Leut'.

Ein Esel war's und beiden Seelen
Mit gleicher Liebe zugetan;
Die Pflegekinder zu vermählen,
Das war von je sein Lieblingsplan.

Zwar sah er zwischen Hund und Katze
Oft einen eingefleischten Haß,
Doch hing er an dem alten Satze:
Im Ehestande gibt sich das.

Zwar sprach die Katz': »O Pflegevater,
Laß ab, so du nicht Stein und Erz,
Ich lieb' des Nachbars schwarzen Kater,
Und ihm allein gehört mein Herz.«

Es sprach der Hund: »Wohl fühl' ich Minne,
So wahr als ich ein Pinscher bin,
Doch streben alle meine Sinne
Nur nach der Bologneserin.«

Umsonst! Trotz allem Widerstreben
Und allem Flehn von Katz' und Hund,
– Der Esel war ein Esel eben –
Bestand er auf den Ehebund.

Der Krieg ist da; nachts schleicht die Katze
Zu Nachbars schwarzem Kater hin, –
Der Pinscher huldigt seinem Schatze,
Der kleinen Bologneserin.

ALS GRENADIER

Es krankt, seit des Gefreiten Schere
Mir meine Locken fortgeputzt,
Mein Flügelpferd an einer Schwere,
Als wär' es mit mir zugestutzt.

Je steifer nach dem abgehackten
Kalbfell den Fuß ich setzen muß,
Je steifer wird nach solchen Takten
Auch allemal mein Pegasus.

Jetzt hat man Rock und Helm, den blanken,
Mit all und jedem schon gemein;
Und ging's, man nähte die Gedanken
Auch gern in Uniformen ein.

LASS DIE KINDER ZU MIR KOMMEN!

Schwester, schicke deinen tollen
Blondkopf oft zu mir heran,
Daß an seinem unschuldvollen
Spiel ich mich erquicken kann.
Und die sinnige Marie
Mit den Lochen und den frommen,
Blauen Augen, schick' auch sie –
Laß die Kinder zu mir kommen!

Lieber als die Spiele wahrlich,
Die so manches Fürstenkind
Spielt mit seinem Volk beharrlich,
Wie wenn Menschen – Puppen sind;
Lieber seh' ich's, wenn Marie
Ihre Puppen vorgenommen
Und sie putzt auf meinem Knie –
Laß die Kinder zu mir kommen!

Lieber als den eitlen Reiter,
Der, obschon ein blinder Saul,
Sich ein gotterhellter Streiter
Dünkt auf dem Paradegaul,
Schwester, lieber seh' ich itzt
Deinen Wildfang, wenn im frommen
Wiegenpferd er lächelnd sitzt –
Laß die Kinder zu mir kommen!

Ach, es kehrt in solchen Stunden
Meiner eignen Kindheit Glück,
Wie ein Traumbild hingeschwunden,
Meiner Seele neu zurück.
Hat das Leben auch dem Mann
Längst so Duft wie Schmelz genommen,
Glücklich, wer noch wünschen kann:
Laß die Kinder zu mir kommen!

FATA MORGANA

Es irrt der Mensch auf des Lebens Meer
Ein pfadloser, ratloser Schiffer umher;
Er sucht das Glück in Süd und Nord
Und findet's nicht hier und findet's nicht dort.

Da naht ihm, wenn er verzweifeln will,
Die Hoffnung – die Fata Morgana still
Und spiegelt ihm noch am Grabesrand
Einen Hafen des Glücks, ein Wunderland.

DER MARKUSLÖWE

Venedig schläft; doch schlummerscheu
Wacht der geflügelte Markusleu,
Er wacht und von der Lagune zum Meer
Wandert sein Auge hin und her.

Und wie er starr in die Ferne schaut,
Da wird's in der Piazetta laut,
Das Wasser steigt, und Well' auf Well'
Umplätschert des Löwen Fußgestell.

Der Wogen eine züngelt empor
Und raunt dem ehernen Wächter ins Ohr:
»Was blickst du starr in die See hinaus,
Dieweil Verderben im eigenen Haus?

Als ich dem Palaste vorübergerauscht,
Hab' ich den grauen Falieri belauscht;
Bedroht ist die Freiheit, bedroht ist der Staat,
Im Herzen des Dogen brütet Verrat.

Was suchst du den Feind auf der Adria?
Falieri heißt er, nicht Doria;
Nach Kron' und Szepter trachtet sein Sinn,
Leu, rette die Meereskönigin!«

Da springt mit einem gewaltigen Satz
Der Löwe hinab auf den Markusplatz; –

Schon huscht der Verrat durch die Straßen scheu,
Da hält am Markusturme der Leu.

Mit seiner Tatze zerschlägt er das Tor,
Er fliegt die steinernen Treppen empor,
Umklammert die Glocke hoch oben im Turm
Und der Markuslöwe läutet Sturm.

Wie wenn er die Toten wecken will,
Mischt er dem Donner sein eigen Gebrüll; –
Venedig ist wach, entdeckt der Verrat,
Gefangen Falieri, gerettet der Staat.

Auf seiner Säule rastet aufs neu
Venedigs Wächter – der Markusleu;
Den Dogen findet das Morgenrot
Auf dem Schafotte blutig und tot.

KÖNIG JAKOB

Das war der König Jakob; man nahm ihm Kron' und Land,
Er aber hatte dennoch Trost immer bei der Hand;
Und wenn er nicht im Himmel sich jetzt gefällig spreizt,
Lobt er gewiß die Hölle, weil drinnen eingeheizt.

Einst trieb der Stolz heimwärts ihn von Frankreich übers Meer,
In Irland an der Boyen, da sammelt er ein Heer,
Von König Wilhelms Haupte will reißen er die Kron',
Erobern mit dem Schwerte den feig verlornen Thron.

Die Schlacht entbrennt; der erste ist Jakob, der da flieht,

Er jagt, daß sein Verfolger alsbald den kürzern zieht,
Da spricht er: »Wenn beim Streiten ich immerhin verlor,
So kam mir doch beim Reiten kein Sieger heut zuvor.«

Er steigt zu Schiff; vom Kopfe weht ihm der Wind den Hut,
Man reicht ihm eine Mütze, die nimmt er wohlgemut
Und spricht: »Um eine Krone zog ich gen England aus,
Nun, eine Kappe bring' ich doch, Gott sei Dank, nach Haus.«

ERNST UND SCHERZ

Immerhin, immerhin
Scheltet meinen Kindersinn
Und mein fröhlich Scherzen;
Glücklich jeder, der als Mann
Singen noch und lachen kann
Recht aus vollstem Herzen.

Armer Tropf, armer Tropf,
Dem der Herr Magister Zopf
Stets im Nacken baumelt,
Dessen Seele nur allein,
Wenn er voll Dreimännerwein,
Mal bacchantisch taumelt.

Ernst und Scherz, Ernst und Scherz
Haben beid' in eines Herz
Raum noch sonder Zweifel;
Die wie Kinder heut gelacht,
Ziehen morgen in die Schlacht
Gegen Höll' und Teufel.

KARL STUART
(Whitehall, 30. Januar 1649)

Ich kann nicht schlafen! Ist's das Hämmern draußen
An meinem letzten Throne, dem Schafott –
Wie, oder ist's das Bangen vor dem Tode,
Was um die letzte, süße Rast mich bringt?
Sei's, was es sei, der schlummerlosen Nacht
Folgt mit dem frühsten ja – der ew'ge Schlaf.

Die Schildwacht schreitet draußen auf dem Gange,
Als wär' ich noch der König, auf und ab;
Ein Unterschied: sonst schützte sie mein Leben
Und jetzt bewacht sie ängstlich meinen Tod.
Welch wechselvolles Spiel ist unser Leben!
Betracht' ich, wer ich war und wer ich bin,
So treibt mich's, vor den Spiegel hinzutreten
Und unter Furchen nach mir selbst zu suchen;
Kopfschüttelnd steh' ich vor dem fremden Bilde
Und frage zweifelnd: »Bist du denn du selbst?«

Hier, wo als Kind ich schon gebieten lernte,
Wo meinen Schwächen selbst man Weihrauch streute,
Am Quell hier meiner königlichen Gnade,
Bin jetzt ich ein todwürdiger Verbrecher.
Wie, wenn ich's wirklich wäre? Wenn der König
Trotz Kron' und Reich ein Mensch gleich andren Menschen
Und wenn dies Haupt, das gottgesalbt sich dünket,
So lang nur heilig, als man's eben glaubt?
Wär's möglich, daß des Volks gesamter Wille
Doch schwerer noch als meine Stimme wöge
Und daß im Volk Gott selber ich beleidigt,
Als ich das Schwert in meine Schale warf?

Nie hat in Tagen meiner Macht solch Zweifel
Voll Ungestüm an meine Brust gepocht;
Jetzt aber, wo mein Thron ein bloßer Schemel
Und mein Reichsapfel schier ein Spielball worden,
Jetzt frag' ich mich: »Warst du mit deinen Flittern
Nicht auch ein bloßer König der Komödie,
Der, spielt er schlecht, gleich jedem andren Spieler
Trotz seines Purpurs ausgepfiffen wird?«

Ich spielte schlecht; der Herrschaft Zügel mußte
Mit des Tyrannen Faust ich fest ergreifen,
Mit scharfem Sporn mußt' ich den Renner zähmen,
Der nun den Reiter in den Sand gestreckt.
Ich aber, schwankend zwischen Sucht zu herrschen
Und zwischen Lust, dem Volke zu gewähren,
Ich hieß Tyrann, wenn ich den Zügel straffte,
Und Schwächling nur, wenn ich ihn nachgelassen.
Der Mensch in mir befehdete den König;
Der eine riet: den Strom zurückzudrängen,
Der andre: sich ihm mutig zu vertrauen;
Und dieser Streit bringt mich um Kron' und Leben.
Die Halbheit bahnt den Weg mir zum Schafott.

Schon graut der Tag; in Demut knie' ich nieder:
»Leih Gott mir Kraft zu diesem letzten Gang;
Es war mein Los, als König kaum zu leben,
Als König sterben ist mein letzter Wunsch.«

DER IRRENDE BOTHWELL

Graf Bothwell, der den Darnley schlug,
Ihm ist sein Land nicht weit genug,
Sich Ruh' drin zu erjagen;
Er schweift umher in Süd und Nord, –

Ist all umsonst, es läßt ein Mord
Nicht aus dem Sinn sich schlagen.

»Zu Schiff, zu Schiff, mein Diener gut,
Nicht weiß von meiner Tat die Flut,
Es sei das Meer mein Hafen!«
Gesagt, getan – die Fahrt hebt an.
Vergeblich! Der Klabautermann
Läßt keinen Mörder schlafen.

Es braust ein Sturm im Skagerrack,
Des Grafen Schiff – ein halbes Wrack –
Treibt mit ihm auf den Wellen.
Die Todesangst bleicht sein Gesicht,
Da lacht das Meer: »Ich mag dich nicht,
Mag keinen Mordgesellen.«

Sie pilgern jetzt in Schwedenland;
Er und sein Diener, Hand in Hand,
Irrt durch Waldeinsamkeiten;
Doch nirgends Rast er finden soll,
Er hört den Waldgeist klagevoll
Durch alle Wipfel gleiten.

Sie wandern weit gen Norden hin.
Es steht der Graf in irrem Sinn
Auf hohem Meeres-Borde,
Er lacht und faßt den Diener gut
Und schleudert in des Wahnsinns Wut
Hinab ihn zum Fjorde.

»Ich Tor! Gefüttert früh und spat
In dem Mitwisser meiner Tat
Hab' ich mein bös Gewissen.
Hallo, nun bin ich frisch und jung,

Nun hab' ich der Erinnerung
Den Stachel ausgerissen.«

Sein Lachen gellte durch die Luft,
Dann zog er fort durch Fels und Kluft
Und klatschte in die Hände.
Tief in Finnmarken an den Seen
Hat man ihn einstens irren sehn,
Doch niemand kennt sein Ende.

JUNG-EMMY

Jung-Emmy war die schönste Maid
Viel Meilen in der Runde;
Die Burschen kamen weit und breit,
Herbei zum Herzensbunde;
Der hübschste ward auch angeblickt
Und mit zu Tanz genommen,
Doch ohne Gnade heimgeschickt,
So oft ein hübsch'rer kommen.

In Emmys Dorf, da war der Hans –
Ein Bursch mit braunen Wangen,
Der wär' so gern zu Spiel und Tanz
An ihrer Seit' gegangen;
Es mochte wohl das gute Haus
Sie recht von Herzen lieben,
Doch sah er nicht zum besten aus,
Drum war er fern geblieben.

Vor Jahren schon, als einst im Saal
Die Fiedel ward gestrichen,
Und Emmy fort vom Tanz sich stahl,
War er ihr nachgeschlichen.

Er sah sie, die so fröhlich schien,
In Tränen draußen stehen,
Die brannten heiß wie Feuer ihn –;
Er konnt' nicht weinen sehen.

Er hatte seine Liebe still
Seit jener Nacht getragen,
Heut endlich rief er: »Wie Gott will,
Ich muß es einmal wagen!«
Und zu der Liebsten trug er hin
Sein Dichten und sein Trachten;
Sie sprach: »Du weißt nicht, wer ich bin,
Sonst träf' mich dein Verachten!

Mein Vater war ein Edelmann,
Die Bäurin macht' er trunken,
Am andren Morgen schied er dann
Mit neuem Sieg zu prunken –;
Ein strenger Gott hat ungebeugt
Auch mir den Fluch geschrieben:
Wen Lust statt Liebe nur gezeugt,
Der hat kein Herz zum Lieben!«

Da sprach der Hans: »Mach' dich nur schlecht
Als stammtest du vom Bösen,
Es ist der Liebe altes Recht,
Die Seelen zu erlösen.
Ob's auch dem Teufel nie gebricht
An Macht, uns zu versuchen,
Ein Gott im Himmel schuf uns nicht,
Um gleich uns zu verfluchen.«

Er sprach's und hielt die schöne Braut
In seinen starken Armen,
Schön Emmy weint' und schluchzte laut,

Und rief: »Gott hat Erbarmen!
Ich hielt mein Sein, ich hielt mein Tun
Für alle Zeit verloren;
Ich fühle durch die Liebe nun
Zur Liebe mich geboren!«

HANNEFRIED

Es zieht ein Zug das Dorf entlang
Mit schwarzen Trauerfahnen,
Und vor ihm schreitet Glockenklang,
Zu Ruh' und Ernst zu mahnen;
An jeder Tür steht jung und alt,
Und wo der Zug vorüberwallt,
Folgt ihm ein leises ›Amen!‹

Es hält der Zug; man senkt hinab
Ein Kind von achtzehn Jahren,
Wollt' ihr der Tod im frühen Grab
Reinheit und Unschuld wahren?
Von Tränen leer ist kein Gesicht,
Und ›Jesus meine Zuversicht‹
Erklingt von hundert Stimmen.

Da plötzlich tönt ein Wirtshauslied
Schrill in die heil'gen Klänge,
Des Schulzen Sohn, der Hannefried,
Liebt anderlei Gesänge:
»Trin-Annchen hin, Trin-Annchen her,
's gibt noch der schmucken Dirnen mehr.«
So hat er laut gesungen.

Es stockt das Lied; im ganzen Kreis
Kein Singen und kein Beten,

Der Priester nur, – ein hoher Greis –
Ist an das Grab getreten;
Er wirft die Hand voll Sand hinein
Und segnet still die Leiche ein,
Als hätt' er nichts vernommen.

Dann aber hebt er seine Hand
Und ruft: »Fluch soll *ihn* treffen,
Der es gewagt, voll Schimpf und Schand
Das Heiligste zu äffen;
Das sei ein Fluch: Wenn's Herz ihm bricht,
›Herr Jesus meine Zuversicht‹
Soll er nicht lallen können!«

Er schweigt; die Menge strömt nach Haus,
Stumm, ohne Lied und Klagen,
Der Hannefriedel schwankt hinaus,
Als hätt' er schwer zu tragen.
Sein Blick ist scheu, ernst seine Stirn,
Er geht zu Krug, doch Bier und Dirn,
Sie wollen ihm nicht munden.

Ein Jahr verging; der Hannefried
Hat Haus und Hof erworben,
Doch ob er's blühn und reifen sieht,
Ihm ist all Freud' verdorben.
Er nimmt ein Weib, er tut so warm,
Und oftmals doch in ihrem Arm
Fühlt er sich frostgeschüttelt.

Die Jahre fliehn; ein einzig Kind
Hat ihm der Herr gegeben,
Er hing an ihr, wie Eltern sind,
Mehr als am eignen Leben;
Vor Monden ward sie achtzehn Jahr',

Heut ist sie aller Rosen bar
Und wird hinausgetragen.

Und sieh, es zieht das Dorf entlang
Ein Zug mit schwarzen Fahnen,
Und vor ihm schreitet Glockenklang
Zu Ruh' und Ernst zu mahnen;
An jeder Tür steht jung und alt,
Und wo der Zug vorüberwallt,
Folgt ihm ein leises ›Amen!‹

Der Vater folgt dem Sarge dicht,
Dicht nach ihm folgt die Menge,
Und ›Jesus meine Zuversicht‹
Ertönen jetzt die Klänge.
Und wie das Lied die Luft durchzieht,
Mitsingen will der Hannefried,
Was aber muß er lallen?

»Trin-Annchen hin« – er hört's entsetzt –
Er will nicht weiter singen;
Umsonst, sein Fluch, er zwingt ihn jetzt
Das Lied zu End' zu bringen
Und weiter geht's: »Trin-Annchen her,
's gibt noch der schmucken Dirnen mehr
Für einen schmucken Jungen.«

Das Grab ist zu; der Sang ist aus,
Stumm sind Gebet und Klagen,
Der Hannefriedel schwankt nach Haus,
Als hätt' er schwer zu tragen;
Er lebt und lebt, sein Haar wird weiß,
Er ruft den Tod, so oft, so heiß, –
Der aber will nicht kommen.

Da einstens – wie? das wußt' er nicht –
Ward ihm so leicht die Seele,
Und ›Jesus meine Zuversicht‹
Klang's frei ihm aus der Kehle,
Er sang das ganze Lied zu End'; –
Gefaltet fromm die starren Händ'
Fand ihn die Morgensonne.

EIN LETZTER WILLE

Des großen Fritz Erzeuger –
Auch seine Stunde kam;
Der Tod, der starre Beuger,
Beugt nun, was unbeugsam.
Da liegt er, der in Trachten
Und Dichten nie mein Mann,
Doch ist nicht zu verachten
Wer, gleich ihm, sterben kann.

Er spricht: wenn bald ohn' Zeichen
Ich jeden Lebens bin,
Auf einen Tisch von Eichen,
Legt meinen Leichnam hin;
Den Bartscheer laßt beginnen,
Und wenn ich klar und rein,
So hüllt in weiße Linnen
Mich bis zum Morgen ein.

Dann meiner Krankheit Wesen
Erforsch' mein Feldchirurg,
Er schneid' ohn' Federlesen,
Den Leib mir mittendurch.
Und daß er nichts verhehle,
Mein Will' hiermit befiehlt, –

Doch Gnade seiner Seele!
Wenn er da drinnen stiehlt.

Drauf, mit dem steifen Kragen,
Zieht an mir die Montur,
Die sonsten ich getragen
Bei hohen Festen nur.
Legt in die schwarzen Dauben
Des Sargs mich dann zur Ruh',
Und schraubt, mit guten Schrauben,
Den schwarzen Deckel zu!

Am dritten Tage führet
Mich meinen letzten Gang,
Singt auch, wie sich's gebühret,
Ein Lied von gutem Klang;
Und wenn mir argem Sünder
Die Orgel dann ertönt,
Durch Vierundzwanzigpfünder
Sei die Musik verschönt.

Die Leichenreden alle
Laßt weg, – samt ihrem Schmerz, –
Sie sind im besten Falle
Nichts als ein tönend Erz;
So's aber einen treibe,
So sei er zwar nicht grob,
Doch bleib' er mir vom Leibe
Mit all und jedem Lob.

Am Abend dann, im Saale,
Da sei vollauf gedeckt;
Offizier und Generale –
Trink jeder, was ihm schmeckt;
Dem Rheinweinfaß, dem alten,

Dem gebet kein Pardon; – –
Und alles das zu halten,
Das schwöre mir mein Sohn! –

Und kaum, daß er's gesprochen,
Und Friedrich schwören will,
Da ist die Kraft gebrochen,
Und sieh, sein Puls steht still.
Noch einmal ruft der König:
»Er soll nicht stille stehn!«
Den aber kümmert's wenig, –
Er tät nicht weiter gehn.

Aus den fünfziger Jahren
bis zum späten Fontane

YORCK

Der Himmel hat gerichtet,
Das Kaiserglück ist aus,
In Flammen ward's vernichtet
Und Beresinagraus; –
Nun, Preußenvolk, inbrünstig
Erfleh' den rechten Mann,
Der Augenblick ist günstig,
Ergreif ihn, – wer da kann!

Da hält am Niemenstrande
Von Yorck, Gen'ralmajor,
Mitfühlt *der,* was die Lande
Wie junger Wein durchgor;
Er spricht: »Und mag mit Schmerze
Mein Fürst auch sprechen ›nein!‹
's spricht doch sein preußisch Herze:
›*Frei* soll'n die Lande sein!‹

Und spräch' er das mitnichten, –
Nun denn, bei Gott dem Herrn,
So mag *der* Richter richten
Hier unterm Ordensstern,
Der spricht: ›Das Glück, das volle,
Ergreif es jetzt beim Schopf,
Und kost' es, was es wolle,
Und kost' es selbst – den Kopf!‹«

So damals. Jetzt und wieder,
Vom Niemen bis zum Rhein
Verkorkt und preßt man nieder
Des Volkes Brausewein.
Wer *heute* löst die Drähte?

Wer *heute* hebt den Kork?
Wir haben Rat und Räte,
Doch keinen – Gen'ral Yorck.

»IM SANDE VON DENNEWITZ«
(Entwurf zu einem Gedicht)

»Der erste Stoß gescheitert –
Und doch *will* ich bis Berlin!«
Der Kaiser blickt erheitert
Und ein Lächeln kommt über ihn;

Und Ney bereit zum Schlagen
Bricht auf mit Donner und Blitz
Hält schon nach dreien Tagen
Im Sande von Dennewitz.

Und nun auch die stattlichen Schweden
Doch die waren zu blink und blitz
Um viel von ihnen zu reden
Im Sande von Dennewitz.

Herr Büllow …
… waren sich nah
In ihren schlechten Kostümen
Unscheinlich standen sie da,

Keine Truppen für den Kenner
Keine Garden von Austerlitz
Zerlumpte Landwehrmänner
Im Sande von Dennewitz.

Und die ersten Schüsse fielen
Die Blutarbeit begann

Sie wußten nicht viel zu zielen
Sie waren drauf und dran

Und Ney selbst mußte weichen
Im Sande von Dennewitz.

Und als das Kriegsgewitter
Nach Jahr und Tag verscheucht

»Von Dennewitz« getauft.
Und zu dem Titel eines Grafen
Kam auch ein Grafensitz
Die Landwehrmänner schlafen
Im Sande von Dennewitz.

Herr Bülow der soll leben
Die Bülows und ihr Ruhm
Doch dreimal hoch daneben,
Du preußisch Landwehrtum

Was die Grafen nie vermochten
Und keines Weisen Witz
Die *Begeistrung* hat es erfochten
Im Sande von Dennewitz.

JOHANNA STEGEN

Die Preußen wanken hin und her,
Sie haben nicht Blei, nicht Pulver mehr;
Das sieht Johanna Stegen.
Sie denkt, ich tu' nur, was ich soll,
Nimmt Pulver und Blei die Schürze voll
Und läuft durch den Kugelregen.
Die Kugeln gehen von Hand zu Hand,

Die Preußen nehmen neuen Stand,
Sie siegen allerwegen.
Sie dringen vor, sie rufen Hurra,
In Lachen und Weinen stand sie da,
Die blonde Johanna Stegen.
Sie hüpfet heim in Vaters Haus;
Die Lüneburger weichen ihr aus,
Was flüstern sie allerwegen?
»Soldaten – und treibt sich so umher –
Und wenn ich dein Vater und Mutter wär',
O, o, Johanna Stegen!«

HERBSTLIED

Rote Beeren am Rosenhage,
Rote Blätter an Baum und Gesträuch, –
Ihr schönen Herbstestage,
Ihr klaren, wie grüß' ich euch!

Es fallen die letzten Schleier
Vor eurer Sonne Schein,
Und wir blicken tiefer und freier
In Gottes Welt hinein.

Ihr klaren, ihr mahnt mich immer
An das Auge treuer Fraun;
Verloren ging der Schimmer,
Doch die Seele kann ich schaun.

CHILD HARRY

Child Harry ging in den Garten sein,
Es war am frühen Tag,

Da sah er Schön-Elses Pagen
Her kommen über den Hag.

Child Harry ging entgegen ihm
Und reichte ihm seine Hand,
Es war auf einem Hügel,
Wo blühender Ginster stand.

»Nun grüß' dich Gott, lieber Page mein,
Und sei willkommen allhier,
Was macht meine liebe Lady
Und welch Zeichen sendet sie mir?«

»Deine Lady sitzt im Kämmerlein
Und weinet tagein, tagaus,
Sie weinet über die Feindschaft
Zwischen ihrem und deinem Haus.

Und sie sendet dir dieses seidene Tuch
Und viel Grüße nebenher
Und bittet dich, ihrer zu denken,
Die dich geliebt so sehr.

Und sie sendet dir diesen goldenen Ring,
Daß du nimmer ihrer vergißt,
Wenn auch ihr Herz gebrochen bald
Und unterm Rasen ist.

Denn ach, Child Harry, es bricht ihr Herz,
Seit ihr Vater im Zorne schwur:
Sie solle deiner vergessen
Und Sir Johns gedenken nur.

Den plumpen Sir John aus dem Norderland,
Child Harry, den muß sie frein,

Und zwischen heut und dem dritten Tag
Soll fröhliche Hochzeit sein.«

»Nun eil' dich heim, lieber Page mein,
Und sag' deiner Lady schön,
Diese Nacht vor ihrem Fenster
Soll sie mich halten sehn.

Und eil' dich heim, lieber Page mein,
Und sag' ihr heimlich und still,
Daß ich kommen und sie retten
Oder mit ihr sterben will.«

Der Knabe ging, der Knabe lief,
Lief ohne Rast und Ruh,
Schön-Else harrte seiner,
Und der Knabe raunte ihr zu:

»Ich bring' dir Kuß und bringe dir Gruß
Und geschworen hat er still,
Daß er kommen und dich retten
Oder mit dir sterben will.«

Es ging der Tag, es kam die Nacht,
Kein Lufthauch regte sich,
Schön-Else saß am Fenster
Und weinte bitterlich.

Da klang empor an ihr lauschendes Ohr
Eine Stimme wohlbekannt:
»Wach' auf, wach' auf, lieb Lady,
Die Rosse sind zur Hand!

Wach' auf, wach' auf, lieb Lady mein,
Dein Scheck ist schlank und schnell,

Und von Stricken diese Leiter
Trägt sicher dich zur Stell'.«

»Child Harry, o nein, es darf nicht sein,
Ich kann nicht mit dir gehn,
Um all mein Ruf – und Ehre
Wär's immerdar geschehn.

Ich bin meines Vaters einziges Kind,
Eines Grafen stolz und kühn,
Ich darf ihn nimmer verlassen
Und über Nacht entfliehn.

Und wollt' ich's, über sein graues Haupt
Käm' nimmer Rast und Ruh,
Bis daß auf Moor und Heide
Gestritten er und du.«

»O säßest du nur im Sattel erst
Und rittest mit mir davon,
Was kümmerte mich dein Vater
Und was kümmerte mich Sir John.

O säßest du nur im Sattel erst
Und ritt'st über Heid' und Feld,
Mich kümmerte nicht dein Vater,
Und mich kümmerte nicht die Welt.«

Schön-Else hört' es und seufzte schwer,
Ihr Aug' in Tränen stand,
Und doch, trotz Weinen und Seufzen,
Ergriff sie des Harrenden Hand.

Und dreimal schlang er um sie den Arm
Und küßte sie auf den Mund; –

Die Pferde schnoben im Nachtwind
Und scharrten den kiesigen Grund.

Und auf den Rappen schwang er sich selbst
Und sein Lieb auf den Scheckenfuchs,
Und mit flatternder Mähne ging es dahin
Über struppigen Heidewuchs. –

Sie flogen dahin, nur Blick und Kuß
Ward wie im Fluge getauscht;
Doch ach, und flögen sie rascher noch,
Eine Dienerin hat sie belauscht;

Eine tückische Zofe durchlärmt das Schloß:
»Auf, Graf, und auf, Sir John!
Schön-Else und Child Harry
Sind über die Heide davon.«

Der Graf fuhr auf, Sir John fuhr auf,
Und sie riefen Roß und Mann; –
Child Harry, wie du spornen magst,
Immer näher kommt es heran!

Die Flüchtigen waren zwei Meilen kaum,
Zwei Meilen kaum vom Schloß,
Da sahen sie blinken im Mondstrahl
Den Grafen und seinen Troß.

Und allen vorauf kam über das Feld
Sir John aus dem Norderland,
Der rief: »Von meiner Lady
Laß ab deine schnöde Hand!

Du weißt, sie ist eines Grafen Kind
Und geboren aus edlem Geschlecht,

Du aber bist ein Verräter
Und ein Bastard und ein Knecht.«

»Das lügst du, Sir John aus dem Norderland,
Und lügst es mit frechem Wort,
Meine Mutter war eine Freifrau
Und mein Vater war ein Lord.

Steig ab, steig ab, liebe Lady mein,
Steige nieder auf den Hag,
Daß ich dem prahlenden Ritter
Meine Ehre beweisen mag.

Steig ab, steig ab und nimm mein Roß
Und fasse die Zügel scharf,
Daß ich in Kampf und Streite
Mich als Ritter bewähren darf.«

Schön-Else faßte des Rappen Zaum
Und hielt ihn in weißer Hand,
Bis daß zu Boden geworfen
Sir John aus dem Norderland.

Und als er fiel, da waren zur Stell'
Der Graf und all sein Troß,
Schön-Else sah ihren Vater,
Und ihr Blut in die Wange schoß.

Child Harry aber, ins Jagdhorn jetzt
Stieß er mit fröhlichem Mund,
Und von rechts und links hersprengten
Seine Reiter über den Grund.

»Schau' hin, schau' her! Ich liebe dein Kind
Und lieb' es seit manchem Tag.

So treu, daß die heilige Kirche
All Stund es segnen mag.

Vergiß deinen Zorn und sprich das Wort:
›Nehmt hin euch und seid eins;‹ –
Meine Güter liegen am Avon,
Und mein Haus ist alt wie deins.«

Der alte Graf, in Leid und Lust,
Starrte schweigend in den Sand,
Schön-Else beugte sich nieder
Und küßte des Vaters Hand.

»O laß deine Lippen sprechen das Wort,
Was dein Herze gesprochen schon;
Ach, ohne Sir John aus dem Norden
Wär' ich nimmer bei Nacht entflohn.

Du hast mich geheißen bis diese Stund
Deine Freude und dein Lieb,
O laß es mich sein und bleiben
Und vor allem, Vater, vergib.«

Der Graf, aufseufzend wandt' er sich ab,
Wie Schamglut kam es ihm an,
Er wollte die Träne verbergen,
Die ihm von der Wange rann.

Doch immer lauer brach es hervor,
Und er nahm seines Kindes Hand:
»Child Harry, sie sei die Deine
Und mit ihr mein halbes Land.

Dein Vater hat mir Leides getan
In Tagen, die nicht mehr sind,

Mach' wieder es gut, mach' wieder es gut
In Liebe zu meinem Kind.

Es tagt; in des Himmels erstem Strahl
Lasse nieder dich aufs Knie,
Und sein Segen komme allzumal
Über dich und über sie!«

WANGELINE, DIE WEISSE FRAU

Mehr Dinge gibt's im Himmel und auf Erden,
Als wir in unserer Weisheit je geträumt.

Gott schütz' den König! Und will Gefahr
Die Hohenzollern umgarnen,
Da wird lebendig ein alter Fluch,
Die weiße Frau in Schleier und Tuch
Erscheinet, um zu warnen.

Sie kommt dreimal, geht um dreimal,
Zögernder immer und trüber;
Die Wache ruft: »Halt, werda!« nicht mehr,
Sie weiß, *der* Gast weicht keinem Gewehr, –
Sie zittert und läßt ihn vorüber.

*

Das Fest ist aus; im Schlosse wird's still,
Nur eine, die sich noch schmücken will,
Sie tritt an den Spiegel und löst ihr Haar, –
Wangeline, die schöne, wie schön sie war!

Sie schmückt sich; für wen? Für ihren Galan!
Kurt Marwitz hat es ihr angetan,
Sie sahen sich viel, sie küßten sich oft,
Wird heut er kommen? Sie harrt, sie hofft.

Sie hofft und wirft mit schimmernder Hand
Ihr schwarzes Haar übers weiße Gewand,
Sie flüstert: »Ich lieb' ihn mit Seel' und Leib,
Was soll mich kümmern sein gramblaß Weib.

Und ob ihr bräche das Herz in der Brust,
Je blasser die Leiche, je röter die Lust, –
Feigherzig Gewissen, fahr hin, fahr hin,
Es brennt mein Blut und es schwindelt mein Sinn.«

Sie spricht's; da sieh, hellblendender Schein
Fällt von der Tür in den Spiegel hinein,
Sie wendet sich um, aufschreit sie jäh; –
Eintrat Kurfürstin Dorothee.

Die zittert selbst; in bebender Hand
Mit bebt die Kerze, halb niedergebrannt,
Ihr Kleid ist zerknittert, verstört ihr Gesicht,
Sie starren sich an, und die Fürstin spricht:

»Wangeline, ich tat es; frag nicht ›was‹;
Meine Kinder enterbt, das war mein Haß,
Und er – ihr Herr, das war zu viel! –
Es steht ein Becher vor Prinz Emil.

Mein Stiefsohn über mein eigen Blut,
Ich konnt's nicht tragen – es war nicht gut!
Rett' ihn, rette mich, *dies* ist die Stund'
Reiß ihm den Becher hinweg vom Mund'!«

Sie drängt sie hinaus; das Schloß entlang
Eilt Wangelin' über Trepp' und Gang, –
Da raschelt und rauscht es, die Nacht weht frisch,
Ein Schatten tritt aus Wand und Nisch'.

Es raschelt und rauscht, die Nacht ist kalt,
Der Schatten wird zur Reitergestalt,
Sie kennt ihn, sein Schwert, seinen Hut, sein Kleid:
Kurbrandenburgisches Waffengeschmeid.

Sie kennt ihn – und doch, sie kennt ihn nicht,
Immer fremder wird sein bleich Gesicht,
Er ruft: »Wohin?« – ihr versagen die Knie,
So klang ihres Buhlen Stimme nie.

Sie will vorüber, er faßt sie um,
Wangeline, was wird deine Lippe so stumm?
Er flüstert: »Ich lieb' dich mit Seel' und Leib,
Was soll mich kümmern mein gramblaß Weib.

Und ob ihr bräche das Herz in der Brust,
Je blasser die Leiche, je röter die Lust.« –
Sie hört es entsetzt, sie schreit, sie ringt,
Umsonst, der Bleiche sie niederzwingt.

Ihre Sinne vergehn, ihr wird's wie Traum,
Die Stunde schwindet, sie weiß es kaum,
»Leb wohl, Wangeline«, der Reiter lacht,
Sein Leib wird Schatten, Wangeline erwacht.

Sie rafft sich auf, hin fliegt sie schnell,
Sie stürzt ins Gemach, sie ist zur Stell', –
Dorothea neben dem Sterbenden steht,
Der spricht: »Wangeline, du kommst zu spät.

Ich geh' zur Ruh; du nicht; *leb fort!*
Der Himmel hört eines Sterbenden Wort,
Du konntest mich retten, du tatest es nicht,
Zu warnen, zu warnen, das sei dein Gericht!«

Er sinkt zurück, sein Auge brach,
Wangeline folgte dem Prinzen nach,
Der Prinz ruht aus in silberner Truh',
Die weiße Frau, sie hat nicht Ruh'.

Sie hat nicht Ruh; und will Gefahr
Die Hohenzollern umgarnen,
Da wird lebendig der alte Fluch,
Die weiße Frau in Schleier und Tuch
Erscheinet, um zu warnen.

Sie kommt dreimal, geht um dreimal,
Zögernder immer und trüber;
Die Wache ruft: »Halt, werda!« nicht mehr,
Sie weiß, *der* Gast weicht keinem Gewehr, –
Sie zittert und läßt ihn vorüber.

POESIE

Poesie, das liebe Hexchen,
Lebt nicht länger mehr mit mir,
Legt nur dann und wann ein Kleckschen
Still vor meine Stubentür

Wenn ich morgens dann erwache
Und das Kleckschen liegen seh',
Denk' ich, das ist ihre Rache,
Weil ich jetzt mit andern geh'.

Dummes Ding, sie will's nicht fassen,
Daß ich tu' nur, was ich muß;
Sollt' mich lieber laufen lassen
Ohne Vorwurf und Verdruß.

RESIGNATION

Ich kann mir's länger nicht verhehlen,
Die Jugend geht, das Alter kommt,
Beim Wein Geschichtchen zu erzählen,
Ist nun die Gabe, die mir frommt.

Was schwarz ist, schätz' ich jetzt geringer,
Was blond ist, lieb' ich allermeist,
Und dumme fünfzehnjähr'ge Dinger
Entzücken mich durch ihren Geist.

Wenn kichernd sie zusammensitzen,
Flüstern, was jeder wissen kann,
Wer kommt mit seinen besten Witzen
An soviel Lieblichkeit heran?

Probleme lösen, Welt bezwingen
War immer eine harte Nuß,
Und zweier Mädchen Liedersingen
Ist wirklich größerer Genuß.

UND ES SPRICHT DER ALTE LANCASTERTURM
(Am Vermählungstage der Kronprinzessin Victoria, 25. Januar 1858)

Und es spricht der alte Lancasterturm:
»Ich habe gestanden in Wetter und Sturm,
In Wetter und Sturm jahraus, jahrein,
Nun endlich kommt mein Sonnenschein.

Alt bin ich worden in Stein und Erz,
Nun zieht mir Altem die Lieb' ins Herz,

Eine späte Blume, so wird sie beschert,
Eine späte Blume, drum doppelt wert.

Und ist ihr Blühen auch nur ein Besuch,
Ein Tag nur in meiner Tage Buch,
Erinn'rung bleibet mir im Gemüt,
Ob morgen die Blum' auch woanders blüht.

Und wo immer sie blüh', da blüh' allzeit
Sie andern und sich selbst zur Freud',
Und die Welt da draußen, sie stimme mit ein:
Die ›Blume vom Turm‹ soll glücklich sein!«

THOMAS DER REIMER

Der Reimer Thomas lag am Bach,
Am Kieselbach bei Huntly-Schloß,
Da sah er eine blonde Frau,
Die saß auf einem weißen Roß.

Sie saß auf einem weißen Roß,
Die Mähne war geflochten fein,
Und hell an jeder Flechte hing
Ein silberblankes Glöckelein.

Und Tom der Reimer zog den Hut
Und fiel ins Knie; – er grüßt und spricht:
»Du bist die Himmelskönigin
Und bist von dieser Erde nicht.«

Die blonde Frau, sie hält ihr Roß:
»Ich will dir sagen, wer ich bin,
Ich bin die Himmelsjungfrau nicht,
Ich bin die Elfenkönigin.

Nimm deine Harf' und spiel' und sing
Und laß dein bestes Lied erschalln,
Doch wenn du meine Lippe küßt,
Bist sieben Jahr' du mir verfalln.«

Und Thomas drauf: »O Königin,
Zu dienen dir, es schreckt mich kaum«;
Er küßte sie, sie küßte ihn,
Ein Vogel sang im Eschenbaum.

»Nun bist du mein, nun zieh mit mir,
Nun bist du mein auf sieben Jahr'«;
Sie ritten durch den grünen Wald,
Wie glücklich Tom der Reimer war.

Sie ritten durch den grünen Wald,
Bei Vogelsang, bei Sonnenschein,
Und wenn sie leis am Zügel zog,
So klangen all die Glöckelein.

AN FRAU VON KATTE-WUST

Bunte Bilder in raschem Lauf
Steigen wechselnd vor mir auf:
Wust, der alte Kattesitz,
Im Sarge der Freund von Kronprinz Fritz.
Roter Abendschimmer umfloß
Die alte Linde vorm Bismarckschloß,
Und Mond und Wolken sah ich ziehn
Über Turm und Pappeln von Redekin.
Wünsche, die lang ich im Herzen getragen,
Wurden erfüllt in diesen drei Tagen,
Und ein dankbar Angedenken
Werd' ich den Damen des Hauses schenken.

KAPELLMEISTER TROMMSDORF
im Sadowawald

Ein Hundsfott, wer den Degen zieht!

Fünf Klappentrompeten schwärmen aus,
Kornett à Piston bleibt nicht zu Haus,
Klarinette folgt, Flötist, Oboe,
Zuletzt rückt an das Schwere, das Gros.

Die Pauk' inmitten des Gefechts,
Drei Tommeln links, drei Trommeln rechts,
Im zweiten Gliede eine Rott':
Posaune, Tuba und Fagott.

Reserven folgen, schwächlich klein,
Die Pickelflöte hinterdrein.
Mit Halbmond, Glöckchen und flatterndem Haar,
Rückt an die Fahne, die Janitschar:

Schließt euch! Geschlossen rücken sie an,
Ein kurzes Ringen Mann an Mann;
Die Pauk' wird stumm (sie hat ein Loch),
Der Schlegel aber rührt sich noch.

Es rührt sich alles, und ob geputzt,
Ob nicht geputzt, der Feind, der stutzt;
In die Flanke fällt ihm Kornett à Piston,
Das war ihm zu viel; er läuft davon.

Kapellmeister Trommsdorf aber spricht:
»Gott verläßt keine Preußen nicht!
Stimm' an Posaun', stimm' an Fagott.«
Und sie spielten: Nun danket alle Gott!

DIE TAGE VON DOBBERTIN

Die Sonne ist im Scheiden,
Das Boot fährt über den See,
Die Erlen und die Weiden
Spiegeln sich im See.

Die Schwäne stillere Kreise
Im weiten Wasser ziehn.
Ich denk an die goldnen Tage,
An die Tage von Dobbertin.

DISTELMEIERS LIEDER
(Aus Allerlei Glück)

Es treibt ein Kahn stromnieder,
Ein Knabe sinnt und träumt;
Der Himmel ist blau und stählern
Und im Westen rot umsäumt.
Es schwinden die roten Dächer,
Die Stadt, das Ufer, der Strand;
Er treibt und träumt, nur lässig
Das Ruder in der Hand.
Es fallen die Tropfen vom Ruder,
Aus ist eines Tages Lauf –
Und Sehnsucht, Wünsche, Sterne
Ziehen am Himmel herauf.

In den hohen Himbeerbüschen
Steh' ich versteckt, etc.
....
....
Es löst sich eine Strähne

Von ihrem blonden Haar …
… (Ausmalen) …
………………
………………
Und Sehnsucht, Wünsche, Sterne
Ziehen am Himmel herauf.

Es weht das Haar im Winde,
Und der Tag ist hell und heiß;
Es weht mein Haar im Winde,
Aber das Haar ist weiß.
Lichter, rote, gelbe,
Gleiten drüber her;
Bin ich noch derselbe
Oder bin ich's nicht mehr?
Es ging ein halb Jahrhundert
Und nahm viel in seinem Lauf –
Sehnsucht, Wünsche, Sterne
Ziehn noch immer herauf.

KAISER WILHELMS HELM

(Zum Attentat Nobilings auf Wilhelm I. am 2. Juni 1878)

Das war nicht nobel, Nobiling!
Du nahmst die Sache zu gering,
Man schießt mit dreißig Körner Schrot
Nicht einen deutschen Kaiser tot.
Du warst kein Held, du warst ein Schelm,
Der Held, der war des Kaisers *Helm,*
Der stellte sich vor den Doppellauf
Und fing die dreißig Körner auf,
Ihn feiert mein Sang, *ihn* feiert mein Lied, –
Es lebe der Schroten-Winkelried.

HERBSTGEFÜHL

Rot und gelbe Herbsteslehnen
An der Berge blauem Joch
Und wie Frühlingsgruß und Sehnen
Astern blühen und Verbenen,
Aber ach, wie lange noch?!

Und aus dunkeltiefer Stelle
Unter Schäumen und Gepoch
An des Tages heitre Helle
Bricht hervor die Waldesquelle,
Aber ach, wie lange noch?!

Und so schwindet hin das Leben,
Schwindet, und du liebst es doch.
Wieder regt sich Stolz und Streben,
Und der *Wunsch* kommt auf daneben –
Aber ach, wie lange noch?!

HEILIGABEND

Sie sieht nun tausend Lichter;
Der Engel Angesichter
Ihr treu zu Diensten stehn;
Sie schwingt die Siegesfahne
Auf güldnem Himmelsplane
Und kann auf Sternen gehn.

AM GRABE
DER GRÄFIN AMELIE VON PUDAGLA
geb. von Vitzewitz

Die du Niedres gemieden
In hohem Sinn,
Du bist nun geschieden;
Wohin, wohin?

Wohin? So klingen
Der Fragen viel;
Warum sie lösen, bezwingen?
Du bist am Ziel.

Das Beste hienieden,
Du hast es erreicht:
Du hast den *Frieden.*
Sei dir die Erde leicht.

ALLERLEI
(Zur Lessing-Feier an Fritz Marlow)

Ja, der L.' und L." – oh! die sind sich ganz gleich,
Nur der L.', der war arm; doch der L.", der wird reich.

Und der L.', der war Dichter und glaubt's nicht zu sein;
Aber der L.", der ist keiner; doch bild't er sich's ein.

Und der L.', der stritt offen; doch der L." hinterücks;
Und der L.', der wußt' alles; doch der L.", der weiß
nix.

Und der L.' war ein Mann; doch der L." ist ein Fant;
Und der L.' tat bescheiden; doch der L." arrogant.

Und der L.' hatt' mit Götzen, dem Paffen, 'ne Hetz;
Doch der L." ist Literaturpfaff' und selber ein Götz.

Und der L.' ist ein Stern, der am Himmel tut stehn;
Doch der L." ist und bleibt ein Tischdruck-Phänomen!

JOHN KNOX' TOD

John Knox kam zu sterben. In Canon Street
Er die Seinen noch einmal um sich sieht ...
»Und nun, eh' Leib und Seele sich trennt,
Noch einmal aus dem Testament,
Editha, lies mir (ich dürstete lang)
Von der großen Babel Untergang!«

Und sie holen die Bibel, und die Tochter beginnt:
»Es war ein König in Milesint,
Er war das Laster ...
Und ein starker Engel hob einen Stein,
Und er warf den Mühlstein in das Meer;
Und das Meer und die Wogen deckten ihn zu,
So wirst verworfen Babel auch *du*.
Und die Stimme des Bräutigams und der Braut
Wird nie mehr in deinen Mauern laut ...
(Drei Kronen trug sie auf dem Haupt,
Üppig war sie über Gebühr.)

Und das Licht der Leuchte« ... da geht die Tür;
Earl Murray tritt ein, Vorlesung vertagt:
»Botschaft aus Frankreich! Gott sei's geklagt,
In Verschwörung Papst und Klerisei,

Mit der reinen Lehre ist es vorbei;
Es läutete von Turm zu Turm,
Dann brach er los, der Sturm,
Massacre, Mord und Autodafé,
Fluch über Sankt Bartholomé!
König Karl aus seinem Louvre-Schloß
Auf die fliehende Menge schoß;
In seinem Blute liegt Coligny,
Fluch über das Buhlweib, die Medici!«

John Knox träumte schon von Gott und Glück,
Aber das ruft ihn ins Leben zurück;
Er richtet sich auf, steigt aus dem Grab,
All Tod und Schwäche fällt von ihm ab,
Und er, der eben ein Sterbender war:
»Mein Genfer Käppchen, meinen Talar,
Euren Arm, Earl Murray!«, der reicht ihm den Arm,
Anschließt sich draußen die Menge, der Schwarm,
Und Canon-Street aufwärts, gefolgt von zwein,
In St. Giles, seine Kirche, tritt er ein.

Und als er die Kirche betreten hat,
Nicht länger mehr ist er todesmatt,
Und als er die Kanzeltreppe besteigt,
Da wird er so frei, da wird er so leicht.
Und als er oben steht,
Da fühlt er von Kraft sich wieder durchweht,
Eine Strahlenkrone sein Haupt umflicht:
»Ich rufe dich, Babel, vor Gericht,
Ich rufe dich, des Buhlweibs Sohn
Und deine Sippe vor Gottes Thron.
Unauslöschlich ist dieses brennende Mal,
Es ist eine Leuchte, Höllenqual;
Nicht Buße, nicht Reue löscht es aus,
Du bis verloren und dein Haus,

Bis Kind und Kindesglied,
Euer letzter Vetter ohn' Unterschied –
Belsazars Gastmahl, ich sehe die Hand,
Die Hand Gottes, und sie schreibt an die Wand
Und fegt euch weg von dieser Bahn:
Gewägt, gewogen, hinweggetan!«

Und fest, ein Gott die Kraft ihm gab,
Schreit't er die Treppe hinab …
Und festen Schritts …,
Auf sein Sterbelager schreitet er zu.

»Nun fahre fort!« – »Und eh' er geglaubt,
Fiel die Krone von ihrem Haupt,
Und eh' die Krone vom Haupte fiel,
Da war verloren schon das Spiel.«

»Amen.« Ein Lächeln …
John Knox war tot, die Seele vor Gott.

LÜTSBURG

Ein uraltes Schloß am Meeresstrand;
Ein herrlicher Park im baumlosen Land;
Durch Dämme geschützt vor der stürmenden Flut,
Manch geräumiger Hof, manch reiches Gut,
Viel wogendes Korn und Vieh auf der Weide
Und mahlende Mühlen und schweigende Heide.
Viel Gottessegen! Wie seltenste Arten
Der Bäume gedeihn trotz des Nordwinds im Garten,
Wie die Rosen am Schloß blühn wunderbar,
So blüht im Hause die Töchterschar.
Wie im Hofe entspringt ein klarer Quell,
In den Herzen sprudelt der Frohsinn hell.

Die Jüngsten umjubeln die alte Veste,
Die Großen empfangen im Saal die Gäste,
Neun Schwestern, von eigener Art eine jede,
Und doch so ähnlich in Antlitz und Rede;
Die Stirnen klar und hell die Blicke,
Und alle haben den Schalk im Genicke,
Selbständig jede und selbstlos zugleich,
Streng gegen sich, für die andern weich.
Wer jemals hier Gastfreundschaft genoß,
Des Geist spukt um das alte Schloß.

WENN ICH BEIM FRÜHSTÜCK SITZE

Mitunter, wenn ich beim Frühstück sitze,
Kommen mir all die alten Witze.
Da steht die Sonne, will nicht vom Fleck.
Was hat die Sonne für 'nen Zweck?

Wir haben die Sonne, wir haben Regen,
Alles nur der Ernte wegen.
Nun ja, die Ernte mit Korn und Speck,
Was hat die Ernte für 'nen Zweck?

Die hat den Zweck, so mußt du's vergönnen,
Daß Tiere und Menschen leben können.
Nun ja, doch kriege keinen Schreck,
Was haben die Menschen für 'nen Zweck?

Sie sollen beten und Gutes erweisen
Und sollen sich lieben und soll'n Gott preisen.
Aber sie tun es nicht, und wenn sie's täten
Und wenn sie, Gott preisend, vor Gott träten,

Und wenn sie sängen in Eklogen,
Was soll der ganze Bilderbogen?
Neuruppin, bei Gustav Kühn,
Rot und blau und gelb und grün.

Was soll die Buntheit? – Er in sich allein,
Gott-Welt, das würde das Größte sein!

WELCHES VON BEIDEN

Rom im Siebenhügelkranz,
Cremmen, Schwante, Vehlefanz,
Nemi-See, Genzano-Sträußchen,
Stralau, Treptow, Eierhäuschen,
Blick aufs Forum, Ara Celi,
Tasse Kaffee bei Stehely,
Lockt auch Fremde, Schönheit, Pracht,
Glücklicher hat mich die Heimat gemacht.

NOCH IST HERBST NICHT GANZ ENTFLOHN

Noch ist Herbst nicht ganz entflohn,
Aber als Knecht Ruprecht schon
Kommt der Winter hergeschritten,
Und alsbald aus Schnee'es Mitten
Klingt des Schlittenglöckleins Ton.

Und was jüngst noch, fern und nah,
Bunt auf uns herniedersah,
Weiß sind Türme, Dächer, Zweige,
Und das Jahr geht auf die Neige,
Und das schönste Fest ist da.

Tag du der Geburt des Herrn,
Heute bist du uns noch fern,
Aber Tannen, Engel, Fahnen
Lassen uns den Tag schon ahnen,
Und wir sehen schon den Stern.

KNITTELVERS

Kaiser Wilhelms altes Herz
Ruht nun aus von Lust und Schmerz.

Unser Fritz ging auch zu Ruh',
Vicky kommt nach Monbijou.

Wilhelm II. nun Kaiser ist,
Der uns unsre Juden frißt.

Stöcker luthert sich heran,
Zukunfts-Stoff für Trümpelmann.

BERLINER LOKALPATRIOTISMUS

Die Bredows. Die Hildebrands

Es wird das beste sein, ich beschränke mich auf die Namen Bredow und Hildebrand. Höchstens noch Herzog. Aber es wirkt etwas gezwungen, die Stelle mit Fiesco.

Und wenn er seinen Fiesco liest,
Der Berliner den Schlußstein doppelt genießt,
Seine Phantasie hält bildnerisch Schritt,
Fällt der Mantel, fällt auch der Herzog mit.

Der Berliner, steht ihm was zur Wahl,
Entscheidet sich immer spezifisch *lokal*.

Dann die Bredows

Da sitzen ihm zur linken Hand
Zwanzig Bredows im Havelland,
Und rechnet man alle zusammen,
So gibt es wohl 2000 zusammen,
Der eine mit dem Quitzows Hans,
Der andre, der letzte machte mit
/ Als Führer sogar / den Todesritt,
Und hört nun ein Berliner den Namen Bredow erklingen,
So sieht er nicht auf einem Schecken
Einen Ritter das Schwert gen Himmel strecken,
Er weiß ihn sicher zu enträtseln,
Er kennt nur den mit Kümmelprätzeln,
Nicht den auf einem friesischen Schecken,
Nur den an der Potsdamerstraßen-Ecken.

Dann Herzog

Fällt der Mantel, muß auch Herzog mit. Und Israel, nun er weiß wohl Bescheid
Mit Schwur und Eid.
Aber er kennt nicht? so und so
Aus dem großen Hause Israel,
Er kennt aus der ganzen Litanei
Nur den schrägüber der Stadtvogtei,
Doch hab' ich den besten Trumpf noch in der Hand,
Gesegneter Name Hildebrand,
Alle mögliche Größen zu dienen
Ist unter deinem Namen erschienen,
Professoren, Maler, Gelehrte

Immer Neues ihren Ruhm vermehrte,
Doch hört ein Berliner von Verstand
Den großen Namen Hildebrand,
Er sieht nicht den, der auf Hof und Gassen
Einen deutschen Kaiser hat frieren lassen,
Er sieht nicht den im Bilde
Zu Canossa mit der Gräfin Mathilde,
Er sieht nicht den, der in langen Jahren
Um die Welt ist rumgefahren,
Er sieht nicht den, der uns gab die Lehre
Von dem ultramarineblauen Meere,
Er sieht, zumal in Weihnachtszeit,
Alles in einer andren Weit',
Es wächst in ungeheurem Maße
Vor ihm die liebe Spandauerstraße
Weit über Post und Rathaus hinaus
Wächst ein braunes Riesenhaus,
Und mit zwei Pfefferaugen dann
Steht da ein Pfefferkuchenmann,
Riesig ein Schwert in der Hand,
Das ist der Berliner Hildebrand.

GLÜCK, VON ALLEN DEINEN LOSEN

(Aus ›Frau Jenny Treibel‹)

Glück, von allen deinen Losen
Eines nur erwähl' ich mir.
Was soll Gold? Ich liebe Rosen
Und der Blumen schlichte Zier.

Und ich höre Waldesrauschen,
Und ich seh' ein flatternd Band –
Aug' in Auge Blicke tauschen,
Und ein Kuß auf deine Hand.

Geben nehmen, nehmen geben,
Und dein Haar umspielt der Wind.
Ach, nur das, nur das ist Leben,
Wo sich Herz zum Herzen find't.

NEUESTES ODER MODERNSTES
(ganz unfertig)

Dies Gerede von dem Alten
(Dieser abgenutzte Krempel),
Ist doch nicht mehr auszuhalten,
Als ob uns Homer was wäre,
Opfer waren Altäre
Tasso, dieser Süßholzlutscher,
Shakespeare, dieser Droschkenkutscher,
Alles ist doch unter Hasen,
Schiller alles lauter Phrasen,
Was die Menschen da gelesen,
Alles ist zu dumm gewesen,
Uhlands arme sieben Sachen,
Ach, es ist doch bloß zum Lachen,
Und der große Dante
Ist wie eine alte Tante.
Diese Lieder und Balladen
Krämpfe krieg' ich in den Waden,
.... Krüpel
Shakespeare ist doch bloß ein Rüpel,
Raphael ist immer schofel
Alles ..... alles Skrofel,
Schiller gar mit seinen Phrasen
Ist nun vollends unter Hasen,
Ist denn hier in nächster Nähe
Nicht ein Bierhaus in der Nähe?
Hundert Schritt vom alten Wrangel

Ist ein neuer Tingeltangel
» ? « – »Das versteht sich doch«,
Na denn los, dann geht es noch.

HERBST

O du wunderschöner Herbst,
Wie du die Blätter golden färbst,
Deiner reinen Luft, so klar und still,
Noch einmal ich mich freuen will.

Ich geh' den Wald, den Weiher entlang;
Es schweigt das Leben, es schweigt Gesang,
Ich hemme den Schritt, ich hemme den Lauf –
Erinnerungen ziehen herauf.

Erinnerungen sehen mich an,
Haben es wohl auch sonst getan.
Nur eins hält nicht mehr damit Schritt:
Lachende Zukunft geht nicht mehr mit.

Vergangenheit hält mich in ihrem Bann,
Vergangenheit hat mir's angetan;
Den Blick in den Herbst, den hab' ich frei,
Den Blick in den Herbst. Aber der Mai? –

»ES SOLL DER DICHTER MIT DEM KÖNIG GEHN«

»Ein Dichter will ich werden. Nur das Hohe
Sei Gegenstand für jene heil'ge Lohe,
Die mich durchglüht.« – So war des Jünglings Flehn;
»Ich will nicht Staub von Akten und Pandekten,
Ich will nicht Streit von Kirchen, Rassen, Sekten« –
Es soll der Dichter mit dem König gehn.

Und hoch, auf einem quietschetön'gen Bocke,
Sitzt er im vierten oder fünften Stocke
Und schreibt und schreibt; da läßt der Wirt sich sehn,
Er kommt um Miete (leider keine Mythe),
Doch war nicht Thoas auch ein rauher Skythe? –
Es soll der Dichter mit dem König gehn.

Ein jeder seiner Helden trägt die Krone,
Heinrich der Finkler und die drei Ottone
Sind ihm verfallen, eh sie sich's versehn.
Und nun Mathilde, Heinrich und Canossa
Und nun der ew'ge, alte Barbarossa –
Es muß der Dichter mit dem König gehn.

Er schreibt und schreibt; doch sich verkaufen?
Das Glück war niemals mit den Hohenstaufen,
Auch er muß diese Wahrheit jetzt verstehn.
Nun denn, so werd' ich preußisch-patriotisch,
Ich will doch sehn, und muß es sein, zelotisch –
Es muß der Dichter mit dem König gehn.

Und nun geschieht's. Es rauscht in ganzen Wettern,
Auf ihn hernieder hört man's schmettern;
Er ist ein Gott, er kann gedruckt auf tausend Blättern stehn.
Ein Hofbeamter bringt ihm die Tantiemen;
Erst will er nicht, doch tut er sich bequemen –
Es soll der Dichter mit dem König gehn.

Und endlich kommt der größte aller Tage;
Bei zwei Behörden schwankt die stille Waage,
Ob Titel oder Orden soll geschehn:
Hofrat ist schon zu viel für solche Masse,
Gebt ihm den Kronenorden vierter Klasse –
Es soll der Dichter mit dem König gehn.

HOFFNUNG

Mag nicht kräkeln und nicht bremmeln,
Aber die Berliner Semmeln
Werden mählich zum Skandal,
Ihre knusprig braunen Backen
Schwinden – denn die Bäcker backen
Ohne Glauben und Moral.

Alles ist in Rückwärtsschreitung,
Feuerwehr und Wasserleitung
Sind noch letztes Ideal,
Alles sieht man sich verschofeln,
Die Kartoffeln selbst verskrofeln
Ohne Glauben und Moral.

Aber, Herze, woll' nicht trauern,
Aus den trüben Regenschauern
Ragt uns, nah schon, ein Fanal,
Denn es sorgen unsre Kleber
Und die lieben alten Streber
Frisch für Glauben und Moral.

MEIN LEBEN

Mein Leben, ein Leben ist es kaum,
Ich geh' durch die Straßen als wie im Traum.

Wie Schatten huschen die Menschen hin,
Ich selber ein Schatten dazwischen bin.

Und im Herzen tiefe Müdigkeit –
Alles mahnt mich: Es ist Zeit!

TU' ICH EINEN SPAZIERGANG MACHEN

Tu' ich einen Spaziergang machen,
Beschäft'gen mich immer allerlei Sachen.
In das Kommende oder in Zukunftsrätsel sich
versenken,
Tod und Sterben überdenken,
Gibt es so was wie Fortschritt auf Erden
Oder werden wir alle russisch werden,
Sollen wir was für den Himmel tun:
Alle diese Fragen ruhn.

Immer nur allerkleinste Sachen
Dürfen einen Anspruch machen:
Warum sind Müllers ausgeblieben?
Warum hatte Schulze nicht geschrieben?
Werd' ich der Meyer im Park begegnen?
Wird es schön Wetter oder wird es regnen –
Und im Immer-weiter-Schreiten
Wechseln so die Nichtigkeiten.

GOLDENE HUNDERTZEHNE

Manchmal klingt es. (Balladeske, Freske)
Vorbild hat doch schließlich ein jeder
Oder entweder?
Der eine liebt diesen, der andre liebt jenen,
Wer ist es, an den Sie sich lehnen?
Ich riet erst auf Platen (er hat doch die Form),
Andres klingt wieder mehr nach Storm,
Manches wieder schmeckt nach Platen,
Bei andern würd' ich auf Lenau raten,
Manches klingt so Freiligrathsch,

Andres erinnert an Kladderadatsch,
Ein paarmal, wo Sie die Stunde gesegnet,
Bin ich selbst Novalis begegnet
In Einzelnem streckt (?) Justinus Kerner
Sie (?) nieder (?) bis Johannes Werner.
Manchmal: Als rollten, wenigstens klingt mir's so,
Die Donner von Scherenbergs Waterloo. –
Wohl möglich. Sie haben recht. Wohl unbedingt
Es in den verschiedensten Tönen klingt.
Alle die von Ihnen Genannten
Mir mehrfach in die Arme rannten,
Aber mein Schöpfrad zu Hippokrene
Ist doch die Goldene Hundertzehne.

SPRUCH

Wen hast du dir auserlesen,
Was ist Vorbild dir gewesen?
Episch, lyrisch und dramatisch,
Manches klingt so freiligrathisch,
Manche wandgemalte Freske
Streift das englisch Balladeske;
Strachwitz, Uhland, Lenau, Kerner –
Selbst von Zacharias Werner
Schmeck' ich einen myst'schen Tropfen,
Hör' ich was wie Geisterklopfen.
Ach, es ist nicht herzuzählen,
Immer war's ein andres Wählen.

MEINE REISELUST

»Auf, hinaus in die weite Welt«,
Drauf war mir ehdem der Sinn gestellt,

Mehr als Weisheit aller Weisen
Galt mir reisen, reisen, reisen;
Tschadsee, Kongo, Land der Zwerge,
Kapstadt und die Tafelberge
Zulus, Neger, mit dickem Flunsche,
Mongolen umfaßt' ich mit gleichem Wunsche
Und Bürgers Lenoren mit fliegenden Haaren,
Die so täglich ums Morgenrot gefahren,
Ob *mit* ihm, ob *ohne*, – daß einer so fährt
Erschien mir trotz »Wilhelm, tot« beneidenswert.
(Freiligrath und den »Löwenritt«
Nahm ich so nebenher noch mit),
Nach Salas y Gomez wurd' ich getrieben,
Wo der Mann die drei Schiefertafeln geschrieben.

Jetzt zwischen Link- und Eichhornstraße
Mess' ich meine bescheidenen Maße,
Höchstens bis Königin Luise
Wag' ich mich vor, umschreitend diese,
Bleib' dann ein Weilchen noch in dem Bereiche
Des Floraplatzes, am Goldfischteiche,
Der Wrangelbrunnen bleibt mir zur Linken,
Rechtsher seh' ich Goethe winken.
Zuletzt dann vorbei an der Bismarckpforte
Kehr' heim ich zu meinem alten Orte,
Zu meiner alten Dreitreppenklause
Hoch im Johanniterhause. –

ZEITUNG

Wie mein Auge nach dir späht
Morgens früh und abends spät.
Die besten Plätze sind alle leer;
Was noch lebt, gefällt mir nicht mehr.

Aber wie sie mogeln und sich betören,
Davon mag ich noch gerne hören,
Wie sie sich zanken und sich verhetzen,
Ist mir gar nicht zu ersetzen,
Stöcker, Hammerstein, Antrag Kanitz,
Edler zu Putlitz und Edler von Planitz,
Liu-Tong und Liu-Tschang,
Christengemetzel am Yang-tse-Kiang.
Wie sie mogeln und sich betören,
Davon will ich tagtäglich hören
Und will mir, wenn sie ganz arg es treiben,
Vor Vergnügen die Hände reiben
Und will aus dem Leitartikel erfahren
Die Gedanken des Sultans oder des Zaren.
Vielleicht entbehrt es des rechten Lichts,
Aber enfin, das schadet nichts;
Im ganzen ist es doch immer noch besser
Als ein Weisheitsschnitt mit eigenem Messer,
Und nichts kann mich so tief empören,
Als auf Zeitungsschreiber schimpfen zu hören.
Da stehn sie mit hochgetragenen Nasen:
»Aus deiner Zeitung? Das sind ja Phrasen« …
Aber nimm uns die Phrasen auch nur auf drei Wochen,
So wird der reine Unsinn gesprochen,
Und du, du suchst zwar krampfhaft zu lachen –
Du würdest keine Ausnahme machen.

VERÄNDERUNGEN IN DER MARK

Die Mark und die Märker (anno 390 und 1890)

Waren's Germanen, waren's Teutonen,
Spreeaufwärts saßen die Semnonen,
Schopfhaarige hohe Menschengebilde,
Sechs Fuß sie selber und sieben die Schilde.

Neben ihnen, in Höfen und Harden,
Saßen elbabwärts die Langobarden,
Saßen von Laub und Kränzen umwunden
Oderwärts die blonden Burgunden,
Saßen am Bober, in Kotten und Kralen,
Zechend und streitend die Vandalen,
Saßen am Saalfluß, auf Wiesen und Fluren,
Den Kreis abschließend, die Hermunduren.

Aber Semnonen, Burgunden, Vandalen,
Alle mußten der Zeitlichkeit zahlen,
Langobarden und Hermunduren,
Alle nach Walhalll aufwärts fuhren –
Bis hin vor die Weltenesche sie ziehn,
Da lagern sie sich um Vater Odin.

Tick, tick,
Tausend Jahre sind ein Augenblick!

Und als nun Bismarck den Abschied nahm,
Eine Sehnsucht über die Märkischen kam,
Und sie sprachen: »Herr, laß uns auf Urlaub gehn,
Wir möchten die Spree mal wieder sehn,
Die Spree, die Havel, die Notte, die Nuthe,
Den ›kranken Heinrich‹, die Räuberkute,
Wir sind unsrer fünf, und haben wir Glück,
Bis Donnerstag sind wir wieder zurück.«
Odin hat huldvoll sich verneigt; –
Alles zur Erde niedersteigt.

Und zunächst in der Neumark, in Nähe von Bentschen,
Landen sie. »Himmel, was sind das für Menschen!«
Und als sie kopfschüttelnd sich weiter schleppen,
Bis Landsberg, Zielenzig, bis Schwiebus und Reppen,
Spricht einer: »Laßt uns mehr westwärts ziehn.«

Und so westwärts kommen sie nach Berlin.
Am Tore rücken sie sich stramm,
Erst Neuer Markt, die Börse, Mühlendamm,
Dann Spandauer- und dann Tiergartenstraße –
Wohin sie kommen, dieselbe Rasse.

Sie kürzen freiwillig den Urlaub ab,
In wilde Karriere fällt ihr Rückzugstrab.
Ihr Rückritt ist ein verzweifeltes Fliehn.
»Wie war es?« fragt teilnahmsvoll Odin,
Und der Hermundure stottert beklommen:
»Gott, ist *die* Gegend 'runtergekommen.«

ÜBER EIN WEILCHEN

Wohl im Zeichen des Verkehrs
Stehen die modernen Zeiten,
Aber auch in dem des Heers
Und in dem der Plötzlichkeiten.

Gestern noch ein frischer Mann,
Heute noch in Sicherheiten,
Morgen tritt Lucanus an,
Ach, wie schnell die Toten reiten!

Selbst der neuste Ritter Götz
Wird sich Dauer nicht erstreiten,
Und wohl auch für Herrn Plötz
Kommen plötzlich Plötzlichkeiten.

ABER BIST DU NUR MITTEL

Aber bist du nur mittel, oder bist du nur klein,
So mußt du eingeschworen sein,
Eingeschworen auf Job und Junker,
Eingeschworen auf Portepee oder Klunker,
Eingeschworen auf Philosophen,
Oder auch auf Goethesche Strophen.

AN MEINEM FÜNFUNDSIEBZIGSTEN

Hundert Briefe sind angekommen,
Ich war vor Freude wie benommen,
Nur etwas verwundert über die Namen
Und über die Plätze, woher sie kamen.

Ich dachte, von Eitelkeit eingesungen:
Du bist der Mann der »Wanderungen«,
Du bist der Mann der märk'schen Geschichte,
Du bist der Mann der märk'schen Gedichte,
Du bist der Mann des Alten Fritzen
Und derer, die mit ihm bei Tafel sitzen,
Einige plaudernd, andre stumm,
Erst in Sanssouci, dann in Elysium;
Du bist der Mann der Jagow und Lochow,
Der Stechow und Bredow, der Quitzow und Rochow,
Du kanntest keine größeren Meriten,
Als die von Schwerin und vom alten Zieten,
Du fand'st in der Welt nichts so zu rühmen,
Als Oppen und Groeben und Kracht und Thümen,
An der Schlachten und meiner Begeisterung Spitze
Marschierten die Pfuels und Itzenplitze,
Marschierten aus Uckermark, Havelland, Barnim,

Die Ribbecks und Kattes, die Bülow und Arnim,
Marschierten die Treskows und Schlieffen und Schlieben –
Und über alle hab' ich geschrieben.

Aber die zum Jubeltag da kamen,
Das waren doch sehr, sehr andre Namen,
Auch »sans peur et reproche«, ohne Furcht und Tadel,
Aber fast schon von prähistorischem Adel:
Die auf »berg« und auf »heim« sind gar nicht zu fassen,
Sie stürmen ein in ganzen Massen,
Meyers kommen in Bataillonen,
Auch Pollacks, und die noch östlicher wohnen;
Abram, Isack, Israel,
Alle Patriarchen sind zur Stell',
Stellen mich freundlich an ihre Spitze,
Was sollen mir da noch die Itzenplitze!
Jedem bin ich was gewesen,
Alle haben sie mich gelesen,
Alle kannten mich lange schon,
Und das ist die Hauptsache... »kommen Sie, Cohn«.

SEIFENBLASEN

Kinder, ihre Lust zu zeigen,
Ließen Seifenblasen steigen.
Wie das schimmert im Sonnenschein –
Ein'ge groß und ein'ge klein.
Die geblasen mit Durchschnittsmunde,
Hielten sich eine volle Sekunde;
Mehrere aber waren dabei,
Ja – das hielt sich bis zu zwei!
Eine stieg so hoch wie das Haus,
Da stieß sie an, da war es aus.

AUCH EIN STOFFWECHSEL

Im Legendenland, am Ritterbronnen,
Mit Percy und Douglas hab' ich begonnen;
Dann hab' ich in seiner Schwadronen Mitten
Unter Seydlitz die großen Attacken geritten;
Und dann bei Sedan die Fahne geschwenkt
Und vor zwei Kaisern sie wieder gesenkt.
In der Jugend ist man eben dreister,
Mag nicht die Zunft der Handwerksmeister…
Jetzt ist mir der Alltag ans Herz gewachsen,
Und ich halt' es mit Rosenplüt und Hans Sachsen.

IN DER KOPPEL

Vom Bahnhof bis in das nächste Dorf
Durchs Luch hin, zwischen Gras und Torf,
Zwischen Ellern und Weiden, hellen und dunkeln,
Zwischen rotem Ampfer und gelben Ranunkeln,
Läuft heute, hell im Sonnenstrahl,
Der elektrische Bahnzug zum ersten Mal,
Kein Mann am Ventil, am Wasserhahne,
Kein grauer Qualm, keine schwarze Fahne,
Kein Husten und Prusten, sonnenbeschienen
Gleitet der Wagenzug über die Schienen.

Sonnenbeschienen und still und stumm,
In der Koppel die Pferde sehen sich um,
Und das junge Volk, es drängt sich dicht
An die Hürde heran und eines spricht:
»Onkel spricht immer von unsrer traurigen Lage,
Sie sei so traurig, nichts wie Plage,
Wir müßten uns quälen, wir müßten uns schinden;

Ich kann unsre Lage so traurig nicht finden.
Frühling, Sommer haben wir diese Koppel,
Im Herbste haben wir Halm und Stoppel,
Und wenn sie beständig so weiter bauen
Und zwischen Rathenow, Friesack und Nauen
Immer so ruhig weiter fahren,
So können wir jede Sorge uns sparen,
Worüber Onkel immer brummt,
Gibt's kein Geschirr mehr und kein Kumt.
Onkel ist spack und verdrießlich geworden
Und denkt bloß immer, sie wollen uns morden.«

Als das Fohlen so sprach in seinem Kreise,
Nähert von links her ein Wallach sich leise;
Das war der Okel. Der sprach: »Ihr all beid',
Ihr seid jung und dumm und wißt nicht Bescheid.
Als der Dampfzug kam, war das ein Hallo,
Da dacht' ich als Fohlen ebenso:
›Nun wird es besser, nun ausgehalten‹,
Aber schließlich blieb alles beim alten;
Unser Unglück ist, wir passen ihnen,
Da müssen wir immer weiter dienen
In hunderttausend dummen Sachen,
Draus Pferd und Wallach sich gar nichts machen.
Wenn sie Hasen oder Füchse jagen,
Müssen wir grade wie sonst uns plagen.
Wenn sie wetten und mit ihrem Hopphopp prahlen,
Wir müssen wie früher die Zeche bezahlen,
Und wenn sie mogeln und dann sich streiten,
Müssen wir nach wie vor die Attacke reiten,
Und werden wir steif, bleibt's nach wie vor faul:
Unser letztes ist immer Droschkengaul.«

ALBUMSPRUCH

Die die Kunst üben,
Kennen kein Hüben und Drüben,
Sie gehen beglückend ein und aus
Und in den Herzen sind sie zu Haus.

UMSONST

Immer rascher fliegt der Funke,
Jede Dschunke und Spelunke
Wird auf Wissenschaft bereist,
Jede Sonne wird gewogen
Und in Rechnung selbst gezogen,
Was noch sonnenjenseits kreist.

Immer höh're Wissenstempel,
Immer richt'ger die Exempel,
Wie Natur es draußen treibt,
Immer klüger und gescheiter,
Und wir kommen doch nicht weiter,
Und das Lebensrätsel bleibt.

FLICKWERK

»Immer eigensinniger und verstockter
Wirst du, ... so frage doch den Dokter!
Solange man lebt, muß man doch leben,
Du hustest – es muß doch am Ende was geben,
Ein Brunnen, ein Bad, eine Medizin,
Sulfonal oder Antipyrin,
Massage, Kneipp-Kaltwasserkur,

Schweninger, Schreber, versuch etwas doch nur,
Davos oder Nizza,
Oder Tarasp oder Sylt oder Föhr,
Oder auch bloß Mampes Magenlikör!«

So stürmt es zu Zeiten auf mich ein,
Ich nehm' es hin, ich steck' es ein,
Ich denke der Szene, die jahrauf, jahrab
Ich halbjährlich mit meinem Schuhmacher hab'.
Ich zeig' ihm dann ein Stiefelpaar,
Das in Ehren gedient seit manchem Jahr,
Und will ihn, während Zigarren glimmen,
Zu 'nem Riester für den Stiefel bestimmen.
Er aber dreht ihn bloß hin und her
Und lächelt: »Ne, Herr, es lohnt nicht mehr!«

ENTSCHULDIGUNG

Die Meyerheims – man verstehe mich recht –
Die Meyerheims sind ein Weltgeschlecht,
Sie sitzen im Süden, sie sitzen im Norden,
Ums goldne Kalb sie tanzen und morden,
Name gleichgültig, ist Rauch und Schall!
Wohl, wohl, der »Meyerheim« sitzt überall.

VIELE MEILEN

Viele Meilen hatt' ich hinter mir,
Spät Abend kam ich ins Quartier;
Es war ein helles, lustiges Haus,
Junges Volk ging ein und aus…

IM GRÜNEN

Während um mich die Lerche schmettert,
Hab' ich in meinen Gedichten geblättert,
Hab' ich Lieder, Sprüche, Balladen
Ergebenst »zur Kritik« geladen.
Ließ sie sektionsweise zu fünfen und vieren
Unter klingend Spiel vorbeidefilieren,
Und fand da halb freudig, halb mit Beschämen:
Alle bewegen sich in Extremen.
Übers Feld gespenstische Rosse keuchen,
Dazwischen der Kirchturm von Werneuchen,
Paladine von Karls des Großen Tafel,
Dazwischen Brandenburg an der Havel,
In Schottland 'ne Anleih', mal in Wedding ein Pump
Mal Douglas und mal Nante Strump.

BERLINER LANDPARTIE

Ein Vergnügen eigner Art
Ist doch eine Wasserfahrt,
Und ein Vergnügen (frage nicht wie)
Ist eine Berliner Landpartie.
Vorortszug mit einem Bremser,
Droschke, Dampfschiff oder Kremser,
Fahnen, rote, blaue, gelbe,
Das Vergnügen ist dasselbe,
Welches Bild schon unterweges,
Welche Fülle goldnen Seges,
Goldner Sand in weitem Kreise,
Bahndamm, Schienen und Geleise,
Pfiff, Geklingel, Klopptrompete,
Lange, lange Spargelbeete,

Nicht mehr Köpfe, nicht mehr Sprossen,
Längst in Samen aufgeschossen,
Staub und Qualen und Hochstrom (?) ah,
Ah, nun kommt's, nun sind wir da.

Lange Reihen, Tische, Tische,
Neu gestrichen, welche Frische,
Freilich etwas terpentinen,
Aber dafür welche Mienen,
Alles atmet tiefen Frieden,
Und zu stören diesen Frieden
Ist dem Platz hier heut beschieden.
Kaffee! Kellner, drei Portionen,
O wie lieblich, hier zu wohnen!
O wie weht die Luft hier freier,
Und der Teich da und der Weiher
Und das liebe Schwanenhaus,
Enten fahren ein und aus,
Still die Kegelkugeln liegen,
Dicht sich aneinander schmiegen
Und das Sandfeld, daß es sich verjüngt,
Eben wird es stark gedüngt,
Und der Luftzug drüber, drüber
Trägt die Luft zu uns herüber.
Und nun kommt der Kellner Töffel,
Dicke Tassen, Nickellöffel,
Einige dünn und vorwurfsfrei,
Andre noch mit etwas Ei.

Drei Stück Zucker pro Person,
Und der Deckel klappert schon.
Mokka, Java sind Stationen (?),
Die weit auf dem Monde wohnen,
Mutter, die zu sparen liebt, rechnet
Ob es was zu retten gibt.

Laura möchte Wasserfahren,
Doch mit aufgelösten Haaren,
Hedwig mit den dünnen Ärmen,
Hedwig möcht' im Walde schwärmen,
Hugo will den Wald genießen,
Hermann nach der Scheibe schießen,
Mutters Lippe zieht sich schief,
Ach, sie kennt den Schußtarif,
Vater hat ein Herz genommen,
Läßt sich einen Cognac kommen,
Vater winkt den Kellner her,
Zahlt ihm fünfzehn Pfennig mehr,
Ein' Moment, wo Mutter nicht aufgepaßt,
Hat er glücklich erpaßt.
Unter Gähnen, Mückenmorden
Ist es endlich sieben geworden,
Mutter macht sich schon bereit,
»Mann, ich denke, es ist nu Zeit,
Möchte gern noch länger bleiben,
Doch man muß nicht übertreiben,
Wenn am höchsten der Genuß,
Allemal man schließen muß,
Darin bin ich großgezogen,
Und es hat mich nie betrogen.«
Alle haben Rückfahrtskarten,
Alle müssen deshalb warten,
Neun Uhr geht der nächste Zug,
Neun Uhr ist auch früh genug,
Neuneinhalb, da landen sie, –
War Berliner Landpartie.

BERLINER MADAMM

Jane und Maud haben dicke Hälse,
Aber die Else, aber die Else.
Noch lebt der alte Stamm,
Noch lebt uns die Berliner Madamm.

SUMMA SUMMARUM

Eine kleine Stellung, ein kleiner Orden
(Fast wär' ich auch mal Hofrat geworden),
Ein bißchen Namen, ein bißchen Ehre,
'ne Tochter »geprüft«, ein Sohn im Heere,
Mit siebzig 'ne Jubiläumsfeier,
Artikel im Brockhaus und im Meyer.
Altpreußischer Durchschnitt. Summa summarum,
Es dreht sich alles um Lirum larum,
Um Lirum larum Löffelstiel,
Alles in allem, es war nicht viel.

LEBEN

Leben; wohl dem, dem es spendet
Freude, Kinder, täglich Brot;
Doch das Beste, was es sendet,
Ist das Wissen, daß es endet,
Ist der Ausgang, ist der Tod.

RETRORSUM

Berthelot oder Werner Siemens erklären uns: das Goldene Zeitalter kommt, das kennt keine Not. Aus Stickstoff, Kohlestoff.

Aus Kohlenstickstoff, aus Sauer- und Wasserstoff
Eine neue glänzende Ära troff.
Es gibt keine Hungersnot mehr,
Es gibt keine Felder,
Es gibt auch / fast ängstlich / keine Gelder.
Man hat seine sämtlichen Lebenslose
In einer Art von Tabaksdose.
Die hat Tasten, Drücker, Knöpfe, Züge,
Und zieht oder drückt man,
So geht es los,
Und man hat alles ganz famos.
Drück links gibt eine Butterstulle,
Drück auf rechts gibt eine Gilkapulle,
Drück oben, und du siehst Spargel sprießen,
Drück unten, euch soll Tokaier fließen,
Drück links Kotelett aus der Kasserolle,
Drück rechts ein Liter wie von Bolle,
Drück links auf eine Schatulle
Gibt 'ne Schinken- und Käse-Stulle.

HAUS- UND GARTENFRONTEN
in Berlin W.

Rogasen.
Delphin und Springbrunn; gekämmter Rasen.

Reppen.
Rhododendronbüsche, Marmortreppen.

Krotoschin.
   Goldregen, Calla und Jasmin.

Podolien.
   Rhus. La France. Magnolien.

Brody.
   »Vulgus profanum odi«.
   (Neu geadelt; Rappen im Wappen).

DREHRAD

Heute, Sonntag, hat einer ein Lied gedichtet,
Morgen, Montag, wird wer hingerichtet,
Dienstag verdirbt sich ein Prinz den Magen,
Mittwoch wird eine Schlacht geschlagen,
Donnerstag habe ich Skatpartie,
Freitag stirbt ein Kraftgenie,
Samstag wird überall eingebrochen,
Und so geht es durch viele Wochen:
Bilder, blaue, rote, gelbe,
Aber der Inhalt bleibt derselbe.

WO BISMARCK LIEGEN SOLL
(Geschrieben am 31. Juli 1898)

Nicht in Dom oder Fürstengruft,
Er ruh' in Gottes freier Luft
Draußen auf Berg und Halde,
Noch besser: tief, tief im Walde;
Widukind lädt ihn zu sich ein:
»Ein Sachse war er, drum ist er *mein*,
Im *Sachsenwald* soll er begraben sein.«

Der Leib zerfällt, der Stein zerfällt,
Aber der Sachsenwald, der hält.
Und kommen nach dreitausend Jahren
Fremde hier des Weges gefahren
Und sehen, geborgen vorm Licht der Sonnen,
Den Waldgrund in Efeu tief eingesponnen
Und staunen der Schönheit und jauchzen froh,
So gebietet einer: »Lärmt nicht so! –
Hier unten liegt Bismarck irgendwo.«

WAS ICH WOLLTE, WAS ICH WURDE

Was ich mal *wollte*, was ich dann wurde,
Manchmal grenzt es ans Absurde.
Sprachen sprechen, tutti quanti,
Wollt' ich à la Mezzofanti,
Reisen zum Chan, zu zwei'n oder solo,
Wollt' ich mindestens wie Marco Polo.
Dazu dichten im Stile Dantes,
Prosa schreiben wie Cervantes.
Und gemäß dem Schillerschen »Blonden«
Mein Aug' erheben zu Kunigonden.
In Dichtung, in Liebe, wie die meisten,
Wünscht' ich Erhebliches zu leisten.

All das wollt' ich. Aber zur Zeit,
Ach, wie bin ich davon so weit!
Leben zwingt uns die Segel zu reffen,
Sechse treffen, sieben äffen.
Sprachen? An »comment vous portez-vous«
Reiht sich schüchtern »how do you do«.
Reisen? Ach, zwischen Treptow und Stralau
Fährt mein Kahn. Den Rest tut Kalau.
Aus den erträumten Orgelakkorden

Ist ein Tipptipp am Spinett geworden,
Im günstigsten Fall ein Klimperstück –
Und dabei spricht man noch von Glück!

GRUSS AN AUTOGRAPHENSAMMLER

Jeden Morgen (auch wohl, daß es zweimal sich traf)
Fordert ein Gönner ein Autograph.
Ich schreib' auch gleich ohne langes Besinnen,
Denn der Gönner meiste sind Gönnerinnen.
So komm' ich im Jahr auf mehrere Hundert.
Von jedem einzelnen ward ich bewundert,
Einige von ganz fanatischem Wesen
Haben »Sämtliches« gelesen –
Das gibt, rechn' ich zehn Jahr' zurück,
Dreitausendsechshundertundfünfzig Stück...
Dreitausendsechshundertundfünfzig Bände
Von jedem Roman – wenn's doch so stände!

ALS ICH ZWEI DICKE BÄNDE HERAUSGAB

»Zwölfhundert Seiten auf einmal
Und mit achtundsiebzig (beinah ein Skandal),
Konntest es doch auf viermal verteilen« –
Ihr könnt es. Aber bei mir heißt's eilen;
Allerorten umklingt mich wie Rauschen im Wald:
»Was du tun willst, tue bald!«

Aus den ›Wanderungen‹

KARL FRIEDRICH SCHINKEL

Wenn beim Wein die Herzen klopfen
Und das Fest zum Liede drängt,
Ziemt sich's, daß die ersten Tropfen
Man den großen Toten sprengt,
Segnend waltet ihr Gedächtnis
Über uns, Gestirnen gleich,
Und in ihrer Kraft Vermächtnis
Fühlen wir uns groß und reich.

DIE RUPPINER SCHWEIZ

Und fragst du *doch:* »Den *vollsten* Reiz
Wo birgt ihn die Ruppiner Schweiz?
Ist's norderwärts in Rheinsbergs Näh?
Ist's süderwärts am Molchow-See?
Ist's Rottstiel tief im Grunde kühl?
Ist's Kunsterspring, ist's Boltenmühl?
Ist's Boltenmühl, ist's Kunsterspring?
Birgt Pfefferteich den Zauberring?
Ist's Binenwalde?« – nein, o nein,
Wohin du kommst, da wird es sein,
An jeder Stelle gleichen Reiz
Erschließt dir die Ruppiner Schweiz.

TAMSEL

Kronprinz Friedrich an Frau von Wreech

Als mein Gesandter soll mein Bild dich grüßen,
Und des Gesandten Dolmetsch sei dies Lied,
Was ich zu sagen dir bisher vermied,
Ich sag' es nun: Ich liege dir zu Füßen.

Ich trage Fesseln, aber jene süßen,
Von denen nie ein Herz freiwillig schied, –
Mit jedem Ringe, jedem neuen Glied
Wächst nur die Lust, zu tragen und zu büßen.

Doch halt, o Lied, verrate nicht zu viel,
Verberge lieber hinter heitrem Spiel
Den Schmerz des Abschieds und des Herzens Wunde,
Verberge Deiner Wünsche liebstes Ziel,
Verschweige, daß nur *Eine* dir gefiel,
Um die du sterben möchtest jede Stunde.

Hab' ich zu viel gesagt und ging mein Lied zu weit,
So wiss', in Bangen nur übt' ich Verwegenheit,
So denke, daß ich schwieg, als ich zuletzt Dich sah,
Ich schwieg, denn Göttin-gleich, wortraubend standst Du da.

Gebiet'rin, die Du bist, gestatte mir noch oft
Geständnis all' des Glücks, drauf meine Seele hofft,
Geständnis dessen all', was ich bisher bezwungen,
Darbringungen im Lied all' meiner Huldigungen.

Frau von Wreech an Kronprinz Friedrich

Welch' Wunder trug sich zu? Was ist's, das sich begab?
Es steigt ein Königssohn, ein Prinz zu mir herab,
Besingt in Liedern mich und fordert mich zum Streit;
Antworten seinem Lied wär' wie Verwegenheit,
Ich kann es nicht, nein, nein, verwirrt in jedem Sinn
Fährt, über was ich schrieb, die Feder wieder hin.

Wohl hab ich oft gehört, an diesem, jenem Ort,
Wer nur im Herzen fühlt', dem gibt sich auch das Wort,
Doch trät ich keck zum Kampf mit Dir, Erhabner, ein,
Müßt ich an Witz und Wort zuvor Dein Echo sein.

Solch' Echo bin ich nicht; all meiner Seele Schwung
Entspringt aus einem nur, aus der Bewunderung,
Womit ich vor Dir steh; Dein Tun, das in mir lebt,
Dein Schicksal ist's allein, das mich zu Dir erhebt.

Es huldigt mir Dein Wort; ich habe des nicht Leid,
Ist doch huldvolles Wort der Hoheit schönstes Kleid,
Und Du, Du botest mehr, der Grazien schöne Hand
Gestaltete zum Lied, was Deine Huld empfand,
Du gabst mehr Ehre mir, als je mein Herz erfuhr,
Und all mein Sein ist Dank und stille Huldgung nur.

Verschnittene Hecken
Sich zu verstecken,
Und auf blühendem Raine
Liebesgötter, groß' und kleine, –
Aber ihre Stunden
Sind hingeschwunden.

IN DEN SPREEWALD

Im Spreewald mußt du springen können,
Von Boot zu Boot dich schwingen können
Und singen können, *singen* können
Mußt du vor allen Dingen können.

Und soll ein Glück gelingen können,
Muß deine Seele *klingen* können,
Ja singen können, singen können
Mußt du vor allen Dingen können.

Kronprinz Friedrich in Ruppin

Die Wetter waren verzogen,
Und die Sonne wieder schien, –
Es spannt sich ein Regenbogen
Auf dem dunklen Grunde *Küstrin*.

Köpernitz

Rote Dächer, die verschwiegen
Still an Wald und Wiese liegen.

Lindow

Wie seh ich, Klostersee, Dich gern!
Die alten Eichen stehn von fern,
Und flüstern, nickend, mit den Wellen.

Und Gräberreihen auf und ab;
Des Sommerabends süße Ruh
Umschwebt die halbzerfallnen Grüfte.

DAS ODERLAND

Von Frankfurt bis Schwedt

Saßen all auf dem Verdecke,
Glocken klangen, alte Zeit,
Und der Himmel wurde blauer
Und die Seele wurde weit.

Das Oderbruch

Graben und Wall
Haben bezwungen das Element,
Und nun blüht es von End' zu End'
All überall.

Die alten Bewohner

Alte Zeit und alte Sitt'
Hielt mit dem Neuen nicht länger Schritt,
Aber sieh da, das alte *Kleid*
Hat länger gelebt als Sitt' und Zeit.

Die Kolonisierung und die Kolonisten

Es fiel zu leicht euch in den Schoß,
»*Zu* glücklich sein« war euer Los.
Wie heißt der Spruch im goldnen Buch?
»Reichtum ist Segen und Reichtum ist Fluch.«

Möglin

Das Kleine blieb,
Das Große ist vergessen.
Die Zeit verfließt, wohl hundert Jahr
Verflossen unterdessen.

Albrecht Daniel Thaer

Ehre jedem Heldentume,
Dreimal Ehre Deinem Ruhme,
Aller Taten beste Tat
Ist: Keime pflanzen für künftige Saat.

Küstrin

Die Wasser grau und schwer,
Und Wolken drüber her,
Und über den Mauern
Liegt es wie Trauern.

Lichterfelde

Sein Nam' und seiner Glocken Klang
Ziehen still die Heid' entlang.

HAVELLAND

Die Wenden in der Mark

Sie spinnen,
Haben Linnen,
Sie regeln
Den Fluß und das Wehr,
Und mit Schiffen und Segeln
Sind sie zu Hause auf offnem Meer.

In trotzigem Mut,
Gastfrei und gut,
Haben für ihre Götter und Sitten
Sie wie die Märtyrer gelitten.

Kloster Lehnin, wie es war und wie es ist

Kapellen
Das Schiff umstellen;
In engen
Gängen
Die Lampen hängen
Und werfen ihre düstren Lichter
Auf grabstein-geschnittene Mönchsgesichter.

Der Eibenbaum im Parkgarten des Herrenhauses

Die Eibe
Schlägt an die Scheibe.
Ein Funkeln
Im Dunkeln.
Wie Götzenzeit, wie Heidentraum
Blickt ins Fenster der Eibenbaum.

Schloß Oranienburg

Noch ragt der Bau, doch auf den breiten Treppen
Kein Leben mehr, kein Rauschen seidner Schleppen,
Die alten Mauern stehen öd' und leer,
's sind noch die alten und – sie sind's nicht mehr.

Das Belvedere im Schloßgarten zu Charlottenburg

Verschlossene Fenster,
Nichts ein noch aus,
Nur Spinnen und Gespenster
Sind hier zu Haus.

Die Pfaueninsel. Frau Friedrich

Herr Friedrich saß auf Sanssouci,
Den Krückstock, den vergaß er nie;
Frau Friedrich findet's à propos
Und sagt: ich mach' es ebenso.

Groß Glienicke

In dunkler Gruft
Das Gebein;
In Licht und Luft
Der aufgerichtete Marmelstein.
Was ungemessen
Vielleicht gestrebt,
Es ist vergessen, –
Nur das Bild noch lebt.

Etzin

Sei brav,
Sei gut,
Hast Schlaf,
Hast *Mut*.

Wust

Und so schreiten
Die Zeiten
In Kriegestanz
Und Ruhmesglanz,
Bis all' ihr Stolz und all' ihr Mut
In Demut bei den Toten ruht.

Die Werderschen

Blaue Havel, gelber Sand,
Schwarzer Hut und braune Hand,
Herzen frisch und Luft gesund
Und *Kirschen* wie ein Mädchenmund.

»Die Werdersche«. Ein Intermezzo

All Großes, wie bekannt, wirft seinen Schatten;
Und ehe dich, o Bairische, wir hatten,
Erschien, ankündigend, in braunem Schaum
Die *Werdersche*. Ihr Leben war ein Traum.

In den Spreewald

Und daß dem Netze dieser Spree-Kanäle
Nichts von dem Zauber von Venedig fehle,
Durchfurcht das endlos wirre Flußrevier
In seinem Boot der *Spreewalds-Gondolier*.

Eine Osterfahrt in das Land Beeskow-Storkow

Arm oder reich,
Im Ersten und Letzten ist es gleich,
Und wo zwei Hütten zusammenstehn,
Gab es Lieb und Haß und – ist 'was geschehn.

An Bord der »Sphinx«

Daß ich des Großen Werdepunkt erseh',
Hinauf zur Quelle denn der Wend'schen Spree,
Die, rätselvoll, in Sumpf und Sandes Mitten
Im Dunkel ruht, bezweifelt und bestritten.

Schloß Köpenick

»Wo liegt Schloß Köpenick?«
An der Spree;
Wasser und Wald in Fern und Näh',
Die Müggelberge, der Müggelsee.

Blumberg

Die alten Namen, die alten Herrn,
Sind all' hinüber, sind alle fern.
Die Loeben, die Burgsdorf wurden stumm,
Aber Frühling ist wieder und jubelt ringsum.

Malchow

Staub wird zu Staub
Und Ruhm und Name der Zeiten Raub.

Kienbaum

Ich hatt als Kind eine Tanne lieb,
Die groß und einsam übrigblieb
An flachem Wiesensaume.

Königs Wusterhausen

Finstrer Ort und finstrer Sinn,
Nun blühen die Rosen drüber hin.

Kleinmachenow

Bei Warschau, bei Wien,
Bei Fehrbellin,
Ob Friedrich Wilhelm, ob Alter Fritz,
Ob Leuthen, Lützen, Dennewitz,
Ein alter märkischer Edelmann
Ist immer dabei, ist immer voran.

Gröben und Siethen

Ob klein, ob groß –
Allüberall dasselbe Los,
Und was das Leben hält und hat,
Hat aller Orten seine Statt.

Blankensee

Da sagte die Mark: Eh bien, wohlan,
Ich kann dasselbe wie Kanaan,
Und will sich's seiner Sarah berühmen,
So hab ich meine Frau von *Thümen*.

Lieben lerne!

Und zur Fremde wird die Heimat,
Und zur Nähe wird die Ferne.

DIE MÄRKER UND DIE BERLINER

Klug auf der Hut
Und immer voll Mut.

Fontanes ›engere Welt‹

AN EMILIE

AM RHEINE GEHT DIE FROMME SAGE

(1840. Bei Überreichung einer Rose)

Am Rheine geht die fromme Sage
Von einer Rose – längst verblüht,
Die nur am ersten Weihnachtstage
In aller Herrlichkeit erglüht.

Wie dieser Tag, an dem die Liebe
Zur Erde einst herniederstieg,
Der Ros' erwecket frische Triebe,
Dem Tod entreißend seinen Sieg,

So hatt' auch eine tote Rose
Der heut'ge Tag in mir erweckt,
Ich pflückte dir die Dornenlose,
Dir sei sie an die Brust gesteckt.

1840. IN EMILIENS STAMMBUCH

Ich habe oft, wenn mich geblendet
Der Sonne zauberhafte Pracht,
Und ich mich von ihr abgewendet,
In meinem Herzen dein gedacht.

Wie ohne Sonne mir die Erde,
Nur scheint ein tiefer, dunkler Schacht,
Gleicht, wenn ich von dir scheiden werde,
Mein ganzes Leben einer Nacht!

IN VERLEGENHEIT

Wie's scheint, so wechseln meine Rollen
Dir gegenüber mit der Zeit;
Auftrat ich mit: ›Verhimmelnwollen‹,
Dann übt' ich flüchtig mich im Schmollen,
Jetzt spiel' ich die *Verlegenheit*.

Wenn ich an deiner Seite sitze,
Wo bleibt die Zungenfertigkeit?
Wo bleiben meine schlechten Witze? –
Ich rede von der Zimmerhitze –
Ist's möglich! aus Verlegenheit.

Du stickst – vielleicht ein Paar Pantoffel
Für dein zukünftig Regiment;
Ein Witz liegt nah, – und doch, ich Stoffel,
Erzähl' dir, daß man die Kartoffel
Jetzt frei von allem Fusel brennt.

Verlegenheit! ach, bis zum Weinen
Hat heut sie wieder mich gequält,
Als ich, mit meinen langen Beinen
Hintrabend auf den Pflastersteinen
Hier – diese Schätze ausgewählt.

Ein Weihnachtsmann mit vollen Händen,
So hätt' ich gerne dir beschert; –
Ja, wenn die Sachen anders ständen!
Kaum angefangen, mußt' ich enden,
Denn ach, der Beutel war geleert.

Halt ein, o Lied, das sind Verstöße
Ja gegen Takt und Schicklichkeit,

Halt ein und gebe meiner Blöße
Nicht eine lächerliche Größe
Durch Worte – der Verlegenheit.

STATT EINES BRIEFES

Du siehst, es bleibt mit mir beim alten,
Trotz mancher bittern Neckerei;
Versprechen – und Versprochnes halten –
Ist mir noch immer zweierlei.

Und daß dir alle Zweifel schwinden
An meinem Unverändertsein,
Stell' ich mich mit Entschuld'gungsgründen
Ob meines Schweigens bei dir ein.

Ich habe sechsmal Platz genommen,
Sechsmal die Feder zugestutzt,
Doch was mir in den Sinn gekommen,
War immer dumm und abgenutzt.

Von deutsch-katholischen Vereinen,
Draus mancher Stoff in Masse fischt,
Sag' selber – wär' es nicht zum Weinen,
Hätt' ich dir davon aufgetischt!

Schon höhnt' ich mich und all solch Wissen,
Als mir ein Kraftgedanke kam
Und ich die »Sehnsucht, dich zu küssen«,
Zum Stoffe meines Briefes nahm.

Kaum aber hatt' ich angefangen,
Packt' ich schon lächelnd wieder ein; –
Ein Kuß – dies *mündlichste* Verlangen –
Muß mündlich vorgetragen sein!

DIE SOMNAMBULE

Schön Mila saß auf weichem Pfühl,
Ein Bursch an ihrer Seit';
»Ich bin seit kurzem somnambül«; –
So sprach die junge Maid.

»Und mit geschloßnen Augen seh'
Dein Tun ich so genau,
Als ich mit offnen Augen je
All, was du treibst, – erschau.«

Der Bursche band der schönen Dirn'
Ein Knüpftuch um das Aug',
Und küßte schnell dann ihre Stirn,
Und wohl den Nacken auch.

Und tiefe Röt' im Angesicht
Sprang Mila auf vom Pfühl; –
Der Bursche zweifelt fürder nicht,
Die Maid sei somnambül.

MEINER LIEBEN EMILIE
zum achten Dezember 1846
(Jahrestag der Verlobung)

Daß ich als meine dich umfangen,
Und dich geherzt, wie nie, so warm,
Heut ist ein Jahr seitdem vergangen,
Und liegt nun da, so reich, so arm;
So arm an allem eitlen Streben
Nach eines Namens Schellenkleid,
Doch überreich an innrem Leben,
An höchstem Glück und tiefstem Leid.

Denk' ich, wie wechselnd, bald die Freude,
Bald mich der Schmerz in Händen hielt,
So ist mir's fast, als hätten beide
Mit meinem Herzen Ball gespielt,
Dies Werfen mich und Wieder-Fassen
Nahm oft der Freude selbst den Wert,
Und »möchten sie mich fallen lassen!«
Hab' ich manch liebes Mal begehrt.

Erkennen an dem eignen Lose
Mußt' ich, wie wahr der Dichter klagt:
»Ein liebend Herz ist eine Rose,
Daran die Sorgen-Raupe nagt.«
Ob nimmer auch, wie scheu-getroffen,
Ihr Zahn die *Blüte* selbst versehrt, –
Die frischen Blätter – Mut und Hoffen –
Sah ich bis auf den Grund verheert.

Schon sprichst du: »Welche Leichenrede
Statt eines frohen Festgedichts!«
Doch meiner Klagen all und jede,
Drum lächle nur, zerfällt in nichts;
Denn sprächst du je: »Dein Weg ist offen,
Sei wieder frei um froh zu sein«;
So ständ' ich, wie vom Blitz getroffen,
Und riefe weinend: »Bleib doch mein!«

Ich liebe dich, und bin geborgen,
Wenn du mir Lieb' um Liebe gibst;
Das aber sind all meine Sorgen:
Ob du so recht mich wieder liebst?
O könnt' ich doch zu dieser Stunde
In deine lieben Augen schaun,
Ich schöpfte wohl aus ihrem Grunde,
Wie immer Hoffnung und Vertraun.

LIEBCHEN, KOMM
(1848)

Liebchen, komm, vor dieser Zeit, der schweren,
Schutz zu suchen in den Cordilleren,
Aus der Anden ew'gem Felsentor
Tritt vielleicht noch kein Constabler vor.

Statt der Savignys und statt der Uhden
Üben dort Justiz die Botokuden,
Und durchs Nasenbein der goldne Ring
Trägt sich leichter als von Bodelschwingh.

Ohne Wühler dort und Agitator
Frißt uns höchstens mal ein Alligator,
Schlöffel Vater und selbst Schlöffel Sohn
Respektieren noch den Maranon.

Dort kein Pieper, dort kein Kiolbassa,
Statt der Darlehnsscheine Gold in Kassa,
Und in Quito oder Santa Fé
Nichts von volksbeglückender Idee.

Laß die Klänge Don Juans und Zampas,
Hufgestampfe lockt uns in die Pampas,
Und die Rosse dort, des Reiters wert,
Sichern dich vor Rellstabs Musenpferd.

Komm, o komm; den heimatlichen Bettel
Werfen wir vom Popokatepettel,
Und dem Kreischen nur des Kakadu
Hören wir am Titicaca zu.

WOHL KÖNNEN LUFT UND SONNENSCHEIN

Wohl können Luft und Sonnenschein
Genesung wieder geben,
Doch echtes Leben wächst allein
In andrer Lieb' und Leben.

MIT »VON DER SCHÖNEN ROSAMUNDE«
(1850)

Liebe dacht' es, Liebe schrieb es:
Und wieviel ihm immer fehle,
Auch mit seinen Fehlern lieb' es
Als den Spiegel meiner Seele!

IN EINEM EXEMPLAR »ARGO«
(1853)

Giftmischer einst, und nun doch ein solcher,
Der auszieht gegen den König der Kolcher!
Doch ob Provisor, ob Argonaut,
Dir bleib' ich dieselbe alte Haut.

IN EINEM EXEMPLAR »EIN SOMMER IN LONDON«
(1854)

Du bist nun doch einmal die Beste,
Selbst besser als London und seine Paläste,
Und geht es wieder in die Weite,
So sei es nur an deiner Seite;
Soll mir das Leben noch Freude machen,
Müssen zusammen wir weinen und lachen.

(Am 9. Oktober 1861)

Wir sind nun zusammen in London gewesen
Mit gutem Gehalt und Reisespesen
Und wissen nun zu dieser Frist,
Was Fremde und was Heimat ist.

Das heimatliche Bettlerhemde
Geht über ein Goldkleid in der Fremde;
Wie viel mir mißfällt und widerstrebt,
Heimat bleibt Heimat, und – man lebt.

WEIHNACHTSBRIEF
(1855)

London, 19. Dezember 1855
3 ½ Uhr morgens

Im Café Divan wieder einmal
Starr' still ich in die flammenden Leuchter,
Das Herz wird weihnachtssentimental,
Und die Wimpern werden feuchter;
Doch zwischen die Tränen tritt Freund Humor,
Ein gemütlich-lustiger Lerse,
Und nur ein leiser Trauerflor
Legt sich um die lachenden Verse.

Ich seh' im Geist ein rumpliges Haus
Und eine rumplige Stube,
Drei Frauen gehen ein und aus,
Und der vierte ist mein Bube;
Die älteste Frau hat schwarzes Haar,
Und die jüngste hat es nicht minder,

Das macht, es ist, wie's immer war,
Es ähneln sich Mutter und Kinder.

Die dritte sieht ihren Knaben an
Unter Lachen und unter Weinen,
Die denkt: ich hab' eine Art von Mann
Und hab' auch wieder keinen.
Der Junge spielt und fährt über See,
Um seinen Vater zu suchen,
Er ruft: »Lieb Mutter mein, ade,
Ich hole den Butterkuchen.«

Der Vater, ach, ihm ist nicht nett,
Er muß sich wehren und stemmen,
Er säße viel lieber im Kabriolett
Und passierte Friesack und Kremmen,
Er spränge gern zum Wagen hinaus
Am Kanal und der Kirchplatz-Ecke,
Und schleppte gern in das rumplige Haus
Den besten der Ruprechtsäcke.

Es kann nicht sein; am Londoner Strand,
In Simpsons stolzer Taverne,
Legt an die Stirn er seine Hand
Und träumt sich ferne, ferne;
Er sieht durch Nebel und über das Meer
Eine Fülle lieber Gesichter,
Und heimisch wird es um ihn her,
Als brennten die Weihnachtslichter.

ZUM 14. NOVEMBER 1856

Ich bin ein rechter Poveretto,
Der freilich dir das Beste gönnt,
Doch hat er keinen Pfennig netto,
Wofür er etwas kaufen könnt'.

Ich bin ein rechter Armer-Deibel,
Der allen Anstands sich entschlägt
Und nicht mal einen Band von Geibel
Rot-golden dir zu Füßen legt.

Ich bin ein rechtes Armes-Luder,
Der, wenn er alles recht bedenkt,
Dir nichts als Georgens jüngsten Bruder
Elf Tage vor der Zeit geschenkt.

Ich bin ein armer, armer Krepel
Und mag nicht länger mehr verziehn,
Leb wohl und grüße Lepel-Zepel
Und sag, ich schriebe bald an ihn.

ZU WEIHNACHTEN 1856

Die Weihnachtszeit ist wieder da
Mit Tannen und mit Lichtern,
Ich stünde gern als Herr Papa
Unter lachenden Gesichtern;
Doch ach, zu fremdem Gänse-Genuß
Nach Brompton fahr' ich im Omnibus,
Es geht nun mal nicht anders.

Gern kröch ich umher mit meinem boy
Wie der Sohn der Jeanne d'Albret
Und stimmte mit ein, bei Hott und Hoi,
In sein Lachen und Gedalbre;
Doch die Abschlagszahlung auf meinen Wunsch
Heißt ›66‹ und Whisky-Punsch –
Es geht nun mal nicht anders.

Die Stunden gehen, die Tage gehen,
Vergehen immer geschwinder,
Es kommt, will's Gott, ein Wiedersehn,
Es kommen Frau und Kinder,
Es ist der Trennung bald genug
Und leer wird auch ein bittrer Krug,
Es geht nun mal nicht anders.

IM FEBRUAR

(1. Februar 1857)

Dies ist der liebe Februar,
Der nicht mit 31 quält,
Der einz'ge Mond im langen Jahr,
Der richt'ge 28 zählt.

Ich brauch' nur 28mal
Zu meinem teuren Simpson gehn
Und kann den boy und mein Gemahl
Drei Tage früher wiedersehn.

ZUM HOCHZEITSTAG

(1857?)

Erstes Jahrzehnt

(Ein Talglicht)

Wenig Liebe,
Viel Hiebe,
»Mächen mit de Eierkiepe!«

Zweites Jahrzehnt

(Ein Spermazetlicht)

Leichtes Herz und leichter Pfennig,
Morgen zu Gebrüder Hennig,
Leutnant Idler, Leutnant Fidler,
Leutnant Brause, Leutnant Krause;
Immer lustig, immer Tanz
Mit den lieben Leutenants.

Drittes Jahrzehnt

(Ein Wachslicht)

Nach dem Kriege kommt der Friede,
Ach, nun wird es sehr solide;
Ein poetischer Philister,
Schwarz und ehrbar wie ein Küster,
Steht am Altar fröstelnd da,
Und er spricht das große »Ja!«
Anno funfzig ist's geschehn,
Fünfzig Jahre soll's bestehn.
(that's it!)

Letztes Triennium

Über Land und über Meer,
Immer hin und immer her,
Glück und Unglück up and down,
Endlich Ruh in Camden Town!

ZUM 14. NOVEMBER 1858
(Von George vorgetragen)

Meine liebe Mama, trara, trara,
Dein Wiegenfest ist wieder da,
Du trittst es an, frisch und gesund,
Des freu' ich mich von Herzensgrund.

Das nächste Jahr, das nächste Jahr,
Da sind wir wieder, wo's besser war;
Da feiern wir deinen Geburtstag froh
Am Kanal oder Schafgraben irgendwo.

Da sieht's denn nicht so traurig aus,
Da kommen Briefe und Freunde ins Haus,
Da kommen die Lucäs, groß und klein,
Und Lepel und Lübke finden sich ein.

Da bringt dir Blumen der kleine Roquette,
Friede Eggers bringt ein großes Bouquette,
Und schließlich kommt, das Beste fürwahr,
Die liebe Tante Merckel gar.

Ach, daß es alles so kommen mag,
Das wünsch' ich dir an diesem Tag,
Ich aber will rufen dann: Juchhe,
I wish you a happy return of the day.

DES KNABEN KLAGE

(Zum 14. November 1858)

Es sind miserable Zeiten jetzt
Für die Großen und die Kleinen,
Mein armer Papa wird abgesetzt,
Ich selber werde abgesetzt,
Es ist fürwahr zum Weinen.

Weihnachten zwar kommt bald heran
Wo alle Kinder juchen,
Doch ach was werd' ich haben dann?
(Der Häupter bleibt doch Buchanan)
Vielleicht ein Stückchen Kuchen.

Ich bin nicht mehr die Hauptperson,
Ich bin nur noch der zweite,
So jung und so verlassen schon,
Die Tage der Herrschaft sind entflohn
Und all mein Stolz ist – pleite.

ZUM 14. NOVEMBER 1859

An alter Stell', an neuer Stell',
Es wird noch immer nicht recht hell,
Am alten Ort, am neuen Ort,
Wolken hier und Wolken dort.

So lahmt man sich durchs Leben hin
Mit hektisch hoffnungsbangem Sinn,
Das beste Stückchen Sonnenschein
Heißt: »Ach, es könnt' noch schlimmer sein.«

Hab Dank, daß du es ruhig trägst,
Der Sorgen mutig dich entschlägst,
Hätt' ich noch Leid und Kreuz im Haus,
Wahrhaftig, da wär' alles aus.

Wieviel auch fehlt und auch gebricht,
Das Allerbeste fehlt doch nicht;
Erhalte dich der Himmel frisch,
So ist das Wein für unsren Tisch!

ZUM 14. NOVEMBER 1859

Vor einem Jahr, vor einem Jahr,
Unser Häuschen noch in London war,
Wir hatten damals englisch Brot
Fifty two in St. Augustines Road,
Wir hatten mutton und English beef,
Und Betsy uns zu Tische rief.

Dahin ist nun der mutton chop,
Doch gibt es Hammel auch hier, gottlob,
Statt English beef und English ale,
Floriert nun Hirse und Kaneel,
Und statt der Betsy, die nun hin,
Kocht Thilde, die Berlinerin.

Sonst scheint wie dort auch hier die Sonn',
Wir haben Marta Merington,
Wir haben Hoffnung und Vertraun
Und müssen immer vorwärts schaun.
Und glauben – was uns auch entschwand –
Glück blüht doch nur im Vaterland!

WEIHNACHTEN 1859
An Emilie

Gekommen ist der heil'ge Christ
Die ganze Stadt voll Lichter ist;
Auch unsre sollen brennen.
Die Sorgen weg und zünde an,
Ich will derweil, so gut ich kann,
Dir meine Wünsche nennen.

Empfang zuerst ein Strumpfenband,
Das ich für dreißig Pfengk erstand
Bei Fonrobert im Laden.
Ich wünsche dir, geliebtes Weib,
Bald wieder einen dünnern Leib
Und etwas dick're Waden.

Empfang alsdann ein Kontobuch,
Fürs Credit ist es groß genug,
Fürs Debet etwas kleine.
Indes, es heißt ja: »rund die Welt«,
Der Beutel wird mal wieder Geld
Und hilft uns auf die Beine.

Und drum zuletzt den heißen Wunsch,
Daß unsres Schicksals dicker Flunsch
Bald hübsch'ren Zügen weiche,
Und daß ein bißchen Sonnenschein
Zieh wieder endlich bei uns ein
Und unser Herz beschleiche.

AN EMILIE
(Zum 14. November 1861)

Um fünf tritt Doktor Pröhle ein,
Um sechseinhalb bei Betas sein,
Dazwischen Briefeschreibung
Und Dachsenfetteinreibung.

Das ist denn doch für Pegasus
Fast eine allzu harte Nuß;
»Zum Teufel das Geläpper!«
So schäumt der alte Klepper.

Nun still nur, endlich Ruhe ist,
Noch fünf Minuten hab' ich Frist,
Ach nur noch fünf Minuten,
Da heißt es wohl sich sputen.

Ich wünsch' uns zwei'n an diesem Tag,
Daß es nicht schlimmer kommen mag;
Kein Grund liegt vor zum Zanken,
Viel Grund liegt vor zum Danken.

So sei denn laut gedanket heut
Für alles Gute, das uns freut,
Nichts mehr hab' ich zu schreiben
Als: Mög's noch lang so bleiben!

WEIHNACHTSSPRUCH 1861

Sei heiter!
Es ist gescheiter
Als alles Gegrübel; –
Gott hilft weiter,
Zur Himmelsleiter
Werden die Übel.

ZUM 14. NOVEMBER 1862

Ich habe nur eine Viertelstund',
Du kennst davon den guten Grund,
Es wartet die Stern- und preußische Zeitung
Auf kürz're oder läng're Verbreitung
All dessen, was ich seit Tag und Nacht
Über Kunst gedacht und – nicht gedacht.

Eine Viertelstund' ist kleine Zeit;
Was sag' ich in der Geschwindigkeit?
Mein ganzes Lieben, mein ganzes Hassen
Läßt sich nicht in drei Worte fassen; –
Mein Hassen vielleicht, das ginge schnell:
»Madam« und »Tunte« und »Nähmamsell«.

Von Liebe und Lieben drum lieber nichts,
Dank sei der Inhalt dieses Gedichts,
Der Himmel war gnädig, der Himmel war gütig,
Nun aber werd' auch nicht übermütig,
Und hüte dich, daß du nicht klagst und schiltst
Und keine Zweigroschenblume mehr willst.

Zweigroschenblume seit manchem Jahr
Die Zierde deines Geburtstags war;
Es dämmert mir fast ein leises Gedenken,
Ich konnte mitunter nichts anderes schenken,
Drum bin ich entschlossen, fest und scharf,
Zweigroschenblume nicht fehlen darf.

Sie hat auch heute ihre Stell'; – –
Die Zukunft bleibe passabel hell,
Im heilsamen Wechsel von Segen und Sorgen,
So gehe das Heute, so komme das Morgen,
Bis nach der Unrast dieser Zeit
Die Rast uns kommt in Ewigkeit.

LIEBENSWÜRDIG IST ANDERS
(16. September 1864)

Ist anders, ist anders,
Wär' ich nur erst in Randers.
In Skanderborg, in Skanderborg,
Da hat ein Ende alle Sorg'.
In Veile, in Veile,
Da hat es keine Eile.
In Flensburg, Schleswig und in Kiel,
Da bin ich wieder nah' am Ziel.
Mit Dampf dann soll es südwärts gehn,
Gib, Gott, ein frohes Wiedersehn!

ZUM 14. NOVEMBER 1865

Briefträger setzten sich in Trab,
Sie reißen fast die Klingel ab,
Sogar Pakete treffen ein,
Mög es das ganze Jahr so sein!

Herren, Damen kommen zu Hauf',
Sie setzen die besten Gesichter auf,
Du selber blickst gutlaunig drein,
Mög es das ganze Jahr so sein!

Im Hause ruht der Bruderstreit,
George, Theo markieren Artigkeit,
Sanfte Stimme bei groß und klein,
Mög es das ganze Jahr so sein!

Der Himmel ist blau, die Luft ist klar,
Auf dem Simse zwitschert ein Spatzenpaar,
Am Fenster aber lacht Sonnenschein –
Mög es das ganze Jahr so sein!

MIT GESANG- UND WIRTSCHAFTS-BUCH ZU WEIHNACHTEN 1865

Wenn das Wirtschaftsbuch nicht stimmt
Und das Debet das Credit überklimmt,
Geben die alten Luther-Lieder
Trost und Contenance wieder.

MIT »REISEBRIEFE VOM KRIEGSSCHAUPLATZ«

(14. November 1866)

Dieses Buch hab' ich geschrieben,
Seinen Inhalt hab' ich durchgelebt,
Aber was mir das Liebste geblieben:
Ich habe auch alles aufgeklebt.

RUMLIED

Mit einer Rumflasche zum 14. November 1866

Und ist auch noch so dünn der Tee
Und tut dir irgendwo was weh, –
Rum, Rum,
Und alle Schmerzen werden stumm.

Und liest du ein ›sensation‹-Buch
Voll Gift und Mord und Vaterfluch, –
rum, rum,
Nicht alle Bücher sind so dumm.

Und geht im Leben etwas schief
Und steht der Barometer tief, –
rum, rum,
Ein Tag gestaltet alles um.

Und ärgert dich ein Blick, ein Wort,
Tu's rasch aus deiner Seele fort; –
»rum, rum«
Ist aller Weisheit Satz und Summ'.

Und ist man endlich worden alt,
Und wird es öd und wird es kalt, –
rum, rum,
Wir wechseln unser Publikum.

Reich oder arm, wie jeder weiß,
Das Leben ist 'ne lange Reis'; –
rum, rum,
Ist unser best' Viatikum.

ZUM 14. NOVEMBER 1867

Ich schenke dir eine Decke von Tuch
Für fünf Taler und zwanzig Groschen,
Die alte – es dauerte lange genug –
Ist in ihrem Glanze erloschen.

Und ich schenke dir aus Joachimstal,
Handschuh für sechstehalb Gulden,
Und anderes kriegst du ein andermal,
Doch mußt du dich gedulden.

Und ich schenk dir – geht wieder um mit Gebrüll
»Egoismus«, der alte Bube? –
Ich schenke dir zwanzig Ellen Tüll
Zu Gardinen für *meine* Stube.

Für *meine* Stube? Es scheint nicht nett,
Doch was liegt uns noch am Scheine.
Längst haben wir auf demselben Brett
Das Meine und das Deine.

Wir haben gemeinsam Freud und Leid,
Warum nicht auch die Gardine?
Und so wachse denn unsre Gemeinsamkeit –
Parole: Mus wie Mine!

UND GING AUCH ALLES UM UND UM
(21. Oktober 1868)

Und ging auch alles um und um,
In dir, in mir, ich lieb' dich *drum*,
Ich lieb' dich *drum*, weil du mir bliebst,
Ich lieb' dich *drum*, weil du vergibst,
Ich lieb' dich, – ach warum »warum« –
Und blieb' auch meine Lippe stumm,
Ich lieb' dich *drum*, weil du mich liebst.

ZUM 14. NOVEMBER 1868

Ja, ja, Geliebte, man wird alt,
Trotz Filz und Wolle hat man kalt
An Sohlen und an Füßen,
Und ißt am Schlusse des Soupers
Man gar noch etwas Schweizerkäs',
So muß man dafür büßen.

Die Nerven – ach du lieber Gott!
Die Leber wird zum Kinderspott,
Die Leber und der Magen;
Doch würd' auch alles weh und wund,
Eh bien, bleibt nur das *Herz* gesund,
So wollen wir's ertragen.

DAS IST DAS HÖCHSTE GLÜCK
(15. Oktober 1869)

Das ist das höchste Glück:
Alte Liebe kehrt täglich neu zurück;
Es bleibt beim alten –
Auch die Worte, die du im Ohr behalten.

TRAUM
(Geschrieben auf Oléron am 13. 11. 1870)

Die alten Tage ziehen herauf,
Die Tage voll Leid, die Tage voll Gram,
Wo ich auf immer
Von dir Abschied nahm.

Du standest still.
Die Augen geschlossen saßest du da.
Mir zog das Herz sich zusammen,
Daß ich so still dich sitzen sah.

In mir ein Sturm.
Den Tag begann ein neuer Lauf.
Es war ein Traum. Du und ich.
Die alten Tage zogen herauf.

ZUM 14. NOVEMBER 1871

Vor einem Jahre, weit davon,
»in the Atlantic«, auf Oléron!

Nun wieder geborgen, wieder daheim,
Fest auf dem alten Rutenleim,
Statt franco-oléronischer Haft
Eine andre Sorte Gefangenschaft.

Gefangen, gekettet, ob nah, ob fern,
Doch ich trage *diese* Kette gern,
Und wünsche all' Stunde, jeden Tag,
Daß sie noch lange halten mag!

AN EMILIE – ZUM 14. NOVEMBER 1876

Wohl nur, weil dir Strophenkram
Grade jetzt zuwider,
Mich ein Lüstchen überkam:
Schreibe Verse nieder.

Denn der Hang zum Widerstreit,
Der mir so zu eigen,
Will sich eben jederzeit
Als sich selber zeigen.

Aber ob es dies nun war
Oder minder Schroffes,
Trete in ein freundlich' Jahr,
Mindestens erhoff' es!

Hoff' es; wenn du recht es willst,
Wirst du's auch gewinnen,
Aber wenn du weiter schiltst,
Scheuchest du's von hinnen.

Schelten ist nicht immer laut;
Auch das halbe Schelten,

Das aus trübem Auge schaut,
Kann als ganzes gelten.

Leg es ab; sieh wieder hell!
Ach, was ist hienieden?
Gönne mir die stille Stell'
Und mein bißchen Frieden.

Und so du dazu bereit,
Will ich Dank dir sagen,
Aber ohne Bitterkeit
Auch das andre tragen.

ZUM 14. NOVEMBER 1879

Eines blüht und zweie nicht,
Dem seh' mutig ins Gesicht!
Zweie nicht, doch *eines* blüht,
Dieses bleib uns im Gemüt,
Und wieviel uns auch erbost,
Bleib uns Hoffnung, Stern und Trost.

ZUM 14. NOVEMBER 1880
(Mit neuen Pfropfen)

Es hilft uns kein Gedeutel,
So nimm es, wie es fällt,
Der eine hat den Beutel,
Der andre hat das Geld.

Es läßt sich nichts erklopfen,
Der eine hat den Wein,
Der andre hat die Pfropfen,
Man muß zufrieden sein.

ERST EIN »LEIBARZT« DIESEN WINTER
(1881)

Erst ein »Leibarzt« diesen Winter,
Dann ein »Hausarzt« gleich dahinter,
Ach, *zwei* Doktors ist zuviel;
Aber leben wollen beide,
Nun, Kritik, sprich aus, entscheide,
Wer am besten dir gefiel?

Leibarzt muß zum Hausarzt schicken,
Hausarzt an dem Leibarzt flicken,
Aber ach, es hilft nicht viel;
Einer muß den andern haben,
Um den andern zu begraben,
Und »die Ruh« ist beider Ziel.

ZUM 14. NOVEMBER 1885 (?)

Ein Viertelpfund gebrannte Mandeln
Ein Viertelpfund kandierte Nuß,
Mehr mocht' ich nicht für dich erhandeln,
Und tat auch dies nur, weil ich muß.

ZUM 14. NOVEMBER 1886 (?)

Nicht für viele Kleider,
Für eines nur;
Den Rest (leider)
Erbitt' ich retour.

ZUM 24. DEZEMBER 1886

Heute nur dies:
  Kommt ein bonheur
  Kommt auch ein Service
  Von
        Serviteur.

ZUM 14. NOVEMBER 188?

Dreißig Taler (20 wieder raus)

Ein Drittel für Servietten
Und Tischtuch halte bereit,
Zwei Drittel für einen netten
Tuchmantel zu seiner Zeit.

ZUM 14. NOVEMBER 188?

Dir nichts zu schenken, hab' ich versprochen,
Und sieh, getreulich halt' ich's dir;
Unmöglich wird mein Wort gebrochen
Durch dieses lumpige Stück Papier.

ZUM 24. DEZEMBER 1887

Der neue Roman, ich hab' ihn fertig,
Wenn auch nicht in allen Stucken,
Er ist noch deiner Abschrift gewärtig, –
Dann kann ihn Kröner drucken.

»Unwiederbringlich« sein Titel ist,
Unwiederbringlich ist vieles,
Doch lassen wir das zum Heiligen Christ
Und gedenken wir – *unsres* Zieles.

IN EIN EXEMPLAR »GEDICHTE«
(3. Auflage, Juni 1889)

Ein Lied oder höchstens ein paar
Widmet' ich dir, als jung ich war.
Ihr Inhalt waren ich und du,
Vom Fenster her sandtest du Grüße mir zu.

Heute, mit Inhalt aus allen Zonen,
Komm' ich in Fähnlein, in ganzen Schwadronen,
Aus wenigen wurden viele Lieder,
Aber, wie damals, grüße wieder.

ZUM 24. DEZEMBER 1890

Noch einmal ein Weihnachtsfest.
Immer kleiner wird der Rest,
Aber nehm' ich so die Summe,
Alles Grade, alles Krumme,
Alles Falsche, alles Rechte,
Alles Gute, alles Schlechte –
Rechnet sich aus all dem Braus
Doch ein richtig' Leben 'raus.
Und dies können ist das Beste
Wohl bei diesem Weihnachtsfeste.

ZUM 24. DEZEMBER 1890

Ruhig sein, nicht ärgern, nicht kränken,
Ist das allerbeste Schenken;
Aber mit diesem Pfefferkuchen
Will ich es noch mal versuchen.

ZUM 14. NOVEMBER 1892

»Mai, Juni, Juli und August,
O wunderschöne Sommerlust«,
So hat einst Platen es drucken lassen,
Uns aber wollt' es heuer nicht passen,
Mai, Juni, Juli und August
Lagen uns schwer auf Herz und Brust.

Nun haben wir, geliebte Frau,
Statt des Sommers wieder Novembergrau,
Novembergrau, das so schlimm nicht ist,
Schon schimmert herüber der Heilige Christ,
Und hat noch den besonderen Wert,
Daß er mir *dich* in die Welt beschert.

Und ich wünsche, daß du darin noch bleibst,
Unlogisch weiter plauderst und schreibst,
Wie dir's gefällt, gefällt es mir eben,
Also wolle für mich noch weiter leben!

EIN BON
(Weihnachtsgeschenk, 1893)

Unter einem Pappendeckel,
Der mein »Arnheim«, liegt mein Säckel;
Diesen dir bekannten Kasten
Kannst du jederzeit entlasten,
Aber, bitt' ich untertänig,
Wenn es sein kann, nimm nur wenig!

MIT EINEM RING ZUM SIEBZIGSTEN
(14. November 1894)

An das Leben, an mich und das Glück
Bind er dich noch ein gutes Stück!

ZUM EINUNDSIEBZIGSTEN
(14. November 1895)

Vieles wünschen und versprechen
Könnt' ich dir, doch eines nur:
Nichts soll störend unterbrechen
Deine nächste Mühlbrunn-Kur.

Wird's dadurch auch etwas öder,
Eines schwör' ich dir beim Zeus:
Nichts mehr von dem Grafen Roeder,
Nichts mehr von dem Prinzen Reuß.

Nichts von Hans mehr und van Halle,
Nichts von Hauptmann Hufeland,
Nichts von Cisco, Kayser, – alle
Wehr' ich ab mit dieser Hand.

Gutgesalznen Prager Schinken,
Saures Kraut als Zugemüs',
Dazu sollst du Pilsner trinken
Als Protest nur gegen »süß«.

Und so bessert sich die Leber,
Und so schrumpft der Gallenstein, –
Nächstes Jahr soll dir ein Geber
Ungestörten Mühlbrunns sein.

P.S.
In sonstigem Schenken bin ich nicht stark,
Du hast ja das Geld und die Strümpfe, –
Kaufe dir was für fünfzig Mark
Oder noch lieber füf fünfe.

ZUM 14. NOVEMBER 1896

Einen Topf mit einer Eriké
Kriegst du wohl von der Gerike,
Von mir empfange, geliebte Olle,
Nur diese Hyazinthenknolle; –
Knollig erblühe dir jegliches Gute,
Vor allem sei dir *wohl* zumute.

P.S.
Da du das Geld hast, so versenke
Dich selbst in den Ankauf der Geschenke.

ZUM 14. NOVEMBER 1897

Wieder kamen große Kisten
(Ausnahmsweise nur von Christen),
Wieder zu des Tages Feier
Kamen Enten, Hühner, Eier,
Kamen, treu den Traditionen,
Mandeltorten und Makronen.
Alles ohne Neugestalten
Hat im Alten sich gehalten,
Und im Stil von Wetterwendern
Sollte *ich* mich bloß verändern?!
Nein, ich hab's damit nicht eilig,
Mir auch ist das Alte heilig,
Und wenn Wertheim auch schon stünde,
Schenken wäre doch 'ne Sünde.

AN DIE SÖHNE UND GESCHWISTER

AN GEORGE FONTANE

(Bei Gelegenheit seines 2ten Geburtstages)
(15. August 1852)

Mein lieber Georg! und kann ich dir auch
Am heutigen Tage nichts schenken,
So will ich doch nach altem Brauch
In Versen deiner gedenken;

In Versen, worin dein Dichter-Papa
Sich immerdar ergossen,
Wenn ihm, was just nicht selten geschah,
Die Pfennige spärlich flossen.

Ich wünsche dir tüchtig Fleisch und Speck
Und immer dickere Waden,
Und wächst dein Herz am rechten Fleck,
So kann das auch nicht schaden.

Dein Vater ist nicht schlecht, nicht gut,
Nur grade kein Menschenfresser;
Drum sage nicht: »es liegt im Blut« –
Sondern werde ein bissel besser.

Die Schulen leisten jetzt so viel,
So klug wird unsre Jugend,
So komm denn auch, du höchstes Ziel
Der eingetrichterten Tugend.

Ach, wenn du dann in Prima sitzt
Und unter den Sextaknaben
Gewahrest, wie dein Vater schwitzt –
So wolle Mitleid haben.

Blick auf den Ulx – der dein Papa –
Mit nachsichtsvollen Augen,
Denn »ehren sollst du die Eltern ja«,
Auch wenn sie gar nichts taugen.

Wer weiß, ob ich das Reimgeschäft nicht bis zum 104ten Verse fortgesetzt hätte, denn ich hatte noch allerhand Vorrat wie z. B.

Und mache Geld! denn fehlt dir *das*
Und mußt du gar was pumpen,
So ist vorbei der ganze Spaß,
So zählst du zu den Lumpen usw.

BRIEF AN GEORGECHEN
(Oxford, den 11. August 1856)

Hier im Gasthof zum Robin Roy
Schreib ich dir dies, mein süßer boy,
Und wünsche, daß es am rechten Tag
Dich froh und munter treffen mag.
Es sind nun fünf Jahre, daß deine Mama
Mich wissen ließ: du seiest da.
Ich erinnre mich dessen, als sei es heut,
Und habe mich sehr über dich gefreut.
Du warst nicht schön, weder fleischig noch rund,
Und hattest nur einen tüchtigen Mund,
Einen Mund, der, ohne allen Spaß,
Dir genau zwischen beiden Ohren saß; –

Doch sei dem allem, wie ihm woll',
Wir waren ganz deines Ruhmes voll.
Nur in einem schuf uns zu jener Zeit
Dein Mündchen doch Bedenklichkeit.
Das machte, wir hatten selbst nicht satt
Und dachten: ach, wenn er Hunger hat,
Einen Hunger, der diesem Mund entspricht,
So können wir ihn sättigen nicht,
Denn Mutters Vorrat ist sehr gering.
Hilf Himmel, es ist ein schlimmes Ding.
Und der Himmel tat, was er immer tut,
Er *half*, und alles wurde gut,
Und wurde besser als in der Nacht,
Wo Gott dich schickte, wir je gedacht.
Es fanden sich Milch und Meyersche Flaschen,
Zuckerbiskuits, davon zu naschen,
Es fand sich manches und allerlei.
Und so ging das erste Jahr vorbei.
Das zweite auch. Im dritten Jahr,
Als eben Mamas Geburtstag war,
Da hatten deine Eltern beid'
Um dich kleinen Kerl großes Leid.
Du wurdest uns bis zum Tode krank,
Doch der Himmel half wieder, Gott sei Dank,
Zu Weihnachten, als du eben genesen.
Sind wir voll Dank und Freude gewesen.
Aber die Freude war kaum getan,
Da fingst du zu hinken und humpeln an.
Und die Leute sagten: »Das arme Kind!
Und wie traurig seine Eltern sind!«
Wir rieben mit allerhand Salben dich ein,
Doch die Hilfe sollte woanders sein;
Gott nimmt es dabei nicht eben genau,
Und er wählte für dich eine alte Frau,
Sie riet uns Ulmenbäder an,
Und in vier Wochen war es getan.

Seitdem, mein boy, gleich einem Alten
Hast du dich brav und wacker gehalten.
Und hast durchzogen wie ein Held
Zu Wasser und Lande die halbe Welt.
Du hast gespielt auf grüner Halde
Am Ufer der Nuthe in Luckenwalde,
Du hast an der Katzbach dich rumgeschlagen,
Wie Vater Blücher in alten Tagen,
Und bist ohne langes Federlesen
Ein Gast im großen London gewesen.
Deine Mutter schreibt mir von zu Haus:
Du zögst dich jetzt selber an und aus,
Ausziehen ging eins, zwei drei,
Aber anziehn immer noch schwierig sei.
Und du dächtest: wenn ich das erst kann,
So reis' ich nach London und bin ein Mann!
Beim Lesen mir dies gleich gefiel;
Steck dir beizeiten ein großes Ziel,
Wem Anziehnlernen rasch gelingt,
Der auch wohl andres rasch bezwingt.

Das kannst du heute noch nicht verstehn,
Doch fünfzehn Jahre schnell vergehn.
Und wenn dich Gott am Leben läßt
Und du feierst dann wieder Geburtstagsfest,
Dann wollen wir über die Sache sprechen
Und uns den Kopf ein wenig zerbrechen.
Heut fühl' ich von allem Laufen und Sehn
Sich ein Mühlrad in meinem Kopfe drehn,
Und ich will dir nur sagen noch zum Schluß:
Sei brav und gut! Und nun einen Kuß…

VERSE FÜR GEORGE

(2. Mai 1857)

Zu Compton Street, im ersten Flur,
Sitzt von der Spree ein Krokodil
Von äußerst friedlicher Natur
Und kaut an einem Federstiel.

Wenn Hammel und gebratnes Rind
Es endlos gibt, so Tag wie nachts,
Da weint es wie ein kleines Kind;
Doch wenn es Pudding gibt, da lacht's.

AN THEO

(Mit den »Gedichten«, 5. Auflage)

Lies die erste Seite (sie ist nur soso),
Lies sie und werde reisefroh,
Lies die letzte Seite aus Melrose-Abtei
Und werde noch froher, – sie macht frei.

GEBURTSTAGSCARMEN FÜR LISCHEN

(1844)

Liebes Lischen, weißt du was:
Geh nicht oft ins grüne Gras,
Daß du keinen Husten kriegst
Oder krank zu Bette liegst.
Lerne nach wie vor recht fleißig:
Sechs mal sechs ist sechsunddreißig;
Mach beim Schreiben keinen Klex,
Heul nicht zwischen fünf und sechs,

Trage schweigend die Gedulds-
Probe – deinen Maestro Schulz.
Schneide Maxen nie Gesichter,
Ehr in ihm den größten Dichter,
Den Letschin und Posedin
Je erzog und wird erziehn.
Ärgre Reppin nicht! Bewahre
Ihm den Rest gesunder Haare,
Daß dein Freund vor Kummer nicht
Lauter graue Löckchen kriegt.
Wolle dich nicht oft erbosen,
Mag der Bock dich selten stoßen,
Sei zur Mutter lieb und innig,
Aber niemals eigensinnig;
Laß durch Jennys Spukgeschichten
Dich nicht ganz zugrunde richten.
Bitte Jetten (stets beim Schreiben),
Ja recht tugendhaft zu bleiben;
Grüße mir mit ernster Miene
Deine würd'ge Albertine,
Und sei freundlich nach wie vor
Gegen Bruder Theodor.

FÜR JENNY

(Mit einer Schürze, 1848)

Auf Mönkgut wird es so gemacht,
Von heiratslustgen Mädeln:
Sie lassen Schürzen, Tag und Nacht,
Vor ihrem Fenster wedeln.

Da kommen dann die Burschen an,
Vereinzelt und in Haufen;
Man nimmt sich, wen man leiden kann,
Und läßt die andern laufen.

Bald ziehst du auch gen Pommerland,
O Dickchen: auf die Freite;
Nimmt diese *Schürze* in die Hand,
Und wedle recht gescheite.

Erreise dir dein künftig Glück,
Das ich prophetisch ahne,
Und bring die Schürze hier zurück,
Als eine Siegesfahne.

AN LISCHEN
(Berlin, den 23. April 1860)

Vertage die Sorgen
Bis auf morgen,
Eh' du's gedacht,
Kommt Hilfe über Nacht.

Kluge Leute
Freu'n sich des Heute; –
Liebe wieder, was dich geliebt,
Und genieße dankbar, was Gott dir gibt.

Probatum est!
Dein Bruder *Theodor Fontane*

ZUM POLTERABEND VON ELISE
(25. Januar 1875)

Empfang in immergrünem Glanz
Und blühend aller Enden,
Geliebte Braut, den Myrthenkranz
Aus deiner Fride Händen.

Die Myrthe galt zu aller Zeit
Als eine Art Elite,
Die Griechen hatten sie geweiht
Sogar der Aphrodite.

Doch Aphrodite her und hin,
Viel mehr, viel mehr als diese
Erfüllest *du* uns heut den Sinn,
Geliebte Braut, Elise.

Es grüne dir wie dieser Kranz
Das Glück auf allen Wegen
Und wie er blüht, so voll und ganz –
Erblüh dir Gottes Segen.

ZU ELISENS HOCHZEIT
(26. Januar 1875)

Es gibt der Schiffe allerorten
Bekanntlich die mannigfachsten Sorten:
Linienschiffe, Korvetten, Fregatten
(Die Spanier die Galeonen hatten)
Barks und Briggs und Brigantinen,
Um als Ordonnanzen zu dienen,
Hölzern und gepanzert mit Eisen,
Aber von allen Arten und Weisen,
Von allen Schiffen in der Welt
Mir das *Weber*schiff am besten gefällt.

Ohne Lärmen und ohne Prahlen,
Ohne in Flaggen und Wimpeln zu strahlen,
Schafft *dies* Schiff mit stiller Hand
Dem Leben sein schützendes Gewand.

Und ist das Weberschiff auch nur klein,
Schwester, steige mutig ein,
Gott wolle gute Fahrt euch geben;
Hurra, das *Weber*schiff soll leben!

AN FREUNDE UND BEKANNTE

AN THEODOR STORM

Zum 14. September 1853

Der Herbst ist da und Storm ist da,
Schenkt ein den Wein, den holden,
Wir wollen diesen goldnen Tag
Verschwend'risch noch vergolden.

Und geht es draußen noch so toll
Und hängt die Welt voll Knuten,
Kein Mucker und kein Hassenpflug
Soll unsern Mut entmuten.

Und wimmert auch einmal das Herz
Und will nicht fort nach Pommern,
Wir wissen doch, es schmilzt der Schnee,
Es geht zu neuen Sommern.

Was sind denn sechsunddreißig Jahr,
Sie sind ein bloßes Weilchen,
Durch vierzig, fünfzig, sechzig hin,
Da blühen erst die Veilchen.

Mit siebzig und mit achtzig erst
Erschließen sich die Rosen,
Mit neunzig Jahren schrieb Hafis
Von Freundschaft, Wein und Kosen.

Bis dahin aber jeden Tag
Sollst du wie heut genießen
Und statt des Tods ein Lorbeerblatt
Dir deine Augen schließen.

AN THEODOR STORM

O Heil'genstadt, du heil'ge Stadt,
Die Dichter in den Mauern hat,
Nicht bändereiche, nicht enorme,
Doch Storm und seine kleinen Storme,
Die, wenn sie naht, die Weihnachtszeit,
Gelesen werden weit und breit
Am Ofen und am Flackerfeuer
Die »Immensee«, die »Hinzelmeier«,
O Heil'genstadt beschütz den Mann,
Daß er noch vieles dichten kann.

AN PAUL HEYSE

Du sitzt nun an der Quelle
Des besten bairischen Biersch,
Du hast eine gute Stelle
Und siehst den Professor Thiersch,
Du hast eine wahre Perle
Von Frau, und ein nobles Quartier, –
Ach mehrere arme Kerle
Möchten tauschen mit dir usw.

AN RICHARD LUCAE

Mit »Ein Sommer in London«

Was Julian Schmidt
Mit Füßen tritt,
Was Robert Prutz
Bewirft mit Schmutz, –
Das ist, mit *freundlichen* Augen gelesen,
Doch vielleicht – zum Lesen gewesen.

AN ADOLPH MENZEL

Lieber Rubens.

Auf der Nogat grünen Wiesen
Steht ein Schloß in Preußenland,
Das die frommen deutschen Riesen
Einst »Marienburg« genannt.
Mancher gelb-grün-rote Kleister
Klebt das Bild dort auf dem Stuck,
Endlich, endlich kam ein Meister,
Und das war ein großes Gluck.

Ach, ich kenn ihn nicht, den Alten,
Den mit Schild und Speer und Schwert
Und mit langen Mantelfalten
Meister Menzel dort verklärt.
Ach, ich würde gerne fragen,
Ist es Albrecht, Salza, Plau?
Doch – kein Buch, um aufzuschlagen,
Und ich kenn sie nicht genau.

»Nun adieu, du alter Remter,
A présent il faut que j'aille!«
In die Tuilerien kömmt er
Und vor allem nach Versailles;
Ach, er sieht sehr schöne Rahmen,
Schöne Bilder auch dazu,
Vernet und sein eigner Namen
Stoßen an auf du und du.

AN FRANZ KUGLER

Es ist nicht warm in meinem Quartier,
Es ist nur höchstens wärmlich,
Und Ärger und Sorge –, ach, glaube mir,
Ich fühle mich ganz erbärmlich.

Die Zeitung will nicht recht vom Fleck,
Eintreffen täglich Rüffel,
Und dieser Zeitungsmäusespeck
Ist ohnehin nicht Trüffel.

Heut heißt es: Freund, wir brauchen Ideen
Und morgen, wir brauchen Fakta,
Am dritten Tag: so kann es nicht gehn,
Depeschen, Freund, und Akta!

Am vierten Tag: nicht soviel Krieg,
Am fünften: nicht soviel Frieden,
Und Sie müssen nicht jeden Zeitungssieg
Zu 'nem Glaubensartikel schmieden.

Am sechsten: immer die Maske vor,
Am siebenten: Maske herunter;
Im Kopfe, den ich schon halb verlor,
Wird's immer kunterbunter.

TOAST AUF DAS MERCKELSCHE HAUS

Das Haus, das ich vergesse nimmer,
Mit dem runden Tisch und dem grünen Zimmer,
Mit dem Ungarwein und den schwimmenden Klößen,
Die selber schon Respekt einflößen,
Das Haus, drin Rütli und Ellora
Seit lange studiert die Humaniora,
Das Lieblingshaus der aufgetauten,
Wieder flott gewordenen Argonauten,
Das Haus, was soll ich zögern noch,
Das *Merckelsche* Haus, es lebe hoch!

AN FRIEDRICH EGGERS

Aus der Ferne
Diesen Wunsch:
Glückliche Sterne
Und guten Punsch!
Jene für immer,
Diesen für heut –
Und nimm nichts schlimmer,
Als Gott es beut.

Lern unterscheiden
»Kunstblatt« und Kunst,
Jenes tu meiden,
Mit Vergunst.
Man soll streiten,
Man soll auch fliehn,
Selbst Ratten beizeiten
Sich verziehn.

Solch Kerle,
Wie du und dein Bart,
Sind eine Perle
In ihrer Art.
Du hast ein Weih-amt,
Zeige Trutz,
Perlen im Leih-amt
Sind nichts nutz.

Raffe dich, sammle dich
Eins, zwei, drei,
Und verrammle dich
Gegen Hinschlepperei;
Brich, was nicht halten will,
Brich es entzwei.
Aber hältst du still,
Ist es vorbei.

TOAST
AUF HENRIETTE UND WILHELM VON MERCKEL

Und wieder mal im grünen Zimmer,
Im grünen Zimmer, das nun grau,
Sitzt der Ellora-Blüten-Schimmer
Bei Immermann und Immerfrau,
Und wieder gab's die liebe Suppe,
Beinah auch Schocoladen-Speis,
Und auf des Musenpferdes Kruppe
Hopst wieder alles nach dem Preis.

Derselbe Raum, dieselben Spiele,
Dasselbe, was die Köchin briet,
Auch Lepel ganz im alten Stile
Und ich – mit altem Appetit.

Doch, um es grad' herauszusagen,
Konservativ wie Stein und Erz,
So macht uns nicht ein treuer Magen,
So macht uns nur ein treues Herz.

Das woll' der Himmel uns erhalten
Durch wechselvoller Zeiten Lauf!
Des Alltagslebens Sichzerspalten,
Hier geh's in höh're Einheit auf;
Hier steh des Dichters höh're Warte,
Elloras liebster Tempelbau,
Und unsre Fahne und Standarte
Bleib Immermann und Immerfrau!

TOAST
AUF DIE RÜTLIONEN UND ELLORISTEN

Tower, City, Londonbrücke,
Alles hin seit Jahresrund,
Und die Brücke, ach zum Glücke,
Sucht noch immer festen Grund.
Und »periculum in mora«
Fiebert's immer noch im Blut,
Aber Rütli und Ellora
Machen alles wieder gut.

Wohl der Dom ist kein Westminster
(Nur die Spree hat auch Bouquets),
Und des Grunewaldes Ginster
Ist nicht *der* Plantagenets;
Und doch läßt sich's heitrer wohnen
Hier an lieber, alter Stell',
Elloristen, Rütlionen
Machen Dunkles wieder hell.

Tausend Reize hat die Ferne,
Doch das Herz, es drängt zurück,
Und der Heimat goldne Sterne
Bieten erst ein volles Glück,
Darum hoch die Oft-Vermißten
Zweimal, dreimal, öfter noch,
Rütlionen, Elloristen,
Alle Freunde leben hoch!

TOAST AUF BERNHARD VON LEPEL

Am 27. Mai 1859

Es sind nun einundvierzig Jahr,
Daß zu Meppen an der Hase
Ein Kindlein eben geboren war
Mit ausgesprochenster Nase,
Die mahnte jeden, der nicht blind,
An das Vorbild des alten Fritzen,
Wir aber sind es, die Nas und Kind
Und unsren Lepel besitzen.

Ja Lepel, du hast es uns angetan,
Du Liebling in weitesten Kreisen,
Es lieben dich Herr und Frau Doktor Hahn,
Es lieben dich Damen auf Reisen,
Es lieben dich Männer, es lieben dich Frau'n,
Es liebt dich dein Freund Fontane,
Und es lieben dich, schwarz und blond und braun,
Die Töchter schottischer Clane.

Wer so mit Liebe gesegnet ist,
Wie soll man den besingen!
Wir wünschen dir zu dieser Frist
Zwei Dinge vor allen Dingen:

Erst, daß du immer gebettet bist
Auf weichsten Geburtstagsrosen
Und – keine Einquartierung kriegst
Von Turkos oder Franzosen.

Ja, Frieden ist hin und Krieg ist da,
Es schweigen Flöt' und Cello,
Schon wieder donnern mit ça ira
Die Kanonen von Montebello,
Schon wieder gegen Marengo hin
Zieht der Onkel-kopierende Krepel,
Wir aber schlagen's uns aus dem Sinn
Und rufen: *Hoch lebe Lepel!*

MIT ODER OHNE DORN

Tenzone zwischen Bernhard von Lepel und Theodor Fontane

Schenkendorf

Zum heitren Kampf, der unser Lied durchtose,
Ruft in die Schranken schmetternd uns das Horn:
Wie liebst Du, sprich, wie liebst Du mehr die Rose,
Mit oder *ohne* Dorn?
Meinst Du, der Zauber, den sie rings verbreite,
Sei ohne Dornen erst unendlich groß,
Meinst Du, die Waffe ziem ihr an der Seite, –
Ich lieb sie waffenlos.

Lafontaine

Mit Waffen ich. Der süße Hauch des Schönen
Ist wie ein Wind aus Süden, der erschlafft,
Willst Du die Schönheit festigen und krönen,
So waffne sie mit Kraft;
*Ent*waffne sie und sie wird kränkeln, siechen,
Geschichte, alt und neu, erzählt davon, –

Der schönste Tag der schönheitskundgen Griechen
Heißt *Marathon*.

Schenkendorf

Der Schönheit Hauch soll dem Sirocco gleichen?
Der Hauch der Rose soll erschlaffend sein?
Stets wird die Schönheit Kron' und Kraft erreichen
Durch *eigne Würd'* allein!
Und soll auch ich die Griechen Dir zitieren,
Ihr Gott der Musen drück es selbst Dir aus:
Die Leier spielt er vor den wilden Tieren
Und ließ den Pfeil zu Haus.

Lafontaine

Verstümmle nicht das Bild des Musageten,
Er rächt sich gern, der weithintreffende,
Die Verse sind die Kinder der Poeten,
O denk an Niobe.
Die Venus selbst, trotz höchster Würd' und Ehre,
Trug Waffen *doch* – Venus Urania,
Helm auf dem Haupt, bewehrt mit scharfem Speere,
So stand sie da.

Schenkendorf

Wohl selten nur! Der Griechen Auserkorne,
Sie liebte nicht Gewänder von Gewicht;
Nicht sag ich, was sie trug als Schaumgeborne,
Doch Panzer trug sie nicht.
Soll Liebe, soll die Schönheit dich entzücken,
So sei der Wonnebecher sorgenleer,
Die Rosen sind zum Pflücken, zum Beglücken,
Zum Stechen nimmermehr.

Lafontaine

Gestatt' ein Bild: des Tages letzte Röte
Liegt auf den Gängen, leis der Himmel taut,
Du bist ein Bräut'gam und aus Schiller, Goethe,
Zitierst Du Deiner Braut,
Du sprichst von Liebe schon drei volle Stunden,
Dir wird so matt, da endlich kommt ein Zank,
O süßer *Dorn*, Du fühlst dein Herz gesunden
Und murmelst: Gott sei Dank.

Schenkendorf

Die Braut verlaß ich! Dank für solch Gekose;
Die letzte Rose läßt Dich unbeseelt,
Gesteh's, Du malst den *Stock* nur einer Rose,
An dem die Blume fehlt;
Die Rosenzeit kennt Längen nicht und Lücken,
Wenn Venus *gähnt*, sind ihre Reize knapp;
Solch eine Rose wird man immer *pflücken*,
Da bricht man eiligst ab!

Lafontaine

Und schämt sich dann des übereilten Bruches!
Es mischt sich Ernstes in das heitre Spiel,
Gedenk des einfach tiefen Weisheitsspruches:
»Des Guten nicht zu viel«.
Im Einklang mit urewigen Gesetzen
Erwächst aus Licht und Schatten erst Gestalt,
Wir brauchen *Schuld*, der Dorn muß uns verletzen,
Die bloße Schönheit läßt uns kalt.

Schenkendorf

Die »bloße Schönheit« scheint mir eine Blöße,
Läßt sie Dich kalt, so nenne sie nicht schön;
Nur mit der Glut, die sie ins Herz Dir flöße,
Stammt sie aus Götterhöhn;

Schuld braucht ihr, *sucht* Ihr viel, geliebte Christen,
Doch ist die Ordnung da erst rechter Art,
Wo man den Dorn, den braven Polizisten,
Am seltensten gewahrt.

Lafontaine

So kühnes Bild möcht ich mir schwer erlauben,
Ich wähl ein andres, ältres drum geschwind,
Die Rose gleicht vor allem auch dem *Glauben*,
Dem hohen Himmelskind;
Wohl jedem, der mit glücklichem Gelingen
Unblut'gen Kampfs die Wunderblume pflückt,
Doch wen sie zwingt, durch *Dornen* vorzudringen,
Den hat sie mehr beglückt.

Schenkendorf

Zum Bild des Glaubens machst Du das der Liebe
Und triffst zugleich des Glaubens wunden Fleck,
Oft macht er blind im argen Weltgetriebe
Des Eifers Dorn zum Zweck.
Laß uns aufs neu der Liebe Bild umfangen,
Blüht sie doch an der Schönheit klarstem Born:
Was reizend blüht auf achtzehnjähr'gen Wangen,
Sind Rosen *ohne* Dorn.

Lafontaine

Du mahnst an schöne Wangen mich vergebens,
Und glänzten sie in aller Schönheit Norm,
Sie werden nie zu Stätten geist'gen Lebens,
Die Wangen sind nur *Form*;
Sie rühren nicht, – und wenn im Venus-Grübchen
Der Wange doch ein Reiz, ein Zauber sitzt,
So ist's, weil Amor drin, das Schelmenbübchen,
Die leisen Pfeile spitzt.

Schenkendorf
So meinst Du's! Nun erst hab ich Dich verstanden,
Ei, Dorn und Dorn ist wohl ein Unterschied?
Nun merk' ich doch, daß auch ein Reiz vorhanden,
Der Dich zur Rose zieht.
Zum Schluß des Kampfes laß das Zeichen schallen, –
Halb Part, mein Freund! Ich gebe nach. Schlag ein!
Ein kleines Dörnchen lass' ich mir gefallen,
Ein Dorn braucht's nicht zu sein.

AN HUGO VON BLOMBERG

Mit den »Balladen«

Neue »Balladen« – 's Gewehr präsentiert.
Wenn ihr bei ihm vorbeidefiliert,
Augen links und straff und stramm,
Oder er kommt euch über den Kamm.

Denn den Dienst, mal leicht, mal schwer,
Kennt er besser als irgendwer,
Jedes Flickwerk, jeden Riß –
Seine Augen sehen's gewiß.

Vorwärts denn und haltet Tritt,
Immer die *Fahne* in die Mitt',
Sieht er die, verzeiht er gern –
Dienen ja beide demselben Herrn.

AN KARL BORMANN

Mit den »Balladen«

Sind sie auch nicht immer logisch,
Steht auch mal statt rannte – rann,

Sind sie doch meist pädagogisch
Und für Schulen angetan.

Alte Fritz und Dessau, Derffling,
Seydlitz, Zieten und Schwerin,
Keinen teuflischen Verwerfling
Werden sie heran erziehn.

Und wo Schweigen wär' gescheiter,
Musgrave, Marie Duchatel,
Schließ' das Ohr und blätt're weiter, –
Andres Lied an andrer Stell'.

AN GEORGE HESEKIEL
Mit den »Wanderungen«

Dieselbe Fahne, dasselbe Kleid,
Im Herzen stumm derselbe Eid,
Dasselbe Streben ohne Neid, –
So mög es bleiben in Freud und Leid.

*

Teltow und Barnim
Sind abgetan,
Nun kommen die Arnim
Nächstens dran;

Frühling komm balde
Mit deinem Hauch,
Jüterbog – Luckenwalde
Warten auch.

STADT ODER LAND

Tenzone zwischen Theodor Fontane und der Fürstin Eleonore Reuß

Fontane

»Stadt oder Land«, so lautet die Frage,
Und meine Wahl vertrau ich diesem Blatt;
Nicht lange schwankt des Zünglein in der Waage,
Links sinkt die Schale und ich rufe »Stadt«.
Ein Dorf, ein See, ein bißchen Waldidylle,
Ein Storchennest, ein offnes Scheunentor –
Es reicht nicht aus, ich lobe mir die Fülle,
Und zieh' die Stadt, den Kampf, das Leben vor.

Reuß

Ist Fülle nur in grauen Häusermassen?
Ist Kampf da, wo geputzte Leute stehn?
Ist Leben nur in vollgedrängten Gassen?
Dann hast du wenig Leben noch gesehn!
Geh in den Wald und lausche seinem Leben
Und sieh des Landmanns Kampf im blachen Feld,
Der mit der Scholle ringt, den Schatz zu heben,
Die Fülle, die sich tief verborgen hält!

Fontane

Armselig Leben, das so heut wie morgen
Sich pflanzenhaft im engsten Kreise dreht,
Das ohne Herzschlag, ohne Glück und Sorgen,
Wie Laub am Baume kommt und wieder geht:
Nur da ist Leben, wo im ew'gen Wandeln
Die neue Stunde Neues wirkt und schafft,
Wo rastlos gegen vorgeschriebnes Handeln,
Sei's gut, sei's böse, ringt die Menschenkraft.

Reuß

Was du hier rühmst, ich weiß es nicht zu preisen,
Das ist nicht gut, was alle Tage neu,
Das Land, das Dorf hat seine eignen Weisen,
Doch wohl ihm, hält's, was sein ist, fest und treu;
Es dreht das Leben sich in gleichem Ringe,
Und Wechsel ist in Ruh' und Arbeit nur,
Doch unverrückt der Mittelpunkt der Dinge,
Die heil'ge Gottesordnung der Natur.

Fontane

Wir werden schier zu ernst in unsern Strophen,
Statt plaudernd über Stadt und Land zu gehn,
Durchschreiten wir den »Steig des Philosophen«,
Wo wir vor Bäumen Stadt und Land nicht sehn.
Das Rätsel alles Lebens, alles Ringens,
Nicht löst es die Tenzone, mit Vergunst,
Doch, sicher freud'gen Ineinanderklingens,
Nenn ich die Stadt jetzt – Stätte aller Kunst.

Reuß

Studieren Künstler an den Pflastersteinen?
Ich sage nein: im Feld und grünen Wald;
Und dann die Kunst, die *unsre* Herzen meinen,
Hat in der Stille ihren Aufenthalt, –
Die Kunst, der *wir* zu eigen sind gegeben,
Die heil'ge hochgeliebte Poesie,
Will unter Gottes freiem Himmel leben,
Im Stadtgewühl allein gedeiht sie nie!

Fontane

Der Schwan vom Avon, – ländlich grüne Wiesen,
Sie weckten nicht das Lied, das in ihm schlief,
Erst London war's, der Lärm des Themse-Riesen,
Der Macbeth, Hamlet auf die Bühne rief,

Wohl frommt's dem Dichter, Wald und Feld
zu lieben,
Es frommt ihm wie Erholung, Ruhe, Schlaf,
Doch nur in Städten ward von je geschrieben
Das Wort, das zündend in die Herzen traf.

Reuß

Ob Menschenworte da geschrieben werden –
Doch Gotteswort gar stille Wege geht,
Jehova rief einst Mosen von den Herden,
Elisa ward am Pfluge ein Prophet;
Johannes predigte am Jordanstrande,
Und als das ew'ge Wort in heil'ger Nacht
Fleisch wurde, ist das Heil für alle Lande
Den Hirten auf dem Felde kund gemacht.

Fontane

Sie brachen auf, wir folgen ihren Schritten,
Klein-Bethlehem war jener Hirten Ziel;
Wie lächelnd liegt's in unsres Streites Mitten,
Als *Stadt* zu wenig und als *Dorf* zuviel!
Versöhnung sei von dorten hergenommen,
Wo deutungsreich des Friedens Wiege stand,
Aus Bethlehem ist alles Heil gekommen,
Und Bethlehem ist beides: *Stadt* und *Land*.

AN MATHILDE VON ROHR

In Bratrings Geschichte des Landes Ruppin
Hab ich heute zehn Seiten gelesen,
Von den Rohrs, die auf Trieplatz, Gantzer, Leddin,
Und an andren Orten gewesen.

Die einen hießen »Gebrüder von Rohr«,
Ein andrer war »Präsidente«,
Und noch viel berühmtere kämen wohl vor,
Wenn man sie nur alle kennte.

Zehn Generale stellten die Rohrs,
Nebst andren, viel-wackren Leuten,
Doch General-Leutnants und Gen'ral-Majors,
Was wollen sie alle bedeuten!

Uns bedeutet mehr unser Fräulein von Rohr,
Numero siebzig Straße der Behren,
Wir ziehn sie den andren Rohr'en vor
Und wollen sie doppelt verehren!

TOAST AUF DIE DAMEN

August 1863

Die lärmende Stadt, der prunkende Saal,
Von Lichtglanz übergossen,
Da klingt das Lied so fremd, so schal
Von Zeiten, die verflossen.
Die Stadt, der Saal, sie sind kein Ort
Für Percy- und Douglas-Lieder,
Nur von den Wänden hallt das Wort,
Nicht in den Herzen wider.

Und konnte das Lied aus alter Zeit
Einen Lieblingsort sich suchen,
Es fand ihn nicht besser weit und breit
Als unter Dünen und Buchen.
Von Ferne rauscht das ewige Meer,
Zu Häupten rauschen die Bäume,
Die Meer- und die Waldfee kommen her
Und öffnen das Reich der Träume.

So schafft weithin der baltische Strand
Dem Liede viel glückliche Stunden,
Doch ein allerschönstes Balladenland,
Das haben wir hier gefunden;
Am Strand hin schreitet die Bernsteinhex,
Es klingen Vinetas Glocken,
Und die Räuberkuhle Störtebecks
Passieren wir leis erschrocken.

Ein allerschönster Balladengrund
Rundum, wohin ich sehe,
Und doch das Beste, zu dieser Stund,
Das bietet die nächste Nähe,
Die Damen, der Wald und die Wogen, die blau'n,
Es sind wohl herrliche Güter,
Doch dem Liede das Beste, das sind der Fraun
Zuneigungsvolle Gemüter.

ZUM »PFEFFERKUCHENABEND« BEI BEUTNERS

Dezember 1863

Sie saßen plaudernd bei Brot und Wein,
Sieben Freunde und Genossen,
Es war schon manches, groß und klein,
Über Herz und Lippe geflossen.

Da sprach der eine: »Ich tät schon lang
Nach einem Aufschluß suchen,
Wie kam nur zu so hohem Rang
Der braune Pfefferkuchen?«

Da sprach der andre: »Mit etwas Verstand
Ist die Antwort gar nicht zu missen:
Wer würde von Theodor Hildebrandt
In der Welt sonst etwas wissen.«

Der dritte sagte: »Ich weiß es genau«,
Und er flüsterte leis wie ein Mäuschen,
»Es ist von wegen der alten Frau
In dem Pfefferkuchen-Häuschen.«

Der viert' und der fünfte, die fanden nichts,
Und, um doch was zu sprechen,
Versuchten sie wichtigen Angesichts
Sich an dem *Objekt* zu rächen.

Sie sagten betont und etwas spitz,
Als schössen sie ab einen Treffer:
»Des Pfefferkuchens ganzer Witz
Ist, daß er ohne Pfeffer.«

Der sechste sah es als Künstler an,
Vielleicht auch war es Sarkastik:
»Der Pfennig-Pfefferkuchenmann
Ist die freundlichste Form der Plastik.«

Drauf der letzte, in Partizipial-Konstruktion,
Sprach: »Mir all nicht gefallen habend –
Des Pfefferkuchens Zweck und Lohn
Ist der *Pfefferkuchen-Abend*.«

AN MATHILDE VON ROHR

Das Leben daure noch 50 Jahr
Ohne Sorge und Tränen-Befeuchtung,
Es gehe alles klipp und klar
Und in der schönsten Beleuchtung.
Goethe-Schiller

Nichts reizender als ein freundlich Gesicht
Und die gastlich Rohrsche Schüssel,
Nichts reizender als ein Wachsstock-Licht
Auf dem leuchter-ersetzenden Schlüssel.

Doch fehlen einmal die Moccoli
So zwischen zehn und elfe,
Dann, gnädigstes Fräulein, nehmen Sie
Diesen Leuchter zum Behelfe.

Er mahne Sie an das Potsdamer Tor
Und die Hirschelstraßen-Gesichter,
An den alten Verehrer des Hauses Rohr
Und Ihren ruppinschen Dichter.

TOAST AUF BERNHARD VON LEPEL

Herbst 1865

Ach glauben Sie mir, es war in Kreuth
Anfangs *bedenkliche* Tage,
Kopfhängerisch gingen umher die Leut
Und klagten sich ihre Lage,
Der Himmel selbst sah trübe drein,
Im Tale hingen die Nebel, –
Mit einem Male war Sonnenschein,
Erschienen war Herr von Lebel.

Nun zeigte alles ein ander Gesicht,
Verschwunden war Wind und Wolke,
Immer heller wurde das Himmelslicht,
Immer klarer wurde die Molke,
Und was *nur irgend* frisch und froh,
Empfand einen neuen Hebel,
Und fragte ein Neider: »aber wie so?«
So hieß es: Herr von Lebel.

Wir hielten ihn 10, 12 Wochen lang
An einem goldenen Faden,
Bis plötzlich die Kunde zu uns drang:
»Er ist nach Berchtesgaden«;
Die Vögel stellten ihr Singen ein
Und die Tauben ihr Geschnäbel,
Alles seufzte: nun muß geschieden sein,
Geschieden ist Herr von Lebel.

Wir haben ihn alle sehr geliebt
Und wir hören, Sie sollen ihn kennen,
O wollen Sie, wenn sich's heute so gibt,
Ihm unsre Namen nennen;
Wir wissen, Sie sind sein Famulus,
Sein Eckermann, sein Knebel,
O bringen Sie ihm unsren herzlichsten Gruß, –
Es lebe Herr von Lebel!

AN MATHILDE VON ROHR

Freundschaft, Verse, Götterspeise,
Tee und feine Fleischerware,
Alles in der alten Weise
Auch in diesem neuen Jahre;
Und das Glück von Dobbertin
Mög ein Weilchen noch verziehn.

WEISSERÜBENSUPPE

»Rindfleisch schlage, stampfe, klopfe,
Brüh' es ab im irdnen Topfe,
Spargelschnitzel, Portulacke
Nimm aus sauberm Sommersacke,

Morcheln, eine ganze Sippe,
Ziehe von der Fensterstrippe,
Petersilie, Kohl vom Wirsich,
Sellerie (den ›Bowlenpfirsich‹),

Gelbe Möhren, große, runde,
Laß sie kochen eine Stunde,
Laß sie kochen, bis die Trübe
Klar sich schäumt, – dann *Rübe*, *Rübe*,
Weiße Rübe schnell hinein,
Und so wird's gelungen sein.«

TOAST AUF AUGUST VON HEYDEN

Letzte Nacht in Heydens Atelier
(Es lagen die Mondeslichter
In den Ecken umher wie silberner Schnee)
Huschte Spuk-Gelichter.

Sie huschten hin, sie huschten her,
Sie schienen alle verlegen,
Der eine trug einen langen Speer,
Der zweit' einen langen Degen.

Der dritte trug eine Mönchstonsur,
Der vierte ein Wams von Leder,

Der fünfte ein grünes Kollettchen nur,
Der sechst eine Straußenfeder;

Der siebente trug ein Heroldshemd,
Bunt, dran sich das Auge weidet,
Noch andre wirkten etwas fremd –
Sie waren gar nicht bekleidet.

Nun steckten sie all die Köpfe zusammen',
Dann sprach der mit schwarzem Hute
(Mit dem Straußfederhute, die Haltung stramm)
»Es ist Zeit, daß man sich spute!

Morgen ist Heydens Geburtstagsfest!
Sonst zähl' ich zwar zu den Helden,
Doch toasten kann ich nicht allerbest –
Wer Courage hat, mag sich melden.«

Da hob ein Jüngling sein Haupt empor:
»Meine hochverehrten Geister,
Ich bin noch immer, wie zuvor,
Arion der Töne Meister.

Ich bin nicht zudringlich von Natur,
Trotz Umgangs mit Nymphen und Elfen,
Und in der Tat, ich meine nur,
Ich könnte hier vielleicht helfen;

Ich will es auch nicht selber tun
(Nach dem Beifall so vieler Tritonen
Sehnt man sich wirklich auszuruhn),
Doch – ich habe Konnexionen;

Ich habe Verbindungen allerhand
In Abend und in Morgen,

Ich habe selbst welche im märkischen Sand,
Die werden für alles sorgen.

Ich bin bekannt mit Zöllner, mit Dick,
Und bekannt mit Otto Roquette,
Und Lepel kenn ich, dank dem Geschick,
Diesen Meister im Sonette;

Und ich bin bekannt mit dem biedern Nöl,
Ach, unter dessen Händen
Geht die ganze Maschine wie in Öl,
An *den* will ich mich wenden.«

Und sieh, er tat's und Nöl nahm an,
Er war viel wen'ger bescheiden,
Gleichviel, getan ist mal getan,
Und so lebe August von Heyden!

AN EMILIE ZÖLLNER

Wenn ich ein Vöglein wäre,
Flög ich zur Chevalière,
Da's aber nicht kann sein,
Schick ich die Frau allein.

MIT »AUS DEN TAGEN DER OKKUPATION«

Die Sonne drüben im Untergehn,
Plappville, St. Quentin wie im Feuer stehn.
Zur Rechten Metz; das Land um Toul,
Blumen zum Kranz pflückt Adrienne,
Die Nachtigall schlägt im Schlosse Frescaty,
Ich denke dran; possidentes beati.

AN RICHARD LUCAE
Zur Hochzeit am 7. September 1874

Baumeister sprach in trübem Ton:
»Ich bau doch nun so lange schon
Für Militär und für Zivil
In jedem leidlich erlaubten Stil
Und in jedem erlaubten Erdenwinkel
Häuser mit und ohne Schinkel –
Ich baue Theater, an drei, vier Orten,
Künstlerhäuser mit Supraporten,
Ich baue mit Säulen und Kapitellen
Mich in die Herzen der Industriellen,
Mich in ihre Herzen, auch in ihre Beutel,
Ich gebe dies preis jedwedem Gedeutel,
Ich leiste in Grundriß und in Fronten
Alles, was je nur die Besten konnten,
Und baute schon, als ich noch Jüngling war,
Eine katholische Kirche sogar,
Und doch, weiß es der Himmel, bei all diesen Dingen
Wollte mir eines nie gelingen,
Ich schuf und schöpferte immerzu,
Aber mein Herz kam nicht zu Ruh';«

Da sprach ein Weiser aus Morgenland:
»Lieber Baumeister mein, du bautest auf Sand
Und schöpftest dies und schöpftest das;
Doch nur immer ins Danaidenfaß;
Und bautest du den zweiten Turm
Zum Straßburger Münster, – es bliebe doch Sturm
Dein wechselnd Streben, dein glühend Leben,
Horch auf, willst du wirklich in Ruh' hinein,
So mußt du dein eigner Baumeister sein,
So mußt du abseits von Saus und Braus
Bauen dir das *eigene* Haus.«

Da sprach Baumeister: »Weiser Mann,
Habe Dank, ich fange gleich morgen an.«
Und zwei Tage später, in Spener und Vossin
Stand zu lesen: Ich habe nun eine Genossin,
Es empfehlen sich bei ihrer Abreis' um acht,
Richard Lucae und Frau, geborene Schacht.

TOAST AUF KARL ZÖLLNER

Lieber Chevalier, ich war in Rom,
Wie du weißt, ein kurzer Verweiler,
Und musterte mehrfach in Petridom
Die dicken mächtigen Pfeiler.

Am Pfeiler rechts hängt in Relief
Und mit männlich entschlossener Miene,
Als wär sie ein alter Husarenchef,
Die Königin Christine.

Und am Pfeiler links, auf einem Ruck,
Da hängen in geistlichem Kleide
Und der Bruder daneben im Waffenschmuck
Die letzten Stuarts beide,

Der in geistlichem Kleide war Kardinal
Und zählte zu den Dümmern,
Er ist uns also ganz egal
Und kann uns hier nichts kümmern.

Der im Waffenschmucke desto mehr
Intressiert unsre Herren und Damen,
Um seiner selbst nicht allzu sehr
Aber – um seinen Namen.

Den ach was wäre lieblicher je
In allen Sprachen und Zungen
Als dieser Name »Chevalier«
Von Menschenlippen erklungen.

Der Chevalier in Sankt Peters Dom,
Ich lieb' ihn in lautem und stillen,
Ich lieb' ihn in und außer Rom
Um seines Namens willen.

Ich lieb' ihn, weil er in leichtem Scherz
Des Lebens Ernst getragen,
Meine »Balladen« bei Wilhelm Hertz
Werden das Weitre sagen.

Ich lieb' ihn, aber die Liebe verblaßt,
Wie Anstrich im Regenwetter,
Vergleich' ich ihn in des Schlusses Hast
Mit seinem Namensvetter.

Vergleich' ich ihn, mit ihm, mit *dem*,
Der bis zu diesen Stunden,
Trotzdem er doch so angenehm,
Noch immer kein Denkmal gefunden.

Kein Denkmal, weder in Stein noch Erz,
Doch wie leicht es sich verzichtet,
Er weiß: das ganze Rütli-Herz
Hat ihm ein größres errichtet.

TOAST AUF HELENE VON WEIGEL

Einsame Palme –
Am Lützow-Platze steht ein Haus
Fernab vom städtischen Qualme.

Osterluzei –
In dem Hause wohnen drei Schwestern,
Ich wohnte gern dabei.

Gelbveigelein –
Sie kamen aus Breslau
Die drei Fräulein von Weigelein.

Majoran und Thymian –
Eine wurde Frau von Heyden
Und hat ganz recht daran getan.

Rosen und Lilien –
Die andre heißt Clementine,
Ach was soll uns ganz Mexiko und Brasilien.

Spanischer Flieder –
Die dritte ist Geburtstagskind
Und ihr gelten heut unsre Lieder.

Rote Verbenen –
Ein Hoch auf alles, was Weigel heißt,
Aber zumeist auf *Helenen*!

AN ADOLPH MENZEL

Sieg sei dein Begleiter,
Wohin immer du gehst,
Und geht es nicht weiter
Auf der Leiter,
So stehe noch lange hoch und heiter
Da, wo du stehst.

FÜR KLAUS GROTH

Vördem bi minen Balladenkroam
Mit all de groten schott'schen Noam:
Percy und Douglas un noch manch een
(All mit Is'n uppn Kopp un mit Is'n an de Been),
Doa wührd mi de Bost so wied, so wied,
Un ick schreew denn wull sülwer en Percy-Lied.

So gung dat männig, männig Joahr,
Awers as ick so rümmer um fortig woar,
Doa seggt ick mi: »Fründ, si mi nicht bös,
Awers all dat Tüg is to spektakulös;
Wat süll all de Lärm? Woto? Upp min Seel,
Dat allens bummst un klappert to veel;
Ick bin mihr för allens wat lütt un still,
En beten Beschriewung, en beten Idill,
Wat läuschig is, *dat* wihr so mine Oart,
Dat Best bliewt doch ümmer dat Menschenhart.«

So seggt ick mi; annwurten deed ick nix,
Awers all mine Ritters, de noahm ick fix,
Un ehr Schillen un Speeren noahm ick dato
Un packt allens in, un schlott denn to,

Un in'n Kasten liggen se noch pêle mêle,
Un vörbi wihr nu dat Puppenspeel.

Dat Puppenspeel, joa! Awers »min Jehann«,
Dat richtige Lewen dat fung nu ihrst an,
Un ick hürte nu blot noch, wat sünsten ick mied:
Dat Mignon- un dat Harfner-Lied; –
Doa hat ick dat *Beste* för dat, wat grot,
Hatte Goethe, Mörike und Klaus Groth.

HAUS FORSTECK

Gelb wird das Laub, es rötet sich die Frucht,
In blauer Stille liegt die Kieler Bucht,
Es schweigt der Wind, die Fläche zittert kaum,
Und nur die Möwen sind wie Wellenschaum.

Und hier am Ufer, aus der Waldesnacht
Uralter Eichen hell ein Giebel lacht,
Ein heller Giebel und ein helles Haus,
Und wie von Tauben fliegt es ein und aus,
In Blumen steht es Lenz' und Herbsteszeit
Ein sichtbar Zeichen seiner Gastlichkeit.

Das Gittertor am Parke schließt sich nie,
Die hohen Fenster, »komm nur« sprechen sie,
Und Virchow kommt und feiert Nachkongreß,
Stockhausen kommt und schwelgt in Fug' und Mess',
Und Niepa kommt, vom Zeitungsdienste müd,
Und Lindau kommt im Glanz von »Nord und Süd«
Und einer noch (es zögerte sein Fuß)
Im Abschiedsaugenblick… und hier – sein Gruß.

BERLINER

An Anna und Friedrich Witte
Zur Silbernen Hochzeit am 7. November 1879

Er

Ju'n Abend!... Ne sonne kleene Stadt;
Die knapp 'ne Bahnhofs-Droschke hat, –
Bitte, wenn ick en bisken huste,
Aber ick bin noch janz außer Puste.
Un schwitzen! Gib mir mal deinen Tuch,
Meins ist nicht mehr respektabel genug.

(Hat erst ein altes, buntkattunenes rausgezogen und schnell wieder eingesteckt und nimmt nun ein reines von seiner Frau.)

Sie

Da nimm. Un nu klöne nich so lang,
Die Herrschaften wird ja sonst angst und bang,
Und sprich gebildet... Ihr gehorsamer Diener,
Meine Herrschaften, wir sinn nämlich Berliner
Und janz ächte, grad aus de Mitte raus,
Dicht bei de Linden stand unser Haus.
Unser Haus! Nu ja, man sagt et so hin,
Wir warn man Hausknecht und Köchin drin.
Fräulein Anna, sehn Se uns mal scharf an –
Ich bin ja die Stocken und dies is men Mann.

Er

Na, höre, dess is nu nich janz jenau,
Ick bin Stock, un du bist meine Frau.

Sie
(ignoriert völlig diese Unterbrechung und fährt fort)
Se kennen uns nich. Ja, du meine Zeit,
Von dunne bis heut is en bisken weit,
Un hörn Se, so mit sonnen Alten
In jut un schlecht immer auszuhalten,
Det will ich meinen schlimmsten Feind nich jönnen.
Na, Se wern woll ooch mitreden können,
Fünfundzwanzig immer so sachte wecke
Is ooch all ne janz hübsche Ecke; –
Ach, ick hab et mitunter so satt.

Er
Det sagt se, weil se mir sicher hat!
Fräulein Anna, det müssen Se doch noch wissen,
Se hat sich ja um mir jerissen;
Und so jeht et immer: erst liebes Kind,
Und nachher soll et partout nichts sind.

Sie
(droht ihm mit dem Zeigefinger)
Na, laß man, dess wird sich nachher finden,
Wir kommen also von Unter de Linden,
Un warum freu ick mir so doll?
Weil ick von Schachtens Sie jrüßen soll,
Von Aujusten un de Tübbecke un von Minen,
Ach un Liedtke denkt ooch noch immer an Ihnen,
Un is ooch noch immer forsch un fein,
Bloß man en bisken Stöckerbein,
Jott, man bleibt nich immer so rasch und risch
Un am Ende wenn des Herz man frisch!
Un noch eener hat mir abgesandt:
Unser Pfefferküchler Hildebrandt.
»Mehlweißchen«, sagt er, »knupprig un mehlig,
Die lieb ick selber, die selber wähl ich,

Bring ihr davon so ’n anderthalb Pfund,
Die machen Leib un Seele jesund.«

Er

Doch bloß man, wenn zu das Süß un Zarte
Sich Starkes ooch un Feuriges paarte;
Deine Tüte hat nich den rechten Muck
So lange diss fehlt: Kluck, Kluck, Kluck.
Jilka jehört zu Hildebrandten,
Derowegen wir beide zusammenspannten.
Un damit schließen wir unsern Reim,
Gruß un Kuß aus dem alten Daheim.

TOAST AUF CARL MÜLLER-GROTE

Wer ist’s im Saal, dem meine Seele singt,
Zu dessen Preis ich alle Saiten spannte,
Nennt mir den Helden, dem mein Lied erklingt,
Den ich als Liedeswertesten erkannte,
Wie lang ihr sucht, wohin der Blick auch dringt,
Ihr sucht umsonst bei Schwester, Schwager, Tante,
Pardon, mir stand ein Höhres zu Gebote:
Der stolze Firma-Namen: *Müller-Grote*.

Er stammt aus Hamm, so war er denn ein Hammer,
Und nomen omen dacht’ er auf der Stell’,
Ihn wurmte der verlegerische Jammer
Und aus dem Hammer ward ein Karl Martell,
Er schlug den Feind, zerbrach der Engheit Klammer,
Anhuben andre Tage, licht und hell,
In Nacht verschwanden überholte Normen
Und gönnten Raum dem Einzug freirer Formen.

Ihr Kleinmuts-Zahlen, ach wie liegt ihr weit,
Ihr lieben Einer, Zehner oder Hundert,
An *der*lei wird der Hammer-Firma Zeit
Nicht länger mehr vergeudet und verplundert,
Und ist der Neid zu lächeln auch bereit,
Er lächelt *nicht* und horcht erstaunt, verwundert,
Wenn an sein Ohr wie Hochflut stolz und brausend
Der Abschluß schlägt mit seinen Hunderttausend.

Ein *Karl Martell* in seiner Siege Glanz,
Ein *Simson* weil Philister Nieder-Ringer,
Und sieh zum dritten auch ein *König Franz*,
Ein König Franz in seinem Löwenzwinger,
Er reicht dem Löwen Goethe seinen Kranz,
Und als er winkt zum zweiten mit dem Finger,
Anspringt der Schiller-Panther und dann zwölfe
Mit einem Male, lauter Julius-Wölffe.

Was immer singen nur von Winkelried,
Cheruskertum und Hermann und Thusnelden,
So dacht ich heut und flocht ein neues Glied
Ein in die Kette sangeswerter Helden,
Ich sang es gern, dies *Neu*-Cheruskerlied,
Und andre werden nach mir von ihm melden,
Bis dahin aber Götter wollt beschirmen
Die rührigste, die frischeste der Firmen.

TOAST AUF KARL ROBERT

Zur Hochzeit von Martha Robert und George Fontane am 12. Juni 1886

Viel, was beglückt! der mannigfachsten Weise
Sind die begehrten Dinge dieser Welt:
Vermögen, Ehre, hochgeborne Kreise,

Champagnerdejeuners im Türk'schen Zelt,
Arkona, Saßnitz, italien'sche Reise,
Seebad am Großen oder Kleinen Belt,
Vor allem Liebe, Glück bei schönen Damen, –
Ich preise noch ein andres: einen *Namen*.

Als Knabe schon, in Büchern, auf den Brettern,
Erquickte mich der Namen schöner Klang,
Duc Montmorency stand in Sternenlettern
Zu Häupten mir und scholl mir wie Gesang,
Entzückten Ohrs, als ob Drommeten schmettern,
Horcht ich auf Douglas all mein Leben lang,
Und Douglas wiederum verklang, erlosch
Vor dir Bayard sans peur et sans reproche.

Schön alle! Doch zu voll fast ihre Schale
Von a, o, u, wie gern ich zugesteh,
Ja, a, o, u sind Renommiervokale
Und Renommieren schad't dem Renommée;
Zum echten, wahren Namensideale
Bedarf der Mischung es von o und e,
Und o und e, zu schönstem Sieg verbunden,
In Robert haben beide sich gefunden.

Doch *welcher* Robert trägt den Sieg von dannen?
Ist's Robert Guiscard oder Robert Bruce?
Ist's Robert Diable, Herzog der Normannen?
Auch *der* nicht, und es bleibt »Gewehr bei Fuß«,
Zu höhrem Fluge muß mein Lied ich spannen,
Justizrat Robert, diesem gilt mein Gruß,
Das ist der Name, drauf wir heute schwören,
Weil wir zugleich mit Ohr und Herz ihn hören.

MIT »GRETE MINDE«

Der dies schrieb, er kommt zu bitten:
Daß, wie seine »Grete Minde«,
Die geliebt, gehaßt, gelitten,
Auch er selber Gnade finde.

MIT »IRRUNGEN, WIRRUNGEN«

Ein'ge Kapitel, wohlgetan,
Spielen an der Görlitzer Bahn;
Ein Kuß, was ist er, wenn Züge brausen
Vorüber an Schmöckwitz und Wusterhausen.

*

Eine Geschichte von Botho und Lene
(Höchst moralisch nota bene),
Höchst moralisch meo voto
Die Geschichte von Lene und Botho.

MIT »IRRUNGEN, WIRRUNGEN«

Eine Berliner Alltagsgeschichte.
Geh nicht zu strenge mit ihr zu Gerichte.
Denke, *berlinisch* sind Botho und Lene.
Ubi patria, ibi bene.

GRUSS NACH »SEEBAD RÜDERSDORF«

Fliege, leichtgereimte Zeile,
Fliege hin mit Windeseile,
Fliege, schon warten Schiff und Ferge,
Vorüber am Gasthaus zum Kranichsberge,
Fliege, du kommst sonst zu spät zur Stelle,
Vorüber selbst an der »Liebesquelle«,
Fliege, schon glüht im Westen die Wolke,
Hin zu dem Küsten- und Ufervolke, –
Grüße die Balls und die Dahns nicht minder,
Grüße die 7 Levreuschen Kinder,
Grüße Guttmann, grüße Nolte,
Sage, daß ich gern kommen wollte,
Sag's und bringe jedem der Gäste
Meine Grüße zum heutigen Feste.

AN BISMARCK

Zum 1. April 1890

Es hat, was du in Taten gedichtet,
Uns in uns selber aufgerichtet,
Hin schwand auch im Schwachen, was schwach und krank,
Am ehrlichsten ist der selbstische Dank.

MIT »STINE«

Was auch deine Fehler sind,
Finde Nachsicht, armes Kind.

MIT »STINE«

Hier, an der Spree, da mocht es gehen,
Solche Leutchen gehen hier aus und ein,
Aber wie wird »Stine« bestehen
An den Borden von Main und Rhein?

ZU »GRAF PETÖFY«

Etwas politisch, etwas kirchlich,
Etwas Dichtung, etwas wirklich,
Etwas Ungarn, etwas Prater
Und vor allem viel Theater.

*

Immer berlinische Geschichten,
Will auch andres mal berichten,
Schenk auch mal einen andren Wein,
Ungrisch, *ungrisch* soll es sein.

IN EIN STAMMBUCH

Die die Kunst üben,
Kennen kein Hüben und Drüben,
Sie gehen beglückend ein und aus
Und in den Herzen sind sie zu Haus.

MIT »MEINE KINDERJAHRE«

»Was? wie?
'ne Biographie?
Und, Gott bewahre,
Bloß bis zum zwölften Jahre, –
Was man nicht alles erleben kann!«
Nehmen Sie's trotzdem freundlich an.

AN HANS STERNHEIM

Mit einem Neuen Testament

Das Alte hast du. Hier das Neue.
Dem Neuen die Liebe, dem Alten die Treue,
So stehe, von nichts geschieden, getrennt,
Fortan auf doppeltem Fundament.

AN ELWIN PAETEL

Dem Verlage, draus Storm und Geibel
Und die Deutsche Rundschau sprießt,
Naht sich huldigend Jenny Treibel,
Ebba v. R. und Effi Briest.

TOAST AUF ERICH SCHMIDT

Zum 24. Januar 1895

(Beim Doktorschmäuschen)

In England gab es eine Zeit,
Da war König *sein* eine Kleinigkeit,
Es verfiel beinah dem Spott der Lacher, –
Viel wichtiger war der Königs*macher*.

Graf Warwick hieß er dazumal;
Aber hier, in diesem Krönungssaal,
Führt er einen anderen Namen, –
Raten Sie, meine Herren und Damen…

Herr Professor Erich Schmidt, er
lebe hoch!

AN PAULA CONRAD-SCHLENTHER

In San Remo, in Hesperien,
Ach, was sind mir das für Ferien!
Statt erhoffter Blütenglocken
Immer neue Winterflocken,
Statt Böcklinscher Meeresbläue
Plus nur von Berlinscher Gräue;
Könnt ich doch, mit einem Satze,
Heim zu meinem alten Platze,
Heim zu meinem alten Rexe,
Belle Allianceplatz Nummer sechse,
Statt hier, unter ew'gem Frieren,
Zeit und Geld nur zu verlieren…

AN EMMA LESSING

Mit »Effi Briest«

Rückkehrt hier, was ich geschrieben habe
Zur ursprünglichen Spenderin dieser Gabe.

HANS STERNHEIM ZU WEIHNACHTEN 1895

Mit »Vor dem Sturm«

Wannsee, Westend, ist alles bloß Kietz,
Kaufe Dir was wie Hohen-Vietz,
Werde wie Vitzewitzens Lewin,
(Vom Hausvogteiplatz – *den* laß ziehn)
Werde klug und werde hell,
Aber nicht so poetisch wie Hansen Grell,
Vor allem werde nicht wie Bninski,
Forscher Kerl, aber Lukrinski!

MIT »DIE POGGENPUHLS«

Hin ist die Zeit der Herbstzeitlose,
Nun kommt der Winter und seine Moose,
Genehmigen Sie zum Feste Juls
(Sechs Wochen zu früh) »Die Poggenpuhls«.

IN EIN ALBUM

Zahllose, die vor zahllosen Wochen
Aus Blatt, Buch, Bühne zu mir gesprochen,
Geber, Träger glücklicher Stunden,
Ich habe sie hier wiedergefunden
Und schlinge mich ein in ihren Reihn,
Froh noch einmal in ihrer Mitte zu sein.

ANHANG

ZU DIESER AUSGABE

Als im Sommer 1886 Fontanes ältester Sohn George sich mit Martha Robert verheiratete, toastete Fontane dem Brautvater zu:

»Als Knabe schon, in Büchern, auf den Brettern,
Erquickte mich der Namen schöner Klang,
Duc Montmorency stand in Sternenlettern
Zu Häupten mir und scholl mir wie Gesang,
Entzückten Ohrs, als ob Drommeten schmettern,
Horcht ich auf Douglas all mein Leben lang...«

Bereits 1835 – mit fünfzehn Jahren – hatte er seine ersten Verse geschrieben, bei denen man die Nähe Platens, Freiligraths, Geibels und vor allem Heines in fast jeder Zeile spürte. Als werdender Apotheker in Berlin, gerade zwanzig Jahre alt, veröffentlichte er dann Gedichte im ›Berliner Figaro‹, und als er in Leipzig und Dresden ›konditionierte‹, druckte die Leipziger Zeitschrift ›Die Eisenbahn‹ seine Verse. Zwei Jahre später hatte er die Nummer eins im Blätterwald der Zeitschriften, das Cottasche ›Morgenblatt für gebildete Stände‹, erreicht. Doch vergebens suchte er einen Verlag, der seine Gedichte als Buch veröffentlichen wollte.

Erst Jahre später – 1849 – vermittelte ein Freund für den Romanzenzyklus *Von der schönen Rosamunde* einen Verleger in Dessau, und in Berlin druckte der Verlag Hayn Fontanes Feldherrenlieder unter dem Titel *Männer und Helden*. Im Sommer darauf übernahm dann Wilhelm Ernst mit seinem Berliner Verlag Carl Reimarus die *Gedichte*, und im November 1850 lag der Band mit einem Umfang von fast dreihundert Seiten im Taschenformat mit einer Widmung für den Freund Bernhard von Lepel vor. Vom mäßigen Honorar konnte Fontane sich einen Anzug für seine Hochzeit am 16. Oktober 1850 kaufen und die Fahrt mit der Brautdroschke bezahlen.

Ein knappes Jahrzehnt später – nach den Jahren in England – lernte Fontane durch Vermittlung Paul Heyses den Berliner Verleger Wilhelm Hertz kennen, den er für eine neue Auflage der *Gedichte* zwar nicht gewinnen konnte, der aber die *Balladen* verlegen wollte. Im Oktober 1860 erschien das Buch, in Leinen gebunden, mit fast zweihundertfünfzig Seiten Umfang.

Weder die *Gedichte* noch die *Balladen* verkauften sich gut, der Absatz blieb schleppend. Erst Jahre später, inzwischen waren Fontanes *Wanderungen* und die *Kriegsbücher* erschienen, stimmte Hertz einer zweiten Auflage der *Gedichte* zu, in die auch der Rosamundenzyklus und die Feldherrenlieder aufgenommen wurden. Fast ein Vierteljahrhundert nach der ersten erschien 1875, wesentlich vermehrt und erweitert, die zweite Auflage in rotem Leinen mit Golddruck und -schnitt, aber auch sie hatte nur einen mäßigen Erfolg.

Verständlicherweise wartete der Verleger viele Jahre, bis er wagte, eine dritte Auflage zu drucken, die endlich Mitte November 1889, stark erweitert, mit nun fast fünfhundert Seiten und einem Bildnis des Autors als Frontispiz erschien. Diesmal war der Absatz besser, Fontane war kein Unbekannter mehr, Erzählungen und zahlreiche Romane waren erschienen, und er dankte seinem Verleger für das Buch. »Alles, was ich geschrieben, auch die ›Wanderungen‹ mit einbegriffen, wird sich nicht weit ins nächste Jahrhundert hineinretten, aber von den ›Gedichten‹ wird manches bleiben und darunter auch Einzelnes, das erst diese neue Auflage enthält.«

Zwei Jahre darauf regte Hertz eine vierte Auflage an,

die Ende Oktober 1891, rechtzeitig zum Weihnachtsfest, vorlag. Danach vergingen sechs Jahre, bis eine neue, die fünfte Auflage erscheinen konnte. Sie wurde die Ausgabe ›letzter Hand‹ und wurde im Dezember 1897 ausgeliefert.

Nach Fontanes Tod im September 1898 erschien bei Hertz 1899 noch eine sechste Auflage, weitere Auflagen brachte Cotta, der den Verlag von Wilhelm Hertz erworben hatte, heraus, und damit erfüllte sich Fontanes Wunsch vom Ende der vierziger Jahre: Cotta verlegte seine *Gedichte.*

Bereits 1902 lag eine neunte Auflage vor, und 1920 druckte Cotta die 24. bis 26. Auflage. 1905 war bei Friedrich Fontane der erste Band der zweiten Serie der *Gesammelten Werke Theodor Fontanes* mit den Gedichten erschienen, und als der S. Fischer Verlag nach 1914 die Romane Fontanes übernommen hatte, erschien 1915 eine fünfbändige Werkausgabe mit den Gedichten im ersten Band. 1920 wurde diese Ausgabe zur Jubiläumsausgabe in zehn Bänden erweitert, wieder brachte der erste Band die Gedichte.

Innerhalb der zweiten Serie der Werkausgabe bei Friedrich Fontane war um 1908 ein Band ›Aus dem Nachlaß‹ mit vielen bis dahin unveröffentlichten Gedichten erschienen. 1920 stellte Mario Krammer ungedruckte Gedichte und Briefe Fontanes an seine Frau und an Freunde in seinem Buch ›Theodor Fontanes engere Welt‹ vor, und 1932 veröffentlichte Wolfgang Rost eine Vielzahl der nachgelassenen Gedichte unter dem Titel ›Allerlei Gereimtes‹.

Erst in den sechziger Jahren unseres Jahrhunderts erschienen Gedichtausgaben, die den Nachlaß berücksichtigten und versuchten, alles bis zu diesem Zeitpunkt Bekannte und Gedruckte zusammenzufassen. 1962 lagen innerhalb der ›Sämtlichen Werke‹ bei der Nymphenburger Verlagshandlung in München Fontanes Gedichte auf über 850 Seiten vor, und zwei Jahre später brachte der Carl Hanser Verlag in seiner Fontane-Ausgabe die Gedichte in einer neuen Zusammenstellung auf über tausend Seiten mit Erläuterungen, denen 1978 eine vermehrte Auflage folgte. Lange Zeit waren sie die vollständigsten Gedichtausgaben, bis dann in den neunziger Jahren im Rahmen der ›Großen Brandenburger Ausgabe der Werke Fontanes‹, die auf etwa fünfzig Bände geplant ist, die ›Gedichte‹ in drei Bänden erschienen. Diese bisher vollständigste Ausgabe bringt den Text der Ausgabe ›letzter Hand‹, ausgeschiedene Gedichte, Einzelveröffentlichungen und Gedichte aus dem Nachlaß nach Beständen des Fontane-Archivs in Potsdam.

Ende der vierziger Jahre des vorigen Jahrhunderts war Fontane mit englischer Balladendichtung bekannt geworden; in der Ballade hatte er die ihm gemäße Form gefunden. Der literarische Sonntagsverein ›Tunnel‹, dem er in diesen Jahren angehörte, lenkte ihn auf preußische und märkische Themen, und die Feldherrenlieder über den ›Alten Dessauer‹, über ›Derfflinger‹ und den ›Zieten aus dem Busch‹ wurden große Erfolge und machten Fontane in weiten, selbst höchsten Kreisen bekannt. Seine Sprache war knapper, einfacher und präziser geworden. Mit Beginn der sechziger Jahre, während der Arbeit an den *Wanderungen*, entdeckte er neue lyrische Möglichkeiten. Jetzt schrieb er Verse wie:

> »All die lachenden Dörfer, ich zähle sie kaum:
> Linow, Lindow,
> Rhinow, Glindow,
> Beetz und Flatow,
> Bamme, Damme, Kriele, Krielow,
> Petzow, Retzow, Ferch am Schwielow,

Zachow, Wachow und Groß Behnitz,
Marquardt-Uetz an Wublitz-Schlänitz,
Senzke, Lentzke und Marzahne,
Lietzow, Tietzow und Reckahne,
Und zum Schluß in dem leuchtenden Kranz:
Ketzin, Ketzür und Vehlefanz.«

Märkische Ortsnamen, einfache Worte und karge Reime beschworen in kurzen und knappen Zeilen einen fast spröden Zauber, wie etwa die wenigen Verse über Kloster und See bei Lindow, dem ›Wutz‹ des *Stechlin*:

»Wie seh ich, Klostersee, dich gern!
Die alten Eichen stehn von fern,
Und flüstern, nickend, mit den Wellen.

Und Gräberreihen auf und ab;
Des Sommerabends süße Ruh
Umschwebt die halbzerfallnen Grüfte.«

In diesen Zeilen evoziert Fontane die Sprachmelodie jenes Dichters, den er, zeit seines Lebens, verehrt und geliebt hat: Heinrich Heine. In *Effi Briest* zitiert Crampas bei einem Strandritt mit Effi ein Heine-Gedicht aus dessen ›Nordsee-Zyklus‹ und schwärmt »Welche Schilderungskraft, welche Anschaulichkeit« und gesteht: »Er ist mein Lieblingsdichter [...] alles ist Leben.« Das hätte Fontane selbst sagen können, aber zu der Zeit, da er *Effi* schrieb, hatte er schon lange den ihm eigenen, unverwechselbaren ›Fontane-Ton‹ gefunden, wie ihn die großen Erzählgedichte von ›Fritz Katzfuß‹ und vom ›Kleinen Ei‹ hören lassen oder die Huldigung an Adolph Menzel als Zwiegespräch mit dem ›Alten Fritz‹ und die resignierend-heiteren Alltagsverse vom ›großen Drehrad‹ und von dem, was er noch ›erleben‹ wollte. Einfachste, leicht hingeplauderte, freundlich-ironische Verse wie die, in denen er von seinem täglichen Spaziergang im Tiergarten erzählt:

»Zuletzt dann vorbei an der Bismarckpforte
Kehr heim ich zu meinem alten Orte,
Zu meiner alten Dreitreppen-Klause,
Hoch im Johanniterhause. –
Aber noch 75 Stufen.«

So auch die schlichten Zeilen, in denen er einen Zauber sehnsuchtsvoller Wehmut und unstillbaren Heimwehs spüren läßt, wie kein anderer vor oder nach ihm.

»Blaue Havel, Grunewald,
Grüß mir alle beide,
Grüß und sag, ich käme bald,
Und die Tegler Heide.«

Diesen Stil meinte Thomas Mann, wenn er 1910 bekannte, »daß kein Schriftsteller der Vergangenheit oder Gegenwart mir die Sympathie und Dankbarkeit, dies unmittelbare und instinktmäßige Entzücken, diese unmittelbare Erheiterung, Erwärmung, Befriedigung erweckt, die ich bei jedem Vers [...] von ihm empfinde.«

Dieses ›Entzücken‹, diese ›Erheiterung‹ will die vorliegende Sammlung spüren lassen. Sie bietet zunächst die fast zweihundert Gedichte, die Fontane für die Ausgabe ›letzter Hand‹ zusammengestellt hat. Danach folgen Verse, welche in früheren Auflagen erschienen waren, später aber ausgeschieden wurden. Gedichte der dreißiger und vierziger Jahre stellen den ›jungen‹ und ›frühen‹ Fontane vor und weisen bei mancherlei Unfertigem doch hier und da bereits eine sichere Professionalität auf, wie etwa in dem Gedicht *Berlin 1850* (Seite 520ff.) vom Beginn der vierziger Jahre.

Dann folgen die Gedichte der fünfziger Jahre bis zu den letzten Lebenstagen, unter ihnen die vielen Kurzverse aus den *Wanderungen*. Den Abschluß bilden Fontanes Gedichte an seine ›engere Welt‹, beginnend mit den Versen ›An Emilie‹, sodann die an die Schwestern und seine Söhne und eine Auswahl aus der Fülle der ›Gelegenheitsgedichte‹, mit denen er Freunde und Bekannte in Toasten und Widmungen erfreute.

»Verzeiht den Anekdotenkram
Und daß niemals ich einen ›Anlauf‹ nahm,
Auch niemals mit den Göttern grollte,
Nicht mal den Staat verbessern wollte,
Nicht mal mit ›sexuellen Problemen‹
Gelegenheit nahm mich zu benehmen.

Der faßt es so, *der* anders an,
Man muß nur wollen, was man kann,
Mir würde der Weitsprung nicht gelingen,
So blieb ich denn bei den näheren Dingen,
Drei Schritt bloß, – ich weiß, es ist nicht viel,
Aber Freude gibt jedes erreichte Ziel.«

ALPHABETISCHES VERZEICHNIS DER GEDICHTANFÄNGE UND -ÜBERSCHRIFTEN